中央高校基本科研业务费专项资金

北京市社科基金资助

历史民俗学丛书

城市·文本·生活

北京岁时文献与岁时节日研究

萧放 张勃 等著

中国社会科学出版社

图书在版编目（CIP）数据

城市·文本·生活：北京岁时文献与岁时节日研究／萧放等著．—北京：
中国社会科学出版社，2017.9
ISBN 978 – 7 – 5161 – 9603 – 8

Ⅰ.①城… Ⅱ.①萧… Ⅲ.①城市文化—研究—北京②节日—
风俗习惯—研究—北京 Ⅳ.①G127.1②K892.1

中国版本图书馆 CIP 数据核字（2017）第 005180 号

出 版 人	赵剑英
责任编辑	吴丽平
责任校对	石春梅
责任印制	李寡寡

出　　　版	中国社会科学出版社
社　　　址	北京鼓楼西大街甲 158 号
邮　　　编	100720
网　　　址	http://www.csspw.cn
发 行 部	010 – 84083685
门 市 部	010 – 84029450
经　　　销	新华书店及其他书店

印　　　刷	北京明恒达印务有限公司
装　　　订	廊坊市广阳区广增装订厂
版　　　次	2017 年 9 月第 1 版
印　　　次	2017 年 9 月第 1 次印刷

开　　　本	710×1000　1/16
印　　　张	24
插　　　页	2
字　　　数	406 千字
定　　　价	98.00 元

凡购买中国社会科学出版社图书，如有质量问题请与本社营销中心联系调换
电话:010 – 84083683

目　　录

绪 论

北京岁时节日研究论纲

一 研究意义与研究现状

岁时节日是民族文化传承与发展的重要载体，是整合社会、凝聚人心的重要时间。北京岁时节日的研究直接对应当代中国民族文化建设的需要。当代中国正处在文化大转型的特殊历史时期，几千年来农耕社会所形成的生活习惯正发生着巨大的变异，从社会经济的角度看，这种社会历史文化的变异是必然的，作为民俗生活重要内容的岁时节日在当代必然有服务当今社会节奏的变化。但这种节日变化的方向是什么？节日变化显示出怎样的动态过程？是全部接纳西方的时间体系，还是有所保留？哪些需要保留，保留的程度有多大？一个独立的民族国家，在民族文化与世界文化接轨的同时，如何有效地保存自己的节日文化传统，并利用这些传统节日与新兴节日为民族文化的传承与创新提供有效的时机与条件？这些既是岁时节日课题所要探讨的现实问题，又是理论问题。本书以都市传统节日为研究对象，对古今的传承变化进行深入考察，重点是在都市岁时节日背后寻找民众时间意识的传承变化特性，以及促成这种时间意识变化的社会条件与精神动因，并对都市岁时节日民俗在当今民族文化传承与创新中的独特作用与意义进行专门的探讨，以期对当今民族文化建设提供行之有效的理论依据。民俗学是一门关乎国计民生的日用之学，它的学科内容与民族基础的文化有着密切的关系，本书从都市民俗学与都市历史学的角度探讨都市岁时节日的这一重要内容，有着上述基本的实际意义与理论意义。

有关都市岁时节日研究的现状及趋势：本书是一项开拓性的研究，它从当代都市文化与都市生活传统的角度，对传统都市节日进行深入研究。北京有近千年的城市历史，是中国传统社会向现代社会推进过程中的关键政治化都市。北京同时是民族文化交融之区，多元文化特色鲜明。当今的北京是国际都市，世界文化在此交汇。北京的节日文化在中国历史社会中具有典范意义。对于都市节日的系统的深度研究，对于中国民俗学来说是理论创新的尝试。

从与本书相关的研究现状看，当下有关北京岁时节日著述，有两种倾向，一为对当代岁时节日习俗活动内容的一般性描述，这类出版物很多，大都缺乏理论深度，缺乏对北京历史文化内涵的深度发掘，不大能满足人们真正科学认知的需要，难以为当代节日文化建设提供理论依据。另一种是仅对传统节日历史进行探讨，缺乏民俗学的角度，没有对正在变化中的北京传统节日进行调查研究，没有对当下的节日文化进行理论思考。总之，目前，北京岁时节日研究尚处于启动阶段，需要有诸多的具有实际意义的理论创新成果。从研究趋势看，以都市节日为主干的都市时间民俗的研究是当今国际学界颇为关注的研究课题，都市民众的娱乐休闲文化正引起国内外社会学者、文化人类学者、民俗学者的广泛关注。对本土节日民俗的注意是民族文化建设的重要组成部分，因此在世界文化激荡的今天，民族岁时节日文化的研究正越来越受到发展中国家的重视，相关研究也越来越深入，其中从民族时间意识的角度考量都市岁时节日文化传承与演变是当今历史民俗学研究的新趋势。

二 基本内容与工作重点

本书以北京元、明、清以来的传统节日为研究对象，将都市传统节日与帝都时间生活结合作社会整体的研究，以都市民众的时间意识为贯穿岁时节日的主线，从古今岁时节日民俗的演变中寻找都市文化的奥义。

本书研究重点有三大部分。

（一）传统北京岁时文献研究。北京作为帝都，文化发达，人文荟萃，岁时文献系列相对完整，从元人的《析津志》到民国时期的《北京岁时记》，岁时文献有十余部之多。对于这些岁时节日文献的系统整理研究，前人没有做过。本书根据历史文献、考古资料及民族志，对北京传统岁时节日的起源、发生发展及变化作系统的总体考量，厘清传统北京岁时节日发展演变的历史脉络。这是本书的重要组成部分，也是难度很大的工作。本部分的研究由四个方面组成：1. 元朝北京岁时节日研究。以《析津志》等资料为中心重构元大都的岁时节日生活，并对其特色进行阐释；2. 明朝北京岁时节日研究。以《北京岁华记》《宛署杂记》《帝京景物略》及相关地方志、文人笔记、家谱资料等再现当时都市岁时节日生活，对明朝帝都文化进行解读。这是传统都市岁时的典型表现时期，它对民众的日常社会生活有着重要的标志意义。3. 清朝北京岁时节日研究。以《燕京岁时记》等重要岁时节日记载以及地方志、文人杂记等为依据，研究清代北京岁时节日的新变化。这一时期的岁时节俗对近代，乃至当代的节日生活产生了深远的影响。从岁时节日民俗的表现中可以获取丰富的文化信息。4. 民国北京岁时节日体系嬗变研究。以民国北京档案中的节假日资料与《北平指南》及外人旅京游记等为资料依据，研究民国北京岁时节日的新变化。近代中国出现了前所未有的社会政治变化，民众的生活方式包括时间生活方式受到较大的冲击，都市民众的时间观念中的新因素也在潜滋暗长。传统岁时节日开始出现局部变化，这种变化必然带来近代节日民俗的新形态。

（二）岁时节日与城市文化空间的研究。岁时节日是城市居民的年度时间生活，它与城市社会生活传统与城市居民的生活节奏相关，同时城市作为特定的地理空间，它适应人们的生活需要，形成一个个特定的城市文化节点，如胡同街巷、桥头路口、寺观坛庙、广场社区，人们依托物理空间开展文化活动，一旦依照特定时间周期性出现，它就构成了城市节日的文化空间。城市节日在城市生命史中扮演着重要的机体调节作用。千年帝都北京具有中国传统都市所拥有的传统文化空间资源，同时它地处农牧业交界地带，数度成为以少数民族为基干的统治中心，民族文化资源丰富。明清以来西方文化持续进入北京，异质的文化因素或多或少地影响到北京城市生活。由此，北京城市节日文化空间复杂而丰富。这一部分，我们还展开了对中国重要传统节日的理论与实践研究。

（三）当代北京节日庙会的个案研究。当代节日是传统岁时的继承与发展，由于中国特定的社会政治环境，当代节日与传统岁时的区别还是十分明显的。当代节日可区分为几个段落：1949 年至"文化大革命"前为第一段落，这一时期有新的节日、新的节俗，但一般尊重传统岁时节日；第二段落是"文化大革命"至 1976 年前，传统岁时节日基本被废除，"革命化"的春节就是典型，红色庆典、群众的革命狂欢取代了传统节日；第三段落是新时期以来，传统节日、新型节庆与西方节日多元共存，

3

其中以传统岁时节日的复兴最引人瞩目，当然这与民众的情感需要有着密切的关系。传统岁时节日民俗的文化资源正面临着各种动机的解读，对传统岁时节日在当代的文化处境应该有细致的考量，以得出合乎民族文化未来发展需要的建设性意见。作者选择北京门头沟妙峰山春季庙会作为田野调查个案，清代至民国期间京西妙峰山庙会是北京城市的重要节会，庙会期间城市居民上山进香，形成特有的春季节日景观。20世纪90年代初，庙会重新复兴，每年都有数十档花会上山，香客、游客亦有数十万众，对于这样具有历史文化价值而又呈现出生动样态的节会，当然应该作为考察北京岁时节日的重要时机，作者在这里已经跟踪调查十年之久。当代是作者亲历的时代，虽然它历史不长，但变化的幅度、变化速率是前所未有的。作者可利用大量的档案及民俗调查资料，以及亲自的节日体验进行描述研究，从民众时间意识与当代政治生活的角度对当代节日的形成与发展作深入的考察，以对中国人当代的社会生活有更清晰的认识，以为民族文化建设提供学术性的支助。

传统都市岁时与当代节日虽然在社会性质上发生了重大变化，但其内在的文化联系一脉相承。因此我们重视总体探讨古今岁时节日民俗形态的内在联系与它跟时代、社会变化相适应演变规律，对古今岁时节日民俗共有的文化特性进行研究阐述，以寻找到为民族节日文化建设服务的有效的文化资源；还应用民俗类型分析的理论，对北京节日民俗的外部形态与内在的构成要素进行深入的探讨，特别对其中典型的具有重大意义的民族节日作古今关联的具体考察，从节日民俗构成的要素的添加、修改、失落等方面进行详尽细致的文化分析，以真正把握民众时间观念在古今社会中传承与演变的真实情形。

本书创新在三个方面。

（一）北京岁时文献史研究资料的重要拓展。本书首次对北京岁时文献进行了系统厘清与研究。岁时文献是我们研究传统节日的重要依据，作为帝都的北京，岁时文献较一般地区丰富，有自元以来的岁时文献系列。作者在研究过程中在上海图书馆发现了久已亡佚的《北京岁华记》手抄本，这一发现不仅是对明代北京岁时记资料文本的补充，同时它也构成了中国岁时记研究系列文献重要环节。作者首次利用政府档案资料研究民国时期北京的节日文化，对于近代以来北京地区传统节日地位消长与新型节日在社会中的存在状态，以及二者之间的互动与共处关系，进行了描述与研究。作者还开拓了碑刻文献在岁时节日中的资料应用，首次整理了妙峰山历史碑刻与当代碑刻文献，并结合妙峰山庙会组织活动进行了解释。研究资料的新发现与研究资料范围的拓展，为北京岁时节日研究的深入奠定了坚实的基础。

（二）在岁时节日研究中引入文化空间的概念，将城市居民的岁时生活与城市文化空间的构建与利用关联研究，从而将城市岁时生活置于城市社会的广阔背景之下，由此，作者对岁时节日的考察由一般节日事象的描述，进入了整体性的语境研究的阶段，为作者理解城市居民的时间意识以及他们的物质消费、社会交往与精神表达提供了重要路径。北京作为近千年的帝都，其文化来源复杂，其文化具有强大的聚合与辐射能力。北京节日文化空间研究在全国具有示范性意义。

（三）以妙峰山传统春季庙会为个案，重视北京传统岁时节会的当代表现研究。在北京传统节日的复兴与重建过程中，妙峰山春季庙会有着生动的表现，本书作者近十年长期追踪调查妙峰山庙会，完成了三十余篇田野调查报告，拍摄了千余张图片资料，积累了丰富的一手田野资料，对传统节会当代表现有深入细致的描述与研究，为作者从现代社会的角度去看待传统节日文化资源，从一般民众时间意识传承变化的角度去审视古今节日民俗的发展变化，从而为理解传统社会的变迁提供了重要而鲜活的学术例证。

本书以上述三方面为重点，突破简单的习俗描述，深入研究北京都市古今节日民俗结构形态，注意寻找传统岁时与当代节庆日之间契合点，从中发掘出民族岁时节日的精义，以为民族节日文化保持与发展提供理论依据。

上　篇

北京岁时文献与岁时民俗

第一章

《析津志辑佚》与元代北京岁时民俗

　　《析津志》，又称《析津志典》，为元末明初熊梦祥撰，是最早记述北京及北京地区地理、历史和风俗的一部专志。根据学者的研究，此书在明初十分流行。明李贵纂修《丰乘》就著录有"《析津志典》，熊自得著"。①明杨士奇等编《文渊阁书目》中亦有"《析津志典》，三十四册"的记载②。但至明末清初，此书即已亡佚，故清人著作多转而著录《析津志》的存目情况和作者生平，如钱大昕《补元史艺文志》云："熊自得《析津志典》。字梦祥，丰城人，崇文监丞。"③《光绪顺天府志》亦云："熊自得《析津志典》，佚。见卢文弨《补辽金元艺文志》'地理类'。自得字梦祥，丰城人，崇文监丞。《日下旧闻·张鹏序》引熊自得《燕京志》，大约即此书也。"④康熙《丰城县志》则更详细地记载了熊梦祥"博学强记，尤工翰墨，元以茂才异等，荐为白鹿洞书院山长，授大都路儒学提举，崇文监丞，以老疾归。年九十余"的信息⑤。根据《元史》的记载，"艺文监"为元文宗天历二年（1329）设立，其职责为"专以国语

　　①　（明）李贵纂修：《丰乘》，明嘉靖刻本，卷之六《艺文志》，第6页a。见《天一阁藏明代方志选刊续编》第四十二册《嘉靖丰乘》（影印本），上海书店1990年版，第267页。

　　②　（明）杨士奇等编：《文渊阁书目》，读画斋丛书本，卷十八，王云五主编：《丛书集成初编》，商务印书馆1937年版，第226页。见中华书局编辑部编《丛书集成初编》（影印本）第4册，中华书局2011年版，第572页。

　　③　（清）钱大昕撰：《补元史艺文志》，潜研堂本，卷二，王云五主编：《丛书集成初编》，商务印书馆1937年版，第24页。见中华书局编辑部编《丛书集成初编》（影印本）第7册，中华书局2011年版，第190页。

　　④　（清）周家楣、缪荃孙等编纂：《光绪顺天府志》，清光绪十五年本，卷一百二十二《艺文志一 记录顺天府事之书》，北京古籍出版社1987年版，重印本，第6324—6325页。

　　⑤　（清）何士锦等修、陆履敬等纂：《丰城县志》，清康熙三年刊本，卷之九《人物》，第50页a。见《中国方志丛书》第九四九号《丰城县志》（影印本），成文出版社有限公司1989年版，第1135页。

敷译儒书，及儒书之合校雠者俾兼治之"，监中设"监丞参检校书籍事二员，从五品"①。元末虽改"艺文监"为"崇文监"，但其机构设置、人员职责等均无变更。熊梦祥出任崇文监丞，不但有了大量接触内府藏书和文献资料的机会，在大都任职期间，他还得以历览北京及北京地区的山川名胜，对民风民俗作实地考察，从而掌握了丰富的资料，为编纂《析津志》奠定了坚实的基础。

析津，本古冀州之地。辽太宗时将此地升为南京，又称燕京。辽圣宗开泰元年（1012），改幽都府为"析津府"，蓟北县为"析津县"，幽都县为"宛平县"②。故辽代燕京（今北京）亦称"燕京析津府"或"南京析津府"。元末熊梦祥以"析津"之名为北京纂修志书，"盖取古名也"③。作为记载北京的第一本专志，《析津志》对北京的沿革、至到、属县，以及城垣街市、朝堂公宇、河闸桥梁、名胜古迹、人物名宦、山川风物、物产矿藏、岁时风尚、百官学校等，都有翔实的记载，是研究北京及北京地区地理、历史的宝贵资料④。

然而，由于《析津志》早已亡佚，故今人只能借助辑佚本来了解其大致内容。20世纪30年代，北京图书馆积累了一些《析津志》佚文，后经重新辑录至1983年，《析津志辑佚》由北京古籍出版社出版。这一整理本所辑录的佚文来源主要有四：一是从《永乐大典》原本中直接采集；二是从《日下旧闻考》中转辑；三是从徐维则铸学斋藏本《宪台通纪》中采集；四是从通学斋主人孙殿起收购又转让给北京图书馆的《顺天府志》残卷中转录⑤。此本卷帙包括城池街市、朝堂公宇、台谏叙、工局仓廪、额办钱粮、太庙、祠庙仪祭、寺观、河闸桥梁、古迹、大都东西馆马步站、人物、名宦、学校、风俗、岁纪、物产、属县，共计十八目。

岁时节日民俗是《析津志》关注和记载的重点之一，辑佚本"风俗"

---

① （明）宋濂等撰：《元史》，卷八十八、志第三十八《百官四》，中华书局2011年版，第2223页。

② （元）脱脱等撰：《辽史》，卷十五、本纪第十五《圣宗六》，中华书局2011年版，第171页。

③ （清）周家楣、缪荃孙等编纂：《光绪顺天府志》，清光绪十五年本，卷一百二十二《艺文志一 记录顺天府事之书》，北京古籍出版社1987年版，重印本，第6326—6327页。

④ 《析津志辑佚·整理说明》，（元）熊梦祥：《析津志辑佚》，北京古籍出版社1983年版，第1页。

⑤ 同上书，第7页。

目下对部分岁时节日民俗进行了较为详细的记载，后又在"岁纪"目下对全年的岁时节日民俗进行了专章的记载和论述。以下，将依次对两个章节中记载的岁时节日民俗加以梳理和分析。

首先来看"风俗"部分。《析津志辑佚》"风俗"一章主要对立春进春牛，清明寒食戏蹴秋千、宴饮，午节击球、斫柳，六月进肴蔬果，立秋簪秋叶、宴饮，八月巡山、巡仓，九月车驾还都，十月开射圃、巡城会等岁时节日民俗进行了记载和叙述。这种叙述的安排，可能是在辑佚过程中形成的，也可能是作者对于"民俗"的认识尚浅，因而将岁时节日民俗中现场性、活动性、展示性和竞技性较强，在民间流传较广、民众参与较多而成为当时社会风尚的部分分离出来，看作"风俗"的一部分。

通过对《析津志辑佚》中岁时节日记载的分析，可以看出，元大都的岁时节日民俗确实独具特点。

第一，《析津志辑佚》的岁时节日记载反映了大都民俗的多民族特点。无论是击球还是斫柳，都独具蒙古游牧民族重视骑射的民族传统和特色，《析津志辑佚》对它们的描写十分传神：

> 击球者，今之故典。而我朝演武亦自不废。常于五月五日、九月九日，太子、诸王于西华门内宽广地位，上召集各衔万户、千户，但怯薛能击球者，咸用上等骏马，系以雉尾、缨络，萦缀镜铃、狼尾、安答海，装饰如画。玄其障泥，以两肚带拴束其鞍。先以一马前驰，掷大皮缝软球子于地，群马争骤，各以长藤柄球杖争接之。而球子忽绰在球棒上，随马走如电，而球子终不坠地。力捷而熟娴者，以球子挑剔跳掷于虚空中，而终不离于球杖。马走如飞，然后打入球门中者为胜。当其击球之时，盘屈旋转，倏如流电之过目，观者动心骇志，英锐之气奋然。虽耀武者，捷疾无过于是，盖有赏罚不侔耳。如镇南王之在扬州也，于是日王宫前列方盖，太子、妃子左右分坐，与诸王同列。执艺者上马如前仪，胜者受上赏；罚不胜者，若纱罗画扇之属。此王者之击球也。其国制如此。①

击球运动是对于骑术的训练和考量，并非源自元代，而是出于"演

---

① （元）熊梦祥：《析津志辑佚》，北京古籍出版社 1983 年版，第 203—204 页。

武"的目的，自辽代因袭而来的。斩柳是一种以骑术和箭术相结合的竞技项目，亦源自辽代斩柳这一竞技赏罚分明，难度很大，元代皇室通过举行这种活动来保持和检验蒙古族武职人员的骑射技术。对此，《析津志辑佚》中的记载如下：

> 斩柳者于端午日，质明镇南王于府前张方盖，与王妃偕坐焉。是时覃王妃同在，诸王妃咸坐，仍各以大红销金伞为盖，列坐于左；诸王列坐于右。诸王行觞为节令寿。前列三军，旗帜森然。武职者咸令斩柳，以柳条去青一尺，插入土中五寸。仍各以手帕系于柳上，自记其仪。有引马者先走，万户引弓随之，乃开弓斩柳。断其白者，则击锣鼓为胜，其赏如前。不胜者亦如前罚之。仪马足咸与前饰同，此武将耀武之艺也。①

第二，《析津志辑佚》的岁时节日记载展现了多阶层节日民俗。这可以《析津志辑佚》中有关"清明寒食"的记载为例：

> 清明寒食，宫庭于是节最为富丽。起立彩索秋千架，自有戏蹴秋千之服。金绣衣襦，香囊结带，双双对蹴。绮筵杂进，珍馔甲于常筵。中贵之家，其乐不减于宫闱。达官贵人，豪华第宅，悉以此为除被散怀之乐事。然有无各称其家道也。②

从这条记载中我们可以了解宫廷、中贵之家等不同阶层在同一节日是如何度过的，这也更加符合帝都民俗的特点。

第三，《析津志辑佚》的岁时节日记载体现了元代特有的典章制度。众所周知，元朝虽然定都北京，但考虑到蒙古贵族原有的生活习惯，他们保留了远在锡林郭勒草原的上都开平，施行大都过冬、上都度暑的两京巡回制度。围绕着圣驾每年的夏去冬返，大都形成了许多独特的节日活动。而巡山、巡仓和巡城会就是与两京巡回制有关的岁时活动的代表。对此，《析津志辑佚》记载如下，"巡山，京都住夏，宰相省院台官闻上位于某

---

① （元）熊梦祥：《析津志辑佚》，北京古籍出版社1983年版，第204页。
② 同上书，第203页。

日洒马妳子，大都住夏，宰辅于是日出西山，谓之巡山。比回，于镇国寺等处茶饭"。① "巡仓，省院台官，比及车驾至第儿纳钵，京城省院台官出通州，谓之巡仓。盖有京畿漕运司故耳。回于某处茶饭。"② "十月，皇城东华门外，朝廷命武官开射圃，常年国典。车驾于某日起，省院台官大聚会于健德门城上。分东西两班，至丽正门聚会，设大茶饭。谓之巡城会。自此后，则刻日计程迎驾。"③ 由此可见，巡山是皇帝从大都启程前往上都消夏时举行的送驾活动；巡仓是皇帝在两京巡回途中，大都留守官员相应的配合性活动；而巡城会则是大都留守官员的迎驾活动。

《析津志辑佚》的"岁纪"部分是《析津志辑佚》中专章记载岁时节日民俗的部分，其记载的内容可大致分为前、后两个部分，而且两个部分的记载体例也并不统一。前半部分的记载较为混杂，分别记录了元宵、四月八日浴佛、十月开垛场（射天狼）、冬至日进历、十二月八日煮腊八粥、正月元夕节、正月一日、正月十六日烧灯节、正月十九日燕九节、太庙荐新、二月初八日拜西镇国寺、二月二龙抬头、二月八日西镇国寺庙市、五月踏青斗草、秋千、二月二日游卢师山等内容，这些记载并没有按照节日时间的先后顺序进行排列，可能是由于《析津志》辑佚本是从几种不同的文献资料中辑佚而来的，为了便于标记出处，就将相同出处的资料排列在一起。这部分记载，也具有"风俗"部分节日记载反映的三个特点，如十月开垛场（射天狼）的习俗反映蒙古游牧民族特点，五月蹴秋千展现多阶层节日民俗等，此外它们还反映了以下三方面的内容。

一是反映元大都宗教信仰。喇嘛教自元代传入大都，受到元代统治者的极力推崇，喇嘛教首领被封为国师、帝师，受到自上而下的膜拜，也深刻地影响了元大都的宗教信仰。如《析津志》记载浴佛节："四月八日浴佛。宫庭自有佛殿，是曰剌麻。送香水黑糕斋食奉上，有佛处咸诵经赞庆。国有清规，一遵西番教则。京城寺宇进有等差。"④ 表明大都的浴佛节受到喇嘛教的影响，其节日内容已经有所改变，作者明确指出，这种改变的发生是由于"国有清规，一遵西番教则"。

二是展现节日经济及庙市盛况。《析津志辑佚》在记载节日习俗的同

---

① （元）熊梦祥：《析津志辑佚》，北京古籍出版社 1983 年版，第 205 页。

② 同上。

③ 同上。

④ 同上书，第 211 页。

时注重对节日经济活动的记载，这也符合大都商贸民俗发达的总体特点。如：

> 正月一日，百官待漏于崇天门下。（详见朝仪元会圣节同。）二日后，内外百辟朝贺饮宴。后随时说选。丁酉年正月一日，内八府宰相领礼部中书省相国，以外国大象进上，并说纳粟补官选。自此后常于斡耳朵聚，涓日入中书署事，设大燕，成典也，六部如之。京官虽已聚会公府，仍以岁时庆贺之礼，相尚往还迎送，以酒醴为先，若殽馔，俱以排办于案卓矣。如是者数日。车马纷纭于街衢、茶坊、酒肆，杂沓交易至十三日，人家以黄米为糙糕，馈遗亲戚，岁如常。市利经纪之人，每于诸市角头，以芦苇编夹成屋，铺挂山水、翎毛等画，发卖糖糕、黄米枣糕之类及辣汤、小米团。又于草屋外悬挂琉璃蒲萄镫、奇巧纸镫、谐谑镫与烟火爆杖之属。自朝起鼓方静，如是者至十五、十六日方止。宫中有世皇所穿珍珠垂结灯，殿上有七宝漏灯。三宫灯夕，自有常制，非中外可详。世皇建都之时，问于刘太保秉忠定大内方向。秉忠以今丽正门外第三桥南一树为向以对，上制可，遂封为独树将军，赐以金牌。每元会圣节及元宵三夕，于树身悬挂诸色花灯于上，高低照耀，远望若火龙下降。树旁诸市人数，发卖诸般米甜食、饼馕、枣面糕之属，酒肉茶汤无不精备，游人至此忘返。此景莫盛于武宗、仁宗之朝。近年枯瘁，都人复栽一小者培植其旁，随年而长。十六日名烧灯节，市人以柳条挂焦馈于上叫卖之。[1]

另外，《析津志辑佚》还记载了二月初八日西镇国寺庙市的繁盛景象，以及此后更加隆重盛大的"诏游皇城"活动。记载如下：

> 八日，平则门外三里许，即西镇国寺，寺之两廊买卖富甚太平，皆南北川广精䉒之货，最为饶盛。于内商贾开张如锦，咸于是日。南北二城，行院、社直、杂戏毕集，恭迎帝坐金牌与寺之大佛游于城外，极甚华丽。多是江南富商，海内珍奇无不凑集，此亦年例故事。开酒食肆与江南无异，是亦游皇城之亚者也。过此，则有诏游皇城，

---

[1] （元）熊梦祥：《析津志辑佚》，北京古籍出版社1983年版，第212—213页。

14

世祖之故典也。其例于庆寿寺都会，先是得旨，后中书札下礼部，行移各属所司，默整教坊诸等乐人、社直，鼓板、大乐、北乐、清乐，仪凤司常川提点，各宰辅自办婶子车，凡宝玩珍奇，希罕蕃国之物，与夫百禽异兽诸杂办，献赏贡奇互相夸耀，于以见京师极天下之壮丽，于以见圣上兆开太平与民同乐之意；下户部关拨钱粮，应付诸该衙门分办社直等用，各投下分办簇马只孙筵会，俱是小小舍人盛饰以显豪奢。凡两京权势之家，所蓄宝玩尽以角富。盖一以奉诏，二以国殷，故内帑所费，动以二三万计。①

三是体现元代大都城市的规划特点和建制规模。元代大都城中轴线（尤其是大内方向）的确立，是北京都城建设史上的里程碑，对明、清北京城的进一步营造产生着深刻的影响。《析津志辑佚》中的节日记载保留了元代大都大内方向确立的宝贵资料，以及与此相关的特殊风俗："世皇建都之时，问于刘太保秉忠定大内方向。秉忠以今丽正门外第三桥南一树为向以对，上制可，遂封为独树将军，赐以金牌。每元会圣节及元宵三夕，于树身悬挂诸色花灯于上，高低照耀，远望若火龙下降。"② 另外，元大都是在辽金燕京旧城的东北修建的一座新城。新城落成后，旧城中的衙署和居民虽逐渐迁往新城，但旧城并未因此而失去往日繁华，它在居民心中仍有着新城不可取代的位置，《析津志辑佚》中就记载了很多游赏南城的活动。如"至（正月）十九日，都城人谓之燕九节，倾城士女曳竹杖，俱往南城长春宫、白云观，宫观葳扬法事烧香，纵情宴玩以为盛节，犹有昔日风纪。曳竹之说见于纪遗"。③ 又如"是月（二月）也，北城官员、士庶妇人女子，多游南城，爱其风日清美而往之，名曰踏青斗草"。④通过这些记载，我们可以清晰地看到，由于南城特有的风景古迹甚多，游南城，已经成为大都居民生活中一项不可或缺的特殊岁时节日活动。而大都新城与燕京旧城，二者各司其职却又相得益彰，这也从一个侧面说明了在元大都城市规划中，已经具有了新旧城分别承担不同社会生活功能的设计理念。

---

① （元）熊梦祥：《析津志辑佚》，北京古籍出版社 1983 年版，第 214—215 页。
② 同上书，第 213 页。
③ 同上。
④ 同上书，第 216 页。

《析津志辑佚》"岁纪"一章后半部分的节日记载体例比较统一，它以月为序，依次记载了三月、四月、五月、六月、七月、八月、九月、十月、冬月和腊月共十个月的岁时节日民俗。以下仅以"七月"为例，对其记载进行分析：

> 七月皇朝祠巧夕，化生庭院罗金壁，彩线金针心咫尺，堪怜惜。星前月下遥相忆，钿盒蛛丝觇顺逆，觚棱萤度凉生腋，天巧不如人巧怪。年光搦，长生殿里空尘迹。都中人民，此日迎二郎神赛愿。富人家祀，先用麻秸奠酒为诚，买纸钱冥衣烧化于坟。谓云送寒衣，仍以新土覆墓。市中小经纪者，仍以芦苇夹棚，卖摩诃罗巧神泥塑，人物大小不等，买者纷然。宫庭宰辅、士庶之家咸作大棚，张挂七夕牵牛织女图，盛陈瓜、果、酒、饼、蔬菜、肉脯，邀请亲眷、小姐、女流，作巧节会，称曰女孩儿节。觇卜贞咎，饮宴尽欢，次日馈送还家，亦古今之通俗也。上京于是日命师婆涓吉日，敕太史院涓日洒马戾，洒后车，辕轵指南，以俟后月。太庙荐新：果、菜、鹦鹉。①

这段记载从诗词引入，接着描写了七月"都中人民"赛会、祭墓、市卖化生泥塑、搭神棚挂牛郎织女神像供奉祭祀、邀集亲戚作乞巧会等民俗活动，还提到将七夕称为"女孩儿节"。由此可见，《析津志辑佚》不仅记叙一般节俗，而且将节俗与城市阶层或男女性别结合描述，使大都岁时民俗记载更加立体、丰富。同时，对节日经济与节日期间的政治仪式也进行了叙述。由于七月正值皇家在开平度夏期间，因此在记载大都的同时还记载上都的情况，以及两京在同一节日的不同做法和关系，这也从一个侧面反映出汉族和蒙古族在节俗上的联系与区别。这样的记载对于我们全方位地了解元代的岁时节日民俗风貌具有极其宝贵的价值。

---

① （元）熊梦祥：《析津志辑佚》，北京古籍出版社 1983 年版，第 220—221 页。

第二章

《宛署杂记》与明代北京岁时民俗

一 《宛署杂记》其书

《宛署杂记》是明朝万历年间宛平知县沈榜任职期间编著的一本有关宛平的书籍。沈榜，字登子，湖广临湘（今湖南临湘）人，生卒年不详。隆庆元年（1567）乡试举人，万历九年（1581）出任内乡知县，后分别在东明、上宁任知县，万历十八年（1590）升任顺天府宛平县知县。沈榜任职宛平后，本以为宛平"列在辇毂之下"，"风被最先，科条独著"，"其志记必详，且核于前所睹闻，而诸所施设，无如上国之明备"，自己可以"按籍求之，拱手受成"。不料想，"天下郡邑，谁不比事修辞，各先记载"，偏偏"京兆首善，乃独阙如"。这种状况令他大失所望，并深感自己责任重大："吾为宛平长吏，何可以无志！"于是主动承担起记录宛平的责任，他在"退食之暇，杂取署中所行之有据而言之足征者，随事记录，不立义例，不待序次"，等积累到一定程度，则"命吏稍缮之为二十卷，而讲求擘划之要，正亦不能自隐，各以类列附见于后"，撰成《宛署杂记》一书。[1] 根据沈榜作于"万历壬辰人日"的自序，该书著成于当年，即公元 1592 年。次年，刻本问世。

该书问世后，较受当时及后世人士的注意，孙能传、张萱等《内阁藏书目录》作了著录，云："《宛署杂记》，五册，全。万历壬辰年宛平令沈榜修。"[2] 又刘侗、于奕正等《帝京景物略》中也曾提及，所谓："翼

---

① （明）沈榜：《自序》，沈榜编著：《宛署杂记》，北京古籍出版社 1983 年版，第 3—4 页。后面引自《宛署杂记》的资料均出自该版本，不再出现本注。

② （明）孙能传、张萱等：《内阁藏书目录》卷 6，《续修四库全书》第 917 册，第 71 页。

《顺天府志》而传者，《燕史》（戚伯坚）、《宛署杂记》（沈榜）、《长安客话》（蒋仲舒）、《长安可游记》（宋启明）等。"① 清黄虞稷《千顷堂书目》卷六有载录："沈标② 《宛署杂记》，二十卷（万历壬辰，榜为宛平知县修）。"③ 又康熙四十七年修《御定佩文斋书画谱》引用了该书，"纂辑书籍"中著录："《宛署杂记》，沈榜。"④ 此外，明冯应京辑、戴任增释的《月令广义》中七月十五条云："燕城乡民，十五日取蜀黍苗、麻粟苗，连根及土，缚竖门之左右，别束三丛，立之门外，供以面果，呼为祭麻谷。"⑤ 从行文来看，似亦抄录自《宛署杂记》。

不过，该书流传范围似乎并不广。康熙二十四年《宛平县志·凡例》载："县旧无志，统之于府志中，以其附郭也。迩者邑侯王公念其缺典，慨然谋创造之，以备稽考。"⑥ 如果不是修志者对《宛署杂记》视而不见（因为它虽有志书之实，毕竟没有志书之名），便是未曾见过此书。朱彝尊的《日下旧闻》（撰成于康熙二十七年），抄撮群书，对此书却未加征引，应是朱氏未见该书的缘故。后来其子朱昆田对《日下旧闻》加以增补，虽然在卷147、卷148 "风俗"条中引用了《宛署杂记》的若干记述，但仅有数则，显然与《宛署杂记》的重要性程度不符，不知从何而来。乾隆年间，于敏中、英廉等人奉敕将《日下旧闻》增订为《日下旧闻考》，增订时虽广征博引，却未曾引录《宛署杂记》，可能亦未见此书。

虽如此，光绪年间缪荃孙等人编修《顺天府志》时还是见到了《宛署杂记》，并在"艺文志·纪录顺天事之书"中作了如下记载："沈榜《宛署杂记》，二十卷，存（刊本）。榜见官吏表。榜于万历二十年任宛平，所撰纯用志体，考证附各门之后。日下旧闻屡引之。序云宛平二百年来无人纪述。则明初宛平图志、宛平志皆未寓目者也。述古堂书目列于地

---

① （明）于奕正：《略例》，刘侗、于奕正：《帝京景物略》，北京古籍出版社 1980 年版，第 5 页。

② "标"当为"榜"。

③ （清）黄虞稷著，瞿凤起、潘景郑整理：《千顷堂书目》，上海古籍出版社 2001 年版，第 153 页。

④ 《御定佩文斋书画谱·纂辑书籍》，《文渊阁四库全书》本。

⑤ （明）冯应京辑，戴任增释，李登参订：《月令广义》，《四库全书存目丛书》史部第 164 册，齐鲁书社 1996 年版，第 788 页。

⑥ 《康熙宛平县志·凡例》，（清）王养濂等纂修，王岗点校整理：《康熙宛平县志》，北京燕山出版社 2007 年版，第 1 页。

理总志。"① 再后来，该书在国内已不能见到，值得庆幸的是，20 世纪 40 年代傅芸子发现日本尊经阁文库还藏有此书，他曾撰《沈榜〈宛署杂记〉之发见》一文专门谈及此事，字里行间洋溢着发现的喜悦："治北京历史风土者，莫不知明有临湘沈榜《宛署杂记》一书，然均未见其全豹也……余尝憾未见斯书，曾遍检国内公私各书目，均无庋藏者，是沈书今已绝世矣！余前赴东京前田侯邸尊经阁文库观书，偶于书目中发见此书，为之大喜逾恒，清初诸学人渴想未见之书，不意余于二百年后之今日，获睹于海外，岂非奇缘！"② 傅芸子曾经建议尊经阁文库将其重刊，但没有得到及时回应。1944 年他作《从〈宛署杂记〉所见明代的京俗片影》一文发表在《艺文杂志》第一卷第一期上，并说："我想将这一卷民俗（土俗及方言）刊布于世，以为研究北京风土者之一资料，可与刘侗《帝京景物略》并传于世也。"③ 后来该书被拍摄成胶卷，藏于中国科学院图书馆。1961 年，北京出版社据此胶卷点校铅印，1983 年北京古籍出版社据北京出版社版重新排印出版。1992 年此书被收入中国科学院图书馆编《稀见中国地方志汇刊》中，由中国书店影印出版，2002 年中国书店出版社重印。

《宛署杂记》共二十卷，分别以日、月、光、天、德、山、河、壮、帝、居、太、平、无、以、报、愿、上、万、言、书二十字为卷目，以圣谕、县始、分土、署廨、古墨斋、职官、山川（山、水、古迹）、铺舍、街道、地亩、人丁、徭赋、力役、黄堡仓、宫庄、马政、奶口、三婆、土工、驾相、养济院、税契、铺行、经费（坛壝、宗庙、陵园、行幸、宫禁、内府、各衙门、乡试、会试、殿试、乡会试武举、杂费）、人物（乡贤、节妇、仙释）、民风（土俗、方言）、恩泽（御制、御墨、田宅、坟墓、祠祭、藏典）、寺观（寺、庵、宫、观、庙、祠）、志遗（遗文、遗事）为条目，记述了明代北京之政治制度、历史沿革、山川地理、社会经济、风俗掌故、方言土物、人物艺文等方方面面的信息，堪称明代宛平

---

① （清）周家楣、缪荃孙等编纂：《光绪顺天府志》，北京古籍出版社 1987 年版，第 6348 页。

② 傅芸子：《从〈宛署杂记〉所见明代的京俗片影》，《中和》三卷五期（1942 年 5 月），转引自王灿炽《〈宛署杂记〉考略》，《北京社会科学》1995 年第 1 期，第 83 页。

③ 该文原载《艺文杂志》第一卷第一期，后收入钱理群主编《中国沦陷区文学大系·散文卷》，广西教育出版社 1998 年版。

县的百科全书。对于研究明代北京而言，《宛署杂记》提供了多方面的、罕见的、详细而可信的史料，具有十分重要的学术价值。

二 《宛署杂记》岁时民俗记述的史料价值

沈榜对于宛平风俗抱有浓厚的兴趣，《宛署杂记》卷十七"民风一·土俗"依照时序对岁时节日民俗做了集中记述，是现存明代最早的有关北京一带岁时民俗的系统记述，用翔实的资料展示了 16 世纪末宛平一带岁时节俗的状貌，具有十分重要的史料价值。

第一，《宛署杂记》是现存最早的有关明代北京一带岁时节俗的系统记述。

就笔者目前所知，有关明代北京的岁时民俗文献主要有《宛署杂记》、万历《顺天府志》《帝京景物略》《酌中志》中的岁时民俗记述，以及《北京岁华记》等数种，其中，《宛署杂记》是成书最早的。考虑到万历《顺天府志》几乎与《宛署杂记》同时出版，有必要对两书中的岁时节俗记述进行一点比较。

万历《顺天府志》，一般署名沈应文、张元芳纂修，实际上纂修工作始于谢杰。谢杰，字汉甫，福建长乐人，万历二十年（1592）出任顺天府尹。上任不久，即着手修纂府志。后因升迁南赣巡抚右副都御史离京，方志的修纂工作由府丞谭希思接手。谭希思，字子诚，湖广茶陵人，万历二十一年（1593）到任。接手后，谭氏参考诸州邑志书，拟定纲目，由大兴县丞张元芳汇集编次。继谢杰之后出任顺天府尹的沈应文（字征甫，浙江余姚人，隆庆戊辰进士）到任之后，又"相与重加校正"，于万历二十一年冬十月刊刻成书。① 其书体例，卷一地理志，首列金门图、畿辅图，分分野、沿革、疆域、形胜、风俗、山川、古迹七目。卷二营建志，分城池、公署、学校、坛社、邮舍、寺观、创造七目。卷三食货志，分户口、田赋、徭役、马政、经费、物产六目。卷四政事志，分历官、职掌、名宦、祠典、武备五目。卷五人物志，分选举、功烈、节孝、乡贤、隐逸、流寓、仙释七目。卷六艺文志，分碑刊、题咏二目。其中卷一"风

---

① 参见（明）谭希思《顺天府志序》，（明）沈应文、张元芳纂修：《［万历］顺天府志》，《四库全书存目丛书》史部第 208 册，第 4—7 页。

俗"目中有对岁时民俗的集中记述。

从刊刻时间来看，《顺天府志》与《宛署杂记》同年，前后最多有六个月之差，因为谢杰为《宛署杂记》所作"叙"成于"万历癸巳清和望日"，"清和"是四月的别称，《宛署杂记》刊刻应在四月十五日之后，或许晚于《顺天府志》亦未可知。但从完稿时间看，《宛署杂记》在万历二十年初即已写就，《顺天府志》则主要完成于万历二十一年；曾为《宛署杂记》作叙的谢杰也为《顺天府志》作了序，他自称："先沈令记宛平余为之叙，兹复叙京兆。"① 更重要的是，从内容上看，《顺天府志》与《宛署杂记》关系密切，《顺天府志》的"艺文志"中就录有谢杰的《宛署杂记叙》，而在岁时民俗记述部分，可以明显看出《宛署杂记》对《顺天府志》的影响。下面以表格的形式举出数例。

表 2 - 1　　　　　　　《宛署杂记》与《顺天府志》内容比较

宛署杂记②	顺天府志③
二月引龙，熏百虫。（宛人呼二月二为龙抬头。乡民用灰自门外委蜿布入宅厨，旋绕水缸，呼为引龙回。用面摊煎饼。熏床炕令百虫不生。）	二月熏百虫（用面煎饼，熏床炕，令百虫不生）。
三月祭墓，（清明日，小民男妇盛服携盒酒祭其先墓，祭毕野坐，醉饱而归。每年是日，各门男女拥集，车马喧阗），朝东岳（城东有古庙，祀东岳神。规制宏广，神象华丽。国朝岁时敕修，编有庙户守之。三月二十八日，俗呼为降生之辰，设有国醮，费几百金。）民间每年各随其地预集近邻为香会，月敛钱若干，掌之会头。至是盛设鼓乐幡幢，④ 头戴方寸纸，名甲马，群迎以往，妇人会亦如之。是日行者塞路，呼佛声振地，甚有一步一拜者，曰拜香庙。有神浴盆二，约可容水数百石，月一易之，病目人虔卜得许，一洗多愈。	三月朝东岳（城东有古庙，祀东岳神，规制宏广，神象壮丽。国朝岁时敕修，编庙户守之。三月二十八日诞辰，民间盛设鼓乐幡幢，群迎以往，行者塞路。庙有神浴盆二，容水数百石，病目洗之愈）。

① （明）谢杰：《顺天府志序》，（明）沈应文、张元芳纂修：《［万历］顺天府志》，《四库全书存目丛书》史部第 208 册，第 3 页。

② 本表格中引用《宛署杂记》的文字均出自北京古籍出版社 1983 年版，第 191—192 页。括号中的文字在原书中用较小的字体排列。

③ 本表格引用《顺天府志》的文字出自（明）沈应文、张元芳纂修：《［万历］顺天府志》，《四库全书存目丛书》史部第 208 册。标点为笔者所加。

④ 此处引文与出处标点不同，疑出处有误，故改之。出处标点为："民间每年各随其地预集近邻为香会，月敛钱若干，掌之会头至。是盛设，鼓乐幡幢。"

续表

宛署杂记	顺天府志
七月浮巧针（七月七日，民间有女家各以碗水暴日下，令女自投小针泛之水面，徐视水底，日影或散如花，动如云，细如线，粗如槌，因以卜女之巧）。	七月浮巧针（七月，民间女家盛水暴日，令女投小针浮之，视水底日影，散如花，动如云，细如线，粗如槌，卜其巧拙）。

细视表2-1，可以看出《顺天府志》的修纂者在记述岁时民俗时明显参考了《宛署杂记》，有的甚至是直接抄录。清人李鸿章曾评价万历《顺天府志》"草创荒略"，沈秉成更认为它"非略即舛，殊难考征"，①这种评价虽然不免有苛责之嫌，但从《顺天府志》的岁时节俗记述看，又不无道理。可以说，《顺天府志》对北京岁时民俗的记述大致是《宛署杂记》岁时节俗记述的一个简略的缩写版，不仅对不少重要的岁时节俗忽略不记，如二月并无"引龙"，朝东岳不讲"香会"，而且不乏错讹之处。如"七月浮巧针"一条，《宛署杂记》标明浮针是七月七日的活动，《顺天府志》却记述成"七月"的活动，《宛署杂记》称"民间有女家各以碗水暴日下"，《顺天府志》的记述则是"民间女家盛水暴日"，"民间女家"四字不通，"盛水暴日"四字亦嫌艰涩，行文远不如《宛署杂记》明晰流畅。

第二，《宛署杂记》卷十七以翔实的记述反映了北京地区（宛平一带）岁时节日民俗在明代万历年间的总体状貌。

记述翔实，是《宛署杂记》全书的特点。如明代有在每月朔旦宣谕的"祖制"，沈榜不仅记录下宣谕的程序，所谓"朔旦，文书房请旨传宣谕一道，顺天府尹率宛、大二县知县自会极门领出，府首领一员捧之前，至承天门桥南，召两县耆老面谕之。月一行，著为令。语随时易。惟正月、十二月，以农事未兴，无之"②；而且逐月记录了正德十二年、十四年、十五年，嘉靖三年、七年、九年、十七年、二十二年、二十三年、二十八年、三十三年，隆庆二年，万历四年、五年、十八年、十九年共16年的宣谕语。又如经费部分，沈榜详细列举了不同机关、地方在不同场合的支出款项和经费来源，以宗庙之"太庙"为例，沈榜记录了太庙"每

---

① （清）沈秉成：《序》，（清）周家楣、缪荃孙等编纂：《光绪顺天府志》，北京古籍出版社1987年版，第1页。

② 《宛署杂记》，第1页。

月荐新""每年正祭""孟秋时序"所用品物及其费用，荐新所用品物按月份记述，其中有关正月、二月的记录如下：

> 正月分，共该银二两二钱。荠菜四斤，价一两二钱；生菜二斤，价五钱；韭菜二斤，价五钱。二月分，共该银九钱九分九厘五毫。苔菜二斤八两，价五钱；芹菜一斤八两，价四钱九分九厘五毫。①

其提供史料的内容及详细程度，实属罕见。重要的是类似记载在《宛署杂记》中并非特例，在卷十七的岁时民俗记述中同样有突出的表现。对于正文提到的每一种岁时节日习俗，沈榜都会用小字加以注解，尽可能提供有关它的多方面信息。以祀灶为例，在写下"祀灶"二字之后，沈榜注曰：

> 坊民刻马形印之为灶马，每年十二月二十四日，农民囊以焚之灶前，谓为送灶君上天。别具小糖饼，奉灶君。具黑豆寸草，宛许为养马具，群一家少长罗拜，即嘱之曰：辛甘臭辣，灶君莫言。至次年初一日，则又具如前，谓为迎新灶。②

这段注文，既记述了宛人祀灶活动的日期，又叙述了活动的程序和内容，并记录下民众自己对于习俗的称谓，从而非常清晰地展示了明代北京的祀灶习俗。

在对"放烟火"的记述中，这一特点表现得更为鲜明。放烟火是元宵节的重要习俗活动之一，在不少文献中都有记载，但对烟火的种类多语焉不详，《宛署杂记》却做了详细记述：

> 用生铁粉杂硝、磺、灰等为玩具，其名不一，有声者，曰响炮，高起者，曰起火。起火中带炮连声者，曰三级浪。不响不起，旋绕地上者，曰地老鼠。筑打有虚实，分两有多寡，因而有花草人物等形

---

① 《宛署杂记》，第122页。
② 《宛署杂记》，第192页。以下对《宛署杂记》岁时民俗记述的引用，均出自《宛署杂记》第190—192页，不再出注。

者，曰花儿。名几百种，其别以泥函者，曰砂锅儿。以纸函者，曰花筒。以筐函者，曰花盆。总之曰烟火云。勋戚家有集百巧为一架，分四门次第传爇，通宵不尽，一赏而数百金者。

通过这样的记述，后人可以对明代帝都烟火的品种及燃放效果有清晰的了解，亦可以凭借它去想象五花八门的烟花如何在此起彼伏中将宛平的元宵节打扮得有声有色、光彩照人。

明代元宵节还有各种游戏活动，如"打鬼""跳百索""摸瞎鱼"等，《宛署杂记》同样做了细致的记述，如"摸瞎鱼"：

群儿牵绳为圆城，空其中方丈。城中轮着二儿，各用帕，厚蒙其目，如瞎状。一儿手执木鱼，时敲一声，而旋易其地以误之。一儿候声往摸，以巧遇夺鱼为胜。则拳击执鱼儿，出之城外，而代之执鱼轮入，一儿摸之。

在这里，作者将重点放在对游戏规则的说明上。如此详细的记述，不仅可以令人想象到明代宛平儿童摸瞎鱼的有趣，在当前传统节日复兴之时，甚至可以借着它去恢复这个多被遗忘的游戏规则和节日活动。

正是通过如此翔实的记述，《宛署杂记》揭示了宛平县岁时民俗在明代万历年间的总体状貌。下面的表格据《宛署杂记》制成，是对这一时期宛平县岁时节日及节俗的概括呈现。

表 2-2 宛平县岁时节俗

正月	元旦	拜年，烧阡张，道上叩头，戴闹嚷嚷
	元宵	游灯市，走桥摸钉，放烟火，打鬼，跳百索，摸瞎鱼
	正月十九	耍燕丘
二月	二日	引龙，熏百虫
三月	清明	祭墓
	二十八日	朝东岳
四月	初八到十五	赏西湖景，登玉泉山，耍戒坛秋坡，观佛蛇，游高梁桥
五月	女儿节	系端午索，戴艾叶、五毒灵符，踏青
六月	六日	藏水曝衣，晒銮驾，观洗象

续表

	七日	浮巧针
七月		挂地头
	十五	祭麻谷
八月		馈月饼
九月		蒸花糕
十月	一日	送寒衣，祀靴，辞年作
	初八	造腊八粥
十二月	二十四	祀灶
	除夕	守岁
	自初一起	念夜佛

大致说来，此时期宛平的民间岁时节日体系完整，几乎月月有节，但从月度分布上而言，各月的节日数目差距较大，作为节日的时间长短也颇不相同，其中正月、三月、四月、七月、八月、腊月节日时间较长，习俗活动较多。在众多习俗活动中，有些是颇富地方特色的，如正月十九的耍燕丘，四月的赏西湖景、耍戒坛秋坡、观佛蛇，十月的祀靴、辞年作，腊月的念夜佛等。沈榜往往给予充分关注。此外，尚有以下几点值得特别注意的地方。

1. 万历年间宛平一带的岁时民俗仍带有十分鲜明的农事色彩。

宛平作为顺天府的辖县，疆土包括城内和城外两部分：

城内分土：前从棋盘街，后从北安门街以西，俱属宛平。城外，东与大兴联界。东南离城一百一十里至南哥庄，抵东安县界。正南离城一百一十里至胡林村，抵固安县界。西南由卢沟桥六十里至稻田村，抵良乡界。至吕村，抵房山界。正西离城三百里至天津关，抵宣府保安州界。西北离城二百五十里至镇边城铁门关，抵口外。正北离城二十里至清河，抵昌平州界。东北离城十五里至东湖渠村，抵顺义县界。①

---

① 《宛署杂记》，第13页。

城外村庄共 328 处①，其面积远远大于城内，城外居民从事的主要是农业生产。对于农民而言，庄稼丰收是他们最大的心愿。在我国传统社会，几乎所有从事农业生产的区域都有与农事相关的节俗活动：占岁，祭祀神灵以祈求风调雨顺、五谷丰登。宛平一带的民众亦没有例外。《宛署杂记》以其较为翔实的记述反映了这一点。比如它提到当地七月有挂地头之俗："宛农家岁以是月祈祷年丰，各用面果送纸钱，挂田禾之上，号曰挂地头。"又西山一带的农民有七月十五日祭麻谷之举："取萝黍苗、麻苗、粟苗，连根带土，缚竖门之左右，别束三丛，立之门外，供以面果。"这些节俗充分显示了农民对于丰收的渴望，是岁时民俗带有农事色彩的典型表现。

2. 商业活动是万历年间宛平一带岁时节日民俗的有机组成部分。这主要体现在三个方面。

（1）因节形成专门的市场，市场成为节日期间重要的活动空间，逛市场成为富有特色的地方习俗活动。元宵节在明代是一个非常重要的节日，围绕着这个节日北京城里形成了十分热闹的灯市，《宛署杂记》记载："每年正月初十日起至十六日止，结灯者，各持所有，货于东安门外迤北大街，名曰灯市。灯之名不一，价有至千金者，是时四方商贾辐辏，技艺毕陈，珠石奇巧，罗绮毕具，一切夷夏古今异物毕至。"这段记述显示灯市有固定的举办日期，起始时间在元宵节前，结束时间与元宵节相同，灯市聚集了来自全国各地的商人和林林总总的货物，既是为元宵节的节日活动做准备，又是元宵节期间的重要活动场所，前来交易游观的人"冠盖相属，男妇交错"，"游灯市"是京城居民重要的节俗活动。

（2）商人利用传统节日表达自己的愿望，甚至形成特定的行业习俗。比如十月初一的"祀靴"之俗。十月初一，处于秋冬季节的转换点上，曾在秦朝被作为历年之首，具有与今天的春节同等重要的意义，后来虽然丧失了岁首的地位，却仍保留了一些习俗活动，其中送寒衣是非常普遍的一种。明代的宛平一带，也有送寒衣之举。不过，除了送寒衣外，明代宛平十月一日还有祀靴的习俗："卖靴人以是日为靴生日，预集钱供具，祭之，以其阴晴卜一冬寒暖，多验者。"十月一到，宛平的冬季就来了，靴子也开始派上用场，而冬季是否寒冷直接影响着卖靴人生意的好坏。卖靴

---

① 《宛署杂记》，第 38 页。

人以十月初一为靴生日，加以祭祀，并对一冬寒暖进行占验，是对传统节日所做的符合自己内在需求的创造性运用。

（3）多种节日民俗物品来自市场。节日是具有约定俗成活动的非常时日，过节通常都会使用约定俗成的物品，它们或者是各种食物，或者是各种饰物，或者是仪式用品，不一而足。这些民俗物品，在万历年间的宛平一带，许多并不是使用者自己制作的，而是从市场上购买的。例如每到八月，"市肆至以果为馅，巧名异状，有一饼值数百钱者"。又十月一日要为亡人送寒衣，所送寒衣亦来自市场："坊民刻板为男女衣状，饰文五色，印以出售，农民竞以是月初一日鬻去，焚之祖考。"腊月二十四日祀灶所用灶马也是如此："坊民刻马形印之为灶马，每年十二月二十四日，农民鬻以焚之灶前。"

岁时民俗中的农事色彩和商业色彩表明明代宛平一带的岁时民俗兼具乡村和城市的双重特点。

3. 宛平的岁时节日民俗对女性群体有较多观照。

根据《宛署杂记》的记述，多数岁时节日民俗的主体是不分性别、男女共享的，无论是元旦戴闹嚷嚷，元宵游灯市，正月十九耍燕丘，还是清明祭墓、三月二十八朝东岳、四月赏西湖、耍戒坛秋坡、五月踏青等都是如此。但也有一些民俗活动为某一性别所专有，或某一性别作为活动主体得到了沈榜的格外强调，如腊月的念夜佛之俗，就是男子所专有："民间男一有疾病，则许念佛。"不过，在宛平，更多为某一性别所专有的节俗活动是以女性为活动主体的，比如正月十六夜，"妇女群游祈免灾咎"，"走桥摸钉"；四月八日游高梁桥，"妇人难子者宜以是日乞灵，滥觞遂至倾城妇女，无长少竞往游之。各携酒果音乐，杂坐河之两岸，或解裙系柳为围，糚点红绿，千态万状，至暮乃罢"；七月七日，"民间有女家各以碗水暴日下，令女自投小针泛之水面……因以卜女之巧"；九月九日，"有女者迎归"，至于端午节更有女儿节之称，"自五月初一至初五日，饰小闺女，尽态极妍。出嫁女亦各归宁"。这些似能表明，在明代后期的宛平，女子拥有比男子更加丰富多样的节日生活。

总之，《宛署杂记》的岁时民俗记述反映了宛平一带岁时节日民俗在明代万历年间的总体状貌。

第三，通过将《宛署杂记》的岁时民俗记述与《析津志》的岁时民俗记述相比较，可以分析北京一带岁时民俗在元、明之时的异与同。

本书第一章提到，《析津志》是一部记述元代北京地方史地的专门著作，作者熊梦祥。这里需要提到的是，《析津志》在记述中对官方和宫庭内的年中行事给予了充分关注，而《宛署杂记》所记述的主要是民风土俗，这便有一定的差距，在使用材料时，笔者会格外加以注意，尽量使用具备可比性的记载。

通过比较，发现如下。

1. 元、明两个朝代的岁时节日体系有所不同，从元到明，北京居民的年度社会生活节奏发生了不小的变化。

据《析津志》，二月在元大都的岁时节日生活中占据着十分重要的地位，"是月也，北城官员、士庶妇人女子，多游南城，爱其风日清美而往之，名曰踏青斗草。若海子上，车马杂沓，绣毂金鞍，珠玉璀璨，人乐升平之治，官无风埃之虞，政简吏清，家给人足，亦莫盛于武宗、成宗、仁宗之世"。[1] 该月的节日除了两日"龙抬头"之外，尚有八日的西镇国寺出牌和十五日的游皇城。这两个节日虽然以政府为主导，但深刻地影响着大都居民的社会生活：

> 八日，平则门外三里许，即西镇国寺，寺之两廊买卖富甚太平，皆南北川广精氄之货，最为饶盛。于内商贾开张如锦，咸于是日。南北二城，行院、社直、杂戏毕集，恭迎帝坐金牌与寺之大佛游于城外，极甚华丽。多是江南富商，海内珍奇无不凑集，此亦年例故事。开酒食肆与江南无异，是亦游皇城之亚者也。过此，则有诏游皇城，世祖之故典也。[2]

游皇城，每年二月十五日在大都内举行。至元七年，忽必烈听从帝师八思巴的建议，在大明殿御座上设置白伞盖，伞盖"顶用素缎，泥金书梵字于其上，谓镇伏邪魔护安国刹"，此后每年二月十五日作大型佛事，奉伞盖周游皇城内外，以"与众生祓除不祥，导引福祉"。游皇城的仪仗队"首尾排列三十余里，都城士女，闾阎聚观"。[3]

---

[1] 《析津志辑佚》，第216页。
[2] 《析津志辑佚》，第214—215页。
[3] （明）宋濂等：《元史》卷77，中华书局2000年版，第1280页。

事实上，为了二月八日、十五日的活动顺利举行，此前往往还要做较长时间的精心准备。可以说，二月节日时间长，活动丰富，对于元大都居民而言是十分重要的月份。相比之下，二月在万历年间的北京居民那里就不是这样重要，岁时活动较为简单，只有一个二日的"龙抬头"。但是万历年间北京四月份节日较多，活动丰富，"赏西湖景，登玉泉山游寺，耍戒坛秋坡，观佛蛇，游高梁桥"，这又明显不同于元大都。

元朝实行两京制度，皇帝每年来往于大都和上都两京之间，并确立了相对固定的行程，形成了相应的礼俗活动。虽然不同皇帝巡幸的时间不一，"车驾还都，初无定制，或在重九节前，或在节后，或在八月"。[①] 但无论车驾离开大都还是返回大都，都声势浩大，堪称大都的重大节日。尤其还驾之日，"都城添大小衙门、官人、娘子以至于随从、诸色人等，数十万众。牛、马、驴、骡、驼、象等畜，又称可谓天朝之盛"。[②] 而这些，随着蒙元政权被朱明政权替代而自然消失，对于万历年间北京居民社会生活的节奏是没有什么影响力的。

2. 元、明两个朝代的岁时节日民俗有所差别，从元到明，北京居民节日生活的内容发生了一些变化。

这里说岁时节日民俗有所差别，主要就元明时期北京居民共享的节日而言。至于不能共享的节日，习俗的差别以及由此产生的节日生活内容的差别是不言而喻的。

以端午节为例，在元代，"五月天都庆端午，艾叶天师符带虎，玉扇刻丝金线缕。怀荆楚，珠钿彩索呈宫篆。进上凉糕并角黍，宫娥彩索缠鹦鹉，玉屑蒲香浮绿醑。葵榴吐，銮舆岁岁先清暑"。由此可见，不仅民间有各种习俗，宫廷也有众多节庆活动。每到节日来临前两三日，大都城内的小经纪人就忙碌起来，他们往往搭芦苇棚，发卖凉糕等物，又"市中卖艾虎、泥大师、彩线符袋牌等"，[③] 从这些记述来看，元代端午节与明代端午节有许多相同处，因为明人也要使用这些物什。问题在于元代大都端午节还有一种习俗活动："南北城人于是日赛关王会"，这便是明代北京所不曾有的了。

---

① 《析津志辑佚》，第205页。

② 《析津志辑佚》，第222—223页。

③ 《析津志辑佚》，第219页。

又如七夕节。这个节日里，元大都居民不仅有乞巧之举，而且有迎神赛会、送寒衣的做法："都中人民，此日迎二郎神赛愿。富人家祀，先用麻秸奠酒为诚，买纸钱冥衣烧化于坟。谓云送寒衣，仍以新土覆墓。"① 这样的活动是不见于明代北京的，而且在乞巧方面，明代北京居民似乎以一个家庭为单位来进行，元大都居民则组织起来，采取多个家庭聚会的形式：

> 宫庭宰辅、士庶之家咸作大棚，张挂七夕牵牛织女图，盛陈瓜、菓、酒、饼、蔬菜、肉脯，邀请亲眷、小姐、女流，作巧节会，称曰女孩儿节。睨卜贞爸，饮宴尽欢，次日馈送还家，亦古今之通俗也。②

由此可见，北京的岁时节日民俗在元末与在明代万历年间颇有不同，呈现出一定的时代性。

岁时节俗时代特征的出现与王朝易代及其带来的社会变迁与文化变迁密切相关。比如正月十九耍燕丘以及二月十五游皇城的节俗活动就直接源于蒙元统治者对佛、道二教的热衷。在元代，多种宗教信仰并存，国家对各种宗教原则上都采取保护的政策，但薄厚有所不均，正如已有学者指出的："藏传佛教进入中原而且获得特殊的待遇，是元代宗教生活的一大特色。"③ 元世祖忽必烈就特别尊奉藏传佛教的萨迦派，这一派的领袖人物八思巴被封为帝师。正是在八思巴的倡议下，才有了在大明殿御座上设置白伞盖，并举行盛大的游皇城活动。除了佛教以外，蒙元统治者还对道教报以热眼，早在成吉思汗之时，道教全真道道士丘处机（1148—1227）就颇被优礼，《元史·释老传·丘处机》载："太祖时方西征，日事攻战，处机每言欲一天下者，必在乎不嗜杀人。及问为治之方，则对以敬天爱民为本。问长生久视之道，则告以清心寡欲为要。"④ 元太祖待之甚厚，尊其为神仙。请准东归时，元太祖赐以虎符、玺书，命其掌管天下道教，诏免道院和道人一切赋税差役。到燕京后，丘处机居于太极观（后改名长春宫），"由是玄风大振，四方翕然，道俗景仰，学徒云集"。士庶之托

---

① 《析津志辑佚》，第220页。
② 《析津志辑佚》，第220—221页。
③ 陈高华、史卫民：《中国风俗通史（元代卷）》，上海文艺出版社2001年版，第343页。
④ （明）宋濂等撰：《元史》卷202，中华书局2000年版，第3026页。

迹，"四方道侣之来归依者，不啻千数，宫中为之嗔咽"。① 丘处机的诞辰为正月十九日，去世后葬于白云观内，以后每逢此日，观内均举行纪念活动，燕九节正是在此基础上演变而成的。

然而，岁时节日民俗因时代而变只是问题的一个方面，通过对《析津志》和《宛署杂记》岁时民俗记述的比较分析还可以发现问题的另一面，即元明时期的北京居民还共享着许多节日和节俗，这些节日和节俗绝大多数在元代以前即已出现，如元旦、元宵、寒食清明、端午、七夕、中秋、重阳、十月一、腊八、除夕及其诸多习俗等；一些则是元代新生而在明代得以传承的，如正月十九白云观要燕九。这显示出节日超越民族性的巨大能量，不同民族的人完全可以在同一个节日或同一种节俗里找到共同的兴趣点。当人们通过对某种节俗的实践满足了自身的追求，尤其是精神追求时，倒不特别在意它的发明者的身份。朝代的更替，哪怕是在不同民族之间的更替，并未导致岁时民俗传统的中断，或者在另一种意义上说，岁时民俗传统的延续在一定程度上消解了王朝易代所造成的断裂。

三 《宛署杂记》岁时民俗记述的特点

《宛署杂记》有关岁时民俗的记述之所以具有较高的史料价值，是与沈榜对材料的选择以及表述方法紧密联系在一起的，而在选择材料与表述方式的背后起主导作用的，则是沈榜的思想观念和立场偏好。

《宛署杂记》是一本私人撰写的、以宛平县为记载范围、没有志书之名却有志书之实的书籍，沈榜之所以编著这样一部书，主要与他一贯的追求、对志的认识、宛平无志的现状以及他作为知县的责任感有关。沈榜对于一地之志记始终抱有浓厚的兴趣："始予抱四方之略，博求掌故，识天下户口、阨塞、风俗、政治盛衰，盖见志记之不可以已云。"并充分肯定志书的资政治世作用，所谓："夫志，识也。识之而达于政，一时之故实，百世之菁龟系焉。"所以当他发现宛平无志时，就格外感到自己作为宛平一县之长确有填补空白的责任。沈榜对于志书相当推重，在他眼里，修志是一项神圣的事业，一定要认真而慎重，尤其是以宛平这样的京兆首

---

① 《道藏》，文物出版社、上海书店、天津古籍出版社联合出版1988年版，第25册第414页，第19册第809页。

善之区为记述范围，就更要提供详尽而核实的材料。他说像自己这样"至愚且贱"的人是不敢修志的，所以他不以"志"而以"杂记"命名其书，这些表述反映了沈榜其实是以修志的态度来对待《宛署杂记》的编撰工作的，这也是后来的学者多以《宛署杂记》为志书的一个重要原因。① 至于写书所需要的材料，沈榜主要通过查阅文献、官方文件档案以及调查访谈的方式来获取，他曾在自序里谈到自己搜集材料的诸多方法："自窃禄以来，随事讲求，因时擘划，或得之残篇断简，或受之疏牍公移，或访之公卿大夫，或采之编氓故老，或即所兴废举坠，捄弊补偏，导利除害，发奸剔垢，其于国家之宪令，非不犁然具备也。"② 这些方法的采用使沈榜获得了大量第一手材料，在此基础之上撰成的《宛署杂记》所提供的史料也便具有较强的可信性，这就难怪沈榜在成书后会自信地宣称："予始求之则无征，自予行之乃始有据。"③ 岁时民俗记述虽然篇幅不长，仅是《宛署杂记》的极小一部分，但既然是其中的一部分，所需材料赖以获得之方法想必亦不出上述几种。如果考虑到沈榜的南方人身份以及在宛平是立足不久，再考虑到目前岁时民俗记述在《宛署杂记》中的位置（指被作者写入"民风"之"土俗"中），那么沈榜"访之公卿大夫""采之编氓故老（他们是岁时民俗的实践主体）"的可能性极大，当然，里面也当有自己亲历的成分。或者换句话说，记述宛平岁时民俗所需要的材料应该主要来自于亲历和调查所得的第一手材料。

然而，仅有材料是不够的，任何一种著述都不是材料的无序堆积，而必然是作者对经过取舍的材料按照某种方式进行编织的结果。《宛署杂记》亦不例外。顺天府府尹谢杰在为《宛署杂记》所作叙中毫不客气地做了如下批评：

> 其书始于宣谕、建制，终于遗事、遗文，详于内政、民风、山川、贡赋，而略于人物，究以稗官附焉。惟经费书则备极缕缕，几于

----

① 比如张紫晨先生就说："《宛署杂记》是记述与探索明代北京最早的志书。"张紫晨：《中国民俗学史》，第464页。黄苇《方志学》中提到《宛署杂记》记录了北京方言83条，所录《弘教寺白诗碑文》为《金石录》缺载，于语言学研究颇有价值，亦将其作为地方志来看待。参见该书第198页。又冯秉文主编《北京方志概述》，亦视其为地方志。参见该书第23页。

② 沈榜：《宛署杂记》，"自序"，第3页。

③ 同上。

隶首不能得。大夫在事，适当宛平大耗之秋，帑中仅仅五十余金……
展转不支，至欲弃其印绶去。久之，捕伪符，清匿税，经营擘画，顿
累千金以上，得不落县官事。良工心苦，允称劳臣，然荆山之献，亦
几一刖矣。其详之者宜也。宣谕皇纶，贡赋国计，建制关于沿革，山
川隶于职方，内政轸乎民艰，遗风干乎土俗，此而不书，焉所用纪
矣！其详之者亦宜也。两制纪人文，何为而只撮其略？八绝纪滑稽，
何为而谛指其名？愧非诞傲，稍戾于循良；胡译侏僇，奚裨于掌故？
墨斋琐而近赝，燕丘俚而不经，勋垱遗泽，间阎方言，乃大夫恒津津
焉，余思之莫得其解者。①

这种批评显然主要是针对沈榜对材料的取舍而言的。在谢杰看来，沈榜
在不少方面存在着材料取舍失当的问题，当详者不详，当略者不略。这种批
评显示了谢杰与沈榜具有不同的兴趣，也暗含了两者处境的极大差异。

谢杰是顺天府尹，沈榜的顶头上司，作为《宛署杂记》的一个阅读
者，他可以非常有底气地批评沈榜及其《宛署杂记》的是与非。但沈榜
不同。他不过是一个在机关林立、关系复杂、皇亲国戚王公大臣云集的北
方帝都做了两年六品官的南方人，当他勇敢地承担起记述宛平的过去与现
在的责任时，他所面临的难题就不仅仅是没有现成书籍可以参考、必须亲
自搜集资料的问题，还有如何记述、评价那些与自己的前途发展有着直接
关系的人和事的问题。谢杰在批评沈榜时可能没有考虑沈榜当时的处境，
但沈榜自己不可能不考虑。他或许并没有特别期待通过一本书的编撰就获
得上级的认可与升迁的机会，但也断然不会希望自己心血所付反过来葬送
自己的前程，所以他在材料的取舍方面必然有着相当用心的考虑。对此，
沈榜也并不避讳，他在卷二十"志遗"中坦承："上干宫禁，则有齿马之
惧，吾不敢记也；下关貂珰，则有投鼠之忌，吾不必记也；外涉部府，则
有越俎之嫌，吾不暇记也。诸如此类，即见闻有据，不得不遗，是志而遗
之，其与遗而志之者不两蒇哉？"② 这种坦承，既是在《宛署杂记》选材
方面的自知之明，又赋予了《宛署杂记》有所遗漏正当性。

目前已经不能得知，沈榜记述岁时民俗时是否舍弃了大量已经掌握的

① （明）谢杰：《宛署杂记叙》，《宛署杂记》，第1页。
② 《宛署杂记》，第300页。

资料，但从目前的文本来看，沈榜（或者还有他的助手）在记什么、如何记等方面是有其精心考虑的，这主要体现在如下三点。

其一，沈榜将我们现在称为岁时民俗记述的内容作为民风中的土俗部分，置于第十七卷，属于"日月光天德，山河壮帝居，太平无以报，愿上万言书"二十卷目中的"上字"卷。该卷中除了"土俗"之外，还有"方言"；在"土俗"中，除了岁时民俗记述，还涉及历代对当地民风的记述评价以及有关生育、婚嫁、丧祭等被现代民俗学界定为"人生礼俗"的记述。由此可见在沈榜的眼里民风、土俗之所指。我们现在已不能确知沈榜将民风归于"上字"卷的安排是否含有要表达"民为上"思想的深意，但可以知道这样一种安排，不仅确认了岁时民俗乃帝都（一个有着历史和地理的实体）有机组成部分这一事实，而且宣传了这一观点。

其二，沈榜用正文加注的方式来呈现宛平的岁时民俗，正文简略而注文详细，在正文的书写方面，作者十分讲究地基本采用"月份名（节日名）+ 民俗活动"的方式来进行。以六月、七月、八月为例，其记述为："六月藏水曝衣，观洗象。七月浮巧针，挂地头，祭麻谷。八月馈月饼。"这样一种以月份为单元、以月份先后顺序为记述顺序的处理方式，使整个记述有条不紊，层次分明。而在记述每月具体的岁时民俗时，正如上面引文已经显示的，沈榜不记民俗物品，而专记民俗活动，他通过大量使用动宾/补结构的短句来达此目的，不仅在记述六月、七月、八月的岁时民俗时如此，在记述几乎所有月份中的岁时民俗都是如此。这就使整个岁时民俗记述不仅简明扼要，而且富有动感。简明扼要的记述容易产生令读者（尤其是对记述对象陌生的读者）难以理解的后果，沈榜对此显然有清醒的认识，所以在正文之后均有注文对正文加以详细解释。这方面的例证，可以参见前文表 2 - 1。其中表格里括号中的文字均是注文。

其三，注文显然在很大程度上弥补了正文在提供信息完整性方面的不足，然而，如果仅仅将注文视作对正文在提供信息方面的补充，就未必真正理解沈榜的意图。谢杰曾经指出《宛署杂记》具有"多微辞"的特点，这一观点无疑是有见地的，沈榜在诸多卷中都会有针对性地进行议论，或直白或隐晦地批评现实社会中的弊端，提出自己的观点，但卷十七是个例外，在列举土俗和方言之后，作者就直接进入了卷十八，当然这并不意味着卷十七的岁时民俗记述中就没有作者的态度。事实上，沈榜通过他对注文的写作表达了对某些岁时民俗的褒贬。例如"守岁"下注云"宛俗除夕，聚坐达旦，有古惜阴之意"，无疑是对这一习俗的肯定。元旦有"烧阡张"之俗，注文作："各家祖先，俱用三牲熟食，货草纸细剪者为阡张，供其前，俟三日后焚而彻之。惟佛前则供用果面，阡张至元宵罢，乃焚。"这里，沈榜将在祖先和佛前烧阡张的时间长短进行对比，前者供三天，后者供至元宵节才罢，字里行间便透露着对居民敬佛甚于敬祖这一做法的不满情绪。

尤其值得关注的是，沈榜在对四月节俗的记述中表现出了看似矛盾的态度，他记述"观佛蛇"时说："县西檀柘寺有二青蛇，与人相习，每年以四月八日来见，寺中僧人函盛事之。事传都下，以为神蛇，游人竞往施钱，手摩之，以祈免阨。僧人因而致巨富云。"从中分明可以感受到他对游人向蛇祈免阨以及僧人因蛇致富的不以为然。然而，他记述"耍戒坛秋坡"时对浴佛日僧人、妓女、商贾的杂处却表现出极大的宽容，甚至用"宛然图画"形容被傅芸子称为"丑态"[①] 的"耍戒坛秋坡"：

> 戒坛在县南七十里，先年僧人□□奏建说法之所，自四月初八说法起，至十五日止。天下游僧毕会，商贾辐辏，其旁有地名秋坡，倾国妓女竞往逐焉，俗云赶秋坡。……十二日耍戒坛，冠盖相望，绮丽夺目，以故经行之处，一遇山坳水曲，必有茶篷酒肆，杂以妓乐，绿树红裙，人声笙歌，如装如应，从远望之，盖宛然图画云。[②]

不过，如果联系沈榜在卷十九"寺观"后的大段议论来看这里的记述，便可以理解上述的"矛盾"，也可以理解沈榜为何如此写了。沈榜对寺观之修、僧人道士之坐享其成的批判态度是极其鲜明的，但同时又肯定佛道二教的价值，并将寺观、僧道之盛作为太平之象来看待：

> 又见其紫衫衣衲、拽杖挂珠，交错燕市之衢，所在说法衍乐，观者成堵，如戒坛之日，几集百万，倏散倏聚，莫知所之。此非民物极繁、生养之盛不能也。又见夫阜成、西直之外，貂珰阀阅之裔，春而踏青，夏而寻幽，如高梁、白云、卧佛、碧云之会，冠盖踵接，壶楂

---

① 参见傅芸子《从宛署杂记所见明代的京俗片影》文，载钱理群主编《中国沦陷区文学大系·散文卷》，广西教育出版社1998年版。

② 《宛署杂记》，第191页。

肩摩，锦绣珠翠，笙歌技巧，哗于朝市。此又非官民咸熙、情境之盛不能也。昔人云：天下之治乱，系于洛阳；洛阳之盛衰，占于园囿。曾谓宛平寺庵宫观堂庙之多，而不足以系都城之盛，占天下之治耶！君子曰：太平无象，二氏其象。即法制之权，圣王不必有是；浩荡之恩，二氏不足以报。吾固愿其常有是盛可也。①

沈榜在卷十七当中也是将游戒坛等作为太平之象加以记述的，这就难怪他会使用"宛然图画"这样明显带有褒义的词汇了。

其四，需要说明的是，虽然沈榜以十分有条理的安排和通俗流畅的语言展现了万历时期宛平居民岁时民俗的总体状貌，但在揭示宛平作为帝都辖县的岁时民俗的特色方面，有着明显的缺憾。

第一，北京作为帝都，拥有比其他城市更多的坛、庙、祠等仪式空间，以及规模更大、层次更高、参与人数更众的礼仪活动，这些礼仪活动虽然是官方主办的，但其中有些或其部分程序定期在公共空间中举行，普通民众不仅能够旁观，而且有机会参与其中，这样的礼仪活动实际上成为官民共建、共度、共享的盛大节日，理应得到一定的关注。比如明代延续了立春日迎春的传统，并对迎春、鞭春礼仪进行了统一规定。按成书于万历年间的《长安客话》的说法：

> 京府故事，立春之先日，京兆尹率僚属官有事于迎春，由东关迎府，由府迎入朝。首进皇上春，进圣母皇太后春，次进中宫皇子春。金璧荧煌，制造工致，大非各省直郡县芒神土牛之比。然郡县迎春类有春牛亭，京国亭独阙。各官仆仆亟拜于荒坡野草之间。万历癸巳，大京兆议为亭，请于上而建之。芒神有厅，驻旌有所，以候节气，以崇壮丽，盖彬彬乎大观矣。②

"万历癸巳"，即万历二十一年，春亭为顺天府尹谢杰所修③，正是沈榜任职宛平期间，可见此时期是举行迎春活动的，实际上，《宛署杂记》

---

① 《宛署杂记》，第237—238页。
② （明）蒋一葵：《长安客话》，北京古籍出版社1982年版，第10页。
③ （明）刘侗、于奕正：《帝京景物略》，北京古籍出版社1980年版，第65页。

中也有与迎春有关的内容，比如卷十五提到繇赋工食银中有"立春银陆拾伍两"一项，又卷十四提到宫禁中皇帝御前、仁圣皇太后、慈圣皇太后、中宫殿下、皇第一子、皇第三子、皇第五子各有春一座：

> 各座合用进春黄红绫壳本匣七个，每个银二钱，共一两四钱，厢长备办抬春人夫等项工价银六两四钱五分五厘；包春人夫二十名，工食银五钱八分；进春长夫四十八名，工食银三两八钱四分；朝房看春夫炭银一钱；过门油烛银七钱三分五厘，共银壹拾叁两壹钱壹分，行银办。以上进春各座通共银壹百捌两捌钱陆分捌厘，其大兴县费俱不在内。①

按照迎春礼的程序，立春前一日要先将春迎进顺天府衙，立春日再由府衙依次进向紫禁城里的皇上、皇太后和皇子。春场在东直门外五里，与顺天府衙有相当一段路程，而顺天府衙距离紫禁城也有一段距离，所以迎春队伍由春场至顺天府衙、由顺天府衙至紫禁城中，有很长时间是在街衢这一公共空间中行动的，据成书于明崇祯八年的《帝京景物略》记载，迎春活动隆重热闹，充满世俗的乐趣，普通百姓都可以沿途观看，甚至可以与迎春队伍中的人员进行互动。立春是京城盛大的节日，但沈榜在《宛署杂记》卷十七中未著一字。

政府频繁的年中行事能够影响百姓日常生活的节奏和内容，本是京城岁时民俗的一个特点，沈榜作为宛平县令，有一定机会参与或参与组织政府的年中行事，能够近距离观察甚至亲身体验这一特点，但可能与他更多将岁时民俗视为"民风""土俗"，而官方组织的礼仪不应被称为"民风""土俗"有关，他没有将那些影响京城居民日常生活的政府的年中行事记述下来，这不能不说是一种遗憾。在这个意义上说，宋人孟元老、吴自牧、周密比沈氏更加高明一些。

第二，京城乃五方杂处之地，居住着皇室贵族、宫女宦官、各级文武官员、文人士子、巨商大贾、小工商业者、奴婢工奴、雇工脚夫、游手无赖、娼妓乞丐等各种人员，社会结构较其他地方更为复杂。由于财富占有状况与社会地位、职业的不同，不同的人可能拥有相同的节日体系，但不

---

① 《宛署杂记》，第135—136页。

可能拥有完全相同的节日生活，在同一个节日里的可见度以及在节日中的角色也会有很大差异，尽管沈榜在记述中对不同的社会群体进行了某种程度的关注，但对于北京而言，毕竟是不够的。这可能与沈榜在北京居留时间不长有关，他既没有充足的时间从事实地考察（似乎也不像即将谈到的《帝京景物略》的作者刘侗、于奕正那样拥有较强的以实地考察获取资料的自觉意识），又没有形成对宛平的归属感。沈榜在岁时民俗记述中多处使用"宛俗""宛人"等词语，从中可以体会到，沈榜记述宛平（包括宛平的岁时民俗）更多的是出于责任，而不是感情。

第三章

《北京岁华记》与明代北京岁时民俗

陆启浤《北京岁华记》，是目前所知唯一存世的、以"岁华记"命名的明代岁时民俗文献。它曾被认为已经亡佚。比如北京古籍出版社为《帝京岁时纪胜·燕京岁时记》所作的"出版说明"就说道："明人陆启浤写过一本《北京岁华记》，现已失传。"① 王灿炽也认为："陆启浤《长安岁时记》一卷，明，佚，见《千顷堂书目》'地理类'。《日下旧闻抄撮群书目录》作《北京岁华记》，屡引之。"② 然而该书并非亡佚。1993年出版的《中国古籍善本书目》中提到上海图书馆藏有它的清抄本。③ 2009 年 2 月，笔者在上海图书馆查阅到此书。该书为手抄本，书名《北京岁华记》，一卷，署名"平湖陆启浤叔度氏著"，与另一本同样署名"平湖陆启浤叔度氏著"的书——《客燕杂记》（三卷）合在一起，分作上下两册。上册是《客燕杂记》的第一、第二卷，下册是《客燕杂记》的第三卷和《北京岁华记》。两书前面均有简短的叙言，交代撰写的原因和背景。正文均用毛笔字抄写，工整而清晰，一些讹误的地方，都用红色笔墨点出，并在旁边做了改正，④ 彰显出抄写者认真严谨的态度，由此也令我们对该抄本的内容有了更多的信任。以该本为依据，结合其他典籍材料进行分析，庶几可以形成有关《北京岁华记》著述年代、背景、动机、撰写体例、文献价值等的基本认识。

---

① 见该书"出版说明"第 1 页。

② 王灿炽：《北京历史文献佚书考略》，《文献》第 17 辑，书目文献出版社出版 1983 年版，第 204 页。

③ 参见中国古籍善本书目编辑委员会编《中国古籍善本书目（史部）》，第 963、1834 页。

④ "四月杂事"有"初一日，……历香山潭柘碧云"句，"香山"后面的"山"字即用红色字补入。见手抄本第 4 页。

一 作者生平、成书时间与成书背景

《北京岁华记》的作者陆启浤，《明史》无载，有关他的资料主要集中在他的三种传记中。其一是沈季友在《槜李诗系》中所作，[①] 其二是清人高国楫修、沈光曾等纂，成书于乾隆十年的《平湖县志》卷七中的传，在这里，陆启浤被置于《人物传》"文苑"部分，列为"国朝"人物。[②] 其三是清人彭润章等修、叶廉锷等纂的《光绪平湖县志》卷十七中的传，在这里，陆启浤同样被置于《人物传》"文苑"部分，但列为明朝人物。[③] 总体上看，上述三种传记都非常简短，内容亦有重复，但毕竟提供了重要信息。再参以包括本次发现的《客燕杂记》和《北京岁华记》手抄本在内的其他文献资料，可知陆启浤的基本情况如下。

陆启浤，字叔度，浙江平湖人，生活于明末清初。他聪明好学，读书过目成诵，十岁能作古文辞，弱冠之年即已"博极经史"。他善于言谈又生性豪放。沈季友说他"倜傥负奇，通轻侠，类河朔壮士，好谈论古今成败，知边塞事，扣之缅缅不可穷也"。早年曾游历南京，并留下悬金购荷的风流佳话。[④] 他喜欢结交朋友，作诗唱和，曾与陆芝房、赵退之、冯茂远、孙弘祖等嘉兴一带的文人结过诗酒社。[⑤] 后来移居北京，长达二十年之久。客燕期间，他结交甚广，《光绪平湖县志》说他"交满长安"，乾隆《平湖县志》说连当时一些王公大臣也都争相"折节"与他往来，然而陆启浤始终游离于政治之外，未能获得一官半职。庚辰年（1640），一直关心时事的陆启浤显然已经预见到明王朝的危境，"度天下将变，遂归隐，更名遯，字山翁"。遯乃逃走、消失、隐藏的意思。这一有意识的

---

① 参见（明）沈季友《槜李诗系》卷20，《文渊阁四库全书》本。

② 中国科学院图书馆选编：《稀见中国地方志汇刊》第16册，中国书店1992年版，第249页。

③ 《中国地方志集成·浙江省专辑·20》，上海书店1993年版，第415页。

④ 据载，某日陆启浤"命酒泛舟，召旧院名姬，大会词人于秦淮"。酒饮到一半时，一个女子略有遗憾地说："可惜两岸没有荷花来为我们的雅集助兴。"不料这话被陆启浤听到。第二天，他再次宴请客人。宴开之时，晚风吹拂，竟有一阵阵荷香扑鼻而来。原来是他花高价买了几百缸荷花，将其弄碎沉入水中的缘故。这一做法让他名震一时，"自是十四楼中皆目为樊川复出。"《明诗话》也收录了这则逸事。

⑤ 参见（明）沈季友《槜李诗系》卷17，"孙太学弘祖"。

改名举动，不妨视为陆启浤在"危机"关头为自己进行的一项颇具象征意义的仪式，这是一种生存姿态的宣告，充分体现了他当时力求避世全身、做一明朝遗民的心境和追求。此时的陆启浤已经年老体弱，家境困窘，不再是当年那个可以一掷千金、雅会诗友歌姬、购荷而碎之的风流公子。经济上的困窘大约与他平常出手过于阔绰有一定关系，按照沈季友的说法，他"生平累致千金，缘手散去"。这种行为方式，多少要归因于他那"倜傥负奇"的个性以及"天生我才必有用，黄金散尽还复来"① 的自信又不乏享乐主义的人生态度。国家的变故深刻地改变了陆启浤的生活和心情，在明朝灭亡后那段隐居故乡的日子里，面对着"国破山河在"的境况，他内心时常充满痛苦。偶尔与朋友相遇，"辄短歌欷歔，泪俱下"。②

陆启浤一生勤于笔耕，著述颇丰，据《光绪平湖县志》载，他作有《贲趾山房诗文集》一百卷，《读史》十部四十卷，《经世谱》八卷，《太元测》一卷，《射诀》一卷等多种。这其中还不包括《客燕杂记》和《北京岁华记》。又清人陈允衡还提到他作过一部名为《古人几部》的著述："平湖陆叔度著《古人几部》，始管夷吾，终史天泽，凡八十一人，古之成大功、定大策者咸在焉。"③ 这些著述虽多已亡佚，但从陈允衡对陆氏《古人几部》的介绍以及《经世谱》书名所透露的信息来看，陆启浤的确是个关心天下、"好谈论古今成败"的人。陆启浤又有着浓重的故乡情结。客居期间，曾认真阅读故乡嘉兴一带（平湖隶属嘉兴）文人的作品集，并作诗《读嘉郡诸先生集十二首》表达自己的景仰之情，所谓"简揽遗书，盖有乡哲之集十数家，随手披读，略致景仰"，并不由自主地夸赞故乡乃"洋洋大国，家璞人珠"之地。这些诗与《过尔唯陆舟话别》《题房大年画奚官牧骥图》等另外20多首作品，同被收入《檇李诗系》卷二十中，其"诗法"被认为"全宗少陵"。

当我们对陆启浤的人生经历、性情喜好有了大致了解，就知他作《北京岁华记》并非偶然。

《北京岁华记》手抄本正文之前有陆启浤的简短序言，谈到了该书的

---

① 据载，他曾将这两句话"自题其斋"。参见《檇李诗系》中陆启浤的传。
② 见《光绪平湖县志》中陆启浤传。
③ 参见《皇朝文献通考》（《文渊阁四库全书》本）卷221"经籍考十一""《古人几部》六卷"的说明。

写作时间和缘起：

> 客燕二十年，略识岁时俗尚。甲申之秋，有过而问焉者，为忆所知，录之于笔。今天子方建恢复大计，异时仍鼎故都，则游辙仕履且复亲见之，何用此咕咕为？

从这段文字可知，《北京岁华记》作于甲申年，也即公元 1644 年。

甲申年是不平凡的一年。这年三月十九日，李自成率军攻破北京城，明朝最后一个皇帝崇祯帝于煤山自缢，李自成毡笠缥衣，乘乌驳马，登临皇极殿（今太和殿），明祚灭亡。不久，吴三桂勾结多尔衮，联合进攻李自成，迫其撤出北京。五月初二日，八旗军进入北京，原明朝文武官员出城五里外跪迎。多尔衮进入紫禁城后，旋即下令兵部，命传檄天下：剃发降顺者，地方官各升一级；故明诸王归顺者，不夺其爵；各衙门官员等俱照旧录用。一时间归顺者甚众。同月十五日，明福王朱由崧在南京御极，不久命兵部尚书兼东阁大学士史可法督师扬州，总兵刘泽清、刘良佐、黄得功、高杰分守江北，从而形成了北清南明的政治格局。不久之后的十月初一日，福临在北京告祭天地宗社，即皇帝位，号曰大清，定鼎燕京，纪元顺治。

新建的清政府向明朝的故老耆旧敞开了大门。此时，包括陆启浤在内的每个明朝遗民都面临着何去何从的政治抉择。一时间，击楫中流、志在复明者有之，投靠新朝、弹冠相庆者亦有之。那么陆启浤呢？

在《客燕杂记》里，陆启浤曾经自叙：

> 甲申秋日，功名之士咸击楫弹冠，余贫且老，偃息蓬门，身若无缘，心窃攘攘，俯仰南北，风景顿异。爰忆往事，随笔刲记，客有过而问者，出以示之，迩日情味有二，疚或安于南趋赴欣，乐或远于北随绿草，略兹所述，巨细冀览者寓意焉。[①]

王朝易代之际，面对"功名之士咸击楫弹冠"的情形，自谓"余贫且老"的陆启浤"偃息蓬门，身若无缘"，既不出山复明，亦不投靠新

---

① 见上海图书馆藏《客燕杂记》手抄本。

朝。但在"俯仰南北"觉"风景顿异"之时，内心却怎么也无法平静下来。他一方面对自己归隐故乡未投身抗清复明的战斗中深感内疚，另一方面也对自己没有像某些人墙头草般倒向清廷感到安心和快乐。在上述社会形势和心理状态中，他采取了"爰忆往事，随笔劄记"的独特方式来表明自己的政治立场。

由于《北京岁华记》与《客燕杂记》的写作时间都是甲申之秋，几乎同时，① 陆启浤在《客燕杂记叙》中的说明也可视为《北京岁华记》的写作背景和写作意图。因此，以记述明朝末年都城北京一带岁时节日生活为内容的《北京岁华记》，就不仅仅是一本回顾个人人生经历并"录之于笔"的怀旧之作，它还是陆启浤在那个王朝更替、所有明朝人都面临着选择的年份里对自己政治立场和政治诉求的一种表达。他所希望者，就是有朝一日"仍鼎故都"，能够重新去过那花团锦簇般充满世俗快乐的日子，以至于那些如今只能通过他的回忆略知都城岁时生活的人，将有机会目睹帝都节庆的热闹与繁华。那么，陆启浤在写作《北京岁华记》的过程中或者就怀有一种期许，即通过自己的描绘去激发有志之士匡复大明的决心。

《北京岁华记》成书以后，或者因为处于变乱之年作者无心刊刻，或者因为作者年老体弱、囊中羞涩无力刊刻，也或者因为书中明显带有反清复明的政治倾向不宜刊刻，大约只是以抄本的形式流传。关于其流传范围笔者尚无法准确判断，但至少有三个名士——朱彝尊（1629—1709）、王士禛（1634—1711）和黄虞稷（1629—1691）都应该见过原书或其抄本。

朱彝尊有《日下旧闻》一书，撰成于康熙二十六年，所引标明出自《北京岁华记》者达15条之多。朱彝尊为秀水人（今浙江嘉兴人），与陆启浤堪称同乡，当陆启浤写作《北京岁华记》时，他已经16岁。朱彝尊自幼好学，精研诗文，文名早著，17岁时即已开始编写《曝书亭集》。在家乡生活期间，他交游甚广，远近学诗者常来访问。而且重要的是，虽然朱彝尊在后来成为清朝官宦，但他对故国明朝抱有深厚的情感。尤其在其生命历程的早期，更以不仕清为对自己的期许。早在明亡那一年，年纪轻轻的朱彝尊就弃了士籍，有诗赠李良年曰："有策莫上说秦书，有文莫献

---

① 从手抄本的排列顺序看，可能《客燕杂记》写作稍早。

美新作。"① 当时他所交往的人员也多是守志的明朝遗民。在这种情况下，朱彝尊能够读到或收藏到堪称地方名流且志趣一致的陆启浤的《北京岁华记》，就是不难理解的事情。

王士禛在《池北偶谈》中谈到"独角青牛"时也引用了《北京岁华记》的记载："明时六月十二日御厩洗马于积水湖，导以红仗，中有数头，锦帕覆之，最后独角青牛至，诸马莫敢先之。见陆启浤叔度《北京岁华记》，盖崇祯年中事也。今三伏日洗象，亦导以红仗，在宣武门西响水闸上。明时洗象，则自八月十二日始，更三日为期。亦见《岁华记》。"② 虽然《池北偶谈》成书于康熙三十年，稍晚于《日下旧闻》，但《日下旧闻》所引《北京岁华记》中并没有"明时洗象，自八月十二始，更三日为期"一句，而它又出现在此次发现的《北京岁华记》手抄本中，可以基本确定王士禛和朱彝尊一样，也见过《北京岁华记》原书或其手抄本。

笔者认为黄虞稷亦见过《北京岁华记》，是因为他著录的《千顷堂书目》卷六记载："陆启浤，《客燕杂记》三卷，又《长安岁时记》一卷。"考虑到上海图书馆藏手抄本透露的信息与《千顷堂书目》相关记载的吻合度③、《客燕杂记》与《长安岁时记》在《千顷堂书目》中编排的密切关系、"岁时记"与"岁华记"的相似性，以及长安因为长期作为王朝国都而成为京都代名词等因素，《北京岁华记》当就是《长安岁时记》。《千顷堂书目》是黄虞稷家藏图书的目录，由此可推断黄氏也见过此书。

可以说，正是主要由于这三人，尤其是朱彝尊对《北京岁华记》的引用和记载，后世的人们才能对这部已被认定亡佚的书籍有所了解。

二 《北京岁华记》作为岁时民俗文献的价值

从目前笔者掌握的资料看，朱彝尊《日下旧闻》对《北京岁华记》征引甚多，它被增订为《日下旧闻考》后又广泛流行，对于后人了解和

① 朱彝尊：《对酒示李十九》，《竹垞文类》卷三，《四库全书存目丛书》集部第248册，齐鲁书社1996年版，第247页。
② （清）王士禛：《池北偶谈》卷23，中华书局1981年版，第545页。
③ 作者都是陆启浤，《客燕杂记》为三卷，《北京岁华记》的名称虽不是《长安岁时记》，但卷数一样，都是一卷，等等。

利用《北京岁华记》的贡献最大。《日下旧闻考》于乾隆年间由于敏中、英廉等人奉敕在《日下旧闻》的基础上增订而成，由于增订工作所本的是"将原本所引各仍其旧，而以现在援据补入者续编于后"的原则，在具体编排上又规定："凡朱彝尊原引则加一'原'字于上，朱昆田补遗者则加一'补'字于上，其新行添入者则加一'增'字于上，逐条标识，以期一目了然。"① 故而《日下旧闻考》完全保留了《日下旧闻》对《北京岁华记》的引用。《日下旧闻考》行世之前，《日下旧闻》是引用《北京岁华记》的渊薮，李光地等人奉旨撰写《月令辑要》（康熙五十五年刻）在"正月令""四月令""六月令""七月令""八月令""十一月令""十二月令"中所引《北京岁华记》，从内容和语言来看，似均出自《日下旧闻》。迨《日下旧闻考》成书，对《北京岁华记》的引用又多从它转引而来，如光绪十二年修《顺天府志》。② 今人对《北京岁华记》的引用也多出自《日下旧闻考》。③ 尽管如此，我们又不能不说《日下旧闻考》的征引，毕竟是根据自己的著述需要和体例要求对《北京岁华记》所作的选择和编排，既难以再现其全部内容，又不可避免地对其进行了肢解，从而只能呈现《北京岁华记》的断片而非全貌。④ 比如《北京岁华记》"正月杂事"内容丰富，《日下旧闻考》中并未有所征引。又如《北京岁华记》对清明节描述详细：

> 自二月进香涿州碧霞元君庙，其人不论贵贱男女，额贴金字一片。金亭如屋，坐神像其中，绣旗瓶炉前导，以清明日从高粱归者为

---

① （清）于敏中等编纂：《日下旧闻考》"凡例"，北京古籍出版社1983年版，第7页。

② （清）吴履福等修，缪荃孙等纂，见《中国地方志集成·北京府县志辑·4》，上海书店2002年版。

③ 比如王晓莉《明清时期北京碧霞元君信仰与庙会》（《中央民族大学学报（哲学社会科学版）》2006年第5期）、岳永逸《当代北京民众话语中的天桥》（《民俗研究》2001年第1期）、王赛时《明清时期北京的花鸟虫鱼》（《农业考古》1999年第2期）中的引用。

④ 《日下旧闻考》标明征引《北京岁华记》者有15条，其中有一段描述为此次发现的《北京岁华记》手抄本所未载，即："羯鼓声益喧，曰迎年鼓。先除夕一日小除，人家置酒宴往来交谒，曰别岁。焚香于户外，曰天香，凡三日止。帖宜春小字。儿女写好字。"由于没有证据证明该文一定出自《北京岁华记》，这种情况的出现有三种可能：一是朱彝尊将该文出处误记为《北京岁华记》，二是陆启浤的《北京岁华记》原有这段文字，但在辗转抄写过程中有丢失，该手抄本抄写者所依据的本子中就没有这段文字。三是抄写者的疏漏造成的。但该抄本抄写认真，又有明显的校勘痕迹，故而第三种可能性极小。

上香。过桥岸时，则有杂技人舞弄于前。其人翻身上腾，能于空中旋转数四。或植竹于地，令七八岁男子援而上，挺立盘舞，或一手倚竿，四体虚张，顿一坠地，则端立不动，或两马相奔，人各易之。或两弹追击，进碎空中。上陵官类于是日致祭。祭毕游西山，及利玛窦坟以入城。

《日下旧闻考》引用如下：

> 二月都人进香涿州碧霞元君庙，不论贵贱，男女额贴金字。结亭如屋，坐神像其中。绣旗瓶炉前导，从高粱桥归，有杂伎人腾空旋舞于桥岸，或两马相奔，人互易之，或两弹追击，进碎空中。

用字不到前者的一半，较为简单。

可以说，手抄本的发现，大大提高了《北京岁华记》作为岁时民俗文献的价值。一方面，它以一种完形（或曰基本的完形）呈现了前所未知的陆启浤对岁时民俗生活的记述方式和关注角度，从而丰富了我们对岁时记记述方式的认知。另一方面，它作为一种独立存在的岁时记文本，比《日下旧闻考》所引提供了更丰富的资料，对认识和理解明代北京民众的岁时节日生活乃至其时间观念、审美观念、宗教意识等都具有重要的学术价值。

就第一方面来说，《北京岁华记》是我国岁时记传统链条中颇具特色的一环。

在我国历史上，因节日而作、为节日而作、写节日之所闻所见、所感所思的各种体裁的著述屡见不鲜，并形成了对一时一地岁时节日民俗生活进行专题性记述的历史传统。之所以说形成了一种"历史传统"，不仅因为出现了一个包括《荆楚岁时记》《秦中岁时记》《金门岁节记》《乾淳岁时记》《赏心乐事》《岁华纪丽谱》《熙朝乐事》《北京岁华记》《帝京岁时纪胜》《燕京岁时记》《清嘉录》《吴郡岁华纪丽》《北平岁时志》《春明岁时琐记》《岁华忆语》《金陵岁时记》《梦粱录》①《东京梦华录》

---

① 自《梦粱录》起至《酌中志》，这些作品并非全部内容都是有关岁时民俗的，但岁时民俗是其重要组成部分，而有些作为著述部分呈现的岁时民俗书写，无论在篇幅上还是在反映社会生活的广度和深度上都不亚于某些纯粹的岁时记作品。

《析津志》《松窗梦语》《帝京景物略》《酌中志》等在内的著述系列，而且因为这些著述或其中的相关部分多是作者对亲历的岁时节日民俗进行的记述。他们一般秉持实录原则，以传统历法为基础，或明或暗地遵循着自正月至腊月的历法时序来编排内容，形成了比较一致的记述模式。仔细考察《北京岁华记》，可以发现它正是陆启浤基本秉持实录原则、遵照历法时序对亲历岁时民俗生活的记述。

首先，《北京岁华记》记述的是作者曾经亲历的岁时民俗生活。陆启浤虽是浙江平湖人，本人也将居住于北京称作"客燕"，但他在北京长期生活达二十年之久。二十年中，他交友甚广，游历颇丰，北京早已成为他的第二故乡。初刻于崇祯八年（1635）的《帝京景物略》征引了陆启浤的六首诗，即《德胜桥水次》《泡子河》《高梁桥》《宿香山寺》《易水有怀》《卓吾先生墓下》，从中可见陆氏熟悉北京的事物，并有着深深的眷恋。由此，《北京岁华记》记述的就不是走马观花式的浮光掠影，而是他曾经置身其中，自然而然地经历过、感受过的实在生活，也便具有真切可感、细致入微的特征。比如他写"六月十二日，御厩洗马于积水湖，导以红仗，五色云锦，中有数头，锦帕覆之。最后独角青牛至，诸马莫敢先之"。虽寥寥数语，却十分真切，令人有身临其境之感。又如记灯节宴席，"相尚用黄瓜豆夹为供。一瓜之值三金。豆一金。点茶用椿芽蒲笋，发之冰下"。不仅知道宴席以黄瓜、豆荚为供，还能知道瓜、豆的价格；不仅知道点茶用椿芽蒲笋，还能知道椿芽蒲笋都发之冰下，如此细致入微处，不是个中人难以了解。

其次，《北京岁华记》根据时序进程编撰而成。它从一年之始"元旦"写起，次及"灯节""正月杂事""清明""二月杂事""三月杂事""四月杂事"，又及"端午""五六月间杂事""七夕""七夕杂事"，再及"中秋""八月杂事""重阳""九月杂事""十月朔""十月十一月间杂事""冬至"，最后以"腊月杂事"结束，以某月节日和某月杂事为一个单元，井然有序地记述了明朝北京一带年度周期内的岁时民俗。

再次，作者基本秉持了实录原则。众所周知，由于种种因素的作用，凭借文字的文本无论如何都不能将社会生活这一"本文"原原本本地记述下来，但不同文本的作者却在尽量接近真实方面有着的不同追求。整体上看，陆启浤写作《北京岁华记》时基本秉持了实录原则，他用较为简洁平实的语言记述了自己记忆中的明末帝都岁时生活的基本面貌。明代中后期，伴随着商品经济的发展，城市的繁荣以及时人生活观念的更新、生活情趣的增加，帝都北京的岁时节日生活发生了非常明显的变化，其中之一就是岁时游赏活动的格外兴盛和大量游览胜地的形成。当时的岁时游赏活动已经远远超出了元旦、元宵、清明、端午、重阳等传统节日体系，庙会进香以及另外一些日子也成为北京居民外出游赏的时间。《北京岁华记》在岁时节日框架下记述众多的游览胜地和时人的游览行为，反映了这一变化。以上半年为例，在陆启浤的笔下，正月，灯节里百货骈集，游者日夜不息；十九日"车马游白云观"，冰泮时，"金鱼池上，酒肆排列"；二月，进香涿州碧霞元君庙，清明节，"携酒集高梁桥"，连上陵官祭毕后也要游览西山；三月，上巳日上土谷祠，二十八日游东岳大帝庙；四月，一日到八日西山进香，诸花盛发时，"白石庄三里河高梁桥外，皆贵戚花场，好事者邀宾客游之"，城内的冉都尉寓园、铁狮子巷李皇亲园、郭博平瀚园等亦是胜地；五六月，端午节，"挈酒游高梁，或天坛，薄暮争门入"，五六月间，游积水湖及附近各处园林寺观等。《北京岁华记》的这些记述与《帝京景物略》等文献中的相关记载颇有一致处。这可以视为陆启浤基本秉持实录原则的证明。

总之，《北京岁华记》遵循了按照时序、对作者亲历的岁时民俗生活进行如实记述的历史传统，是这一传统链条中的重要环节。值得一提的是，这一环节还带有鲜明的时空特征和个人色彩。

《北京岁华记》是对明末北京这一特定时空的岁时节日民俗的记述，反映了明末都城的风貌和品格。在这本书里，我们随处可以见到只有北京才可能拥有的节日活动和节日场景，比如元旦"朝贺毕，百官皆吉服三日。内三衙门、六科、尚宝司、中书，即于署中各行礼"。即便是共有的节俗，也体现了北京的特色。如端午节是全国流行的节日，文中记述"至日，挈酒游高梁，或天坛，薄暮争门入"；"天坛中，颇有决射者，或曰射柳遗意"；"用角黍、杏相遗"等，就反映了北京的独特风貌。

《北京岁华记》是陆启浤的著述，他的人生阅历、政治倾向、当下心境、写作水平等均影响到他的写作意图、体例和风格，从而不可避免地带有鲜明的个人特色。

体现在写作意图上，就是陆启浤不仅借《北京岁华记》进行个人情感上的怀旧，像《梦粱录》《东京梦华录》《岁华忆语》等著述那样抒发"矧时异事殊，城池苑囿之富，风俗人物之盛，焉保其常如畴昔哉！缅怀

往事，殆犹梦也"① 的感慨，而且有借以激励有志之士光复明朝的政治
意涵。

体现在内容、风格上，就是用整体上简约但又详略有当的文笔着重描
述京城岁时节日生活的繁华景象。《北京岁华记》篇幅不长，总共不到
3000 字。用如此少的文字描述一年的岁时节日生活，又要让人产生向往
倾慕之心并不是容易的事，但作者却能够凭借较高的技艺处理得恰到好
处。除了作者语言简洁，往往寥寥数字就能准确表达出十足的意蕴，故而
省却了许多笔墨外，其主要方法就是对岁时节日活动内容做不同的剪裁，
详记宴会、游戏、竞技等最能体现一岁繁华的事物。相比于其他，他在描
写清明节高粱桥杂技、东岳大帝庙会、五六月间游积水湖、八月斗蟋蟀、
斗鸡等内容时，就不惜用笔墨。比如他写上巳，只用了 7 个字，"上巳日
如土谷祠"，而写蟋蟀，则除了写蟋蟀豢养的普遍性，还专门写及蟋蟀的
盆屋，盆屋的装饰乃至争斗的形式和胜利后的情状，内容充实而细致。

在体例方面，《北京岁华记》以"节日名称"和"某月杂事"为目
来编排内容，形成了一个在体例上颇具特色的文本。具体而言，它将
"元旦""灯节""清明""端午""七夕""中秋""重阳""十月朔"
"冬至"单独列出，其下记述该节的主要习俗活动，而将其他有特定日期
或无特定日期的岁时习俗活动统统按月度列入"某月杂事"之中。这种
编排方式将若干节日与"某月杂事"并举，使人仅靠目录就能判断哪些
节日在作者眼里更重要，而在其他岁时民俗文献中，人们通常需要仔细阅
读正文，通过分析作者或繁或简、或详或略的记述来完成这一认知。《北
京岁华记》在体例方面的创新，包含着陆启浤的智慧，他已经看到北京
岁时民俗生活的丰富性和城市特征，看到堪称北京"岁华"的现象已经
不只是发生于传统节日时间，那么只有实现某种突破，才能准确揭示帝都
居民繁华的岁时生活。

综上所述，《北京岁华记》的确是我国岁时记传统链条中颇具特色的
一环。作为一种岁时记，《北京岁华记》还提供了比较丰富的信息，有助
于认识和理解明末帝都民众的岁时节日生活乃至生活观念、社会风气等。

比如从《北京岁华记》的记述中，可以看到明末帝都居民岁时节日
生活的总体面貌，并能从中发现不同群体在节日生活方面的同一性和差异

① （宋）吴自牧：《梦粱录序》，《梦粱录》，浙江人民出版社 1984 年版。

性。大致说来，明末帝都居民的岁时节日体系由三部分组成，一是传统节日，如元旦、灯节（包括正月十六）、正月二十五"填仓"、清明、浴佛节、端午、七夕、中元、中秋、重阳、十月朔、冬至、腊八节等；二是庙会，如涿州碧霞元君庙会、东岳大帝庙会、西山庙会、药王庙会等；三是有着相对固定活动的其他时间，日子或固定或不固定，如御厩洗马在六月十二日、斗鹌鹑在霜降后等。总体而言，无论贫贱，明末帝都居民的生活节奏都受制于上述岁时节日体系，表现出相当大的同一性，他们经常享用同样的节日食品，比如重阳节市上卖糕杂果，"无家不食"；或者进行同样的节俗活动，比如"自二月进香涿州碧霞元君庙，其人不论贵贱男女，额贴金字一片"，中秋节，"人家各置月宫符像，陈供瓜果于庭"等。当然，不同群体的岁时节日生活也有较大的差异性，"南市鲥鲜至"，"竞相饷馈"的是贵戚，雪后出猎，"人马衣装，极其华炫"的是"侯贵"。

从《北京岁华记》的记述中，我们还可以看到明末帝都居民对时尚的追求。时尚以新奇为追求，强调时效性，通常表现为一部分人以花销数量不菲的金钱为代价以赢得对于某些具有新奇性或稀缺性物品、服务的优先占有和享用。对时尚的裁定和追求实质是在等级制度松动、社会流动加快、个性被追求的情况下，社会中的一些人用以显示、确认、维护或建构自己社会地位、社会身份的一种手段。明末北京的民众在岁时生活中表现出追求时尚的明显倾向，《北京岁华记》中的不少记述对此有所反映。比如新年时节，黄瓜、豆荚是反季节蔬菜，但宴席上"相尚"，牡丹、芍药、蔷薇、茉莉、素馨花是反季节鲜花，但"贵戚倡家竞插"，并不在意价格的高昂。更能反映时尚特点的是陆启浤对清明茶的记载："清明后三日，新茶从马上飞至，初至日，宫价五十金。外价三二十金。时刻渐减，不一二日，即二三金。"在这里，新茶作为饮品的质量高低已经十分次要，能不能早一点得到它才是人们关注和看重的。"一分价钱一分货"的按质交易标准暂时失效，无形的"时间"已经具备了可以用金钱衡量的价格，而且价格不菲，这正是时尚的典型表现。

三　《北京岁华记》作为岁时民俗文献的局限性

作为岁时民俗文献，《北京岁华记》也有一定的局限性。首先，《北京岁华记》所描述的对象（或曰本文）是特定时空的岁时节日文化与生活，它包罗万象，丰富多彩，将其毫无遗失地用文字描述出来是根本不可能的。因此，尽管《北京岁华记》基本遵循实录的原则，记述了晚明北京一带年度周期中各个月份和节日中的民俗生活，它所展现的也只是晚明北京岁时民俗生活的部分内容而非全貌。事实上，《北京岁华记》不到3000字，这样的篇幅也限制了记述的详细与完整，在一些地方它远不如《宛署杂记》《帝京景物略》中的相关记述。以十月一日上冢为例，《北京岁华记》仅有"上冢如中元，不邀宾客"数字，简明扼要；《帝京景物略》的记述则是："十月一日，纸肆裁纸五色，作男女衣，长尺有咫，曰寒衣。有疏印缄，识其姓字辈行，如寄书然，家家修具夜奠，呼而焚之其门，曰送寒衣。新丧，白纸为之，曰新鬼不敢衣彩也。送白衣者哭，女声十九，男声十一。"① 显然《帝京景物略》所载要详细得多，史料价值也就更大。

其次，任何书写都包含着作者对材料的选择和处理，是作者用特定修辞手段对材料的精心编织，在将"本文"变成"文本"的过程中，就不可避免地带着作者的理解、主观意图和局限性。这深刻地影响着甚至决定着书写内容的选择。所以，一个文本只是给了读者一个作者眼中的世界。《北京岁华记》是陆启浤表达其政治倾向、希望通过自己的描绘去激发有志之士匡复大明决心的著述，这就决定了他在选材时会更偏向那些能够彰显繁华、热闹与美好的事物景致和行为。事实也正是如此，在《北京岁华记》中，我们满眼看到的是其乐融融的太平盛世景象，至于行将灭亡的末世社会的不安和腐朽则几无踪迹可寻。

再次，《北京岁华记》写于作者离开京城4年之后，是一部忆旧之作。心理学的研究早已表明记忆总是伴随着遗忘，并存在场合依存性问题，周遭环境的改变很可能导致记忆的偏差或缺失，② 书中也难免有失实之处。比如，陆启浤在"八月杂事"中记载了洗象之事："十二日为始，更三日为期，三期浴象于宣武门城下。象即水交，河水通赤。"关于洗象，《宛署杂记》和《帝京景物略》中也有记载，但洗象时间均不在八月。《宛署杂记》云："每年初伏起，锦衣卫官校，日用旗鼓迎象出宣武门外濠内洗濯，至三伏而止，观者如堵。"③《帝京景物略》云："（六月）

---

① （明）刘侗、于奕正：《帝京景物略》，北京古籍出版社1980年版，第70页。

② 崔丽娟等：《心理学是什么》，北京大学出版社2002年版，第135—168页。

③ （明）沈榜：《宛署杂记》，北京古籍出版社1983年版，第192页。

三伏日洗象，锦衣卫官以旗鼓迎象出顺承门，浴响闸。"① 又《帝京景物略》引王继皋诗《六月九日宣武门外看洗象十韵》。虽然上述记载的具体日期也有不一致处，但大致不出六月。② 如此，《北京岁华记》时在"八月"的记载就有失实的极大可能。

总之，《北京岁华记》作为岁时民俗文献的价值是不容置疑的，但也有其局限性，且对于研究明代北京的岁时节日生活而言，它也不是唯一的资料，明代地方志、明人诗词曲、小说、正史以及《帝京景物略》《酌中志》《宛署杂记》《万历野获编》等著述中都有相关内容。只有把这些不同类别的文献结合起来辨析使用，才能对明代北京岁时民俗生活有更好的认知和理解。

---

① （明）刘侗、于奕正：《帝京景物略》，北京古籍出版社 1980 年版，第 69 页。"顺承门"即"宣武门"。

② 夏至后第三个庚日为初伏第一天，一般在农历六月。

第四章

晚清北京岁时文献与岁时民俗

一　晚清社会的时代思潮

在动荡的社会环境之下，晚清时期人们的思想、观念、情感、心理以及与此相关联的行为和实践都异常的丰富和活跃，带有那个特定时代鲜明的历史印记。除了向西方学习以及对传统的上层文化加以新的阐释和理解外，中国传统民间文化、民众日常生活习俗也成为当时学人们的关注点和记述对象，并逐渐形成蔚为大观的局面。这种局面的形成是自晚明就开始的民间文化思潮直到清末的延续，而进入外敌入侵、国家陷入深重灾难的近代社会，民间文化以其浓郁的民族特色受到世人的重视。这一时期对民间文化关注为新文化运动时期民间文化运动的高潮做了准备和铺垫。

中国民间文化的发展和繁荣在历史上有三次高峰，第一次是两宋时期由于城市经济的长足发展而带来的以瓦肆的出现和宋词的发展为代表的城市消闲文化的发展，《清明上河图》和《东京梦华录》的出现就是很好的例子。第二次是晚明时期，由于商品货币经济的发展和商业贸易的扩大，市民文化和大众文化异常活跃。一种更接近口语方言而不是古典语言写成的消遣文学在明末得到了空前的发展，被称为传奇文学。明末传奇文学的出现可以追溯到11—13世纪开封与杭州的娱乐场所的悠久传统，它后来脱离了其原形，并表现出了某些只能通过风俗习惯的深刻发展来解释的新奇特征，它们的内容本身也都丰富和发展起来了。在万历年间（1573—1619）随着印刷业的发展，出现了一次廉价出版物的高潮。这种消遣文学是针对市民大众的，这些著作的作者文化修养不高，但他们不受占统治地位文化的束缚，以市民的日常生活为蓝本，创作了大量的民间文学作品，《金瓶梅》是有史以来反映现实主义和市民阶级的第一部风俗小说。

这一时期传统文人的思想品格也发生了一些变化，肯定"私欲"，追求"自由之性"和"率性而为"，倡导个性解放。下层民众的群体意识增强，明代民间宗教繁多，反映了民众的自觉意识的觉醒。第三次则是在清代中期以后，清代民间文化的发展是在晚明的基础上继续向前的，到了鸦片战争以后由于外部力量所造成的强烈冲击，民间文学的新变化在城市大众文化中表现得尤为突出，从物质文化的变化到新的大众传媒和文学艺术形式的出现，包括生活态度都有很大的变化。①

中国传统民间文化发展的历史脉络足以解释其强大的再生能力和适应能力，这种强大的生命力来自中国社会内部发展连贯性和文化发展内在规律，以及中国传统文化旺盛的生命力，有学者也曾经明确指出这一点，并为其正名，"历史的连贯性足以解释中国的失败，但又没有必要对其政治、社会和文化传统提出质疑。在其他背景下，中国可能会适应工业化时代的巨大变化。它既不缺少有组织观念的人才，又不缺乏科学和技术传统"。② 回归中国的传统文化，从传统文化中汲取养料，成为在遭受鸦片战争和来自西方的强烈冲击之后，短暂的迷失自我的一种众望所归的大趋势。在当时一片"新学""西学"的浪潮声中，有学人就曾经冷静地看待当时形势，认为"好学青年，稍稍求所以知世界，尚矣。而本国之事，独不求知，且鄙弃日甚。今之人大抵能剧谈伦敦巴黎之风尚，或炫举希腊罗马之名词，而叩以各省情形，则反茫然，甚者且不知中国之大兴久。夫于其地其人，既毫无观念，有不辨共同之历史文化"。③ 一针见血地指出了当时国人对外了解不深，只知皮毛，对内又不尽知中国，甚至有所鄙弃的倾向，并认为中国民众生活中的"一事一物俱关文化，故能知古今风俗，即为知中国一切"。④

传统民间文化在当时的复兴，一方面得益于民间文化传统的延续，另一方面则在于当时巨大的社会动荡带给传统文化以前所未有的冲击，在不对等的文化交流中，中国传统文化面临着严峻的考验，钟敬文在《晚清

---

① 赵世瑜：《眼光向下的革命》，北京师范大学出版社 1999 年版，第 40—52 页。

② 费正清主编：《剑桥中国晚清史》，中国社会科学院历史研究所编译室，中国社会科学出版社 1985 年版。

③ 胡朴安：《中华全国风俗志·张序》，上海书店影印出版 1986 年版，根据广益书局 1923年版复印。

④ 同上。

时期民间文艺试探》中指出当时文化界对民间歌谣、神话、传说、笑话和民间戏剧的关注，并且认为这些关注和研究是"当时所进行的反封建主义以及反帝国主义的社会、文化运动的一个有机组成部分"。他们"由于西洋文化、学术的传播和激发，不少有识之士（他们大都受过西洋文化的教育、影响和具有一定的国家、民族的意识），他们开始认识到民众文化（包括文艺）的意义、价值，或加以评论（如鲁迅、蒋智由等对于神话的言论），或加以利用"。[1] 传统民间文化成为他们手中的投枪和匕首，以实现他们抗击压迫的愿望，达成他们实现民族复兴的理想。这种倾向一直延续到后来的新文化运动，并发展到将民间文化作为他们批判正统的思想武器。[2]

这种对改良旧风俗，建构新国家的态度是当时相当一部分知识分子的共识，与此相对立的另一种认识则表达了保存国粹，以传统风俗驭人心的理想。这种认识来源于在传统文化熏陶下成长起来的士子，他们对于传统文化有着难以割舍的情怀，他们生于斯，长于斯，面对此种情况不可能无动于衷，对于"风俗文化的思考表达了传统文化人对于民族文化命运的关怀"。[3] 因此就"有一些旧式的学者出于对乡土的感情（或者并有对民间文艺本身的由衷热爱），搜集、整理了家乡的歌谣、谚语"。[4] 当时著名的诗人黄遵宪就曾表示"吾粤人也，搜集文献，叙述风土，不敢以让人"。[5] 蔡绳格表示出了"茅柴草蔬，迩所厌知，而专欲供各方之诸君子来此燕都，当杯酒客窗时，或少之一助云尔"[6] 的情趣。作为在儒家文化熏陶下成长起来的中国传统知识分子，有强烈的入世情怀，有学者曾对传统知识分子的认识有着精辟的论述，"有开拓并延续民族文化的使命。所

---

① 钟敬文：《钟敬文学术论著自选集》，《"五四"时期民俗文化学的兴起》，首都师范大学出版社 1994 年版，第 501 页。

② 有学者就曾经一针见血地指出"与其说新文化是'反传统'的，倒不如说新文化是'反正统'的"。欧阳哲生：《新文化的源流与趋向》，序言，湖南出版社 1994 年版。

③ 萧放：《中国传统风俗观的历史研究与当代思考》，《北京师范大学学报》2004 年第 6 期，第 37 页。

④ 钟敬文：《钟敬文学术论著自选集》，《"五四"时期民俗文化学的兴起》，首都师范大学出版社 1994 年版，第 501 页。

⑤ 钟敬文：《晚清时期民间文艺学试探》，《民间文艺学及其历史》，山东教育出版社 1998 年版，第 252 页。

⑥ （清）蔡绳格：《北京岁时记》，张次溪所作后记，张次溪《中国史迹风土丛书：十三种》，东莞张次溪拜袁堂，民国三十二年（1943）。

谓'为往圣继绝学，为万世开太平'；有负担国家政治的责任和过问政治的兴趣，所谓'学而优则仕'；有谋致全民幸福乐利的抱负，所谓'穷则独善其身，达则兼善天下'；有悲天悯人之情怀，淑世之热肠，所谓'先天下之忧而忧，后天下之乐而乐'"。① 因此胡朴安会有"今之从政者，昧于中国情形，稗贩东西成法，强纳不适宜之中国。……所以不周之全国风俗而欲为多数人民谋幸福，纵极诚心，于事无济"② 之认识，张亮采表现出"盖己视风俗之考察，乃为政治上必要之端矣，……然正风俗以正人心，或亦保存国粹之所许也"③ 的期望。"这些文化人都希望通过风俗的保存与记述，传承历史情感与文化制度。正是通过风俗典籍的记录、辑录与评论的形式，不断唤起乃至增强人们的记忆与思考。"④ 复杂的历史背景，身负强烈的历史使命感与责任感的学人共同造就了当时传统民间文化的繁荣局面。

但由于复杂的社会历史环境，他们无力施展自己的政治抱负。他们不同于寄情于山水间的陶渊明们，在那个特殊的年代，面对国仇家恨的他们无法逃避，蔡绳格闻友人"殁于国事，甚愧之，遂拔剑自刎，倒于血泊中……刀入不深，食嗓断矣"。⑤ 这种刚毅恐非一般人所能及。面对当时中国向西方学习的风气，有文人首先肯定西方先进的文化，但同时也睿智地看到中国之所以落后的原因，富察敦崇在《燕京岁时记》中记述"走马灯"一条时有感而发："走马灯之制，亦系以火御轮，以轮运机，即今轮船铁轨之一班。使推而广之，精益求精，数百年来，安知不成利器耶？惜中土以机巧为戒，即有自出心裁精于制造者，莫不以儿戏视之。今日之际，人步亦步，人趋亦趋，诧为奇神，安于愚鲁，则天地生材安之道岂独厚于彼而薄于我耶？是亦不自愤耳！"⑥ 观他者而反思自己的不足，并且一针见血地指出症结，这种认识在当时显得难能可贵而且是极具远

---

① 王尔敏：《清季知识分子的自觉》，《中国近代思想史论》，社会科学文献出版社 2003 年版，第 83 页。

② 胡朴安：《中华全国风俗志·自序》，中州古籍出版社 1990 年版。

③ 张亮采：《中国风俗史·序例》，东方出版社 1996 年版。

④ 萧放：《中国传统风俗观的历史研究与当代思考》，《北京师范大学学报》2004 年第 6 期，第 37 页。

⑤ （清）蔡绳格：《北京岁时记》，李霈《蔡醒吾先生事略》，张次溪《中国史迹风土丛书：十三种》，东莞张次溪拜袁堂，民国三十二年（1943）。

⑥ （清）富察敦崇：《燕京岁时记》，北京古籍出版社 1981 年版，第 86 页。

虑的。但是政治上的失语状态，使这些深刻的见解和精辟的论述在当时显得十分的屡弱，而被淹没在当时仅仅机械地学习西方皮毛的大潮中。

政治上的失语使他们需要从传统文化中寻找情感的寄托，富察敦崇"谈及庚子，深致慨叹，颇有见识，辛亥后虽意气消沉，却无一般遗老丑语，更为大方。辛丑所作《增旧园记》有云：'斯园也以弹丸之地，居兵灾之中，虽获瓦全，又安能长久哉？自今以往，或属之他人，或鞠为茂草，或贱成蹊径，或垦做田畴，是皆不可知矣，更何敢望如昔之歌舞哉。'……记末又言古来宫殿尽归毁灭，何况蕞儿一园，复云：'其所以流传后世者惟有纸上文章耳，文章若在则斯园不朽矣，此记之所由做也。'"① 可以这样说，他们对于传统文化的关怀既源自于其传统知识分子的历史使命感，同时也是对于失去的岁月的一种缅怀。

蔡绳格居住于雍和宫东边的柏林寺附近，其宅院门临旷野、古趣萧然、菜圃花坛、林木清幽，自题所居为"闲园"，并自号为闲园鞠农，表现的无奈与淡然由此可见一斑。而胡朴安"商而仕，仕而农"的人生经历，"以一身迭为之，诚当世之畸人矣。非贤人君子而能若是耶。……其殆得泾之清而不混混于世相浊者耶"②，则是当时大多数知识分子的生动写照。一部岁时文献的产生离不开历史背景以及作者的人生阅历，"那些今天看来民俗学术可靠性比较高的著作，在某些时代某些作者中间，我们可以发现，他们与当时正统阶级的联系不那么紧密。明清以后，一些文人学者由于个人遭际的原因，失去了这种联系。他们在这种经历背景下著述，往往从不同的理论分支，转向对民俗文化的共同认识，甚至表现出他们和民众一样处于非正统阶级成员的位置，所感受到的社会地位的压抑、人生观念的压抑和选择行为规则的压抑等。他们不知道自己是谁，反而被民众认作朋友，实际上是社会边缘人。他们的著述，因此带有边缘性质——反思上层文化和以民众的感受去整理民俗文化"。③

政治上的失语，情感上的执着与无奈造就了非同一般的生命形态，有的学者曾表示他们的研究旨趣"不在先秦圣贤、唐宋名家，而是六朝或晚明、晚清的众多狂狷之士。而且欣赏的重点，不是其可能有的盖世功

---

① 吴平、邱明一编：《周作人民俗学论集》，上海文艺出版社 1999 年版，第 332 页。
② 胡朴安：《中华全国风俗志·徐序》，上海书店影印出版 1986 年版，根据广益书局 1923 年版复印。
③ 董晓萍：《民俗学导游》，中国工人出版社 1995 年版，第 22 页。

业，而是其或飞扬跌宕，或寄沉痛于悠闲的生命形态"。① "既存研究中的失语群体多偏于旧（或不够新）似乎也揭示着他们更多体现了近代中国不变（或传统延续）的一面，对这些群体更深入的了解必能强化我们对近代中国的整体认识。……记得法国有位华裔学者曾说传统中国画的关键在'不画'的部分。"② 这种矛盾复杂的统一体的确值得引起我们的研究和探讨。

无论是为施展政治抱负还是政治失意后寻找精神慰藉，传统民间文化被关注和投入，大批有关中国风俗的著述出现，如富察敦崇的《燕京岁时记》，让廉的《京都风俗志》《春明岁时琐记》，蔡绳格的《北京岁时记》《燕市货声》，胡朴安的《中国全国风俗志》，张亮采的《中国风俗史》，李家瑞的《北平风俗类征》，张次溪的《北平岁时志》以及《燕都风土丛书》《京津风土丛书》等，它们或记录当时的风俗民情，或归纳整理历代中国风俗历史沿革。"回观固有文化遗产，在清季只是创意的起绪，也只代表文化学术的一个新时代的曙光。一切重大的变动与发展，均集中在辛亥革命以后。清季的时代意义，正足以符合觉醒二字，其重要性也正在这种先知先觉开创性的导向。"③

二　晚清北京岁时文献著述概要

动荡的历史时期、活跃的民族文化、沉痛的文化思考，共同促成了晚清时期又一次民间文化的高潮。这样一种历史背景之下，出现了一批以《燕京岁时记》为代表的记述晚清北京岁时风俗的文献著述，包括富察敦崇的《燕京岁时记》，让廉的《京都风俗志》《春明岁时琐记》，蔡绳格的《北京岁时记》《燕市货声》等。晚清北京的岁时民俗文献著述记载了中国传统岁时风俗，著述者们着力记述了千百年来传承下来的中国民间传统文化，质朴的语言、简洁的描述为我们呈现了一幅晚清老北京人的生活图景。

---

① 夏晓虹：《晚清社会与文化》"序言"，湖北教育出版社 2001 年版。
② 罗志田：《新旧之间：近代中国的多个世界及"失语"群体》，薛君度、刘志琴主编：《近代中国社会生活与观念变迁》，中国社会科学出版社 2001 年版，第 82 页。
③ 王尔敏：《清季知识分子的自觉》，《中国近代思想史论》，社会科学文献出版社 2003 年版，第 130 页。

1. 《燕京岁时记》

《燕京岁时记》作者富察敦崇，字礼臣，满族人，别号"铁狮道人"，祖籍长白山。生于咸丰五年乙卯（1855），卒于1924年之后（赴八里桥投水而死[1]）。在京为官多年，曾由兵部笔帖式提升郎中，补授关系思恩知府，未到任，经总督锡公良奏调东三省委用，保升道员。[2] 家世居燕京，熟悉北京历史掌故和风土人情。著述颇为丰厚，有《燕京岁时记》一卷、《紫藤馆诗草》一卷、《庚子都门纪变诗》一卷、《左传精华》四卷、《年谱》六卷、《敦崇遗闻录》四卷、《经义新评》一卷、《皇室见闻录》一卷等。

《燕京岁时记》成书于光绪二十六年（1900），初版于清光绪三十二年（1906），北京文奎堂刻本一册，扉页刻有"光绪丙午，燕京岁时记，庆珍署"，背面刻有"光绪丙午仲秋开雕，板本隆福寺文奎堂"。随后富察敦崇的友人田润芳为其作了一篇小序，简要介绍了他的身世、经历以及兴趣爱好等："吾友敦礼臣满洲世家子，乃太傅大学士马文穆公之云孙，世袭敦惠伯，承简莹公之次公子也。幼与余共砚席，同受业于乌绍云司空之门。礼臣固司空犹子渊源，有自聪慧过人，及习贴括业，亦能出色。当行群，许为必售之技。乙亥恩科，予兄弟同领乡庆，而礼臣以族人回避，不得一奏牛刀，诚可惜也！嗣后屡遭回避，抑郁无聊，不得已而援例纳官，非其志也。退食之余，仍以书史自遣于国朝掌故，多能识其本原。他日过从，见案头有《燕京岁时记》一卷，捧过一读，具见匠心，虽非巨制鸿文，亦足资将来之考证。是即'景物略''岁华记'之命意也！虽如礼臣者，其学问岂仅如此？尚望引而伸之，别有著作以为同学光则，予实有厚望焉！"[3]

《燕京岁时记》出版后深受读者的喜爱，很快被翻译并介绍流传到海外。1939年宾夕法尼亚大学的中文教授卜德（Derke Boode）翻译并出版了其英文译注本，题名为 *Annual Customs and Festivals in Peking*。日本汉学家小野胜年翻译并于1941年出版了日译本，名为《北京年中行事记》。《北京年中行事记》前附有小野胜年于1940年7月作的序，书中有大量

---

① 柳存仁：《巴黎·北京·乡土记》，邓云乡《增补燕京乡土记》序，中华书局1998年版。

② 郑柄纯：《庆珍批本〈燕京岁时记〉》，《燕都》1992年第6期。

③ （清）富察敦崇：《燕京岁时记》序，北京文奎堂刻本，1906年。

注释。由于小野胜年是研究中国古代史的专家，熟悉注释此书所需要的相关典籍，并在北京留学过一段时间，对于书中记述的许多节令习俗，都有亲身见闻，所以所做注释既有文献参稽，又有实地验证，具有很高的学术参考价值。书里还增附了一些插图和照片。插图主要采自《鸿雪因缘图记》《唐土名胜图绘》《万寿盛典》和《清俗纪闻》等中日古籍。

国内版本除光绪三十二年（1906）北京文奎堂刻本外，1961年北京出版社根据原刻本标点重新排印（与《帝京岁时纪胜》合册）；1980年北京古籍出版社根据1961年北京出版社排印本重新排印出版；2001年北京古籍出版社出版的"北京古籍丛书"中再次排印（与《帝京岁时纪胜》《人海记》《京都风俗志》合册）。1949年后的三次出版都删去了原书各项节令习俗下面所附的古今诗文以及书前所附的小序，如原刻本中正月里关于"灯节"的记述以及援引《日下旧闻考》中的记述外，还附有明范景文燕京灯市词四首："御沟春暖涨冰丝，风暖沙吹日影移，珠缀九微光璨烂，张灯不待月高时；王孙约队簇金貂，玉勒青骢绮陌骄，文贝珊瑚看不尽，东华门外市三条；珠楼一带郁嵯峨，阵阵香风簇绮罗，龙珠薰风喧不夜，天街到处月明多；明月处处度笙箫，春色分明念四桥，有酒劝君须尽醉，百年能的几元宵。"以及魏之琇火判儿诗（末句妄改）：衣冠焰焰踞当涂，入夜儿童杂笑呼，遗篇热肠心更赤，时间曾得似君无。这些诗文都被删掉了。1969年台湾广文书局则根据原刻本影印，基本保留原书中的所有内容，1981年、2001年再行重印。

《燕京岁时记》秉承了传统岁时记述的特点和方法，以时间为序，从正月到十二月，依次记述了北京的岁时节日风俗。书中所记岁时节俗体现了北京作为一个帝都的岁时习俗的相关特点，我们可通过正月以及五月的条目列载窥探一二：

元旦　八宝荷包　祭财神　破五　人日　顺星　打春　灯节　筵九　开印　打鬼　填仓　大钟寺　白云观　曹老公观儿　厂甸儿　东西庙　土地庙　花儿市　小药王庙、北药王庙　耍耗子、耍猴儿、耍苟利子、跑旱船

端阳　雄黄酒　天师符　菖蒲、艾子　采丝系虎　剪彩为葫芦　赐葛　城隍出巡　过会

都城隍庙　南顶　十里河　瑶台　磨刀雨　分龙兵　恶月　石榴、

夹竹桃 五月先儿 甜瓜 染指甲

书中记载条目的大致内容正如他在后记中写道，"究其大旨，无非风俗、游览、物产、技艺四门而已"。① 虽然作者表示"事多琐碎，难免有冗杂芜秽之讥"。② 但是我们仍然可以看出作者对于北京岁时民俗的关注，主要表现在三个方面，首先就是记录北京传统岁时习俗的情况，如元旦、二月二、端午等岁时节点，这些节点在晚清时期仍然存在，但是它们的节俗内容却随着时代的变迁或者丰富和发展，或者逐渐简单化，或者并没有发生较大的变化，如"填仓"一条的记载，"填仓 每至二十五日，粮商米贩致祭仓神，鞭炮最盛。居民不尽致祭，然必烹治饮食以劳家人，谓之填仓。按《北京岁华记》云：二十五日人家市豕牛羊肉，恣餐竟日，客至苦留，必尽饱而去，谓之填仓。此条所记与今大略相同。惟富贵之家从未有食牛肉者，亦未有客至苦留之说，乃记者一隅之论也"。③ 从中我们可以发现北京"填仓"节习俗在几百年间的变化并不显著。其次是北京都市发展过程中，所形成具有都市特色的岁时节俗，如体现京城老百姓生活节奏的一些节日及其相关习俗活动，如京城冬天取暖的有关规定，"添火"等；以及作为全国政治中心，在岁时及其习俗中体现出官方的影响，如"开印""封印"等；作者还将京城民众定期游览胜地一一予以介绍，作者在书中序言中解释："岁时而记游览，似属于例不合。然游览处多有定期，亦与岁时相表里。其游览而无定期者，概不予编录，以示区别。"书中所记定期游览之处有大钟寺、白云观、厂甸儿、曹老公观儿、东西庙、土地庙、花儿市、小药王庙、北药王庙、蟠桃宫、东岳庙、潭柘寺、戒台寺、天台山、万寿寺、西顶、妙峰山、丫髻山、北顶、都城隍庙、南顶、十里河、瑶台、中顶、什刹海等。如"什刹海"云：

> 十刹海俗呼河沿，在地安门外迤西，荷花最盛。每至六月，士女云集，然皆在前海之北岸。他处虽有荷花，无人玩赏也。盖德胜桥以

---

① （清）富察敦崇：《燕京岁时记》，北京古籍出版社 1981 年版，第 99 页。（清）富察敦崇：《燕京岁时记》，北京文奎堂刻本，1906 年，第 70 页。

② 同上。

③ 同上书，第 50 页。（清）富察敦崇：《燕京岁时记》，北京文奎堂刻本，1906 年，第 8 页。

西者谓之积水潭，又谓之净业湖，南有高庙、北有汇通祠者，是也。德胜桥以东，昔成亲王府、今醇亲王府前者，谓之后海，即所谓十刹海者，是也。三座桥以东、响闸迤左者，谓之前海，即所谓莲花泡子者是也。今之游者但谓之十刹海焉。凡开花时，北岸一带风景最佳：绿柳垂丝，红衣腻粉，花光人面，掩映迷离，直不知人之为人花之为花矣。①

这段为我们描绘了京城什刹海的具体地理位置、空间布局以及都市民众的活动，记述颇有趣味。关于这一部分，将在下一节对晚清北京岁时民俗文献著述的体例中具体进行论述。最后每月都会列上该月的时令水果以及老北京人日常休闲娱乐活动，如正月里耍耗子、耍猴儿、唰苟利子、跑旱船，五月吃石榴、五月先儿、甜瓜，让读者能够了解老北京人的日常生活情况。

作者除了关注以上几个主要方面外，在具体描述节日习俗时，还注意节俗在不同阶级中的展现与应用，如"挂千"一条的记述中指出："是物民户多用之，世家大族鲜用之者。其黄纸长三寸，红纸长寸余者，曰小挂千，乃市肆所用也。"② 从中可以发现世家大族和下层贫民百姓在节日中所使用的物品存在明显的差别。此外，一些宫廷习俗也被纳入作者的描述范围之内，如"八宝荷包"中就记载"每至元旦，凡内廷行走之王公大臣，以及御前侍卫等，均赏八宝荷包，悬于胸前，部院大臣不预此例"。③同一节日在不同人群中表现出不同的节俗，是由都市人群的复杂性与异质性决定的，不同的人群根据自身生活的需要在节俗外在物质表现形式上有着自己不同的选择。宫俗的纳入与作者个人的生活经历有关，作者曾经在京为官多年，这种习俗既具有外在固定的时间形式，同时也具有相沿成习的行为方式，并在固定的群体中流传，因此在一定程度上也具备了节俗的特质。

---

① （清）富察敦崇：《燕京岁时记》，北京古籍出版社1981年版，第73页。（清）富察敦崇：《燕京岁时记》，北京文奎堂刻本，1906年，第35—36页。

② 同上书，第98页。（清）富察敦崇：《燕京岁时记》，北京文奎堂刻本，1906年，第68页。

③ 同上书，第45页。（清）富察敦崇：《燕京岁时记》，北京文奎堂刻本，1906年，第1页。

通观全书作者对北京岁时节俗的描绘，可以发现作者的一个基本立足点，即他是紧紧围绕北京人的行为活动来进行的，而并非将空间地域局限在北京城中，如作者寻着北京人的足迹描述了城外的"五顶""潭柘寺""天台山"等处。通过作者对材料的选取，我们可以看出作者将都市岁时节俗理解为有着固定节期的、都市民众的相沿成习的生活习惯。这一认识契合了今天研究城市民俗时所要首先解决的一个基本问题，即"民"的问题。

作者对每月所列的条目也以时间为序进行排列，有着清晰的时间脉络。同时在有些条目下，还援引了古代历史文献中相关民俗事项的记载，或追溯习俗的历史渊源，如"人日""打鬼"等条目；或进行古今习俗的对比，指出其发展趋势，如"顺星""清明"等条目；或进一步说明进行习俗活动的建筑物历史渊源、地理位置及空间布局，如"白云观""土地庙""东岳庙"等条目。这种考据性质的研究带有在清代十分兴盛的考据学派治学遗风，但是书中并不丰富的历史文献资料也表明了作者并未很刻意地去搜集古代北京岁时相关文献记载，而仅仅表现出一种随意的、信手拈来的态度。这种态度使得《燕京岁时记》的写作质朴琐碎，率性而为。①《燕京岁时记》的确在记述方面显示了它的精巧与别致，且详略得当，主次分明。同时作者在记述的过程还发表一些自己对当今习俗的看法以及见解，"故每当封印已毕，万骑齐发，前门一带，拥挤非常，园馆居楼，均无隙地矣。印封之后，乞丐无赖攫货于市肆之间，毫无顾忌，盖为官不办事也。亦恶俗也"。②通过这种评论式的记述，我们不难发现作者的记述有着强烈的主观色彩。作者较为情绪化的视角使《燕京岁时记》在对都市岁时节俗的选择和记述上表现出了生动、活泼、有趣的特点。

通观《燕京岁时记》中记载的北京岁时节日习俗，我们几乎看不到在西方经济文化的冲击下所表现出的回应或者是变化，而只能通过个别条目下所援引的古代文献中的记载来窥探部分节俗纵向的历史变迁。这种情况的出现可能有两种原因：首先在于作者取材的态度，他可能是刻意避免记录那些在西方文化的侵蚀中已经发生了变化的岁时节日习俗，反而是怀

① 吴平、邱明一编：《周作人民俗学论集》，上海文艺出版社1999年版，第331—334页。
② （清）富察敦崇：《燕京岁时记》，北京古籍出版社1981年版，第93—94页。（清）富察敦崇：《燕京岁时记》，北京文奎堂刻本，1906年，第63页。

着对逝去岁月的怀念之情，来关注和记载老北京的岁时习俗。如此一来呈现在我们面前的可能就是一幅鸦片战争以前北京人的生活画卷，而不是当时真实的北京人的岁时生活。当时有学人就曾经明确表示了这种记述态度，"凡同人所见闻者，仅自咸同年后去故生新景，不待十年而已变，至尽则已数变矣。往事凄凉，他年瘴疠声尤在耳，留赠后人"。① 在激烈突变的社会变革中，他们期望以保存或纪念传统的生活文化为目的，来记录发生巨大社会动荡之前的生活状态。这种回想式的民俗记录是中国古代民俗志的特点之一，从主观上讲，他们表达了作者的文人情思；从客观上看，他们又传达了在社会历史急剧变动的时期，人们对安定的民俗生活的回忆和眷恋，以及通过叙述民俗社会所抒发的对理想社会模式的想象。② 虽然作者在书的跋中强调"此记皆从实录"，但是我们不难看到这种记述传统对于作者的影响。其次则有可能是当时北京岁时节日习俗的变化确实不大，中国传统文化在面临来自西方以及现代化的巨大冲击下，不变的部分仍然要多于变的部分，而即便是变化的部分也多集中在上层官吏、达官显贵以及新知识阶层等，且多集中在东南沿岸的大城市，晚清的北京社会相对东南沿海城市比较滞后，在广大的社会民众的生活中，这种趋西、趋新的风尚并没有植入其中，只是中国人民日常生活中的一小部分，他们仍旧沿着长期积累下来的社会风习继续前行，反映了中国传统的生活习俗强大的生命力。作者的取材态度以及现实生活的真实情况有可能共同促成了《燕京岁时记》对于北京传统岁时节俗的记录中并无太大变化的情况。

2.《京都风俗志》

《京都风俗志》作者让廉，生平不详。《京都风俗志》成书于光绪二十年（1899），目前所能见到的版本有三种。一是清光绪二十年抄本，原北平人文科学研究所藏，抄录人不详。书的扉页抄有"京都风俗志，让廉著"字样，卷首则是"京都风俗志，光绪己亥仲春作，让廉"，再无其他抄录人或作者相关信息。抄本现存于中国国家图书馆分馆文津楼普通古籍阅览室，国图索书编号为"/53531"，形制为 1 册。另一种是张江裁

---

① （清）蔡绳格：《燕市货声》凡例第四条，收录于张次溪辑《京津风土丛书：十七种》，双肇楼铅印本，线装，民国二十七年（1938）。

② 钟敬文：《建立中国民俗学派》，黑龙江教育出版社 1999 年版，第 16 页。萧放：《〈荆楚岁时记〉研究——兼论传统中国民众生活中的时间观念》，北京师范大学出版社 2000 年版，第 154 页。

（字次溪）辑《京津风土丛书：十七种》中收录的《京都风俗志》，但更名为《春明岁时琐记》，内容并无出入，为双肇楼铅印本，线装，民国二十七年（1938）出版。现藏于中国国家图书馆分馆文津楼地方志家谱阅览室，国图索书编号为：地 14/927/：1。这一版前后也没有任何作者以及与书内容有关的信息。还有一种北京古籍出版社根据原抄本于 1981 年、2001 年分别重印的，书中仅有正文，无关于本书及其作者的介绍。

《京都风俗志》名似为关于北京风俗记载，实际上只是对晚清时期北京一年岁时节日习俗的描述。书中以时间为序，从"京都正月初一"至"除夕"，依次简要描绘了北京的岁时节日习俗，但它撇弃了传统岁时民俗志中常用的条目式的记述方式，而是有主有次地进行描述，前后承接、上下过渡自然流畅。全书行文行云流水，文字简洁质朴，好似一篇一气呵成的小品文。这种随笔性质的记录方式，承清代以来风俗笔记之风气，但在形式上又别具一格。

《京都风俗志》的内容记载不同于《燕京岁时记》，它多偏重于对具体岁时节日习俗的描绘，空间上主要局限于家庭、宗族内部，如书中关于"正月初一"的记述："京都正月初一日，子时后，家家长幼先诣神佛前焚香叩拜，谓之接神。次设奠于先人祠堂。礼毕，家长登堂，众人依序相率拜贺，老幼互作庆贺语。妇女设酒菜，家中长幼咸聚饭相庆。"① 从这里可以看到记述的重点在于家庭内部在正月初一日的具体行为活动。对于都市民众的外出游玩活动也略有涉及，但并不丰富。全书的记述风格颇为精练平实。作者在描述节日习俗也会发表自己的见解，做一些价值判断，如"每年正月十九日致醮祠下，谓之燕九节。男女至观焚香持斋，彻夜达旦。谓之会神仙，或言十九日神仙必降此观。此风俗之不善也"。② 在记载正月初二日祭财神时也指出"以此可见祭财神之虔，即贪利之心胜也"。③

3.《一岁货声》

《一岁货声》作者蔡绳格（1854—1933），字省吾，出身将门，为八旗世家。家中有菜圃花坛，林木清幽，自题所居为"闲园"，性爱菊花，

---

① （清）让廉：《京都风俗志》，北京古籍出版社 1981 年版，第 1 页。
② 同上书，第 2 页。
③ 同上。

自号闲园鞠农,其擅长工笔花卉,曾取园中佳种,一一为之写生,积存四册,题曰《闲园菊谱》。由此可见其生性淡泊、不汲汲于进取的个性特点。蔡绳格虽然出身将门,但喜好故都的风土人情,曾花大量的精力搜集整理,被誉为"最早整理北京风土史料第一人",① 曾摘选北京风土名著《帝京景物略》《宸垣识略》《都门记略》《朝市业载》《燕京岁时记》《天咫偶闻》等著述之精华以成一集,为《旧志便读》,又汇集光、宣年间琐闻成《燕尘偶记》一卷,新旧咏景咏物杂事诗成《新旧竹枝》一卷,街市杂技艺人故事成《文武杂剧》一卷,还记录五十年来市肆商标新奇招牌成《燕市商标》一卷,街市小食物之名色成《燕都食品》一卷,一岁商贩叫卖之词调成《燕市货声》一卷,另有《都门谚语》一卷、《专结迷社》一卷、《廋辞鞠目》一卷,一共十二种,总名为《金台杂俎》。但是这些著述并没有付梓发行,而仅仅在亲朋好友间传抄,还有其他各种整理名目,详细列出大概有三四十种,但已不知去向。② 因此蔡绳格的著述虽然丰富,但整理流传下来的并不多见。好在张江裁辑录的《京津风土丛书:十七种》《中国史迹风土丛书:十三种》中有所收录,使我们得以了解蔡绳格付出的心血。《北京岁时记》,收录于《中国史迹风土丛书:十三种》,现藏于中国国家图书馆分馆文津楼地方志家谱阅览室,国图索书编号为:地14/92706/:1。另王彬、崔国政辑录的《燕京风土录》(光明日报出版社2000年版)亦收录。《北京岁时记》写作内容并无多少特色,它没有援引古代历史文献中关于北京岁时习俗的记录,仅仅是对当时北京岁时节俗活动作了简单的描绘,在描述的丰富性上不及《燕京岁时记》。

《一岁货声》写于1906年,有齐如山眉批本和张江裁的排印本两个版本。《一岁货声》的齐如山眉批本乃北平研究院史学研究会抄藏齐如山《眉识》之《一岁货声》的誊抄本,现为著名民俗学家王文宝所藏,王文宝对这一版本进行了整理,并加注标点③。这一版本前题:

> 旧京货声一册闲园鞠农,不知是何许人。此齐如山抄藏本。眉识

---

① (清)蔡绳格:《北京岁时记》,张次溪所做后记,收录于张次溪辑《中国史迹风土丛书:十三种》,东莞张次溪拜袁堂,民国三十二年(1943)。

② 同上。

③ 王文宝:《吆喝与招幌》附录一,同心出版社2002年版。

出于山手。二十一年春，借录存之。半农

其后为"序""凡例"六条，正文分为除夕、元旦、二月、三月、四月、五月、六月、七月、八月、九月、十月、冬月、腊月、通年、不时、商贩、工艺、铺肆、工艺（添），依次录写。

张江裁的排印本收录在张江裁所辑录的《京津风土丛书：十七种》，乃双肇楼铅印本，线装，民国二十七年（1938）出版。现藏于中国国家图书馆分馆文津楼地方志家谱阅览室，国图索书编号为：地 14/927/：1。排印本改名为《燕市货声》，与齐如山眉批本相比较，书前多了李霈因受张江裁所托而作的一篇有关蔡绳格生平的小序《蔡省吾先生事略》，"序"中简要介绍了蔡绳格的生平以及一些琐碎的小事，让我们对其人有了一些大概的了解，且所叙述的小事颇能反映蔡绳格个性特征。随后即是"序""凡例"六条，正文条目的排列次序有所变动，将除夕放置腊月之后，并将"工艺（添）"栏并入"工艺"栏中。而正文中的具体描述与眉批本相比也有些许出入，齐如山的"眉识"被印本或单立一条，或未见，或移放置所在条的按语之内：如"除夕"首条"荸荠果呀，好吃来又好剥哇！"眉批本中有"好刻瓜子"和"约"两条，印本则将"好刻瓜子"另列一条；二月买水捆菠菜之眉批本有"簇""角"两条，印本则见于按语内。

《一岁货声》题名中的"货声"一名为市声，亦即街头商贩叫卖的吆喝声，此书对街头货声按季节一一录之，如"挂拉枣儿，酥又脆。大把抓的呱呱丢儿！""卖果子皮来，一个大棒！"等。并自加注释，将全年通行的货声，以及百工技艺店铺叫卖等，附列于后。之所以将此书列入岁时文献的范围，是因为作者以传统岁时的时间记述体系为全书的结构框架，强调了四季的更替，记述了在不同的岁时节点的吆喝叫卖声，极具民俗特色，突出了都市民俗中商贸习俗的特点。作者在序中强调了这种"天籁"的可贵以及它所表现出的风土人情："古意者，其一岁之货声乎，可以辨乡味、知勤苦，纪风土、存节令，自食乎其力，而益人于常行日用间者固非浅鲜也。"[①]

---

① 蔡绳格：《燕市货声》序，收录于张次溪辑《京津风土丛书：十七种》，双肇楼铅印本，线装，民国二十七年（1938）。

《一岁货声》不仅列出了老北京城的各种叫卖声，而且对每种叫卖声进行了具体的说明，比如解释所卖物品的制作者、制作过程、买卖时间、使用方法等，如在除夕叫卖"江米的热年糕呕"后，就作了如下注释："聂姓累世专卖通年，肩挎小白圆笼，仅如扁缸桃大，精美，多爱买者，外号游九城。"又如在元旦的"牛儿芒儿，过年的小黄历"后注释："春牛图一文钱两张，十月间卖，年外打春间必卖。"在"哎活鲤鱼呀"后注释："初二日祭财神，多纸糊鱼目，生祭毕送河中。"这些注释还能反映北京岁时生活的一些变化。如腊月叫卖"卖绫娟花热"后注释，绫绢花的制作在"光绪十年后，兴出随时折枝照真花做，色色逼真"，又注释"换取灯儿来，换肥角子"云："旧用小茅槁劈五寸许四半，醮硝，谓之'取灯'，以易着得燃灯也。或云用嘛果秸。近用洋火，则云'换洋取灯儿'。"从书中所描述的商贩叫卖中，我们还可以了解北京多民族共处的特点，如元旦叫卖"蜂糕来哎，爱窝窝！"、腊月叫卖"达子香盘！"（满人用以祭宗祠）都反映了北京的叫卖特点。

《一岁货声》选取全年街头商贩叫卖的吆喝声作为记述内容，可以从京师日常的叫卖声体会到老北京人的生活文化，这体现了作者匠心独运。周作人对该书评价很高，指出如果有熟悉北京民俗的专家"为之订补，刊印于世，不特存录一方风物可以作为志乘之一部分，抑亦间接有益于艺文，当不在刘同（侗）人之《景物略》下也"。

三　晚清北京岁时文献的著述体例及其特点

晚清北京岁时民俗志的著述体例秉承了传统岁时的记述传统，从正月到十二月依次记录岁时节令以及相关民俗事象。但是作为在特定的时空下产生的岁时记述著述，在记述视角、记述方法等方面都有着其自身的记述特点。这里以《燕京岁时记》为例具体说明晚清北京岁时民俗志的著述体例以及与其他都市民俗志和岁时志的记述相比较所呈现的特点。

1. 对都市民俗事象群体聚合动态的描绘

《燕京岁时记》以时间为线，以具体民俗事象的描绘为点，通过点与面的结合来完成对都市民俗事象群体聚合动态的描绘，展现都市民众的日常集体生活。这部岁时记记述的重点，在于通过对民众的市井活动描述来看待各种岁时节日，对各节日外在描绘与民众群体活动居于主要地位。如《燕京岁时记》中对正月里民众在"灯节""打鬼""大钟寺""白云观""厂甸儿""东西庙""花儿市"等各个节日中活动的记述，大量描绘了人们在正月里出游、逛庙会的群体活动，如所记"元旦"一条：

> 京师谓元旦为大年初一。每届初一，于子初后焚香接神，燃爆竹以致敬，连宵达巷，络绎不休。接神之后，自王公以及百官，均应入朝朝贺。朝贺已毕，走谒亲友，谓之道新喜。亲者登堂，疏者投刺而已。貂裘蟒服，道路纷驰，真有车如流水马如游龙之盛，诚太平之景象也。是日，无论贫富贵贱，皆以白面做角而食之，谓之煮饽饽，举国皆然，无不同也。富贵之家，暗以金银小锞及宝石等藏之饽饽中，以卜顺利。家人食得者，则终岁大吉。

这里不仅记述了"元旦"的饮食、祭祀、禁忌等传统的民俗活动，同时还有"亲者登堂，疏者投刺而已。貂裘蟒服，道路纷驰，真有车如流水马如游龙之盛"等民众外出的活动行为，同时上层与下层的活动特点也一目了然，生动反映出岁时节日在都市生活中的表现，具有帝都习俗的鲜明特征。这种岁时记述的特点我们可以从《东京梦华录》中关于岁时部分的记述中找到源头，如《东京梦华录》中所记"正月"一条：

> 正月一日年节，开封府放关扑三日。士庶自早，互相庆贺，坊巷以食物、动使、果实、柴炭之类，歌叫关扑。如马行、潘街楼、州东宋门外、州西梁门外踊路、州北封立门外，及州南一带，皆结彩棚，铺陈冠梳、珠翠、头面、衣着、花朵、领抹、靴鞋、玩好之类，间列舞场歌馆，车马交驰。向晚，贵家妇女纵赏关赌，入场观看，入市店饮宴，惯习成风，不相笑讶。[①]

关于"正月"的记述角度，完全跳出了传统的岁时记述法，抛弃了

---

① （宋）孟元老：《东京梦华录注》卷六"正月"，邓之诚注，中华书局1982年版，第154页。

迎神供祖、画门燃炮、驱邪压祟等"正月"间家庭内部的传统民俗活动行为，而是着眼于家庭之外、市井间的士庶、贵族的活动以及人际间交往行为，这种从关注公共社会岁时节俗生活的新视角对后来都市民俗的记述方法产生了很大的影响，并在《燕京岁时记》中得到了很好的继承与发展。《燕京岁时记》这种关注公共社会岁时节俗生活的岁时记述方式与传统的岁时记述不甚相同，其中《荆楚岁时记》是通过微观的角度来描绘传统节日，是一种动态意义的记录，① 但是这种动态记录与《燕京岁时记》不同，它主要对具体节日习俗行为的微观描绘，而不是关注公共社会岁时节俗生活。这两种不同的视角，决定了它们关注点的不同，从而形成截然不同的记述风格和记述内容。《燕京岁时记》关注公共社会岁时节俗生活的新视角使得其对岁时节日习俗的记述，从传统家庭民俗活动的描述向外延伸至对外在市井生活和群体活动行为的关注，不能不说是一种新的拓展。

这种记述特点形成与经济发展以及时代地域有着密切的关系。作为中国传统的封建城市，北京城市的政治性要大于经济性，它首先是作为政治统治中心而出现的，但是不可忽视的是城市自始至终它的发展都与商业的发展相伴随，"如果说商业活动的无所不在是近代社会的重要特征的话，那么在前近代社会，商业则主要是与城市联系在一起。若说城市繁荣，那必是它的商业繁荣；城市生活也必然具有浓厚的商业色彩。在这个意义上，商业与城市是同义语"。② 近代以后城市的发展以对外贸易的发展为先导，贸易规模的扩大和商品市场的繁荣促使城市工业和其他行业发展，城市规模由此进一步扩大，并反作用于城市商业，促进其向前发展。近代的城市商业无论在内容还是在组织形式和经营手段上都有了很大的进步，原有的和新兴的工商业城市的兴旺发达，改变了城市人口的成分和生活方式，反过来又促进了城市和农村的经济发展以及商品流通。中国传统城市是一个消费的空间而不是一个生产的空间，但是随着商业贸易的繁荣和发展的需要，城中工商业者的增多，打破以往纯消费的局面，生活中商业色彩变得浓厚起来。在动荡不定的晚清时期，城市社区发生明显、深刻的变

---

① 萧放：《〈荆楚岁时记〉研究——兼论中国民众生活中的时间观念》，北京师范大学出版社 2000 年版，第 156 页。

② 赵世瑜：《腐朽与神奇》，湖南出版社 1996 年版，第 133 页。

化，表现出人口集中、成分复杂、经济活动丰富、血缘关系淡薄等特点，同时还带有半殖民地色彩，这种变化与当时经济的发展、社会背景是一致的。

商贸活动是一种外向型经济模式，它要求人与人之间进行频繁的接触与交流，这种交流冲破了中国传统宗族的内向聚合形式，而要求人们向外谋求突破与发展。同时都市在其发展过程中，以海纳百川的姿态接收着来自四面八方的人们，不同民族、不同地域、不同阶层的人群共同汇聚在都市中，相互影响与共存共融是都市多元化的主旋律，这种开放性的姿态使得都市这样一种人类聚落形态更加复杂、异质、多样化，同时这样一种聚落形态也有力地冲击着宗族这种封闭的、自锢的、单一的聚落形态，从而要求人们突破了传统的以家族内部为主的交流的模式，转而向外寻求更多的接触与交流。因此都市人群在都市逐渐发展中，摆脱了传统宗族的聚合形式，而以节日活动为媒介，通过群体的游艺活动，进行新的社会组合。于是晚清北京岁时节日活动呈现在我们面前是一种群体的集合行为，这种"不自觉"表现出的是一种习惯性的、自然的状态，而不再是传统岁时节日强调的内聚的联系与交流，其功能主要是注重密切宗族或家庭内部成员之间关系，以维护其繁衍。这种都市聚落发展以及商贸活动的特点让我们在《燕京岁时记》中看到了大量的游艺性质、商贸性质的民俗的记述，如各种形式的庙会活动以及都市民众的群体定期、定点出游民俗活动的记述。

2. 时间记述与民俗中心空间叙述相结合

中国历史上一向重视对于时间的记述，从传统的月令记述体例到后来《荆楚岁时记》的地方岁时记述体例。在这样一种悠久的岁时记述以及岁时民俗活动记述的传统下，《燕京岁时记》对于岁时节俗的记述采用了将空间描绘与民俗中心空间叙述相结合的方式，使得都市中民众的岁时民俗活动得以立体呈现，可以说是对传统地方岁时记述体例的一个突破。如《燕京岁时记》记载的"十刹海"一条：

> 十刹海俗呼河沿，在地安门外迤西，荷花最盛。每至六月，士女云集，然皆在前海之北岸。他处虽有荷花，无人玩赏也。盖德胜桥以西者谓之积水潭，又谓之净业湖，南有高庙、北有汇通祠者，是也。德胜桥以东，昔成亲王府、今醇亲王府前者，谓之后海，即所谓十刹

海者，是也。三座桥以东、响闸迤左者，谓之前海，即所谓莲花泡子者是也。今之游者但谓之十刹海焉。凡开花时，北岸一带风景最佳：绿柳垂丝，红衣腻粉，花光人面，掩映迷离，直不知人之为之花之为花矣。①

　　在"什刹海"这一条记述中，北京六月要去什刹海看荷花，且"他处虽有荷花，无人赏玩也"。像这种关于定时、定点的赏玩记述在《燕京岁时记》中还有很多，例如春节逛厂甸、重阳钓鱼台赛马等。这种活动不同于传统的岁时节日习俗活动，而是都市民众在日常生活中积累起来的一种集合行为，是民众一种节庆生活，这一点从作者的记述意图中可以很明显地看到，"然游览处多有定期，亦与岁时相表里"。这种节日活动不同于中国传统的岁时节日习俗活动，它更多承载的是一种宣泄功能，民众在这种节日活动中得到情感的满足和情绪的发泄。可以说已经完全摆脱了传统农业因素的影响和束缚，也不是域外传入的宗教性节日的本土化的结果，而是局部脱离了中国传统岁时的框架而滋生的新的节日活动，它纯粹是在都市的发展过程中形成的，有着典型都市特征：人群聚合，以游艺娱乐为主要目的。在中国古代也有文人节日游赏的传统，但是二者存在本质的区别，文人节日游赏的传统是因时间而定空间，在传统的农业岁时系统中，人们选择游玩去处，久而久之形成节日期间游玩的传统。而都市中形成的这种定期游赏习俗，则是因空间而定时间，它是都市民众在长期的游玩中而形成的固定的节点，游离于传统农业岁时系统之外而独立形成的，是都市民众生活节奏的一种自我调节。

　　《燕京岁时记》这种时间记述与民俗中心空间叙述相结合的记述方法，将时间记述以空间化，既描绘了岁时习俗活动，同时也将都市中的空间地域进行了说明。上述所引"什刹海"就具体说明了什刹海的具体地理位置和它的历史渊源。钟敬文曾经对古代风俗、习惯著述作出划分时指出"从所记的内容来看，约有两类：一类是单记岁时的活动，如《荆楚岁时记》；另一类是概括地包含社会风习的多方面情况的，如《杭俗遗

---

① （清）富察敦崇：《燕京岁时记》，北京古籍出版社 1981 年版，第 73 页。

风》等"。① 从这种划分我们看到从古代开始就有意识地将岁时单独作为一个门类来记述，一方面与中国记述时间的传统有关系，另一方面也体现了岁时习俗在传统岁时习俗中的特殊位置。这种特殊性来源于岁时节日复合性的特征，因为"一些重大节日，几乎是政治、经济、生产、生活（衣食住行）、宗教信仰、文化艺术、社会交往、民族心理等综合反映"，②这种复合性为通过对节日的记述来了解都市民众生活的各个方面提供了一个极佳的切入点。而其他的习俗记述著作就在一定程度上表现出了它的局限，如明代记述北京习俗的著述《帝京景物略》，它以方位为序分别描绘了城东、南、西、北内外以及西山河畿辅名迹等明代北京城的景物和风土，以"城东内外"为例，它分别记述了"于少保祠""吏部古藤""泡子河""观象台""成郭公园""宜园""灯市""曲水园""东岳庙""春场""三忠祠""嗣文通坟""将台""黄金台"等，主要描绘的是北京的寺庙祠堂以及亭台楼阁，而《燕京岁时记》记述的则是这些建筑物中人的活动行为，岁时民俗志的这种记述方法与其他都市民俗志相比较，人的活动与空间相结合的描述更加富于生机和活力。脱胎于传统农业社会的岁时节日习俗进入都市民众生活，由于都市这个空间、地域的特点，其大量固定的建筑物将节日加以空间化，人们的行为活动与具体的空间有着密切的联系，这个特点为岁时节俗时间与空间结合的描绘方式提供了可行性，既使人了解了北京的寺庙祠堂以及亭台楼阁的历史渊源和地理位置，同时也了解了都市民众在其中的活动，为我们提供了一种立体的、动态的都市岁时民俗活动的呈现。

3. 月令时间体系与岁时时间体系的融合

月令时间体系以《月令》为代表，它本着春生夏长秋收冬藏的自然节律，安排人事活动，是王官时代的时间表述，它是少数人借对自然天象观测的知识垄断，从而实现对时间的垄断。自然时间被赋予了阴阳五行的神秘属性，时间的颁授与天子权力意志结合在一起，自然时间在王官那里转化为政治权力的资源。天子利用自然时序的季节特性，进行祭祀活动与社会行政管理。而《荆楚岁时记》则开创了地方岁时民众时间的记述体

---

① 钟敬文：《钟敬文学术论著自选集》，《〈北平风俗类征〉重刊序言》，首都师范大学出版社 1994 年版，第 606 页。

② 陶立璠：《民俗学概论》，中央民族学院出版社 1987 年版，第 187 页。

例，作为地方民众岁时生活的实录，它揭示的是一种地方性、世俗性的平民时间，更加关注民众的日常生活时间。① 岁时时间体系对传统的月令体例是一种革命性的变革，它更加关注私人领域的时间观念以及在这种观念指导下民众的日常生活，表现出了对时间认识以及掌握由上层社会至普通民众的转化，这种转变具有深刻的现实意义，表明民众懂得用时间来调节和支配日常生活。此后月令体例逐渐衰微，民众岁时体例逐渐兴盛，不断丰富并得以发展。

以《燕京岁时记》为代表的晚清北京岁时民俗著述在传统岁时记体例的大背景下出现，但是其记述中又看到了月令体例的影响，如关于"打春""春分""换季""洗象""赐冰""换葛纱""封印"等条目的记述，这种王官之时在地方岁时记述中的再度出现，且与民众时间形成了呼应，如《燕京岁时记》中关于官府在"封印"以及之后民众生活一系列变化的记述：

> 封印　每至十二月，于十九、二十、二十一、二十二四日之内，由钦天监选择吉期，照例封印，颁示天下，一体尊行。
>
> 封台　封印之后，梨园戏馆择日封台，八班合演，至来岁元旦则赐福开戏矣。
>
> 放年学　儿童之读书，于封印之后塾师解馆，谓之放年学。

这里官方的"封印"之后，戏园"封台"、学生"放年学"等一系列民众日常生活在年终也因为官府的"封印"行为而告一段落，这里官方时间在民众生活仍然具有昭示作用，同时在一些岁时节点中，官府发展出一套严密、规整的官方节俗活动行为方式，如"立春"习俗在明清两代发展到它的最高峰。虽然这个时期统治者已经不能利用时间来作为其政治统治的工具来进行社会行政管理，但是我们看到上下层在时间的认识和利用时间上达成相对的一致，二者不再是冲突的和不可调和的，官方的时间对民众时间具有标尺效应，都市民众也适时地调整自己的时间来和官方时间相一致。这种情况在时间表述中表现为在岁时记述体例下，传统月令

---

① 主要参考了萧放对"月令"和"岁时记"两种不同时间观的论述，参见萧放《〈荆楚岁时记〉研究——兼论中国民众生活中的时间观念》，北京师范大学出版社 2000 年版，第 156 页。

时间体例占有了一席之地，并且体现为二者的自然融合。这种局面的出现与都市自身的特点有密切联系，"城市具有文化整合机制，城市文化角色既能通过传递而保存文化体系，又是意识形态变化的源泉"。① 城市在面对不同的文化系统，能够将其整合融会，形成新的有别于原有但是又能指导和规范都市民众生活的文化体系。从辽代开始就作为都城的北京，上下层文化在这里共存近千年，交流与融会是主旋律。官方行为与民间行为、官方时间和民众日常生活时间在这里碰撞，二者相互影响、相互制约，最终形成了共存共融的局面。

晚清岁时民俗文献的作者是在传统文化的熏陶与培育下成长起来的文人士子，他们对传统文化包括民间文化在内都有着难以割舍的情怀。在那个动荡的历史时期，中国社会的方方面面都受到了冲击，由此而使得民间文化迎来了它的又一次高潮。在这种形势之下，这些文人士子带着复杂的心情留下了这批岁时民俗文献。晚清北京岁时民俗志的著述体例在秉承了自《荆楚岁时记》出现后所形成的统一记述方式，但是由于都市的发展、商贸的繁荣以及帝都的空间地域特点等因素的影响，晚清北京岁时民俗志又形成了对都市民俗事项群体聚合动态的描绘、时间记述与民俗中心空间描绘相结合、月令时间体系与岁时时间体系相融合三个具有自身特色的记述特点。

四 晚清岁时与帝都民众生活

中国封建社会末期在内外双重冲击之下处于风雨飘摇之中，当时社会在政治、经济、军事、文化、生活习俗等方方面面都面临着来自西方以及自身内部的挑战。有着近千年帝都历史的北京城，作为古老的中华帝国的代表，向世界展现了中华民族几千年深厚积淀的历史文明，同时也不可避免地在时代变迁中挣扎求存。特殊的历史时期、特定的空间地域、传统的岁时节日作为中华民族文明的一部分，也在纵向的历史变迁中于晚清时代定格，在横向东西方文明的冲击中坚守中国传统民间文化，同时帝都的岁时习俗也表现了都市生活中独特的一面以及北京作为千年古都的风范。

---

① 庄孔韶主编：《人类学通论》，山西教育出版社2004年版，导言，第7页。

1. 特定时空下的晚清帝都岁时节俗

（1）东方与西方、传统与近代岁时生活习俗的交流与碰撞

北京作为一个都市的发展历史脱离不了中国封建社会都市发展的模式，即首先是作为一个政治中心而建立的，通常都是各级政府机构的治所，封建国家机关设在城市中，包括各级官员的衙门、军队、监狱等，这在前面已有论述。但是北京在北方地区同样也是一个经济中心，在宋辽时代，北京就是当时北方农产品最大的集散中心，也是手工业品的市场。历史的车轮驶进了近代社会，面对来自内部和外部的冲击，作为政治和经济中心的北京受到了不同程度的影响。内部的冲击来自于商贸的发展造成的东南沿海一大批商业城市的迅速崛起，此时的城市不再依托政治中心地位而得以独立发展，经济上的独立进而要求政治上的独立，这种变化从晚明就初露端倪，直到近代社会的巨大变迁而使它们获得了一个历史契机，而登上历史舞台，取代了满族贵族的统治，并左右当时的政局，由此动摇了当时的政治统治中心北京的地位。外部的冲击来自于西方城市文明的传入，北京城市发展在其逐渐的渗透和影响下也迈开了近代化的脚步，典型的就是公共事业的发展。公共事业是近代城市文明发展的产物，它是改善城市生产和生活环境的必要条件，对城市经济的发展起着积极的推动作用，是城市近代化的基础。鸦片战争以后，五口开埠通商，随着城市经济的发展和西方物质文明的传入，中国近代城市公用事业开始发展。煤气、电力、自来水、公共交通设施等各项公用事业在城市的兴起，反映了西方物质文明已经逐渐渗入中国近代城市经济和生活领域，开始改变城市传统的经济结构，以至于人们的生活方式和社会心态。

中国传统文化与外国文化的大规模接触与交流在近代社会以前有两次：第一次是两汉、魏晋、隋唐时期印度佛教的传入，中国传统文化以海纳百川的姿态接受并为己所用，从而达到中国传统文化的高峰；第二次是明末清初利玛窦、汤若望等欧洲耶稣会士的东来，他们带来了西方基督教精神，随之而来的先进的科学技术和思想理念，让当时的国人感受来自西方文化的魅力，这一次文化交流让中国人第一次直接了解到水平已超过自己的外来文化，但是令人遗憾的是，由于封建政治经济造成的桎梏，这种局面未能持续下来，中断了。直到鸦片战争后，"西学"才重新进入中国。不过，这时已不像明末清初那样中西之间进行的是平等的文化交往，而是在洋枪洋炮和鸦片烟的伴随下，西方文化以一种更高更强的姿态强行

进入。这种不对等的现象使中国在第三次大规模的文化交流中处于被动和不利的地位。

西方习俗通过洋货带入、传教灌输、租界展示等几种方式传入中国。洋货作为西方文明的物质载体，在进入中国的时候，把西方的生活方式也带入中国，人们的经济生活在原有的传统色调之外增添了一些近代文明的色彩，并影响和改变着中国人的面貌和中国固有的文化。洋货的倾销对农村家庭手工业的冲击和外国侵略者对农副产品的掠夺，破坏了传统的男耕女织生产模式，促进了农副产品的商品化，使得农民流入城市谋生，妇女走出家门挣钱，传统的家族制度、家庭生活都受到了冲击。晚清的传教活动已不再是一种自主自愿的文化交流活动，晚清民间发生的一系列抗击教会的活动反映了当时西方宗教在与中国传统文明之间的激烈冲突，但是这种冲突并没有影响基督教在中国的传播并日益扩大它的影响力，如当时一系列宗教节日的传入，并为当时的人们了解并接受，就很好地证明了这一点。西方宗教节日传入，如复活节、圣诞节等，在太平天国时期就已出现，到民国之后就十分流行。租界满足了当时国人对于西方文化的好奇心，同时也合理合法地向中国人展示了西方的文明成果和生活方式，如租界里西方人遇到母国国庆之类的节日举行盛大的聚会、游行，晚上还举行提灯庆祝活动，引起国人极大的兴趣，而使得在当时中国出现政治性的庆典活动以及有纪念意义的新式节日，梁启超在清末已提倡学习西人设立像美国 7 月 4 日、法国 7 月 14 日国庆那样的庆祝节日，到民国放弃旧历法提倡公元纪年，从而产生了一大批新的节日，如庆祝元旦，这里的元旦指以西方公元纪年的新年第一天。在公元 1859 年西历元旦时，《王韬日记》中记载："是日为西国元旦，同壬叔往琴娘处贺岁。此风盛行于米（美）利坚，不殊中土也。"①

西方文化的传入让当时的中国人对时间也有了新的认识。中国人传统的时间观念和农业生产密切相关，农作物的生长周期决定了人们对时间关注的态度。《吕氏春秋》中讲"审天者察列星而知四时，推历者视月行而定晦朔"。知四时的目的是指定精确的历法以满足农业耕作的需要，因此古代天文的发达是农耕文化的一个标志。很自然的，人的出入行藏也应该与日月星辰相协调，二十八星宿周而复始，因此中国传统历法没有七日一

---

① 王韬：《王韬日记》，中华书局 1987 年版，第 58 页。

休的概念，而是根据农业社会的生产、生活的需要来安排作息。随着对西方文化认识的深入，七日一休的时间也逐渐被介绍到中国，1902 年清政府首先在教育界确立了这种时间制度，辛亥革命后公历纪年的确立，这种工作休息的形式正式确立下来，并推广到全国，成为公认的作息制度。

除了对时间的节点有新的认识外，在对待中国传统节日习俗方面也发生了一些改变，著名作家梁实秋回忆儿时过春节的情景就反映了这种情况，"我不再奉派出去挨门磕头拜年，过年不再做年菜，而是向致美斋定做八大干菜及若干小菜，分装低个圆笼，除日挑到家中，自己家里也购备一些新鲜的蔬菜以为辅佐。一连若干天，顿顿吃煮饽饽的怪事也不在我家中出现。我父亲说：'我愿意在那一天过年就可以在那一天过年，何必跟着大家起哄?'逛厂甸我们是一定要去的，不是为了喝豆汁儿，吃煮豌豆，或是那大糖葫芦，是为了要到海王村和火神庙去买旧书。白云观我们也去过一次，一路上吃尘土，庙里面人挤人，那里有神仙可会!"[①] 洋货大量的倾销使得人们的日常生活物品也有了更多的选择，而它低廉的价格以及实用的品质使得当时全国一样弥漫着崇洋风气，晚清北京也不例外。《北京岁时记》中记载关于当时人们用洋货取代土产品的情况，"花市 崇文门外逢四有集。一切绫绢、通草、蜡瓣纸花出此，亦发外庄。染花旧用中国颜色。红蓝水色甚不易制。红则红花店制膏汁零售，其招牌云水作红花。蓝则靛之二蓝，一庙中制而零售，做花活人家用时以盏往售，至今呼为蓝汤老爷庙，今用洋色矣"。[②] 晚清时期"商人以售外货为荣，买客以购外货为乐"，"见为外货则趋之若鹜，见为土货则弃之若遗"。[③]

任何一个特定的民族生活习俗都不是一成不变的，它总会随着历史的演进、时代的变迁而逐渐发生改变，而这种变化使得民俗所存在的环境也随之改变，也会影响到传统民俗的存在方式，晚清时期对时间的新认识以及一系列岁时习俗的变化都反映出这一点，当然这种改变仍然限制在民俗承载群体的认可程度以及民族心理需求范围之内。在"变"中又包含着"不变"，这里的不变即是民俗中传承的符号象征系统以及民族样式。尤其中国"以精耕细作的农业、严密组织的家庭生活和官僚化的行政机构

---

① 梁实秋《过年》，《大陆月刊》创刊号。
② （清）蔡绳格：《北京岁时记》，张次溪所作后记，张次溪《中国史迹风土丛书：十三种》，东莞张江裁拜衷堂，民国三十二年（1943）。
③ 《时报》1905 年 4 月 9 日。

为其特征，这一逐渐扩展的文明就赋予整个国家从南到北、自东到西以内在的共性。……政治上的统一和文化上的共同性的观念，是中国生活方式从史前新石器时代就不间断地延续下来的那种异乎寻常的连续性造成的"。① 这使得与中国传统农业结合的异常紧密的岁时，及其相关习俗呈现出有别于其他中国传统文化形式的稳定性特征。

中国传统岁时习俗在西方政治、经济、军事、文化等多方面的冲击下仍然保持其延续性和稳定的一面，以端午、中秋、年节为主干的四时八节的节庆时序仍然是民众生产和生活的主旋律。我们可以看到中国岁时节日习俗在嬗变过程中，多表现出的是物质层面的变化，如器物、饮食内容、游艺方式等，且这种变化也多发生在上层社会以及与西方接触较频繁的人群中，真正的普通大众的生活习俗仍然规范在中国传统时序之下，你可以不喝豆汁儿，不吃煮豌豆，或是那大糖葫芦，但是每年的春节还是要去逛厂甸，这种长期积累下来的生活习惯已经内化到中国人的精神世界之中。有学者就曾经一针见血地指出了这种现象的原因，"自1840年以来，外国对中国多方面的影响是显而易见的。甚至，以鸦片战争这场外国入侵作为中国近代史的起点，都已成为习惯。但是，所有这些外来影响只形成中国人民日常生活环境的一小部分，而四周的风土人情和遗传下来的生活方式在这一环境中仍居统治地位，而且变化缓慢。那么，外国势力对十九世纪中国的影响会不会日益显得不那么大了呢？是会这样的，但是不是由于这些影响本身的规模或重要性有所减少和削弱，而是因为关于中国本土经历的知识日积月累，致使他们相形见绌罢了"。②

2. 王官之时与民众之时的互动

北京始建于3000多年前，它"左环沧海，右拥太行，北枕居庸，南襟河济。"③ 形势甲于天下，素有"天府之国"的美誉。先后有辽、金、元、明、清五个朝代在此建都，有800多年的建都史。北京位于华北平原北端的北京平原，五六十万年前开始有人类活动，是中华民族的文明发祥地之一。北京建城的历史可追溯到公元前11世纪的西周时期，当时，北京地区为燕国和蓟国的封地。燕灭蓟后，定都蓟城（今西城区广安门一

---

① 费正清主编：《剑桥中国晚清史》下册，中国社会科学院历史研究所编译室，中国社会科学出版社1985年版，第12页。

② 同上书，第2页。

③ （清）于敏中等编纂：《日下旧闻考》，北京古籍出版社1981年版，第75页。

带），蓟城成为北京地区的政治、文化中心。从秦汉至隋唐、五代，蓟城在原有基础上不断发展，成为我国北方重镇和交通要道。公元938年，辽在蓟城（时称幽州城）的基础上，建南京城并将其定为陪都。金灭辽后于1153年迁都于此，改称中都。金中都城是北京向全国性政治中心过渡的重要标志。蒙古汗国在中都城东北郊营建新都城——大都，后大都成为元代的都城。明代的北京城在元大都基础上形成，皇城居中，以城市中轴线贯穿南北，左祖右社，前朝后市，五坛八庙星布城周，严整有序。清北京城基本延续了明北京城的格局，同时建造了北京西北郊的园林景区，营建了"三山五园"等离宫建筑群。

中国传统的风俗习惯几千年积淀下来已经成了一种文化象征，京城的各地人、各族人都无不感受到这种文化象征的辐射力。北京作为王朝的都城，汇集着四面八方的游子，但无论是帝王将相，还是普通老百姓，他们共同生活在这个传统之内。在魏晋南北朝时期，中国人的时间观念发生了巨大的变化，对时间的认识实现了从王官之时到百姓日用之时的转变，"一统的政令性时间叙述中断，传统月令被新兴的地方岁时记所取代，岁时记的意义不仅在于它记述了地方民众的时空生活，更重要的是它改变了时间叙述的性质"[1]，岁时作为民众时间的主体，开始支配上至皇帝下至百姓的生产和生活，并一直延续了下来。

魏晋南北朝时期时间观念的大变动使地方民众的时间民俗"岁时"得到人们的关注，而月令时代以天时为名支配社会生产和社会生活的时间体系逐渐衰微，其对时间"神秘性和独占性"[2]已经消失。但是在岁时节日的发展过程中，除了节俗的丰富和发展变化外，时间节点也随着历史的演进、地域的变迁而变得更加富有层次感，并呈现出新的特点。北京城的政治属性和权力特征决定了民众生活的各个方面都将带有强烈的官方烙印，时间也不例外。官方以地方岁时时序为基础，来增加一定的时间节点，以建立一个统一的标准，来维护自身统治的同时，也对全国有示范效应。这种新的节点为民众所熟识以后，也将会不自觉地纳入自身的时间体系中，成为规范自己生活的一部分，如每年官府通告的"开印"和"封

---

① 萧放：《〈荆楚岁时记〉研究——兼论传统中国民众生活的时间观念》，北京师范大学出版社2000年版，第123页。

② 同上书，第141页。

印"的时间，就在一定程度上规定了人们一年之中工作、学习和生活的开始和结束时间。

> 开印　开印之期，大约于十九、二十、二十一三日之内，由钦天监选择吉日吉时，先行知照，朝服行礼。开印之后，则照常办事矣。
>
> 封印　每至十二月，于十九、二十、二十一、二十二四日之内，由钦天监选择吉期，照例封印，颁示天下，一体遵行。①

这种对时间硬性的规定既符合自然时序的发展规律，同时也对民众的日常生活有一定的指导和示范效果。如"封印"之后，民众也以"封台""放年学"等一系列日常安排回应官方的这种时间制度。

除了对人们工作生活开始和结束的时间节点的设置，在整个一年中，官府也会随着季节的变化制定一系列新的时间规范行为，《燕京岁时记》中记载了大量由官方制定而随之被民众认可的岁时节点：

> 换季　每至三月，换戴凉帽，八月换戴暖帽，届时由礼部奏请。大约在二十日前后者居多。换戴凉帽时，妇女皆换玉簪，换戴暖帽时，妇女皆换金簪。
>
> 赐葛　内廷王公大臣至端阳时，皆得恩赐葛纱及画扇。
>
> 赐冰　京师自暑伏日起至立秋日止，各衙门例有赐冰。届时由工部颁给冰票，自行领取，多寡不同，各有等差。
>
> 换葛纱　每至六月，自暑伏日起至处暑日止，百官皆服万丝帽、黄葛纱袍。
>
> 仰山洼　仰山洼在安定门外正北十里，有将台一座。每至十月十五日，八旗合操，演九进十连环，前锋护军统领跑交冲马，已成俗例。
>
> 赐貂　每至冬月，凡乾清门侍卫及大门侍卫等，均由本管支领

---

① （清）富察敦崇：《燕京岁时记》，北京古籍出版社 1981 年版，第 48、93 页。

貂褂银子，人各数十金。①

以上虽然是官方的一些时间安排，但是这种定时定点的换戴衣帽的行为，为民众对自身的日常生活的一些行为提供了一个参照，因此也成为京城民众颇为关注的时间节点。

还有一些对农业生产有着重要意义的岁时节点，在早期成为官方管理农业生产的重要手段，但是在其逐渐发展的过程中，劝农意义逐渐消退，仅仅成了官方例行的仪式，从而失去最初的劝农意义。民众在后来对这类节日也失去了最初的祈求农业丰收的美好愿望，而转化成一种求平安、调节日常生活节奏的时间点。这种节日演变的趋势无论对于官方还是民众而言，都为节日中上下层节日习俗的交流提供了可能。如"立春"的演变就非常形象地说明了这种变化。农业生产仰仗天时的特点决定了它有较多祀神活动，比如每年春耕之始的开耕仪式，就不仅限于农村，上至皇帝王公大臣，下至各府州县的百官，均要"享先农"，用以劝农和祈祷丰收，后来发展为官方一系列隆重的迎春礼俗，分为迎春、进春和鞭春三个部分，"立春先一日，顺天府官员至东直门外一里春场迎春。"② "立春日，各省会府州县卫遵制鞭春。京师除各署鞭春外，以彩绘按图经制芒神土牛，异以彩亭，导以仪仗鼓吹。交春之刻，京兆尹帅两学诸生恭进大内。"③ "立春日，礼部呈进春山宝座，顺天府呈进春牛图。礼毕回署，引春牛而击之，曰打春。"④ 清代是官方立春习俗的鼎盛时期，这时的立春仍然有很清晰的两条线索在并行发展着，民间习俗一般在家庭范围内举行，官方还是表现为声势浩大的打春仪式，但是二者存在诸多的交汇点，如官方的春宴也是以春饼、春盘为主；而某些民间习俗又以官方习俗为依托，如撒豆、抢春和占春等。⑤

帝都不仅仅因为它是全国政治统治的中心而备受关注，还由于那里居住了全国最高的统治者古代帝王。意大利的传教士利玛窦就曾经以自己的

---

① （清）富察敦崇：《燕京岁时记》，北京古籍出版社 1981 年版，第 60、66、72、72、84、90 页。

② 同上书，第 47 页。

③ （清）潘荣陛：《帝京岁时纪胜》，北京古籍出版社 1981 年版，第 8 页。

④ （清）富察敦崇：《燕京岁时记》，北京古籍出版社 1981 年版，第 47 页。

⑤ 对"立春"这一节日的演变情况主要参考简涛《立春风俗考》，上海文艺出版社 1998 年版。

亲身经历，通过比较指出了帝王的强大吸引力，"由于皇帝不在那里，南京已逐渐衰微，像是一个没有精神的躯壳，而北京则由于有皇帝在而变得越来越有吸引力"。①帝王的一系列生活起居以及日常生活行为都通过严格的礼仪来加以规范，他们节日中的行为活动以及一些习俗也呈现出别样特点。在同一个时间节点上，宫廷与民间有各自不同的娱乐方式，《燕京岁时记》中记载"筵九　　十九日谓之筵九。每至筵九，皇上幸西场子小金殿筵宴，看玩意贯跤。蒙古王公请安告归。臣工之得著貂裘者，尽于是日脱去，改穿白锋毛矣。民间无事可纪，游赏白云观者谓之会神仙焉"。②筵九节皇帝"看玩意贯跤"，京城的老百姓就会去白云观"会神仙""打金钱眼"③。

　　宫廷习俗和民间习俗也有一定的交流。宫俗由于它的神秘性以及与帝王的密切联系的特点，会引起民间极大的兴趣并竞相模仿，自清宫传入民间的油炸焦圈、马蹄烧饼（肉末烧饼）、豌豆黄、苏造肉等，就引起了民间一阵热潮，同时成为民众十分喜爱的日常小吃，同时民间的小吃也传入宫廷中，如御膳名点芸豆卷、小窝头等。而在民间与宫廷的交流中，更多的是民间习俗流入宫廷，让统治者真正实现与民同乐。清代北京有"清明不戴柳，来生变黄狗"的谚语。清明这一天人人都佩戴柳枝，皇帝也不例外，也于冠上插上柳枝。在圆明园，每过一节都有节庆的娱乐景点，正月十五看连台戏的"同乐园"、看烟火的"山高水长"；三月三日上巳节行曲水流殇的"坐石临流"；端午节观龙舟的"蓬岛瑶池"以及龙舟竞渡的"福海"等，还有在同乐园中开设"买卖街"，就是将民间街市搬进来，让宫眷们过一过市井买卖的瘾，如同民间的庙会、集市："高庙时，每新岁，园中设有买卖街，凡古玩、估衣以及茶馆饭肆，一切动用诸物悉备，外间所有者无不有之，虽至携小筐卖瓜子者亦备焉。开店者俱以内监为之，其古玩等器，由崇文门监督先期于外城各肆中采择交人，言明价值，具于册。卖去者给值，存者归物。各大臣至园，许竞相购买之，各执事官退出后，日将晡，内宫亦至其肆市物焉。其执事等官俱得集于酒馆饭肆哺啜，与在外等。馆肆中走堂者，俱挑取外城各肆中之声音响亮、口齿

---

① ［意］利玛窦：《利玛窦中国札记》，中华书局1933年版，第329—330页。

② （清）富察敦崇：《燕京岁时记》，北京古籍出版社1981年版，第49页。

③ 一种游戏，挂一个小钟，钟前再挂一个漆成金色的大钱，中间钱孔二三寸见方，游人在正对钱空的不远处，用铜钱遥掷，如果能穿过钱孔击中悬钟，那你这一年肯定能交好运气。

伶俐者充之。每俟驾过店门，则走堂者呼茶，店小二报账，掌柜者核算，众音杂遝，纷纷并起，以为新年游观之乐。至燕九日始辍，盖以九重欲周知民间风景之意也。"① 虽然这一活动在嘉庆年间就已经停止，但是它形象而又真切地体现了民间习俗对宫廷的强大吸引力。

3. 多民族岁时节俗的融合

北京地区地处华北平原，以燕山为界，燕山以南居住着农耕民族，燕山以北居住着游牧民族，在历史上的各个时期，游牧民族和农耕民族通过战争、通商、和亲以及民族大迁徙等多种不同方式进行接触和交流，如历史上五胡乱华的民族大迁徙，汉唐时期的和亲政策，以及后来满蒙的入主中原统治全国等。南下的游牧文化与原有的农耕文化，存在重大的差异，表现为游牧文化的流动性和开放性，以及农耕文化的固定性与封闭性，游牧文化与农耕文化接触并融合，对北京地区产生了重要的影响。例如元大都的兴建，就把自汉唐以来都城的坊式封闭制完全破除，而修筑的大街、胡同、交通都极为便利，使开放性得到完全的体现。在北京作为都城的五个朝代中有四个都是少数民族的政权，且大多都是北方的游牧民族，民族融合的程度由此可见一斑，甚至可以这样说，北京地区在历史发展的进程上始终处于民族大融合的风尖浪口之上，是我国古代北方民族大融合的见证者。独特的地理位置使得北京很早就成为中原与北方各少数民族经济联系与文化交流的桥梁。少数民族入主北京后，采取的是兼容并包的态度，并没有一味地排斥汉族的文化，反而受到汉族文化的影响，而不同程度地汉化。少数民族统治者的态度使得汉族文化与少数民族文化交流的过程中有了一个平台，也有利于各民族文化之间的共融与共存。都城成为民族融合的熔炉，它为各民族间的广泛接触和交流提供了一个适宜的场所，为民族杂居提供了一个院落，为各民族展现自己的才智提供了一个舞台。

在北京存在大量的非汉人所有的节日习俗，在北京佛教寺庙中颇为普遍的"打鬼"习俗，是从当时的西藏传过来的，《燕京岁时记》记载："打鬼本西域佛法，并非怪异，即古者九门观傩之遗风，亦所以攘除不祥也。"打鬼的习俗成为北京一项极其盛大的岁时民俗活动，当时"城中男女，出郭争观，寺前教场，游人蚁聚云屯"，且"又有买卖赶趁，香茶食果，及彩装傀儡，纸鸢竹马，串鼓蝴蝶，琐碎戏具，以诱悦童曹者"。以

---

① （清）姚元之：《竹叶亭杂记》卷一，中华书局1982年版，第5—6页。

喜庆、热烈、讲究而著称的北京春节活动，历来都是以黑寺、黄寺、雍和宫的"打鬼"为其尾声的。还有焚藏香也是西藏的习俗，《燕京岁时记》中记载："藏香　　所谓藏香，乃西藏所制。其味浓厚，得沉檀芸降之全。每届岁除，府第朱门，焚之彻夜，檐牙屋角，触鼻芬芳，真香中之富贵者也。"① 北京寒冬腊月天，"十月以后，寒贱之子，琢石为球，以足蹴之，前后交击为胜。盖京师多寒，足指酸冻，儿童踢弄之，足以活血御寒"。② 踢球的活动在当时的北京成为民众一项固定的活动，它也是金元时期由北方少数民族带入的。还有如春节在院内立灯笼杆，就是受了满族祭神杆的影响。节日中的许多游艺活动，如秋千、高跷、骑射、杂技、做冰灯以及一些冰上体育运动等，原来都是少数民族的习俗，如玩秋千则本为山戎之俗，山戎也是当时北方的一个少数民族。做冰灯是满族的习俗，冰上体育运动被北京满汉民众称作"国俗"，它们都是随着满族入主中原而逐渐成为老北京民众的习俗活动的。

　　不仅各民族丰富多彩的节日活动在京城得到了展示，各个民族的饮食习惯和饮食内容也在京城得以传播，广受民众喜爱，很快成为民众日常生活中不可缺少的一部分。满族是最后一个统治全国的少数民族，满族的入关给中原各地的城市生活带来了许多新的色彩，北京作为满族统治的中心地，与日常生活密切相关的饮食习俗更加深刻地影响了北京的民众。满族人民在东北地区主要从事农业，兼以狩猎和畜牧，笃信萨满教。民间日常主食以面食为主，特点是酸、黏、酥、凉。糕点是满族的传统风味食品，种类繁多，后世有"满点汉菜"之说，足见满族糕点烹制技术之高超，还有他们特别喜食卤味、酱制、熏制肉食和风味食品"酸奶子"等也在京城得到大量的普及，满人入关后吃白肉、鹿肉的习惯也带到了北京。当然最著名的还要数闻名天下的满汉全席，它成为节日中最高规格的待客之礼。它不仅在北京的宫廷里存在，而且在民间每当有重要的宴请活动也会做满汉全席，以表示自己诚意和对尊贵客人的敬意。满汉全席不仅有丰富的满点汉菜的饮食，还包括满汉音乐、舞蹈、服饰等一系列独特民族文化的享受。但点心小吃似乎更流行："满洲糕点样原繁，踵事增华不可言。惟有棹张遗旧制，几同告朔烷羊存。"（得硕亭《草珠一串》）还有如萨其

---

① （清）富察敦崇：《燕京岁时记》，北京古籍出版社1981年版，第97页。
② 同上书，第86页。

马这类满族点心，一直传到今天。蒙古族是传统的畜牧业民族，素以牛羊肉和奶食为主，涮羊肉、吃奶制品至今仍为北京人所喜爱。还有北京人爱吃的艾窝窝是回人的食品，回族是伊斯兰教民族、禁食猪肉，喜食并擅长烹制牛羊肉和各种面食。各个民族的饮食习惯、爱好和需求带动了北京的市场和北京人的生活，各个民族、天南海北的佳肴汇聚北京，使北京城成为美食的天堂，有人就曾经描绘了这种饮食汇聚的盛况，"京肴北炒，仙禄居百味争夸；苏脍南羹，玉山馆三鲜占美。清平居中冷淘面，座列冠裳；太和楼上一窝丝，门填车马。聚兰斋之糖点，糕蒸桂蕊，分自松江；土地庙之香酥，饼泛鹅油，传来涮水。佳酤美酝，中山居雪煮冬涞；极品芽茶，正源号面前春界。……孙公园畔，熏豆腐作茶干；陶朱馆中，蒸汤羊为肉面。孙胡子，扁食包细馅；马思远，糯米滚元宵。玉叶馄饨，名重仁和之肆；银丝豆面，品出抄手之街。满洲桌面，高明远馆舍前门；内制楂糕，贾集珍床张西直。蜜饯糖栖桃杏脯，京江和裕行家；香橼佛手桔橙柑，吴下经阳字号。"①

五　都市岁时节俗的具象展现

1. 岁时节俗的盛宴——春节

"有所谓'龙躔肇岁'，即有所谓'凤纪书元'。人事天时，自相关和，伊古已然，不昉自今世也。元月既属岁首，自必人所重视，而北平为尤甚。再远无论矣，千年以来，不乏可纪，旧历今虽废止，月令依然奉行。"② 辛亥革命废除旧历，实行世界通行的公历，乃时间体系的重大变动。但是于传统农业中产生的旧历仍然在中国的民众中占据着重要的位置。清末民初，随着中西碰撞、民族融合加剧，在城市经济加速发展，以及城市现代化转型的大潮中，最受中国人重视的传统佳节——春节，在作为传统社会政治经济文化中心的北京，于纵向的发展中日渐完善，在横向的冲击中也逐渐发生了一些新的变化。

北京的年节气氛从农历十二月初八日起就日益浓厚，这天俗称腊八，

---

① （清）潘荣陛：《帝京岁时纪胜》，北京古籍出版社 1981 年版，第 41—42 页。

② （清）蔡绳格：《北平岁时志》张次溪所作后记，张次溪《中国史迹风土丛书：十三种》，东莞张江裁拜袁堂，民国三十二年（1943），卷一，第 1 页。

腊八节相传为佛成道日，自宫中至民间百姓都要喝"腊八粥"。① 关于为何要喝腊八粥，清代有一段关于清兵入关而形成吃腊八粥的传说，"传闻清初入关值腊日，粮竭乃取杂诸果，并之为糜分军食之以入关，遂传入故事"。② 这种后世的附会敷衍的传说从另一个侧面也反映了北方民族融合的大趋势。清代京城各寺院也熬"腊八粥"敬神，尤其是雍和宫，更以此为一年中盛事，"雍和宫喇嘛于初八日夜内熬粥敬神，特派大臣监视，以昭诚敬，其粥锅之大，可容数石米"③。雍和宫所做腊八粥除做敬神之用外，同时还会散发给京城的百姓共同食用。关于"腊八粥"的制作方法，京俗多用"黄米、白米、江米、小米、菱角米、栗子、红江豆、去皮枣泥等，合水煮熟，外用染红桃仁、杏仁、瓜子、花生、榛穰、松子，及白糖、红塘、琐琐葡萄，以做点染。切不可用莲子、扁豆、薏米、桂元，用则伤味。每至腊七日，则剥果涤器，终夜经营，至天明时则粥熟矣。除祀先供佛外，分馈亲友，不得过午。并用红枣、桃仁等制成狮子、小儿等类，以见巧思"。④ 腊八粥的制作方法在历代流传过程中，逐渐形成了繁复的制作程序。而在清代以前，腊八这一天，民间喝的腊八粥是"七宝粥""五味粥"，制作过程也十分简便，"宛俗以十月初八为腊八，杂五谷米并诸果，煮为粥"。⑤ 到了清代末年，腊八粥已经从"五味""七宝"发展到"八宝"，成了人见人爱，听起来吉利，吃起来香喷喷的"八宝粥"了，这种变化从侧面反映了清代经济、商业贸易的发展对人们消费欲望的刺激，而粥名最终定格为数字"八"则生动地体现了中国传统民间对"八"这个吉祥数字的偏爱以及传统民族文化的鲜明特色。腊八节在流传过程中，其宗教意味已经逐渐消失，做粥、喝粥成了这一天人们主要的活动，做出来的腊八粥，还要馈赠亲友，休闲娱乐、联络感情成为京城民众的主要目的，而官方主导的寺庙向市民分发腊八粥的活动，更是将喝粥这种比较私人化的行为推向了公共领域，让腊八更像一种带有公共节庆活动性质的节日。

---

① "十二月，宫苑以八日佛成道日，煮腊八粥，帝师亦进。"熊梦祥：《析津志辑佚》，北京古籍出版社1983年版，第212页。

② （清）蔡绳格：《北京岁时记》张次溪所作后记，张次溪《中国史迹风土丛书：十三种》，东莞张江裁拜袁堂，民国三十二年（1943）。

③ （清）富察敦崇：《燕京岁时记》，北京古籍出版社1981年版，第93页。

④ 同上。

⑤ （明）沈榜：《宛署杂记》，北京出版社1962年版，第168页。

进入下旬，随之而来的是官方"封印"行为，封印以官府正式文告的形式来宣告一年之中各项生产活动的告一段落，随后即有梨园"封台"、学生"放年学"等一系列与之相对应的民间行为。封印让都市民众一年中紧张的工作学习生活松弛了下来，开始全身心地投入迎接新年的各项活动中，这种纯官方的时间行为已经具有了现代意义上的时间认知，它脱离了传统的通过天象来确定农业生产活动的安排而形成的传统岁时框架，而纯粹通过对自身生活的安排来进行时间的划分，虽然这个时间节点的设置以新年这个传统节点为坐标，但是这种相沿承袭的纯主观的时间认知，对中国传统岁时系统仍然具有巨大的冲击力。

农历二十三日叫"小年"，是传统春节中一个重要的节日。这一天不论宫中民间，都要祭灶神，向其汇报这一年生活的情况。宫中以黄羊为祭品，民间只用南糖、关东糖、糖瓜和清水、炒豆来祭祀，同时"男不拜月女不祭灶"的习俗也一直沿袭了下来。《日下旧闻考》中记述"京师居民祀灶，犹仍旧俗，禁妇女主祭，家无男子，或迎邻里代焉"。这与《京都风俗志》中关于"祭灶"的记载大同小异。祭品中用糖也是多年流传下来的习俗，而且南北皆同，有"灶糖"之专有名称。在祭灶中对糖的重视，使得在祭灶前后，京师的灶糖买卖十分地红火，《旧都文物略》中记载"其糖之形式，如瓜如藕，其质脆而不黏，为食物店临时之营业。自旧历十二月望后，陈肆售卖。逾二十五，则无人问价矣"。灶糖的买卖反映了都市中浓厚的商业气氛对于节日习俗的影响。祭灶之后，京师的民众新春佳节的各项准备活动开始日益繁忙起来，北方有一首普遍流行的童谣就描述了这段时间人们的准备活动：二十三，灶王爷上天；二十四，扫房日；二十五，磨豆腐；二十六，吃腊肉；二十七，杀公鸡；二十八，白面发；二十九，春联有；三十夜里坐一宿；大年初一往外扭。祭灶之后商贸活动更加繁盛，"街坊货物云屯，商贾辐辏，尤胜中旬，人家换桃符、门神、钟馗、福禄、天官、和合及新样子画书诸图，春联、春帖、挂钱等物粘贴于门楹、庭壁间。无论天街僻巷，皆点染年华，光饰门户。僧道作交年疏异品素食以送施主，医家制益人药物以送常所往来者。富室亲友竞相厚馈"。① 人们在这一时期纷纷装饰门庭，以迎接新年，并与亲朋好友互赠礼品，以表敬意。

---

① （清）让廉：《京都风俗志》，北京古籍出版社 1981 年版，第 8 页。

除夕和元旦是农历春节中最受重视的日子，除夕夜零点的新旧年之间的交替，为其增加了神秘性，人们为了祈求多福多寿，并在新的一年中生活如意，健康平安，有着一系列的习俗活动。元旦首要事象是祀神祭祖，家家无论长幼都要首先在神佛面前焚香叩拜。在亲朋相互贺岁、贺元旦、拜年时，一般要喝下春酒。这一夜很多人都通宵不眠，谓之"守岁"，随后通宵达旦地燃放鞭炮。元旦是一年之首，京师民众尽情受新年到来的快乐，吃穿用戴尽现新年气象，《帝京岁时纪胜》中记载了这一盛况：

> 元旦　　除夕之次，夜子初交，门外宝炬争辉，玉珂竞响。肩舆簇簇，车马辚辚。百官趋朝，贺元旦也。闻爆竹声如击浪轰雷，遍呼朝野，彻夜无停，更间有下庙之拨浪鼓声，卖瓜子解闷声，卖江米白酒击冰盏声，卖桂花头油摇唤娇娘声，卖合菜细粉声，与爆竹之声，相为上下，良可听也，士民之家，新衣冠，肃佩带，祀神祀祖；焚楮帛毕，味爽阖家团拜，献椒盘，斟柏酒，饫蒸糕，呷粉羹。出门迎喜，参药庙，谒影堂，具柬贺节。路遇亲友，则降舆长揖，而祝之曰新禧纳福。至于酬酢之具，则镂花绘果为茶，十锦火锅供馔。汤点则鹅油方补，猪肉馒首，江米糕，黄黍饣；酒肴则腌鸡腊肉，槽鹜风鱼，野鸡爪，鹿兔脯；果品则松臻莲庆，桃杏瓜仁，栗枣枝圆，楂糕耿饼，青枝葡萄，白子岗榴，秋波梨，苹婆果，狮柑凤桔，橙片杨梅。杂以海错山珍，家肴市点。纵非亲厚，亦必奉节酒三杯。若至咸忘情，何妨烂醉！俗说谓新正拜节，走千家不如坐一家。而车马喧阗，追欢竟日，可谓极一时之胜也矣。①

元旦的各种盛况在晚清时期有过之而无不及。在元旦饮食中，吃饺子是流传时间最长、范围最广的习俗。《燕京岁时记》中记载"是日，无论贫富贵贱，皆以白面作角而食之，谓之煮饽饽，举国皆然，无不同也。富贵之家，暗以金银小锞及宝石等藏之饽饽中，以卜顺利。家人食得者，则终岁大吉"。②饽饽即是饺子，满人入关以后仍然沿用以前对饺子的叫法，并且使得这种叫法在京城很快流传开来，这是少数民族对京师习俗影响的

---

①　（清）潘荣陛：《帝京岁时纪胜》"正月·元旦"，北京古籍出版社 1981 年版，第 7 页。

②　（清）富察敦崇：《燕京岁时记》，北京古籍出版社 1981 年版，第 45 页。

一个很好的例证。新年吃饺子的习俗是从元旦开始一直到初五，一共要食五日，而在晚清时期这一习俗则发生了变化，"或食三日二日，或间日一食"。① 元旦是全家团圆、共同庆祝的好时刻，但同时京城的民众也走出家庭，走访同僚，拜访亲朋，一时间京师内外一片鼎沸之象，"接神之后，自王公以及百官，均应入朝朝贺。朝贺已毕，走谒亲友，谓之道新喜。亲者登堂，疏者投刺而已。貂裘蟒服，道路纷驰，真有车如流水马如游龙之盛，诚太平景象也"。②

除夕夜除了鞭炮声、祝福声之外，还有各种小贩的叫卖声，这些叫卖声共同谱写了除夕之夜一曲和谐的交响乐。这些叫卖声以及他们叫卖的食品，有的甚至还具有特殊的意义，《燕市货声》中有一条关于"荸荠果"的记载："闻早年必于除夕晚间，先卖此果，仅卖初间数日，然后待夏初才卖，谓之先熟果，盖取'必齐'之义。"③ 这里在一岁之首，大家都希望讨个吉利，以期待来年大吉大利，全家健康平安。

元旦拜年习俗，反映了中国传统的伦理观念，长幼尊卑的社会秩序在这项习俗活动中得以确立和加强。而在晚清时期这项习俗活动也发生着微妙的变化，当时有人记载"近日此礼亦懒，往往多遣人代拜，而不亲往"。④ 而且拜年形式演变出新的花样，"京师风俗，每正旦，主人皆出贺，惟置白纸簿并笔砚于几，贺客至，书其名，无迎送者"。⑤ 如此的拜年形式，拜年时主与客互不相见，仅仅是一种形式，反映了晚清时期礼仪的废弛。有人还对此现象的繁盛做出推测，认为"'吴俗拜年，无论识与不识，望门透帖，宾主不相见，登簿而已，答拜者亦如之，一月中奔走如织，是何礼也？甚或有帖到而人不到者，可一笑也。'按今此风京师亦盛，大抵二事，俱染吴俗耳"。⑥

度过了最隆重的除夕和元旦之后，京师的民众倾城而往财神庙祭财神，"正月初二日，人家、市肆咸祭财神。或食"馄饨"，谓之元宝。远

---

① （清）震钧：《天咫偶闻》，北京古籍出版社 1982 年版，第 217 页。

② （清）富察敦崇：《燕京岁时记》，北京古籍出版社 1981 年版，第 45 页。

③ 蔡绳格：《燕市货声》，收录于张次溪辑《京津风土丛书：十七种》，双肇楼铅印本，线装，民国二十七年（1938 年）。

④ （清）让廉：《京都风俗志》，北京古籍出版社 1981 年版，第 1 页。

⑤ 李家瑞：《北平风俗类征·游乐》，上海文艺出版社出版，依据商务印书馆 1937 年版影印，第 8 页。

⑥ 同上书，第 10 页。

近鞭爆之声盛于除夕，以此可见祭财神之虔，即贪利之风胜也。……广宁门外财神庙报赛最胜，倾城往祀，商贾及勾栏尤多"。① 晚清时期祭祀财神的习俗活动的繁盛甚至超过除夕，这种现象的出现并不是一种偶然。鸦片战争以后，由于农村人口的激增和天灾人祸，人们的生活水平开始下降。但是在西方观念的影响下，同时官方"重商"的政策开始推行，许多人开始弃农经商，甚至出现了全国经商的大环境，世人重商一度成为引领潮流的时尚。商人的"重利轻离别"的意识使人们养成了"唯实"之风，而与传统农业社会的"重义轻利"的思想观念相背驰，取而代之的是对"唯利是图"的追求，诚实守信的经商之道也逐渐褪色，讲排场、比豪华和及时行乐成为一时之风气。这种浓厚的商业氛围使传统的祭祀财神习俗在这一时期得到丰富和发展。

而且商业贸易的影响不止于此，农历正月初五日一般称为"破五"，京师旧俗商店一般在这一天才开始营业，在晚清商业贸易以及整个趋利风习的影响下，也发生了变化，"旧俗元旦至上元，各店例闭户半月，小肆亦闭五日，此五日中，人家无从市物，故必于岁底烹饪，足此五日之用，谓之'年菜'。今年个肆多不如前，初二即交易，或初一即然，谓之'连市'。然不开门，买者叩户而入"。② 商业贸易的发展以及都市生活中民众对于生活物品之间交易的依赖，旧俗中关于破五重商贸活动的习俗也相继被打破，传统习俗的影响在这里日渐式微。而一些新年祀神祭品由家庭内部制作转为向外购买，并由此形成一种商品的现象，也反映了商业活动的强大渗透力，《旧都文物略》中记载："新年祀神，例用麦果合糖制成之供品，谓之'蜜供'，其形如塔，为每户人家所必须。其价亦昂，故凡制卖蜜供者，每岁春季，照预约券法，收订购者之资，分月摊收，至岁底而款齐，而蜜供交购者持去，盖较一次购买者为贱也"。③ 新年祀神的必备供品"蜜供"促使它成为商品进入市场流通，从而形成一种市场化的运作，而这种成熟的市场化运作也保证"蜜供"在新年祀神供品中的地位，二者之间相互作用，《燕市货声》中记载关于为"顺星"和"灯节"而制作的灯盏也是如此，"泥烧如酒盏，大高足，中可燃灯，初八日祭星，

---

① （清）让廉：《京都风俗志》，北京古籍出版社1981年版，第2页。

② （清）震钧：《天咫偶闻》，北京古籍出版社1982年版，第214页。

③ 李家瑞：《北平风俗类征·游乐》，上海文艺出版社出版，依据商务印书馆1937年版影印，第19页。

灯节用"。① 并且形成京城颇具特色的叫卖声:"数灯支碗来。"

新年习俗在历史的演进中有所改变,从而具有一些新的形式和新的功能,《东京梦华录》中记载在破五之前即有妇女出来游玩:"向晚(元旦),贵家妇女,纵赏关赌,入场观看,入市店饮宴,惯习成风,不相笑讶。"② 而清代京师"破五"以后女眷才能出门归宁、逛庙会等,这时京师"香车绣绣,塞巷填衢"。这个变化我们发现,宋代以后女性的社会地位日益低下,同时礼教对她们的束缚也日益严重。习俗不仅随着时代的变迁而发生功能或形式上的变化,有的甚至产生了一些新的习俗,如新年京师互赠假花的习俗:"凡卖花者,谓熏治之花为唐花。每至新年,互相馈赠。"③ 但是也有很多原有的旧习俗在逐渐消失,如《宛署杂记》中曾记载一念佛治病习俗:"念夜佛 民间男一有疾病,则许念佛,自腊月初一日起,每夜人定时,手执一香,沿街念佛,尽香而归,至除夕乃罢。"④ 这一习俗在晚清的文献记载中已不得见。明代刘若愚《酌中志》中记载大年三十室内"悬挂福神,鬼判,钟馗等画,床上悬挂金银八宝,西番经轮"。明代除夕家中的布置和摆设都具有浓厚的宗教气氛,发展到晚清已经没有多少市民遵从了。而"人日、二月二、三月三日、寒食、八月一日,今亦不复为节"。⑤ "古之七日为人日,以占泰否,今于初八日祭本命星君,以糯米为面,裹糖果馅,谓之元宵为献,以其形肖星象也。"⑥ "黄昏之后,以纸蘸油,燃灯一百零八盏,焚香而祀之,谓之顺星。十三日至十六日,由堂奥以至大门,燃灯而照之,谓之散灯花,又谓之散小人,亦辟除不祥之意也。"⑦ 这一节俗活动在晚清日益繁盛,反映了在那个动荡的年代,普通的老百姓对平安祥和的生活气氛有着特别的渴望。休闲娱乐越来越成为岁时生活的主题,京师新春梨园早早开戏,满足了京师民众对新年娱乐活动的要求,"京都戏馆,俱于元旦开市。是日,各部梨园,扮元坛登场,呈金书'开市大吉'四字为贺,各馆咸以先至为荣,

---

① 蔡绳格:《燕市货声》序,收录于张次溪辑《京津风土丛书:十七种》,双肇楼铅印本,线装,民国二十七年(1938)。

② (宋)孟元老、邓之诚注:《东京梦华录注》,中华书局1982年版,第154页。

③ (清)富察敦崇:《燕京岁时记》,北京古籍出版社1981年版,第97页。

④ (明)沈榜:《宛署杂记》,北京出版社1962年版,第169页。

⑤ (清)震钧:《天咫偶闻》,北京古籍出版社1982年版,第212页。

⑥ (清)让廉:《京都风俗志》,北京古籍出版社1981年版,第2页。

⑦ (清)富察敦崇:《燕京岁时记》,北京古籍出版社1981年版,第46—47页。

除夕子夜即张灯火以待"。[1]

春节在纵向的历史发展过程中，各个民族、各个地域的风俗习惯共同融入其中，并且由于都市发展的诸多特点而有着自己鲜明的特色，西方与现代化的冲击，古老的中国习俗则期待在新的时代浪潮中显示其强大的适应能力和生命力。

（2）都市民众的岁时狂欢——元宵节

在传统的年俗中，过了正月初一，最热闹的日子就是正月十五日的元宵节了。北京元宵节的盛况，应该说是全国大小城市中首屈一指的。正月十五北京城里张灯结彩，百戏竞陈。北京元宵节自明代始，与商业贸易有机地结合了起来，出现了"灯市"。明代灯市在东华门外至王府井一段，今天仍有"灯市口"地名。清代的灯市移至东四牌楼、地安门、新街口，其次，西四牌楼、正阳门、东月城下、打磨厂、西沿河、廊坊下、大栅栏等处灯火也十分兴盛。《燕京岁时记》中记载了清代末年北京灯市的盛况："自十三以至十七均谓之灯节，惟十五日谓之正灯耳。每至灯节，内廷筵宴，放烟火，市肆张灯。而六街之灯以东四牌楼及地安门为最盛，工部次之，兵部又次之他处皆不及也。（兵部灯于光绪九年经阎文介禁止）若东安门、新街口、西四牌楼亦稍有可观。各色灯彩多以纱绢玻璃及明角等为之，并绘画古今故事，以资玩赏。市人之巧者，又复结冰为器，裁麦苗为人物，华而不侈朴而不俗，殊可观也。花炮棚子制造各色烟火，竞巧争奇，有盒子、花盆、烟火杆子、线穿牡丹、水浇莲、金盘落月、葡萄架、旗火、二踢脚、飞天十响、五鬼闹判儿、八角子、炮打襄阳城、匣炮、天地灯等名目。富室豪门，争相购买，银花火树，光彩照人，车马喧阗，笙歌聒耳。自白昼以迄二鼓，烟尘渐稀，而人影在地，明月当天，士女儿童，始相率喧笑而散。市卖食物，干鲜俱备，而以元宵为大宗。亦所以点缀节景耳。又有卖金鱼者，以玻璃瓶盛之，转侧其影，大小俄忽，实为他处所无也。"[2] 这里描述京师灯市仍旧十分繁华，民众在灯市中流连忘返，不舍离去。

元宵节的盛大规模与官方的认可和提倡有着不可分割的联系，这一点

---

[1]　李家瑞：《北平风俗类征·游乐》，上海文艺出版社出版，依据商务印书馆 1937 年版影印，第 18 页。

[2]　（清）富察敦崇：《燕京岁时记》，北京古籍出版社 1981 年版，第 48 页。

我们可以从元宵节的起源及其发展的历程中窥探一二。元宵节也称"正月十五""正月半"或"正月望",隋以后称"元夕"或"元夜",唐初受到道教的影响,又称"上元",唐末偶称"元宵",但自宋以后也称"灯夕",明清时期又称"灯市"。关于元宵节的起源有很多种说法,一说起源于驱傩仪式,一说起源于"太一"神祭祀,到目前为止比较认可的一种说法是元宵节起源于佛教仪式。"《西域记》中记载了印度摩揭拖国正月十五日,僧徒俗众云集,观佛舍利放光雨花,认为是上元天官赐福的良辰,汉明帝为了弘扬佛法,下令正月十五日夜在宫廷和寺院'燃灯表佛'……原有的神仙术与佛教礼仪结合,形成了一个中西合璧的独特习俗,这个习俗经官方的倡导而开始流行,并在这一夜取消宵禁制度。据《事物纪原》记载:汉代西都长安城有执金吾负责宵禁,'晓暝传呼,以禁夜行',唯有正月十五日夜晚,皇帝特许执金吾弛禁,前后各一日,允许士民踏月观灯。"① 皇帝的认可以及官方的倡导为元宵节的今后发展烙上一个无法抹去的印记,即元宵节从其诞生之日起就与官方关系密切,官方行为一直都深刻影响着元宵节的规模及其繁盛。

元宵节经历了两汉魏晋南北朝的缓慢发展,在隋唐时期发生实质性的变化,并且迎来了它的第一个发展高峰。隋炀帝为了款待异族首领,召集民间艺人在洛阳集体献艺,以期在娱乐耳目视听的同时,达到威慑异族的目的,从此元宵节自汉代以来敬神礼佛的节日观念因为隋炀帝而改变,从此歌舞百戏被吸纳进来并占据了更大的比重,元宵节逐渐成为歌舞娱乐的特定时间,娱乐活动开始逐渐渗透到严肃的仪式庆典当中,并逐渐侵蚀其浓厚的宗教意味,与此同时向民间逐步扩散,形成万民同乐的局面。唐代的元宵节继承了隋朝的这种变化,在历代皇帝的大力提倡之下,更加热闹隆重,并进一步拓宽"灯节"的期限,唐代以前只有正月十五日一夜,唐玄宗时增至三夜:十四日、十五日和十六日②,唐代元宵节的仪式规模空前的热闹,元宵节期间,万人空巷,无论身份贵贱都出来借月赏灯。元宵节的习俗在这个时候已经基本定型了。

在随后的历代更替中,元宵节的发展也仅仅表现为节期加长、庆典的

---

① 韩养民、郭兴文:《中国古代节日风俗》,陕西人民出版社1987年版,第111—112页。
② 《旧唐书·卷九·本纪第九·玄宗下》记载"癸丑,每载依旧取正月十四日、十五日、十六日开坊市门燃灯,永以为常事",第218页。

愈加隆重以及民间活动的更加热闹与丰富。如北宋时期，节期增至五夜，从正月十四日至十八日，南宋又增至六夜，从正月十三日至十八日，到了明代，达到高峰，朱元璋规定增至十夜，从正月初八开始，一直延续到十七日。另据《万历野获编》卷三记载，永乐七年仍规定为十日，但是改为正月十一日至二十日，但总的来说元宵节的规模在明代达到了顶峰，灯的制作巧夺天工，令人惊叹，有人曾描述一盏元宵灯的构成，"皆以卵壳为之，为灯、为盖、为带、为坠，凡计数十百枚。每壳必空四门，每门必有榱桷窗棂，金碧辉耀，可谓巧绝。然脆薄无用，不异雕冰画脂耳"。①人们在惊叹的同时，也表达了对这种极度奢侈、铺张浪费的指责。清代的灯节活动也基本延续了明代的规模。

　　总的说来，元宵节的发展在官方的大力提倡之下呈现出的是一种逐步兴盛的趋势，官方的影响对于作为全国政治、文化中心的北京城来说，尤为深刻，历代元宵节的兴盛与否与统治者是否提倡有密切关系，官方色彩十分浓厚，这种情形一直延续。在封建社会，至少在帝京范围内，元宵节的举行与否完全取决于统治集团利益的整体考虑。

　　但是在元、明两代也曾因为某些原因而被统治者禁止而导致元宵节的庆典停办。不仅如此，元宵节也曾因为时局的动荡而受到影响，《京华春梦录》中记载："明季，都门灯市甚盛。流寇乱后，此举乃罢，然流风所及，余韵未泯"。在晚清时期，元宵节因受时局的影响表现的衰落则最为明显，当时有文人就曾将晚清的元宵节与前代做对比，从而指出它的衰落："上元五夜为岁之首，故不惜斗麋，纸醉金迷，煌煌火城，女绿男红，万人空巷。犹记十岁时尚及见工部灯，闻故老人言，犹不及当日之盛。至灯市则不过闻人谈述而始知也。当庚子以前，工部灯因破损太多，不能再悬，至庚子后，官署迁易，不复昔日城市旧观。正阳门修复，正非易易。"②在清代官方的六部皆有灯，尤其以工部最为盛大，官方的张灯声势浩大，十分引人注目，是京城元宵节中颇受民众欢迎的张灯之地，"正月之灯向集于前门之内六部，曰六部灯，以工部为最。有冰灯，镂冰为只，飞走百态，穷极工巧。亦扮杂戏，有役闾姓者能演判官，立独杠上

---

　　① （清）于敏中等编纂：《日下旧闻考》，北京古籍出版社1983年版，第2350页。
　　② 北京市东城区园林局绘纂：《北京庙会史料通考》，北京燕山出版社2002年版，第95页。

为种种姿势，呼之为闫判，殆亦黄胖游春之遗欤"。① 但是官方的这些张灯活动却在动乱中首当其冲地受到了冲击，因国家"近日物力消耗，渐不如前，灯景游尘，均为减色矣"，② 可见其大不如以前。与此相对应的是民间的张灯受到的冲击就相对来说要小一些，"近年上元张灯惟前门外个大店中及西河沿绸缎铺、人参铺、打磨厂、东西江米巷中稍有可观"。③ 可见民间仍然维持了北京民众在元宵节的游赏传统。

元宵节发展到明清时期的一个重要变化就是灯与市结合了起来，从而出现了"灯市"一说。虽然在明代以前也有这种现象的存在，但是到这一时期却真正形成规模，并且在清朝逐步发展壮大。"八日至十七日，商贾于市集花灯百货与古今异物，以相贸易，曰灯市。旧在东华门外，今散置正阳门外琉璃厂。"④ 清朝初年灯市的南移，促成了直到今天仍然十分有名的北京厂甸庙会的兴盛。厂甸也即琉璃厂厂甸，清乾隆年间以后，日渐繁华，以经营古董珍玩、图书字画为特色，成为享誉京城的文化街市，"上至公卿，下至士子，莫不以此地为雅游，而消遣岁月。加以每逢乡会试放榜之前一日，又于此卖红绿，应试者欲先睹为快，倍形拥挤"。⑤ 琉璃厂的特点为其聚集了一定的人气，而灯市的南移则实现了它真正的繁荣兴盛。每逢新春佳节，京城商摊小贩云集至此，彩棚林立，儿童玩具品种繁多，空竹、风车、面人、风筝、气球、木偶等，天南地北的风味小吃则是应有尽有，吸引着京城百姓前来游玩，而成为京城新年一大庙会。"惟至正月，自初一日起，列市半月。儿童玩好在厂甸。红货在火神庙，珠宝晶莹，鼎彝罗列，豪富之辈，日事搜求，冀得异宝。"⑥ 灯节与庙会相结合，人们在游玩赏灯的同时，实现了贸易的交易，其功能大抵与今天的"五一黄金周"相类似，将游玩与刺激消费结合起来。

在元宵节的规模、形式逐渐发展及其定型的过程中，其习俗内容也随着时代的变迁或者逐渐消失或者增加新的内容。早在两汉时期，元宵节的

---

① （清）夏仁虎：《燕京琐记》，北京古籍出版社 1986 年版，第 37 页。

② （清）震钧：《天咫偶闻》，北京古籍出版社 1982 年版，第 216 页。

③ 北京市东城区园林局绘纂：《北京庙会史料通考》，北京燕山出版社 2002 年版，第 90 页。

④ 李家瑞：《北平风俗类征·游乐》，上海文艺出版社出版，依据商务印书馆 1937 年版影印，第 30 页。

⑤ 同上书，第 16 页。

⑥ （清）富察敦崇：《燕京岁时记》，北京古籍出版社 1981 年版，第 52—53 页。

活动主要集中在宫廷和寺庙中，举行的都是一些宗教意味十分浓厚的仪式活动，到了南北朝时期，则发生了一些变化，向民间逐渐扩展，并且形成了非常有特色的民间风俗习惯。此时元宵节的习俗有祭门户、祀蚕神、迎紫姑，《荆楚岁时记》中记载："正月十五日，做豆糜，加油膏其上，以祠门户。先以杨枝插门，随杨枝所指，仍以酒脯饮食及豆粥插箸而祭之。""其夕，迎紫姑，以卜将来蚕桑，并占众事。"① 正月十五正值孟春之季，桑树开始抽条，这个时候的人们，形成祭蚕神的风俗是自然而然的事情。不过这些习俗的出现与当时的社会历史也有密切的联系，因汉代丝绸之路的开辟，中国的丝绸被源源不断地输往国外，因战乱而改变的赋税制度则是绢和丝绵上升为等价物的货币地位，当时的政府也大力提倡养蚕，因此种桑养蚕成了当时农业的重要收入，蚕神也就理所当然地受到人们的重视，祭门户、祀蚕神、迎紫姑等习俗都和养蚕有关。南北朝时期的元宵节习俗反映了中国农业文化对人们风俗习惯的影响。② 不仅增加了这些新的习俗，南北朝时期还将原本发生在正月十五前后的习俗叠加到元宵节中来，比如占银洋、相偷为戏、打簇，在隋朝以前，元宵节的活动是以"除岁纳吉"的仪式性活动为主。

　　唐宋时期随着元宵节日庆典的变化，这一时期民间的风俗习惯较少被提及，谈论最多的是人们的纵情欢愉以及庆典的盛大规模。不过这一时期还是增加了一些一直流传下来的习俗活动，如放烟火活动的出现则是因为宋代火药的发明，还有猜灯谜也是在这一时期出现的，并且得到都市民众的喜爱，而导致灯谜的形式花样不断翻新。发展到明清，北京地区的元宵节习俗发生了重大的变化。从当时诸多的文献资料记载中，我们可以发现"走桥摸钉""打鬼""跳百索"等习俗为当时人所青睐，"走桥摸钉"是指在"正月十六夜，妇女群游祈免灾咎，前令人持一香辟人，名曰走百病。凡有桥之所，三五相率一过，取度厄之意。或云终岁令无百病，暗中举手摸城门钉一，摸中者，以为吉兆"。③ 有习俗则认为摸门钉即能够生男，《北京岁华记》中记载："手携钱贿门军，摸门钉，云即生男。"发展到清代"走桥摸钉"的习俗特指走正阳桥，摸正阳门上的钉。"打鬼"和

---

① （南朝梁）宗懔：《荆楚岁时记》，湖北人民出版社1985年版，第37、41页。
② 韩养民、郭兴文：《中国古代节日风俗》，陕西人民出版社1987年版，第114—115页。
③ （明）沈榜：《宛署杂记》，北京古籍出版社1983年版，第190页。

"跳百索"则为当时北京城内小孩所喜爱的一种游玩活动。

晚清八国联军入侵北京对北京城造成的破坏，"是夜走桥摸钉习俗则以庚子岁正阳门被焚之故，其习全破"。① 让元宵灯节的走桥摸灯这一北京的传统习俗受到破坏。不仅如此，上层社会的习俗典制在清末民初社会变故中同样发生了很大的变化，当时有文人描述"赏灯看火，并属殊恩，西苑则存，旷典则废，更非所语于今日也。而灯市规模之大，悬灯处所之多，今且不逮昔焉，其内臣宫眷，应节变换冠裳，此则前代独有，今所绝无。元夕妇女群游，庚子以后，其风竟绝，《帝京岁时纪胜笺补》言之凿凿。而今则娱乐场所，名媛闺秀，几于无夕无之，又何限一元夕耶，则是维新之中，反成复旧之举矣"。② 这种官方与民间灯节习俗之间落差的缩小，既反映了上下层生活习俗合流的趋势，同时也带有晚清鲜明的时代烙印。

南北朝时期民间祭门户、祀蚕神、迎紫姑习俗的逐渐弱化，到明清时期北京城内"走桥摸钉""打鬼""跳百索"等习俗的产生，以及后来因城门的焚毁而导致"走桥摸钉"的习俗长时间不能恢复，从这种习俗的变迁中我们可以看到都市的发展对习俗弱化、消失或者是生成的影响。祭门户、祀蚕神、迎紫姑习俗是农业时代的产物，当进入都市社会以后，都市民众及其生活已经完全脱离了农业生产。时代的变迁、政策的改变，使得这种与人们的农业生活密切相关的习俗失去了存在土壤，这种实用性极强的习俗，一来不能转化为与都市民众生活相关的习俗，二来又不具备转化为游乐习俗的特质，在这种情形之下也就不可避免地被淘汰。"走桥摸钉""打鬼""跳百索"将人们从私人领域的活动带向公共领域，小孩在一起玩游戏，妇女集体"走桥摸钉"，可以看到在都市生活中，人们向外交际与发展的渴望，都市生活的影响由此可见一斑。不仅如此，都市的空间布局对都市习俗也有重要的影响，"走桥摸钉"的起源具体已不可考，但从因城门被焚毁而久久不能恢复这一现象来看，这一习俗对都市中建筑物的依赖性，都市民众在最初或许只想为"除百病""生男孩"这一愿望寻找一种依托，因此在一开始是凡桥便过，但是随着这一习俗的发展，人

---

① （清）蔡绳格：《北京岁时记》张次溪所作后记，张次溪：《中国史迹风土丛书：十三种》，东莞张江裁拜袁堂，民国三十二年（1943），卷一第3页。

② 同上。

们逐渐寻找一个固定的建筑物，从而具体开展这种民俗行为，这个建筑物便在这样年复一年的民俗活动中被都市民众神圣化，以至于它被焚毁后，民众心中那个神圣的民俗标志物也随之被焚毁，因此都市民众的这种民俗行为也久久不能恢复。

元宵节之所以能从开始带有浓厚的佛教意味又具有神圣性质的家庭节日逐渐演变为都市中世俗的、公共性质的社区节日，不仅与官方的大力提倡有密切关系，同时也与这个节日的性质有关系。元宵节是一个以游乐为主的节日，而在官方的提倡之下，更是认可了它的合法性，因此会出现"是夜（正月十六日）弛禁夜，正阳门、崇文门、宣武门俱不闭，任民往来，厂卫校尉巡守达旦"① 的现象，也会有"明年，正月望夜，帝与后微服过市，彷佯观览，纵宫女出游，皆淫奔不还"②。"是夜，放宫女数千人看灯，因此多有亡逸者。"③ 猜灯谜活动的出现则给了民众之间相互交流，同时又展示自我的机会，"初二至十六开琉璃厂，上元设灯谜，猜中以物酬之，俗谓之'打灯虎'。上自经文，下及词曲，非学问渊深者弗中"。④ 元宵节期间官方对民众行为控制的放松，给了他们一个放纵自我、尽情欢娱的机会，"中国传统社会是一个等级规范很严格的社会，至少在礼制的规定上是如此。庙会及娱神活动的全民性，实际上是对这种等级规范的反动。这显然带有原始的万民狂欢的基因，但更重要的是对现实中等级划分和隔离的一种反弹以及对彼此文化的新鲜感。从更广泛的集体心理来说，人们都愿意制造一种规模盛大的、自己也参与其中的群众性氛围，使自己亢奋起来，一反平日那种循规蹈矩、按部就班的生活节奏，而同时又不被人们认为是出格离谱"。⑤ 民众这一时刻狂欢在一定程度上得到了官方的认可甚至是保护，民众压抑已久的激情被完全地释放了出来。

纵观元宵节的历史发展，我们不难发现，在清末其最早的宗教意味已经消失殆尽，形成了以官方提倡的一种休闲娱乐甚至是带有一点狂欢性质

---

① （明）沈榜：《宛署杂记》，北京古籍出版社 1983 年版，第 190 页。

② 《旧唐书·卷七六·列传第一·后妃传·韦皇后传》，中华书局 1975 年版，第 3484 页。

③ 《旧唐书·卷七·本纪第七·中宗睿宗》，中华书局 1975 年版，第 149 页。

④ 阙名：《燕京杂记》，北京古籍出版社 1986 年版，第 111 页。

⑤ 赵世瑜：《狂欢与日常——明清以来的庙会与民间社会》，生活·读书·新知三联书店 2002 年版，第 123 页。

的节日。节日在官方的推动下将人们从私人领域的生活中解放出来，使他们纵情地投入都市的公共生活中。不仅如此，元宵节的发展和兴盛还受到了来自都市发展以及都市自身特点的影响，元宵节习俗的变迁就是最好的例证。

六　都市岁时节俗的传承与嬗变

中国是世界上城市兴起最早、城市最发达的国家之一，秦代咸阳，汉唐时期的长安、洛阳，两宋时期的开封、杭州以及明清时期的北京、南京等，都是当时世界上数一数二的大都市。这些城市各民族聚集，人口众多，建筑宏伟，商业繁荣。与这些豪华的大都市相对应，中国古代时期的中、小城市也很发达，唐代全国拥有上千座中、小城市，总人口达到 800 万人，由此可见中国古代的城市发展在历史上曾经达到很高的水平。[①] 中国早期城市的功能比较单一，主要表现在政治方面和军事方面，城市布局与城市设施主要为统治阶级的官僚机构服务，聚居人口以贵族、官僚、地主、军人、商人及手工业者等为主。[②] 春秋至隋唐时期，城市数量大大增加，规模有所扩大，城市的经济作用也得到加强。自宋始，由于生产力和经济的发展，汉唐时期城市的坊市制度被打破，城市商业、城市生活和市民文化得到空前的繁荣，至明清时代，城市手工业和商业进一步发展。纵观中国古代都市的发展，主要表现为对政治中心的依附性随着社会的发展而逐渐减小，日益突出其生产性和商业性，商品经济的活力逐渐增强，在近代社会这个特点日益明显。但是城市生产主要还是供城市自我消费、自我服务，其经济意义并不突出。在封建社会，商品经济始终是自然经济的补充，不占主导地位，同时都市商业活动的发展状况与政治中心地位的起伏相伴随。胡如雷曾对中国古代城市做出这样的评述："中国封建城市的一般面貌，大体

① 龚书铎、史革新：《中国社会通史·晚清卷》，山西教育出版社 1996 年版，第 153 页。

② 中国封建社会城市"在产生、性质和作用等方面与欧洲城市相比，存在着迥然不同的差异，表现为两种完全不同的发展模式，在欧洲，封建社会中的城市是与封建领主控制的乡村相对立而产生的。欧洲封建社会的政治中心是乡村中的庄园而非城市。城市是作为工商业中心而出现的，城市的工商业者最初大多数是为反抗封建领主的剥削和压迫而逃亡出来的，开始时城市由封建主的管辖，后来城市居民通过赎买和武装斗争的方式获得了城市的自治权。城市逐渐拥有了行政、司法、财政、税收等权力，并建立了自己的管理机构，开始铸造货币、管理市场，并建立起法庭和民兵武装。"吴申元主编：《中国近代经济史》，"导论"，上海人民出版社 2003 年版，第 6 页。

可以描绘如下：政治、军事意义大于经济意义，消费意义大于生产意义，商业的繁荣远远超过商品生产的水平。因此，我们不能根据大城市的畸形膨胀，过高地估计中国封建社会的商品经济水平，过低估计自然经济的程度。"[1]

中国是个农业大国，人们的社会生活带有浓厚的农业色彩，旧时城镇居民保留了许多与农村相近的生活习惯，如日出而作，日落而息，日常起居生活比较随便，无拘无束，同时还遵循着一些与农村生活相一致的习俗，如大多数年节的喜庆方式。但是北京由于其特殊的地理位置，是南北交流的中枢，因此它脱离单纯的农业社会而进入以商业贸易为主的城市社会是比较早的，后来又成为政治、文化、经济中心，可以说它的都市化程度比较高。而与农事活动有着千丝万缕联系的传统岁时习俗在都市的形成与繁荣中也发生着变化，虽然其外在形式没有发生多少变化，但随着时代的变迁，经济的发展，贸易交流的扩大，有些节日习俗其实已经发生了质的改变，北京很多农事民俗文化或者消失，或者因为都市的发展而打上了鲜明的都市文化烙印而得以继续存在。

（一）都市的空间布局对民众岁时生活的影响

都市与乡村相比较的一个比较突出的特点就是拥有大量的固定建筑物，这些固定建筑物逐渐融入民众的都市生活，并且形成一定的惯制，从而对都市民众的民俗生活产生重要影响。如前面在论述元宵节习俗时所谈到的，去正阳桥"走百病"，正阳门"摸钉"，就很好地体现了这个特点。这种形式在北京的民俗生活中还有很多，如春天去蟠桃宫、潭柘寺、天台山踏青；夏天去妙峰山、碧霞元君诸顶进香、十里河关帝庙听戏，"每至五月，自十一日起，开庙三日，梨园献戏，岁以为常"[2]，或者去什刹海观荷花；秋天提壶去天宁寺、陶然亭、西山八刹"赋诗饮酒，烤肉分糕，洵一时之快事也"，或者去钓鱼台赛马；冬天什刹海护城河滑冰、仰山洼观八旗合操等；或者是一年一度的厂甸春市，中元节北海放荷花灯，中秋节卖兔儿爷，"每当秋高气爽之际，群集广场，各出弹丸，抛之空中，使鸟衔回，再饲以栗，

---

① 胡如雷：《中国封建社会形态研究》，生活·读书·新知三联书店1979年版，第252页。
② （清）富察敦崇：《燕京岁时记》，北京古籍出版社1981年版，第68页。

101

其技戏法甚多，不止衔丸，皆市井人乐为之，士人或有参观者"，① 等等，都市民众的闲暇生活丰富多彩而又时序井然。

（二）都市岁时生活的官方烙印

我们在前面论述晚清北京岁时民俗志的体例时曾经指出，它的一个记述特点是岁时时间体系和月令时间体系相结合，主要是在传统的岁时记述体例中，部分地融入了月令时间，也就是官方做出的一些指令性的时间节点，在都市民众岁时生活现状中也确实受到了它的影响以及在这种时间指导来安排自己的日常生活。就这一方面，这里不再赘述。笔者想要谈的是在传统的岁时时间体系中，官方凭借其地位来对其施加它的影响，从而引导都市中民众的岁时生活。如传统的腊八节吃腊八粥，因官方的介入，而将这种行为从一种个人行为引向了民众的公共生活领域，并得到都市民众的认可；传统的元宵节在官方因战乱和国力不济而近乎停办，却在民间的张灯活动中得到延续。可以看到元宵节虽然由官方提倡，具有浓厚的官方色彩，但在逐渐发展过程中，这种节庆活动却因为与都市民众的日常生活契合而逐步为都市民众所接纳。为实现对都市生活规范管理而设置的一系列时间节点以及在传统岁时体系中发挥官方的影响力，都是为了实现官方对民众生活的控制。这里的官方时间已经与月令时代传统的官方时间有着截然不同的表现形式，虽然都是出于官方对于民间社会的控制这一目的，但很显然二者存在不小的差别，前者采取强制性的态度，而后者则采取一种协商和调和的态度来实施管理。当民众逐渐掌握了对时间的认识，月令时代对时间独占的统治方式显然已经不合时宜，因此在认可民众的时间体系的基础上，来发挥官方的影响力无疑是适应时代需要的一种选择。

（三）都市民众岁时生活节奏的自我调节

晚清都市经济的发展以及都市人群的特点决定了都市岁时呈现出自身的特点，即休闲娱乐逐渐成为人们在岁时节日里的主题，而定期的游玩也渐渐成为京城人的一种习惯，久而久之也成了他们的节日。可以这样说，这些节日活动已经成为都市民众岁时生活的一种自我调节方式。《帝京岁时纪胜》记载"辞青　　都人结伴呼走，于西山一带看红叶，或于汤泉

---

① 龚书铎、史革新主编：《中国社会通史·晚清卷》，山西教育出版社 1996 年版，第 380 页。

坐汤，谓菊花水可以却疾。又有治肴携酌，于各门郊外痛饮终日，谓之辞青"。① 将民众日常休闲活动作为一种节日习俗来记载可以说明，这种习俗确实为京城中百姓所认可，并且每年这个时节都会和亲朋好友去郊外畅游一番，它已经成为京城百姓中约定俗成的行为。这种情况《燕京岁时记》中也有类似的记载："拖床　冬至以后，水泽腹坚，则什刹海、护城河、二闸等处皆有冰床。一人拖之，其行甚速。长约五尺，宽约三尺，以木为之，脚有铁条，可坐三四人。雪青日暖之际，如行玉壶中，亦快事也。"② 不仅拖床，溜冰也是北京人的一种乐趣，从宫中帝王权贵到平民百姓，一到天寒结冰之际，无不以此取乐。冰上运动作为北京人一项娱乐活动广受民众的喜爱，每到"水泽腹坚"的时节，京城的民众就去"什刹海、护城河、二闸等"处开展各种各样的冰上活动，它已经形成了惯制，并融入京城民众的日常生活之中。城市与乡村有着不同的精神与物质文化生活，都市中的人们在节日中更多的是走出家庭，参与一系列的户外活动和社交活动。这种节日的形成不同于中国传统的岁时习俗——与农业有着密切关系，而完全是诞生于都市中，由都市生活中滋生出来的为都市所特有的岁时生活习俗，具有典型的都市特征。城市岁时习俗的多样性与复杂性来源于"都市最重要的特征，即城市文化和城市环境的多样性。城市不但比村庄、乡镇更为复杂，也与这些地区相联系。城市社会的复杂性是基于城市本身以及城市和乡村的关系上的"。③ 城市习俗不仅吸收了乡村习俗，同时在自身的发展过程中与都市民众的需求相结合，产生与都市生活相协调的节日习俗。

（四）商业消费影响下的都市民众岁时生活

城市中的老百姓脱离了农业生产，而主要从事商业和手工业等生产性的活动，商业的发展是拉动传统都市发展的重要动力，它对民众岁时生活的影响力也是无处不在。如从北京日渐成熟的庙会网络，到元宵节中灯市的发展，以至于节日习俗中所使用的器皿都受到了商业气息的浸染。这当然也包括都市民众日常生活的吃、穿、用等。在乡村中，乡民们能够自给

---

① （清）潘荣陛：《帝京岁时纪胜》，北京古籍出版社1981年版，第32页。
② （清）富察敦崇：《燕京岁时记》，北京古籍出版社1981年版，第91页。
③ 庄孔韶主编：《人类学通论》，山西教育出版社2004年版，第584页。

自足，而进入城市，脱离了土地，城市居民都要靠交换来满足自己日常的吃、穿、用、度。什么季节吃什么，有什么食品可以现在买到，在城市中已经形成一定的习俗，如二月买小油鸡、小鸭子，三月吃黄花鱼、大头鱼、榆钱糕，四月芦笋、樱桃，五月石榴、五月先儿、甜瓜，六月冰胡儿、酸梅汤、西瓜，七月菱角、鸡头、枣儿、葡萄，八月九节藕、莲瓣西瓜，九月花糕槽蟹、良乡酒、鸭儿广、柿子、山里红，十月栗子、白薯、中果、南糖、萨其马、芙蓉糕、冰糖葫芦、温朴、奶鸟他、冬笋、银鱼，十一月大白菜。这些时令食品在城市中除了定点的摊位买卖以外，更多的是挑着担的小贩的沿街叫卖，"二月下旬，则有贩乳鸡、乳鸭者，沿街吆卖，生意畅然。盖京师繁盛，鸡鹜之属日须数万只"。[①] 挑担小贩不仅买卖时令食品，更多的是城市居民日常生活中常见的食品，如"馒头、豆包、麻花、烧饼、大烧、蒸饺、炸糕、切糕等常见者外，还有大阳糕、豆渣糕、江半年样、艾窝窝、驴打滚、烤白薯、煎饼等；汤食有豆浆、豆汁、豆腐脑，各种粥类、杏仁茶、而茶、茶汤、馄饨、杂烩等；荤味熟食有各种牛、羊、猪的酱肉食品，杂碎、头肉、炸虾炸鱼、茶叶蛋等；甜食小吃除了花生、瓜子、山楂糕、糖葫芦以外，各种果类、豆类不胜其数"。[②] 不同的食品会有不同的叫卖声，因此在《燕市货声》中大量记载了北京一年中各种各样的叫卖声，这些叫卖声已经融入北京人的生活，不同时节的叫卖声为民众提供了辨别时令的一种方式。

晚清北京的岁时节俗生活在横向时代变迁的冲击中，所发生的变化仅仅是表现出物质层面的花样翻新，而节俗的内核并没有发生显著的变化，晚清这一具有典型意义的时代特征在岁时节俗中并没有留下它的鲜明印记。在纵向的历史演进中，在都市的不断发展中，岁时节俗则发生着悄然的蜕变。无论是商业因素的渗透、政治因素的引导还是都市立体空间的影响，岁时节俗都与孕育其发展起来的传统农业社会渐行渐远，而带有越来越明显的都市化的痕迹。而随着都市中人群的复杂化、异质化，向外的交流与发展成为一种需要与必然，从而导致民众公共生活的增多，在此影响下，节日作为这种公共生活的极佳的承载体，其习俗活动也逐渐实现着从私人领域向公共领域的转化。

①　（清）富察敦崇：《燕京岁时记》，北京古籍出版社1981年版，第57页。
②　赵世瑜：《腐朽与神奇》，湖南出版社1996年版，第159页。

余 论

都市岁时节俗虽然不能完全脱离于传统的农业社会，但是在都市长期发展过程中，它已经形成一套自我运行的生产、生活机制。商业是传统都市赖以存在的命脉，同时中国古代都市发展的历史决定了政治因素也是城市发展、繁荣和兴盛的一个重要因素，虽然在明末清初直至近代社会，都市发展受到政治因素的影响渐渐变小，但是它在都市生活的方方面面都留下了深刻的印记，它对都市岁时节俗的影响也是显而易见的。

岁时节日是一个能动的文化因子，节期虽有固定的时间，但它的内容却随着时代的变迁处于不断发展和变化之中。在都市生活中，都市岁时习俗活动不再以劝农、祈求农业丰收为主，农业色彩在逐渐消退，直至消失殆尽。与此同时，人们在原有的农业岁时的基础上，在逐渐成习的都市生活中，形成了一套自己的工作休闲的时间体系。民众定期的娱乐游览成为一种习惯，并且内化到民众的日常生活之中。它已经完全脱离了传统的农业时间的束缚，是在都市民众日常休闲娱乐的自由选择中逐渐发展并成熟定型的，是都市民众岁时生活的一种自我调节。与具有浓厚政治色彩的都市相对应的是，都市民众的这套日常生活的时间体系同时受到官方时间体系的引导，民众再针对这种引导对自己的时间表作出适时的调整，以规范自己的生活。

有学者曾经指出在"具有原始思维特征的古代社会，人们并不把时空理解为一套起中性作用的生活框架，而是把它理解为能够对人们生活施加影响的具有神秘因素的力量，因此，人们对时空的认识和体验都带有主观性。'无论是空间，还是时间，它们都带有价值判断和情感性的含义。'"[1] 而随着步入近代社会，科技的发展和人们对自然界认识的进一步增强，以及与外部世界联系的增多，人们的视野逐渐开阔。晚清时期时间的神秘性已逐渐消失，在都市中，民众的岁时生活与自然的联系也不再那么的密切，人们对时间、空间认识的价值判断、情感因素正在逐渐削弱。并且随着都市公共生活的日益频繁，逐渐形成了与都市生活相匹的时间体

---

[1] A. 古列维奇著：《中世纪文化范畴》，庞玉洁、李学智译，浙江人民出版社1992年版，第29页。萧放：《关于中国古代岁时民俗志的几点思考——以〈荆楚岁时记〉为例》，《中国民俗学年刊（2000—2001年合刊）》，中国民俗学会编，学苑出版社2002年版，第97页。

系以满足自身的需要。

附录：晚清北京节日庙会的分布情况

以下两个图表主要依据晚清北京岁时民俗文献，以富察敦崇的《燕京岁时记》、让廉的《京都风俗志》以及蔡绳格的《北京岁时记》为主，所记载的关于晚清北京庙会的情况。

每年定期举行的庙会（以庙会日期先后为序）

庙会名称	宗教	地址	开办日期	性质功能
大钟寺	佛教	德胜门外	正月初一至初十日	进香、打金钱眼、游艺、商摊
厂甸儿	道教	正阳门外	正月初一至正月十五日	书画、文具、珠宝、玉器展销
曹老观儿庙	道教	西直门内	正月初一至正月十五日	游艺、商摊
白云观	道教	阜成门外	正月初一至正月十九日	初八顺星日、初九玉皇大帝诞辰、十五灯会、十八至十九会神仙晾经会、打金钱眼、游艺、商摊
黄寺	佛教	安定门外	正月十五日	跳"布扎"（打鬼）、游艺、商摊
黑寺	佛教	德胜门外	正月二十三日	跳"布扎"（打鬼）、游艺、商摊
雍和宫	佛教	北新桥北	正月三十日	跳"布扎"（打鬼）、游艺、商摊
蟠桃宫（太平宫）	道教	东便门	三月初一至初三日	游艺、商摊
东岳庙	道教	正阳门外	三月十五至三十日除去朔望日	祭祀神灵、祈求福佑；百货、饮食等商摊集市；三月十八日祭祀东岳大帝诞辰
潭柘寺	佛教	浑河石景山西栗园庄北	三月初一至十五日	进香、游艺、商摊
戒台寺	佛教		无定期，唯六月六有晾经会	四月初八祭祀佛祖诞辰，晾经会，游艺、商摊
天台山	佛教	京西磨石口	三月十八日	进香、游艺、商摊
万寿寺	佛教	西直门外	四月初一至十五日	四月初八祭祀佛祖诞辰，舍豆缘，游艺、商摊

续表

庙会名称		宗教	地址	开办日期	性质功能
碧霞元君祠	东顶	道教	东直门外	四月初一至十八日	农副产品集市
	西顶	道教	西直门外	四月初一至十五日	朝碧霞元君
	北顶	道教	德胜门外	四月初一至十五日	农副产品集市
	南顶	道教	永定门外	五月初一至十五日	朝碧霞元君,大型朝圣香会走车赛马
	中顶	道教	右安门外	六月初一日	朝碧霞元君,大型朝圣香会
妙峰山		道教	京城西八十余里	四月初一至十五日	朝碧霞元君,大型朝圣香会,游艺、商摊
丫髻山		道教	怀柔县	四月初一至十五日	朝碧霞元君,大型朝圣香会,游艺、商摊
都城隍庙		道教	都城隍庙街路北	五月初一至初十日	祭祀都城隍、迎宛平县城隍驾、香会、游艺、商摊
江南城隍庙		道教	正阳门外	中元、清明、十月初一日	迎赛祀孤
关帝庙		道教	广渠门外	五月初十一至十四日	祭祀神灵、祈求福佑、商摊集市
灶君庙		道教	崇文门外	八月初一至初三日	灶君诞日
财神庙		道教	彰仪门外	九月初十五至初十七日	祭祀神灵、祈求福佑、商摊集市
隆福寺（东庙）		佛教	东四牌楼西马市正北	每月初九、十日	百货、饮食等商摊集市
护国寺（西庙）		佛教	皇城西北定府大街正西	每月初七、八日	百货、饮食等商摊集市
土地庙		道教	宣武门外土地庙斜街路西	每月初三、十三、二十三日	农副、百货、饮食等商摊集市
火神庙花儿市			崇文门外	每月初四、十四、二十四日	工艺花、鲜花商摊集市,百货、饮食等商摊集市
小药王庙		道教	东直门内	每月朔日、望日	卖妇女零用之物的商摊
北药王庙		道教	旧鼓楼大街	每月朔日、望日	卖妇女零用之物的商摊
报国寺		佛教	广安门内	每月初一、十五、二十五日	百货、饮食等商摊集市
大觉寺		佛教	德胜门	每月初一、十五日	祭祀神灵、祈求福佑、商摊集市

第五章

民国北京档案文献与岁时民俗

一 民国北京岁时节日文献

（一）民国时期北京档案资料

在传统农耕社会模式下，岁时成为人们生活的时间纵轴，规范着人们的时间生活，岁时志则将这样的生活规范记录保存下来，成为我们研究岁时节日十分重要的文献资料。由于记述内容集中，也成为最理想的研究资料。除了岁时志外，史书、方志作为节日研究的重要资料来源也受到了学者的关注。史书方志对风俗的记载也往往保留着很多岁时节日的资料；但相比岁时志而言，史志材料分布散杂，这一特点在笔记中同样存在。本章所着重使用的资料来自档案。

与前面提到的资料情形类似，档案的记录内容和分类体系也十分庞杂。档案资料从保存类目上来说是以各个单位为分类标准的，例如本章所用到的档案资料就分别保存在北京市政府、北京市警察局、北京市社会局等多个档案单位的类目下，而在具体的单位，档案又因涉及职能的不同而进一步细化，譬如北京市政府的档案又进一步细分为警务外事类、文教卫生类、社会类、综合类等分卷。尽管如此，这里我们仍然希望通过这一类型的资料来探求民国时期的节日状态，因为在记录社会这一层面上，档案有着其他材料所不具备的优点。简言之，它具有上通下达的属性。首先，它具有向上的政府性，因为它记录了官方的规定和要求，它是一个上令传达的工具。对于政府而言，节日不是单纯的民众生活的问题，而是实在的社会管理内容，涉及公共秩序等诸多方面，因而从档案中可以观察到官方在节日上所采取的措施，借此可以探究官方在施行措施的背后所隐含的意图和期望。其次，档案材料又具有平民性，政府的措施最终直面的对象是广大民众，所以，这里必然包含施行起来的可能性和变通性问题。官方的意图并非能够理想地直接被民众贯彻到生活中去，在实施过程中也要根据民众的反应来不断地调整。而这种调整、这种上下层之间互相的交流和磨合，正是档案材料记录的魅力所在，也是其最大的优点。即档案材料反映的不是固定的、一成不变的社会格局，而是社会某部分体制发展变更的动态过程。而这个动态的过程，正利于我们去探究社会的真实，通过文字去看其背后的社会。

本章用到的档案材料来源于北京市档案馆收藏的民国时期档案。北京市档案馆共收录民国时期档案 447711 则，经过初步的检索查找，确认其中保存有效节日信息的档案总计 655 则，① 主要涉及的单位为北京市政府以及卫生局、教育局、警察局等政府管理部门，此外还有中国银行、中法大学、北京大学图书馆、北京电车股份有限公司等社会单位（详细档案名目可见附录）。从时间跨度上来说，这些档案主要在 20 世纪 20 年代至 40 年代，其中日据时期的档案资料数量较少。② 根据节日活动内容记录的侧重点的不同，大致可以分为以下三类：第一类是单纯的关于节日假期的规定和执行档案，譬如《中国银行北平支行关于各种节日放假停业等问题的通告（民国十六年、十七年、十八年、十九年）1927—1930》即是此类，其记录模式基本为"×月×日为××节，放假×日"，这类档案对于节日活动的记录最为简单，但又是相关档案中数目最多的一类。第二类档案在内容记录上侧重于节日主旨的传达，其记录内容多为与节日意义相关的思想宣传，相对而言，节日活动上的规定较少，比如很多涉及"国父诞辰"的档案在这一点上都有所体现。第三类档案更偏重节日活动规定的记录，倾向于活动组织，更重视节日活动流程的具体安排，例如童军节、青年节、祀孔的相关档案。

除了以上所说的保存分布特点、资料记录特点外，档案材料还有一个重要的特点，那就是政权更迭影响相对轻微，呈现出相对稳定的状态，无论是记录的体例还是记录的内容，仅在一些细节上有所变更。究其原因，

---

① 这里所指的"有效节日信息"，是指有具体的针对民众的节日活动内容的，包含放假、集会等，筛去了其中政治军事性倾向明显的档案，比如"五月节加强警备"等就未被计算在内。

② 据档案馆工作人员介绍，日据时期档案资料本身数量就不多，并且，由于当时的行政区域归属问题，该时期的北京资料有很大部分保存在石家庄档案馆。

可能是档案材料本身具有历史文档的性质，它有表述与书写形式的固定性，同时与政权对节日的态度和把握有关。

（二）指南类书籍

指南类书籍，顾名思义，是为了"指导行旅与游览，而产生了一系列总志北京情事的指南性专书，且愈晚愈繁。虽粗精不一，体例多样，但因其面向社会，着眼实用，故于城市生活和社会实况尤所留意，市井风情之类的内容，相对详细于其他总志类著作"。① 这类书籍记录庞杂，涉及社会各个层面，故而在《北京城市生活史》中被放在总志的目录下。这类书籍具有鲜明的现实性。民国时期，有关北京的指南类书籍出版极多，以下择要介绍几例。

邱钟麟《新北京指南》为新体北京指南之始。民国三年（1914）由北京撷华书局出了排印本。第一版出版于1914年5月，名为《新北京》，第二版于1914年11月出版，改名为《新北京指南》，其用意在于"毕载而详说"，其中还包含新建的民国的有关体制的介绍，内容十分丰富。徐珂《实用北京指南》为民国前期最有影响力的北京指南，民国九年（1920）由上海商务印书馆出版，此书的内容编排较之同时期的其他著作更佳。北平民社编《北平指南》，由北平民社民国十八年（1929）出版，旨在以"实用为主，不尚铺张"，书末还附有"参考书目"近四十种。《最新北平指南》，民国二十四年（1935）由上海自强书局出版，田蕴瑾编。其中《风俗》《街头素描》对市井生活记录颇多。其他还有马芷庠编、张恨水审定的《北平旅行指南》，② 民国二十四年（1935）由北平经济新闻社出版发行，记述内容包括古迹名胜、食住游览、旅行交通、工商物产、文化艺术、公共团体、社会公益七个部分，为马芷庠有感于"游平者欲觅向导，苦不可得"而作，且同时希望使"中产以下阶级，或年迈不能远游，暨旅外华侨，关怀祖国，而欲一睹旧都胜景遗迹者，一经展阅，可作卧游"，该书涉及面极广，内容十分丰富，还保留了大量珍贵的

---

① 吴建雍、王岗、姜纬堂等：《北京城市生活史》，开明出版社1997年版，第383页。

② 该书后由北京燕山出版社根据1935年出版的《北平旅行指南》第三版为基础，于1997年出了重排本《老北京旅行指南》。

图片，"选制二百六十五幅，然已为全国各导游刊物中所仅见"①。

指南类书籍集中体现了知识分子实用的思想主张，其中的岁时节日民俗记录总体说来内容都很简单，因为其只需要承担告知的义务，而不是去实现传承的使命。值得注意的是，书中对节日的记录与地点的介绍紧密联系，从而呈现了比较清晰的时序游览图，这种游览图从某种意义上来说构成了人们生活的剪影。在指南类书籍中所体现出的这种地点与节日及节日活动的联系在生活中逐渐固定下来，成为人们生活观感中重要的存在部分，到了某个时节就会自然地想到要去哪里做些什么。此外指南类书籍在记录节日时还有一个重要的特点，即紧紧抓住节日要素。如介绍春节习俗的时候，会涉及庙会、庙会的地点、不同庙会的不同侧重，涉及庙会上比较有特色的小吃、玩意儿等，这些节日要素在其他文献中也有记录，但在指南类书籍中，却被放在明确突出的位置，彰显了其存在，这也是指南类书籍资料的特色，因为它不在于描述节日的完整状貌，而在于向人推介，所以在众多的资料中抓住了独特的东西，尽管没有深刻的记录描写，却能达到言简意赅、简明扼要的效果。

（三）回忆性著作

民国时期留存至今的回忆性著作很多。这类书籍的编写初衷，源自对北京文化有深刻了解和感情的人士，要将这日常习见之物表现出来的强烈愿望，也是纪念和缅怀已经逐渐改变甚至逝去的文化的情绪。在这类著作中，比较有代表性的是邓云乡的《增补燕京乡土记》和金受申的《北京通》。

邓云乡的《增补燕京乡土记》是在其《燕京乡土记》的基础上修改、增加、补充而成的，篇幅较之《燕京乡土记》也有所增加，在解释写作《燕京乡土记》和《增补燕京乡土记》的原因时，邓云乡是这样说的："我对燕京乡土，亦充满了故园之情，故旧之思，故都之爱。这是所以写《增补燕京乡土记》及六年前已出版过的《燕京乡土记》的最根本的原因。"② 从这里可以看出，对逝去的缅怀成为写作的最根本的情感原因和

---

① 马芷庠：《老北京旅行指南》，"马芷庠先生初版自序"，北京燕山出版社1997年版，第2页。

② 邓云乡：《增补燕京乡土记》，"自序"，中华书局1998年版。

动机，那么，相应的，在其著作中，就必然地保留着那个其所缅怀的但已然逝去的社会的风貌，其著作也必然会在文化习俗等的传承中发挥着功效。在《增补燕京乡土记》一书中，邓云乡从岁时风物、胜迹风景、市廛风俗、饮食风尚、艺苑风烟等几个部分入手，为我们记录了凝结其深厚感情在内的老北京的情状，从记录范围来看，涉及节日、饮食、名胜、人物、经济等多个层面，为我们生动地了解民国社会提供了很好的资料。

《增补燕京乡土记》的记录有一些很明显的特点。其一是意象清晰。在记述时，邓云乡选取有特色、有代表性的意象，譬如记录除夕民众活动的时候，仅仅抓住节日声音这个意象，用了爆竹声、剁饺子馅和切菜的声音、结账的算盘声这三个富有代表性的点，将民众当时的生活状貌生动地刻画出来。其二是记述时多有对历史渊源的探求。虽然没有史志书籍中的系统详明，但也述其源流传承，前朝状况如何，今世民众又如何，使得对北京的描写首尾连贯，记述清晰。从整体而言，他选取的虽皆为市民日常生活之琐事细物，但无一处不有深意。岁时节日民俗是《增补燕京乡土记》着力记录的部分，除了岁时风物略、岁时风物补中有集中的记录外，胜迹风景、市廛风俗等部分也有所涉及。邓云乡对岁时节日的记录，表现出两个重要的特性，即风物性和社会性。正如其所设立的篇章名目"岁时风物"所示，作者笔下的节日，是在时令的循环中，与人们有特色的活动、四季景致出产、古迹名胜连缀在一起的，在记述中自然地依从着季节的更替展开，又以各自独特的意象得以明确。社会性，是因为节日本身作为一种社会时间体制，必然在诸多社会层面有所反映，邓云乡在记录社会其他方面的时候，很好地把这种联系表现了出来，从而使得节日在《增补燕京乡土记》中显示出前后呼应的效果。

从20世纪30年代起，金受申就在北京的一些报刊上发表文章，介绍近代北京的逸闻轶事。如1935年为《华北日报》撰写《北平历史上游览地记略》，后来又撰写《北平剪影》；1937年为《新兴报》撰写《故都杂缀》，为《正报》撰写《北京通》，为《全民报》写《新京旧语》，为《新民报》撰写《馋余琐记》，还为《立言报》撰写有关北京风物的文章。这些文章，用金受申先生自己的话来说，"都是写些北京老事，或用剪影方法来写"，"所记典制，全从故老打听来的，不是摘录旧书所得"。1938年10月，金达志改《立言报》为《立言画刊》，每周出版一册，他约金受申继续撰稿，金受申欣然应允，陆续写了二百多篇文章，一百多个题目，总名之为《北京通》。"北京通"这个题目，金受申为《正报》撰文时用过，不过那时的《北京通》均为短篇，且大部分谈吃，总计45篇。这次虽仍冠以《北京通》的名字，但内容较之《正报》上的《北京通》已极大丰富。之所以仍起名为《北京通》，金受申解释道："北京的风俗物事，一事有一事的趣味，一事有一事的来历，小小的一个玩物也有很深微长远的历史的。所以区区笔者也不怕丢人，大言不惭的标了一个'北京通'。"并说，"我做'北京通'的目的，并不是炫曝我如何通，只是想用一种趣味化的文字，描写北京的实际状况……文拙意陋，没有一些好处，只一个'实'字还可勉强自谓"。"我的目标是记实，我的手段是勤问、勤记，我的希望是读者勤指教。"同时他也指出："记一些这类旧事，一方面给过来人一种系恋，一方面把过去的北京风俗，前人所未记载，不见文人笔墨的事故，记下来保存。"《北京通》所记，涉及面很广，包括四季、风俗、吃喝玩乐、行业、曲艺等方面。从写作特点上来说，最明显的特征便是篇章间的独立性，这与其成书过程有关。这种独立性，使其在单个问题的记录上都十分完整，但在社会联系上相对薄弱。在节日民俗记录方面，《北京通》没有《增补燕京乡土记》中独立的岁时风物部分，虽有《北京的风俗》这一章节，但节日记录只是其中的一个方面，没有被强调出来。当然，该书的其他部分也有散见的有关节日民俗的记录，可以说，分散性是《北京通》①中节日民俗记录的主要特征。除了这一特征之外，《北京通》节日民俗记录中比较突出的是对当时民众习俗的记录摹写，即将对现状的记录放在优先的位置，力求详尽。

　　有关民国时期的回忆类著作，近年来出版颇多，除了以上所举的这两部有代表性的著作外，还有很多选编辑录类的书籍，譬如北京出版社出版的"北京通丛书"。②该丛书的九位作者研究领域不同，故而记录角度也有所不同。从岁时节日内容的记录来看，以《金受申讲北京》和《老舍讲北京》最为集中。其中《金受申讲北京》所记内容不及《北京通》一书，但附有不少珍贵图片，也颇有特色。《老舍讲北京》一书由舒乙从老

---

① 金受申：《北京通》，大众文艺出版社1999年版。

② 包括有《金受申讲北京》《张中行讲北京》《侯仁之讲北京》《朱家溍讲北京》《刘叶秋讲北京》《邓云乡讲北京》《赵洛讲北京》《叶祖孚讲北京》，北京出版社2005年版。

舍的小说中摘取有关北京的描写编辑而成，涉及老舍的七本小说①和一些散文，在内容上涵盖了气候、节日、地方、习俗玩艺和民众五部分，是对老舍笔下北京的比较集中的展示，大大省却了研读小说的搜求之劳。由于摘自小说的缘故，从中绝少见到史料考证，而是纯然的民众生活的述写，具有极佳的生活性，人物的节日心理也得以展现，这使得我们对民国时期节日状况的认识有了另外一个视角。由于小说自身的特点和要求，我们可以从这类著作中观察到鲜活的民众态度和丰富的社会情态，譬如《端午节之一》从一个家庭的视角切入具体的民众节俗行为和心理，《端午节之二》则记录了端午节社会整体的活动，从节俗记录上来说，起到了很好的互相补充、共同完善的作用。

二 民国时期北京岁时节日民俗形态描述

民国时期形成了我们现在所熟悉的建立在公历农历叠合基础上的传统节日和新兴节日纪念日交织的节日体系。

（一）民国时期的节假日体系

相比于其他的材料，档案材料是一种行政文件，因而在档案材料中忠实地记录了档案单位的具体运作情况，我们可以看到节日体系脉络，从而使我们对描述民国时期的节假日体系有切实的把握。

在《中国银行北平支行关于各种节日放假停业等问题的通告（民国十六年、十七年、十八年、十九年）1927—1930》② 中记有年度节假日情况，以民国十六年即1927年的节日情况为例：

> 二月一日：现届春节本行应自二月二日起至六日止放假五天特此通告，又，二月七日为日本国葬之期，本行应临时休业一日，特此通告。

> 二月十一日：二月十二日为南北统一纪念日，本行循例放假一

---

① 分别是《老张的哲学》《赵子曰》《离婚》《骆驼祥子》《我这一辈子》《四世同堂》《正红旗下》。

② J031-001-00029，《中国银行北平支行关于各种节日放假停业等问题的通告（民国十六年、十七年、十八年、十九年）》，1927年至1930年。

天，特此通告。

二月十五日：本月十六日为夏历灯节，本行照例放假一天，特此通告。

四月五日：本月六日为植树节，八日为国会开幕纪念日，本行应各放假一天，特此通告。

六月二日：本月四日为夏节，循例于本月四日五日放假两天，特此通告。

九月八日：现届秋节，本行于十日十一日放假两天，特此通告。

九月廿日：夏历八月二十七日为圣诞节，本行应放假一天，特此通告。

十月九日：本月十日为国庆纪念日，本行应放假一天，特此通告。

十二月三十一日：现届新年，本行应自一月一日至三日放假三天，又，一月一日适值星期，应于四日补假一天，特此通告。

1928 年度的档案记录情况与上一年度大致相同，但多了春节放假和总理诞辰放假的记录：

一月十七日：本月二十二日为阴历除夕，适逢星期，应正常办公，其下午营业时间对外至六时止，对内同也往来延至八时止，特此通告。

一月二十日：本月二十三日为春节，本行应自二十三日至二十七体循例放假五天，特此通告。

十一月十日：本月十二日为总理诞辰，本行应放假一天，特此通告。

从以上记录我们还可以看出，除夕是正常办公的，春节假期是从初一开始的五天，并且由于即将到来的五天假期，除夕的工作时间有所延长。

1929 年的节日安排除了某些新的纪念日（三月十二日的总理四周年纪念、七月九日的国民革命军誓师纪念日）的出现外，春节、夏节、秋节、国庆节、总理诞辰、新年大体与上年相同。1930 年的情况也大致如是。

在 1939 年的档案中我们找到了一份明晰的法定例假单：

通知单秘字第五九〇号廿七年十二月三十日发：董事会谕二十八年例假为九天等因除分别通知外相应检同该例假表单一件通知

附例假单一件：中华民国二十八年例假单

年假一日（国历一月一日）、春假三日（夏历正月初一、初二、初三）、植树节一日（夏历清明节）、端午节一日（夏历五月初五）、中秋节一日（夏历八月十五日）、孔子圣诞一日（夏历八月二十七日）、国庆一日（国历十月十日）①

在这份例假单中我们看到较之 1927 年至 1930 年，主要的节日构成仍旧是稳定的。年假（对应前一时期的新年）、春假（对应前一时期的春节）、端午节（对应前一时期的夏节）、中秋节（对应前一时期的秋节）、国庆的地位继续稳固。新增了植树节②和孔子圣诞。

关于孔子圣诞和总理诞辰的定位，在 1948 年的北平市卫生局的档案③中我们可以看到政府是将其归在了国定纪念日中，与其一起的还有开国纪念、抗战胜利纪念等：

行政院卅七年九月十一日（卅七）四内字第 40388 号训令内开查修正国定纪念日日期表

国定纪念日日期表

一月一日　中华民国开国纪念

十月十日　国庆日

以上两纪念日各休假一天，全国一律悬旗扎彩志庆，各级机关学校团体分别集会庆祝，并由各该地地方政府召开各界庆祝大会

十一月十二日　国父诞辰

---

① J011 - 001 - 01477，《北京电车股份有限公司关于节日放假、更改办公时间、更换服装等事项的通告》，1938 年 2 月至 1938 年 12 月。

② 在这里，从后面括号中的备注可以看出，对于该节日的意义是新历的植树节和旧历的清明节二者兼顾的。

③ J005 - 001 - 01708，《市政府关于节日、纪念日放假、转发行政院规定悬挂国旗方式及每年十月二十四日联合国日为国定纪念日的训令及市政府秘书处关于举行每晨升旗各长官轮流作简单报告的函以及卫生局的复函》，1948 年 1 月至 1948 年 11 月。

　　是日休假一天，全国一律悬旗庆祝，各级机关学校团体分别集会纪念并由各该地地方政府召开各界纪念大会，在首都各机关长官及高级职员恭谒，国父陵墓致敬

　　八月二十七日　孔子诞辰

　　是日休假一天，全国一律悬旗庆祝，中央派员赴曲阜孔庙致祭，各学校师生分别集会纪念并由各该地地方政府召开各界纪念大会

　　九月三日　抗战胜利纪念

　　是日全国一律悬旗庆祝，各级机关学校团体分别集会纪念并由各该地地方政府召开各界纪念大会同时致祭忠烈抚慰遗族

　　三月廿九日　革命先烈纪念

　　是日休假一天，全国一律悬旗纪念，各级机关学校团体分别集会纪念并由各该地地方政府召开各界纪念大会同时致祭革命先烈

　　奉行政院令明定每年十月廿四日联合国日为国定纪念日，届时全国各地悬挂联合国旗及国旗并举行仪式庆祝以示纪念

　　以上选取的是 1928 年、1939 年、1948 年三个时间段的三则能直观反映出当时具体的节日体系表的档案资料。当然，单从以上三则档案是不能来摹写节日的全体的，但从中可以看出民国节日体系的几个构成部分：被保留下来的部分传统节日、稳固的新节日和大量涌现的纪念日。在这里之所以将稳固的新节日和大量涌现的纪念日区分开来，是因为二者在节日体系中出现的契机和呈现的发展趋势是不同的。将以上三个时间表进行重合处理后我们可以看出，民国时期节日最核心的部分是新年、春节、端午、中秋、国庆。

（二）新兴节日的出现与稳定

　　从具体的发展变化情况以及在节日体系中的地位和作用不同来说，民国时期的新兴节日大致分为有重大社会意义的节日和大量涌现的一般性社会节日两类。

　　1. 有重大社会意义的新年和国庆

　　在民国时期的新兴节日中，最为稳固的两个节日是进入核心节日范围中的新年和国庆。而二者恰好代表了新节日的两种不同产生途径。

　　一个新的节日体系的建立，是无法完全避开已有体系的影响的，其在

建立的过程中总是会自觉不自觉地刻印前代的模式。在传统节日中，春节占据着重要的地位，承担着年度始点的角色。公历的引入必然强调公历的新年。从中国人的时间习惯看，公历新年在某种意义上便是对旧历的春节这一时间始点的复刻，是新历中的时间始点。但从另一角度来说，公历新年的出现是对夏历春节的否定。而当时民国政府的意图也正是要用这一新的时间节点来取代旧的节点，并且在实际操作中为这种更替的实现提供政令上的支持。

辛亥革命推翻了几千年的封建制度，废除了封建时代通行了数千年之久的以阴阳合历为基础的夏历，并宣布取消旧历，改用民国纪年，通用阳历。上海光复后的头一个新年，革命党曾试图废除阴历年改行阳历年，但未能实现。以后，有关方面曾向政府多次提出"请禁旧历"，并于每年的4月后将翌年的《新旧日历对照》及《节气时分》通告书商，供编次年新历之用。但当社会已经习惯了一种时间体系，并以之为心理和生活惯性，在社会基础没有发生根本性变化的情况下，再去接受一个新的且与原来的体系相差甚远的历法，殊非易事。为了推行作为新节日基础的新历法，民国政府曾通令各省市，一切旧历年节之娱乐赛会及习俗，统照国历日期举行，并改正商店清理账目及休息日时间。比如：

> 民国十九年十二月二十五日。北平市政府训令字第二三六四号：行政院溦电开国历新年休假日期现经中央规定改为五天，自十二月三十一日起至一月四日止，旧历新年各界一律不得休业，以期提倡国历。[1]

在这则档案记录中，可以清晰地看到政府在对待元旦和春节上截然不同的态度：新年休假五天，而春节"不得休业"，而这样规定的目的就是"提倡国历"。除了节日假期的强制规定外，政府还在节日活动形式上赋予新年不同于春节的庆祝方式：

> 奉主席谕中华民国宪法定三十六年元旦公布全国各机关学校团体

---

① J021-001-00359，《北平市政府关于纪念节日放假事项给颐和园事务所的训令》，1930年10月7日起至1937年3月31日。

一律放假三天悬旗庆祝，扩大纪念——宪法成立及开国三十六年。

庆祝项目，一月一日上午十时举行庆祝大会，一月二日晚举行提灯大会，一月三日举行各种康乐活动，并普遍发动抚慰先烈遗族荣军抗属及难胞运动。

各地得举行茶会或酒会招待盟军及外宾。

海外侨民得参照本办法之规定办理①

"悬旗志庆"是一种相当官方的庆祝方式，也是民国时期官方最为普遍的庆祝表现之一，此外，我们还看到了关于集会、康乐活动、慰问活动以及对侨民和盟军活动的规定。这一系列规定充分展现出政府在元旦节日内容安排上的强制性以及在活动组织中的主导性。

民国时期，很多现代节日活动内容已经开始出现：

迳启者十八年一月一日在天安门举行庆祝大会，凡我商界均应全体参加以表欢祝。务请查照多多派人携带旗帜，是日早七时齐集本商会，八时前出发到天安门行礼，再十日下午二时本总会举行全体团拜，备有茶点，就便讨论重要问题，并请查照，准时到会，勿误为盼，此致顺颂。北平总商会　十七年十二月卅一日。②

市政府二十五年十二月十八日甲字第四三六四号训令：案奉冀察政务委员会训令内开，查岁时联欢，厥意至善，礼文过当，转失其真。现值新年在迩，本会所属各机关职员，除于元旦日举行团拜外以志庆祝外，不准再行发送贺年片，以祛虚文。

市政府举行团拜，先赴市府团拜，再集怀仁堂举行大团拜。参加人员，一律仍查照往例着用蓝袍青马褂。佩戴徽章。③

卷查每届新年元旦，本馆陈列室，照例开放三日以志庆祝，兹援例于二十六年一月一日起至三日止，将本馆陈列室全部开放三日，免

---

① J005 - 001 - 01938，《市政府关于节日纪念日放假、庆祝活动的训令》，1946 年 3 月至 1947 年 1 月。

② J011 - 001 - 00080，《京师总商会等单位关于派人参加欢迎蒋介石和"双十节"会给北平电车公司的函》，1928 年 7 月 1 日至 1928 年 11 月 30 日。

③ J005 - 001 - 00132，《卫生局抄发市政府关于春节、祀孔、双十等重大节日放假、祀典、注意事项以及作息时间变更的训令、布告》，1936 年 1 月至 1936 年 12 月。

收游览票，任人随意入览，惟恐届时游人加多，为维持秩序起见，除函请公安局外一区加派警士到馆协助警卫外，理合备文呈报

鉴核备案

谨呈

市长秦

北平市政府社会股主任兼北平市国货陈列馆馆长　武元璐

中华民国二十五年十二月三十日①

中华民国二十六年十二月廿八日：市长谕，定于一月一日准午后二时（新）在本署大礼堂举行新年聚会，由处通知本署股长以上暨各局处科长技正以上人员直辖各机关领袖准时齐集毋误等，查照办理。②

举办同乐大会、新年团拜、免费开放陈列馆等场所，这些后来都成为我们现在在进行节日集会庆祝中时常采用的活动方式。尤其是团拜这一形式，后来被广泛用于春节礼俗中。从新年活动的安排中，我们可以看到政府在丰富和推广元旦这一新节日上所做的努力。而政府的这一推广，也逐渐改变着民众的认知。政府推行的一些活动、仪式、方法，如悬挂国旗、游行、游园、张灯结彩、开庆祝会、举行提灯会等，逐步演化成新的城市节日风俗：

> 正阳门外珠市口，当中建有五色电光花彩牌楼。开放先农坛，任人游览祭器。中华门内开放临时市场，所有商贩、艺剧等项莫不云集，并有茶棚、咖啡馆热闹非常……而临时市场之内又有中央公园……东城之隆福寺、西城之护国寺两庙会，亦加增会期。（在此）三日，所有商铺一律挂旗结彩，京城地面，气象一新。③

---

① J001-002-00098，《北平市陈列馆呈报年节开放规定及市政府的指令》，1936年1月1日至1937年12月31日。

② J021-001-00359，《北平市政府关于纪念节日放假事项给颐和园事务所的训令》，1938年1月30日至1945年7月30日。

③ 徐杰舜主编，万建中、周耀明著：《汉族风俗史·第五卷》，第313—314页引《申报》1915年1月6日文。

　　将元旦与其他大量出现的新兴节日比较，我们会发现，元旦的稳定性，不只表现在政府对节日活动的大力支持上，还表现在其能经受住其他社会因素发生变化而带来的冲击上：

　　国府训令，规定中华民国成立二十二周年元旦纪念办法：1. 全国各机关各学校各团体一律于是日分别集合纪念，惟在此国难期间不必举行民众大会各过事铺张之庆祝。2. 全国各机关团体学校商店住户一律于是日休业一天并悬旗纪念。

　　兹复奉国府规定自元旦起例行公事停办三日至元旦日民国成立纪念及次日星期一之纪念周仍须照常举行。

　　（二十三年元旦）国民政府第 625 号训令，全国各界一律悬旗志庆，各地党政军各机关各团体各学校，均分别集会庆祝，并由各地高级党部召开各界代表庆祝大会，惟在此国难期间，毋庸过事铺张。又第 597 号函，仍照向例，自元旦起放假三天。[1]

　　在民国时期，由于社会时局的动荡，有很多的节日都曾出现过不予庆祝的事情，但从上面所引的档案中我们可以看到，因为在国难期间，所以要求"不必举行民众大会各过事铺张之庆祝"，但在此情况下仍然要求机关、学校、团体在元旦集合纪念，要求民众的集体参与。虽则国难或战时期间致使节期或有缩短，但最基本的时间还是有所保证的。也由此可见政府在新年的推行是如何地不遗余力。

　　新年是民国政府在建立自身的节日体系时不可绕过的节点，由于其在节日系统中所处的地位，其存在具有其他新节日所不具备的客观必然性，它成为一个体系得以执行下去的基础。因而我们看到，不管遇到多大的阻力，官方在新年这个问题上都一直坚持着连续的一致的态度。不管是从意义上，还是从活动内容上，政府都在新年这一节日中赋予了用以与春节相对照的新的节日因素。

　　由元旦的这种官方推行力度和民间认可程度的对比，我们可知，民国时期，元旦作为重要的官方节日，开始介入民众的生活中，但并没有找到

---

　　① J007-001-00371，华北水利工程总局：《内政部转发双十节、元旦等节日纪念办法的训令和华北水利委员会的布告》，1933 年 1 月至 1935 年 5 月。

合适的定位与切入点，而这一矛盾，实际上在现在的节日体系中也不同程度地存在。

当然相较其他新兴节日，新年这一新兴节日在民国时期表现十分稳定，这中间固然有政治纪念的意义，譬如在档案中所反映的"开国纪念""民国成立纪念"等，但即使这一政治纪念意义也是与其时间结点的功能连缀在一起的，故而，作为新兴节日的元旦新年，其稳固性是有客观因素的。而除却元旦，其他新兴节日的稳固与否则基本都是由作为其建立基础的政治因素决定的，民国的国庆节（即"双十节"）是其中稳定节日的典型代表。

国庆之于国家的意义犹如生日之于个人的意义，因而作为自身诞生标志的国庆节被政府纳入核心节日圈是理所当然且无可厚非的。民国时期的国庆节日期为十月十日，因而又被称为"双十节"。同样，在民国"双十节"中我们也看到了官方着力庆祝的表现：

> 北平电车公司收北平总商会函乙件第 1012 号　函称一七国庆举行提灯大会，各商门首悬灯悬旗及游行提灯，每行各派四人，届期民国十七年十月九日
> 迳启者，查本年双十节国庆纪念大会，完全由各法团暨各机关组织筹备举行盛大之庆典，业经公决，于十日早九时，在天安门举行庆祝大会，务请贵处举派十人携带旗帜，于是日早七点齐集本会，以便前往，务希查照办理为盼，此致顺颂　公绥　北平总商会十月九日①
> 为双十节开放本馆陈列室一日以志庆祝由
> 窃本月十日为国庆纪念日职馆为同祝国庆期间，拟于是日将全部陈列室开放，任人随便游览，免费参观一日，惟恐届时游人加多，紊乱秩序，除迳函公安局外一区酌派警士数名藉资警卫外，理合备文呈报
> 鉴核备案
> 谨呈
> 市长秦

---

① J011 - 001 - 00080，《京师总商会等单位关于派人参加欢迎蒋介石和"双十节"会给北平电车公司的函》，1928 年 7 月 1 日至 1928 年 11 月 30 日。

北平市政府社会股主任兼北平市国货陈列馆馆长　武元璐

中华民国二十五年十月八日①

　　在纪念国家诞生的国庆节中，我们发现了很多官方的庆祝方式，譬如之前已经提到的"悬旗志庆"、② 庆典活动以及陈列馆的免费对外开放等。

　　由于双十节有民国国家诞生纪念这样一个意义存在，因而双十节的各种活动无不围绕着国家这个中心来进行，明显体现出宣传建国主张、立国精神以及其他与政府治国相关主张的目的性。

　　迳启者案准　北平民众一七国庆纪念大会筹备会函开奉　中央电令一七国庆，务须隆盛典礼以伸庆祝，本会议决届时举行提灯大会，务希贵会转饬各商店，准备门首悬灯悬旗及游行提灯各一个，其每灯之四面并望通知题书（一）实现三民主义（二）拥护中国国民党（三）废除苛捐杂税（四）实行裁兵建国（五）国庆纪念万岁（六）完成国民革命等标语，等因，到会今已商定由本总会□灯两百个，每行派四人届期在会。北平总商会③

　　　　庆祝"双十"举行国防科学运动　民国三十七年④

　　在实际的贯彻执行中，在某种意义上有着民国政府第一节日地位的国庆节也是受外界影响极小的节日之一。只要民国政府存在，国庆庆祝就不会发生问题：

　　　　国内照去年例办理，国外照常举行庆祝在案，并奉常务委员谕，

---

　　① J001-002-00098，《北平市陈列馆呈报年节开放规定及市政府的指令》，1936年1月1日至1937年12月31日。

　　② "本月十日为国庆纪念日，是日放假一天，悬旗志庆"，J005-001-00132，《卫生局抄发市政府关于春节、祀孔、双十等重大节日放假、祀典、注意事项以及作息时间变更的训令、布告》，1936年1月至1936年12月。

　　③ J011-001-00080，《京师总商会等单位关于派人参加欢迎蒋介石和"双十节"会给北平电车公司的函》，1928年7月1日至1928年11月30日。

　　④ J082-001-00042，北平市立二中：《北平市教育局关于纪念"孙中山寿辰"和庆祝"双十节""教师节""青年节"等节日活动的训令》，1945年至1949年。

是日放假一天，际此国难期被，国内举行纪念仪式，仍不必各过事铺张。①

由于与国家政权的紧密联系，国庆节成为最稳固的新兴节日之一，也成为最有代表性的新兴政治节日。但与元旦在民众中的认知度不高的情况有所区别，"双十节"是民众认识度最高的新兴节日，庆祝活动中也有民众一定程度的参与：

北京各公团与铺商于国庆日皆挂五色国旗。通衢大巷，间搭松枝牌坊，上缀纸花，并密嵌电灯，皎若星罗。各界均于是日放假休息，或一日至二三日不等。届期游人如织，颇极一时之盛。②

2. 大量涌现的新兴社会节日

随着新政府的建立、新历法的确立，民国时期出现了大量新兴节日。从共同点上来说，这些节日的背后都有政府力量的支持，包括新年、国庆等节日在内，都属于政府推行的新兴节日的范畴，带有强烈的政府参与色彩。但与前面所说的新年、国庆等节日有所不同，其他大量存在的新兴节日在民国这个时期并没有稳固的存在根基，没有受到民众对新年、国庆那样的认可和接受，无法像新年、国庆一样，即使在国难的情况下，即使在其他节日面临着不予庆祝的情况下，仍能坚强存在。以下将主要综合节日意义和节日对象人群这两个方面的要素来对这部分新兴节日的特征和状况进行研究。

（1）总理诞辰纪念日和孔子圣诞

在档案材料中，有一些节日或纪念日，虽然地位上没有元旦、国庆重要，却在节日体系中占有相当大的分量，有着引人注目的表现，政府对它们表现出了仅次于元旦、国庆的重视程度。总理诞辰纪念日和孔子圣诞便是这部分节日的代表。

从历史渊源来说，在中国的古代也有人物诞辰类的节日或纪念日，像

---

① J007-001-00371，华北水利工程总局：《内政部转发双十节、元旦等节日纪念办法的训令和华北水利委员会的布告》，1933年1月至1935年5月。

② 《新北京》第1编，撷华书店1914年版。

"千秋节"这样的节日是存在的,① 但在民国时期出现的总理诞辰纪念日中,可以看到不同于以往这些节日所反映的新的时代特征和其中所包含的新的节日意义。休假、集会,已然成为新兴节日的两大主要节日表现,而集会以其丰富的类型和意义表现得尤为突出。在与总理诞辰相关的集会活动中,主题集中在对建国主张的宣传上:

> 教育局训令:查本月十二日恭逢国父诞辰纪念日,凡我国民得享自由之福胥为总理艰难缔造民国之功允。宜同声庆祝,藉申追崇向往之殷,际兹国土重光,更应扩大举办。中华民国三十四年十一月。②
> 十一月十二日为国父诞辰,应放假一天,应以文化建设运动,建国宣传为中心:一、阐扬国父遗教总裁言论对世界和平之贡献,二、阐述文化建设座谈会,三、推行扫除文盲运动,协助普及国民教育,四、推进军中文化斟酌举办地方文物展览会或请当地耆绅讲述先贤史迹,五、举办三民主义论文及演说比赛发动学生及宣传团队深入乡村普遍宣传。③

总理为国家的建立、国民自由的获得做出了巨大贡献,在某种程度上,总理是作为精神领袖和国家象征存在的,总理诞辰纪念也必然会与国家纪念、国家管理主张等内容联系在一起,这就成为民国政府宣扬自己建国主张和方针政策的良好契机。将总理诞辰纪念日中的精神象征意义充分加以利用,纪念总理诞辰日成为民国政府加强思想宣传的良好依托。

这样的精神宣传、灌输手法在民国时期的另一个诞辰纪念日——孔子诞辰纪念日中也得到了充分的体现。民国时期的孔子诞辰纪念中存在两种倾向不同的庆祝活动,一种是主体为教育界的庆祝活动,其主要特征便是孔子诞辰纪念和教师节纪念的结合:

> 八月廿七日　　孔子诞辰纪念　　教师节纪念办法,依照三二年

---

① 张勃:《政策过程视角下的唐玄宗诞节》,《民间文化论坛》2007 年第 3 期。

② J082 - 001 - 00042,北平市立二中:《北平市教育局关于纪念"孙中山寿辰"和庆祝"双十节""教师节""青年节"等节日活动的训令》,1945 年至 1949 年。

③ J005 - 001 - 00884,《市政府关于填报需用编余官佐人数及有关节日、纪念日放假时间的训令以及卫生局的呈文》,1945 年 11 月至 1945 年 12 月。

办法

一、本局举办事项：1. 集中中学教员举行座谈会，讨论有关疏导当前学生运动及防止职业学生操纵学潮各项问题　2. 表扬著有劳绩之优良教师并颁发国民学校及私立小学优良教师奖学金　3. 提倡改善教师待遇

二、各级学校及教育团体应举办左列各项：1. 讲演孔子及历代师儒之言行或关于教育之学术讲演　2. 恳亲会　3. 教师友谊会　4. 学生慰劳教师游艺会　5. 成绩展览会　6. 其他①

从上述材料来看，八月二十七日的纪念活动主要包括座谈会、表彰会和慰劳会等，这意味着教师节才是这一纪念日的主体，孔子诞辰纪念在这里只是作为与教师节有关、与师范传统有关的源起而被一同庆祝而已，是居于从属地位的。当然，不能否认，孔子诞辰纪念和孔子祭祀在民国政府节日体系中占有重要的地位。

八月二十七日孔圣诞辰，举行祀孔典礼，所有仪节查照以前春丁祀孔旧例由该市政府隆重筹备。②

在节日意义上，孔子诞辰纪念和春秋祀孔一本同宗，可以作为一个整体来看待。祀孔呈现出民国时期政府在节日活动中最为严整的行为模式规定。

民国二十五年二月二十四日。北平市政府训令 字第1337号：

奉委员长谕，二月二十五日为春丁祀孔之期，饬由市政府敬谨筹备，先期报告。届期由本委员长率同驻平各机关虔诚致祭，饬即通传遵照。③

---

① J004－001－01496，《北平市教育局关于补助童子军北平支会举行庆祝会临时费办法及办理空军节情形的呈和为各种节日庆祝活动与有关机关的来往函以及市政府的指令》，1948年2月起至1948年10月止。

② J005－001－00132，《卫生局抄发市政府关于春节、祀孔、双十等重大节日放假、祀典、注意事项以及作息时间变更的训令、布告》，1936年1月至1936年12月。

③ J021－001－00359，《北平市政府关于纪念节日放假事项给颐和园事务所的训令》，1930年10月7日至1937年3月31日。

委员长谕令，本月二十五日为春丁祀孔之期，所有北平市一切应行举办仪节，应由该市政府查照成案敬谨筹备，先期报闻，届期本委员长当率领驻市重要官员亲往虔诚致祭，以示尊崇，饬由处先行函知，以免贻误。①

祭祀活动命令的最高层发出者是委员长，然后下派给北京市政府具体执行，并且要求先期报告，表明了该活动的国家行为属性，由此也展现了政府对这一活动的重视。而从下面北京市政府开列的祭祀参与人员名单中可以看出，政府的各个职能部门都要参与其中：

戊寅秋丁祀孔执事人员名单

崇圣祠承祭官余晋龢、典仪沈挚忱（市公署）、赞引刘驹贤（财政局）、对引李埏藩（市公署）、司祝白崇岱（同上）、司帛赵汝谦（同上）、司爵宗寿乾（同上），左一案司帛王济周（财政局）、司爵赵联增（卫生局），右一案司帛赵连璋（财政局）、司爵金铉（卫生局），左二案司帛齐锡堂（财政局）、司爵杨荫华（同上），右二案司帛黄会（市公署）、司爵廖运炎（警察局）

东配分献官王永泉（治安部）、分赞王宗周（财政部），一案司帛陈保和（教育局）、司爵朱口煌（同上），二案司帛董惠钧（卫生局）、司爵徐荣善（警察局），三案司帛金克刚（市公署）、司爵顾周原（教育局）

西配分献官黎世蘅（教育部）、分赞王焕章（卫生局），一案司帛胡宝忠（社会局）、司爵李严峻（财政局），二案司帛杨景桂（社会局）、司爵陈烈（同上）

东庑分献官夏清贻（实业部）、分赞龙秀章（卫生局），一案司帛陈元章（社会局）、司爵李正骧（财政局），二案司帛金毓林（市公署）、司爵吴述口（同上）

西庑分献官吴承（同上）、分赞富尔思（财政局），司帛喻诚京（社会局）、司爵陈德昌（同上）、辟户张子明（卫生局）、阖户梁潜

德（同上）、司燎白锡斌（同上）①

从这份 1938 年的秋丁祀孔名单中，我们不仅可以看到涉及的政府职能部门，还可以看到其已然对各参与祭祀人员的职责做了清晰明确的规定。此外，国家对祭祀礼仪也有具体规定：

> 二月十七日会商祀孔礼节议拟事项报告：一、遵政务处签准服制，文职蓝袍青马褂，武职军服。二、与祭人员，中央在平各机关请其领袖出席，并各选派四人陪祭，其机关组织单简者二人，本府直辖各机关自科长、秘书以上参加，组织单简机构以领袖参加，各机关所辖者限令首领参加，筹备人员招待人员及查纠仪人员份由回府各机关选派参加（倘觉人少再加派陪祭人员），遵政务处签准是日放假一日
> 安定门内孔庙（附仪节）、崇圣祠祀孔礼节
> 用鞠躬礼②

无论总理诞辰纪念日还是孔子诞辰纪念，政府都给予大力的支持，并偏重于寄托思想意义。

（2）童军节、青年节

在大量涌现的新兴节日中，还有根据社会政治、社会管理的需要，与民众生活、社会管理直接联系在一起的社会性节日，如童军节和青年节。

> 签呈三十七年二月二十八日于北平童子军支会：查三月五日为二十二届童军节，为庆祝纪念起见，拟定于十日上午九时假国民大戏院召集全市童军暨服务员等举行庆祝纪念大会，会后放映电影助兴，并举办服务员聚餐及童军教育讲座等活动，关于临时费用（租影片、戏院、聚餐费、发行纪念特刊费及布置等费）为数不赀，筹措至感困难，拟恳钧座酌予补助，实为感祷谨呈。

---

① J005－001－00132，《卫生局抄发市政府关于春节、祀孔、双十等重大节日放假、祀典、注意事项以及作息时间变更的训令、布告》，1936 年 1 月至 1936 年 12 月。

② 同上。

指导员 何

中国童子军北平市支会理事会常务理事张伯瑾 拨三百万元

童字第二十六号公函为三月五日童子军节，定于是日上午假国民戏院举行庆祝会并于下午四至六时在女一中举办教育讲座，请转饬各校童子军放假一日，选派代表参加各项庆祝会等，转令市私立中小学遵照办理

初中及中小学童子军放假一日，由教练员率领童军卅人前往参加庆祝活动

迳启者查三月五日为中国童子军节，本会为推行童军教育运动并扩大纪念起见……贵局转令初中及小学童子军于"三五"童军节放假一日①

以上是 1948 年童军节的组织情况，可以发现庆祝集会是重要的节日活动内容，此外还出现了针对特定人群（这里为童子军）的假期以及放映电影、组织聚餐等活动安排。这则档案还显示了具体的活动经费申报审批情况，可见政府对童军节活动的大力支持。类似的情况在青年节中也有所表现：

三月二十九日青年节

奉中央青年部（37）青四字第 202 号代电，以本年青年节各地应普遍举行纪念

三月二十三日下午三时在市党部西花厅筹备会，经议决在三月二十九日上午九时于真光电影院举办学生讲演比赛会。教育局负责办理的为（1）借用会场与布置会场，（2）请校长任裁判，（3）派童子军五十人到场维持秩序，（4）发动东城中学生前往听讲，以千人为限

由童子军及警宪负责维持秩序

---

① J004-001-01496，《北平市教育局关于补助童子军北平支会举行庆祝会临时费办法及办理空军节情形的呈和为各种节日庆祝活动与有关机关的来往函以及市政府的指令》，1948 年 2 月起至 1948 年 10 月止。

特刊、壁报、娱乐场所半价招待学生与青年军官兵①

总体而言，虽然童军节和青年节这类节日不如新年和国庆节那样盛大，但它们具备固定的节日时间、有相对稳定的节日内容、有指向明显的节日人群，同样是重要的新兴节日。

（3）国际性节日

由于社会的发展进步，国际交流联系的加深，民国时期出现了一些国际及外来节日。这类节日的出现是民国时期节日体系格局的一个突出特色。既然是外来节日，首先要面对的必然是融入问题，在融入过程中，不同的节日呈现出不同的态势。

民国时期融入中国节日系统比较有代表性的国际节日是五一劳动节。工人阶级的迅速壮大，使五一国际劳动节在中国已经有了比较广泛的群众基础，这一国际性节日在民国时期节日体系中有积极表现：

营业处通告 御字第 74 号

为通告事查五月一日为劳动节纪念。是日停止点名。凡车路工作员生夫应各循例加给优待工资一日。其休息员生夫，亦一律给予优待一工。惟是日如有脱班迟到违犯规章者，加倍处罚。除通知核算课外，合亟通告车路周知。②

查本年度"五一"劳动节转瞬即届，经筹备大会议决，由社会局通知各厂，于五月一日各厂一律放假一日，是日上午十时在市立剧院举纪念大会，各厂实不能放假必须继续工作者，是日工资应加倍，各厂应备纪念品于"五一"劳动节前一日送交总工会以资鼓励。

上述材料表明，民国时期五一劳动节虽然没有成为重大节日，但已得到政府的认可和支持，除了给予一天的假期、给予"优待工资"，还举行纪念大会。另外一些材料表明五一节还有聚餐和丰富的娱乐活动：

---

① J004-001-01496，《北平市教育局关于补助童子军北平支会举行庆祝会临时费办法及办理空军节情形的呈和为各种节日庆祝活动与有关机关的来往函以及市政府的指令》，1948 年 2 月起至 1948 年 10 月止。

② J011-001-00231，《北平电车公司营业处关于发还革职员工保证金及发放节假日加班费、双薪的通告、通知》，1937 年 1 月 1 日至 1937 年 8 月 31 日。

北平市政府社会局

卅七年四月二十六日：据呈为庆祝五一劳动节聚餐演剧请备案等情呈奉府令仰知照由

民国三十七年五月十一日：为庆祝本年劳动节，于是日上午九点在北新桥石雀胡同天丰堂举行聚餐并演国剧助兴①

五一劳动节作为一个国际性节日，已经很好地融入民国时期的节日体系中。

除了五一劳动节以外，还有一个国际性的纪念日，也在民国时期的节日体系表中有所体现，这就是联合国纪念日：

北平市政府公用局训令　公一字第 164 号　中华民国三十七年十月廿日

令电车公司

准

北平市政府新闻处新宣编字第 43 号函开：

查十月廿四日联合国日为国定纪念日，届时全国悬旗庆祝以示纪念，兹检颂莲和国旗及联合国小册各廿五份即希查照转发各科室及附属单位为荷。②

悬旗庆祝、分发小册、进行联合国宣传，是联合国纪念日的重要活动。虽然在具体的节日活动行为上有所差别，但联合国纪念日的基本节日活动框架与民国节日体系中的其他新兴节日是一致的。它们已经与中国社会的具体层面联系在了一起，顺利地融入了中国的节日体系之中。

（三）传统节日的稳固与变化

民国节日体系呈现新旧混杂的格局。民国时期，得到政府力量支持的

①　J011－001－00953，《北平市公用局关于更改作息时间及"五一"劳动节举行纪念活动的训令》，1948 年 1 月 1 日至 1948 年 11 月 30 日。

②　同上。

新兴节日大量进入社会生活之中，使得长久以来形成的固定的传统节日系统受到了极大冲击，但这并不意味着传统节日的崩解。传统节日依然顽强传承，当然也有局部的适应性变化。

1. 传统节日进入现代假日制度之中

时间是节日的重要载体，从产生之初就与时间紧密联系在一起的节日，其存在和发展过程同样离不开时间这一基础。在这一点上，最为直接的表现便是节日活动的充分展开有赖于充裕的时间支持。也因此，限制或变更节日存在所必须的时间空间便成为抑制某一节日发展的最简单也最直接的途径。相应的，固定的节日时间的获得也可以成为一个节日被认可和确立的依据。关于传统节日进入现代假期制度，在档案材料中有着最全面、最集中的表现。

民国时期针对传统节日所采取的时间干预这一问题上，存在一个明显的变化趋势，即经历了从不赋时到赋时的变化过程。在前引有关元旦的档案中，可以清晰地看到政府曾作出"旧历新年各界一律不得休业"①的规定，但这种强硬压制态度并没有坚持下去，在同年其他档案中即可以看到政府对春节假期的规定已经发生了更改，春节拥有了政府承认的假期：

> 民国二十五年一月廿三日。奉委员长谕，春节自一月二十四日起至二十六日止，放假三天。②
>
> 顷奉卫生局电传：明日为春节，本局所属各机关自明日起休假三日，等因，奉此，本院遵即于一月二十四日起至二十六日止，停诊三日。③

此外，当时还有节日加班奖励制度。某些行业由于工作性质等原因，部分成员无法在节日休假，为此规定节日加班人员可以得到不同程度的物质奖励：

---

① J021-001-00359，《北平市政府关于纪念节日放假事项给颐和园事务所的训令》，1930年10月7日起至1937年3月31日。

② 同上。

③ J005-001-00132，《卫生局抄发市政府关于春节、祀孔、双十等重大节日放假、祀典、注意事项以及作息时间变更的训令、布告》，1936年1月至1936年12月。

通知单秘字第六十一号廿七年一月廿九日发：董事会谕春节放假三日，由一月三十一日起至二月二日止，饬由各室处规定职员轮流值班，凡工作三时者给二角、工作五时者给三角、工作七时者给五角，并将值班人员开单具报（限本日下午三时以前报齐）等因相应通知①

为通知事奉

董事会发交　贵处呈称谨江阴历春节正月初一、二、三、四等日在车路服务出力各员拟请分别给奖励以示鼓励，是否有当，呈请鉴核一案奉

董事会批照给等因除抄录各员给奖工数通知会计处外相应通知

查照此致

营业处

通知单秘字第五十八号廿九年二月十九日发②

不仅春节，端阳节和中秋节同样如此。下则材料显示了中秋节的加班奖励：

为通知事奉

董事会谕中秋节收款数目最高，凡当日服务员工各给奖金五角以资鼓励等因相应通知

查照希将是日工作员工名单开来以便转送会计处发给为荷　此致

营业处

通知单秘字第四四九号廿九年九月十九日发③

当然，对坚持上班的员工给予金钱奖励的规定不仅针对某些传统节日，在新兴节日中也是存在的。以下是关于 1937 年北京市电车公司员工休假及加薪的资料：

---

① 　J011－001－01477，《北京电车股份有限公司关于节日放假、更改办公时间、更换服装等事项的通告》，1938 年 2 月起至 1938 年 12 月止。

② 　J011－001－00355，《北京电车股份有限公司关于节日奖励职工的通知》，1940 年 1 月 1 日至 1940 年 12 月 31 日。

③ 　同上。

营业处通告 御字第 115 号 为通告事查本月十三日为夏历端午佳节车路工作员生夫等应循例各加给优待工资一日。并停止点名一日。其休息员生夫等，亦一律给予优待一工。惟是日如有脱班迟到违犯规章者，加倍处罚。合亟通告车路一体周知。此布（民国廿六年六月十一）

营业处车务课告 御字第 19 号 为通告事查本月十一日十二日十三日为夏历春节例假之期又本月二十五日为夏历灯节之期，凡车路工作员生夫等应循例各加给优待工资。并分别停止点名。其休息员生夫等，亦一律给予优待工资。惟脱班迟到及违犯规章者，加倍处罚。合亟通告车路员生夫等一体周知。此布（民国廿六年二月二）

营业处通告 御字第 48 号 为通告事查本月二十七日为孔子圣诞纪念。按照休假规定是日车路工作员生夫应各加给优待工资一天。并停止点名。其休息员生夫等，亦一律给予优待一工。惟是日如有违犯规章者，加倍处罚。合行通告车路员生夫等一体周知。此布（民国廿六年八月二十六）①

上述资料涉及的节日包含端午节、春节、灯节、孔子圣诞纪念日等，1938 年度的档案记载情况与 1937 年度相似，但多了元旦、植树节、国庆节等节日：

为通知事案查本年一月一日为新年元旦，又一月三十一日二月一日二日暨二月十四日为夏历春节灯节之期，以上各日，车路员生夫应各加给优待工资一天相应一并通知

民国廿七年

为通知事查本月五日植树节奉谕放假一日，所有是日车路工作员生夫应各循例加给优待工资一日，休息员生夫亦一律给予优待一工

为通知事，奉董事会，谕本月二日为夏历端午节放假一日等因，除分别通知外，相应通知

民国廿七年六月一日

---

① J011 - 001 - 00231，《北平电车公司营业处关于发还革职员工保证金及发放节假日加班费、双薪的通告、通知》，1937 年 1 月 1 日至 1937 年 8 月 31 日。

为通知事查本月八日秋节十日国庆二十日孔子诞辰，均奉谕各放假一日，是日车路工作员生均应循例各加给优待工资一日，休息员生夫亦一律各给予优待工资一日[①]

这些资料表明春节、端午节、中秋节这三大传统节日进入了中华民国的假日制度，在经历波折之后重新得到了官方体系的认可，拥有与重要新兴节日一样的官方时间空间。

2. 传统节日习俗的局部变革

民国时期是节日体系发生大变革的时期，传统节日也发生了重大的变革，一部分构成因素消失，另一部分构成因素改变了形态。传统节日在民国时期发生的变化，也最终奠定了我们现在的传统节日状貌。

民国是中国历史上从传统向现代转化的重要时期，在近代启蒙思想[②]的激烈影响下，民众的思想观念和生活习惯也逐渐地发生变化，陋习的革除，良好风气的推行，成为社会风气的主流思想导向。这一点也在对传统节日一些节日活动的改变举措上有所体现：

北平市警察局训令　行治字第538号

查每届春节，一般市民，常有聚赌情事，不但浪费金钱，抑且败坏道德，兹值刷新政治，促进新生活运动之时，自应严加禁止，凡我各级官警，尤应以身作则，倘有聚赌情事，一经察觉，定予依法严办，除分令外，合行……

中华民国三十五年二月五日[③]

---

① J011-001-01478，《北京电车股份有限公司营业处关于节日放假并加发优待工资的通知》，1938年2月1日至1938年12月31日。

② 在此处及以后多处出现了启蒙、启蒙思想等表述。李泽厚在《中国现代思想史论》一书中认为启蒙是中国现代思想史的重要主题之一，见李泽厚《中国现代思想史论》，生活·读书·新知三联书店2008年版。丁守和在《中国近代启蒙思潮》一书的《绪论》中对近代启蒙思想的表述如下："近代启蒙思想则是高扬民主和科学精神，反对封建专制及其伦理道德、愚昧迷信思想，鼓励人们从封建愚昧落后观念中解放出来，实现人的近代化现代化，创建民主自由的新社会新文明。"见丁守和主编《中国近代启蒙思潮》，"绪论"，社会科学文献出版社1999年版，第1—2页。

③ J185-002-00260，《关于五月份内纪念节日多严加防范不法之徒乘机活动、严加禁止每年春节一般市民聚赌情况、切实查禁颇多不逞之徒私自买卖枪支的训令》，1946年2月至1946年3月。

赌博作为一种游戏方式，在人们有着相对宽松的时间和金钱的年节之时可资娱乐，有它存在的空间。但是，这种节日娱乐形式在民国日益发展，超出了休闲娱乐的限度，社会影响恶劣，在很多民国时期风俗志书中我们都可以看到赌博成为社会陋习，并且不仅限于年节时期，而是社会的恒常状态。民国政府对这种节日娱乐方式加以管理的行动，不管究竟收到多少成效，确是值得肯定的。

传统节日中的礼仪形式也发生了改变：

北平市政府教育局通令　教人字 270

查我国旧历，每届农历年关相互馈赠愈奢愈尚靡费至巨，应厉行革除以昭更始过去八年抗战人民生活艰苦，为免除无味耗费。主席曾三令五申实行新生活废除旧习俗，本局及附属机关同人值此期间应恪遵。主席谆谆谕诫之旨体念物力之艰难，切加珍惜……免除馈赠酬酢，否则以收受贿物视之。

中华民国三十五年①

市政府训令第 8 号中华民国卅六年十月十一日

奉行政院电饬禁止年节馈赠或收受礼品等因令仰止遵照由

行政院电：自本届秋节起废止年节馈赠及收受礼品，为人民表率②

本是互相交流沟通的节日礼物馈赠行为，在长期发展中也逐渐脱离本意，成为社会的积弊陋俗。而随着民国时期社会的变革，我们看到越来越多的积弊陋俗被注意、被改变。社会风气的变化，必然带来节日领域中陋习的革除。与陋习的革除相呼应的，便是新习惯、新风气的推行。破旧和立新必须有机结合起来，才能使社会变革方面所做的努力最终取得成效：

北京特别市公署警察局训令 字第 6889 号 令内六区警察分局

---

① J082 - 001 - 00042，北平市立二中：《北平市教育局关于纪念"孙中山寿辰"和庆祝"双十节""教师节""青年节"等节日活动的训令》，1945 年至 1949 年。

② J009 - 002 - 00068，《北平市政府转发行政院等关于禁止年节馈赠或收受礼品、处理诉愿事项须力求迅捷等法规的训令》，1947 年 10 月 1 日至 1948 年 1 月 31 日。

案奉

市公署地字第二五零七号训令内开：

案奉

华北政务委员会训令秘闻自第六百三七号内开

查旧历春夏秋节沿从习俗，普及商民，在公家则为假日，只以取顺人情，在僚属称贺长官，现本无斯必要，矧当国事艰难之际，诸以忧勤惕厉为先，若尚虚文必妨实务，本届中秋函电交驰仍复不免用时，申告同僚，嗣后限制咸知所戒除，分令外合行……

中华民国三十年十一月六日

中华民国三十二年二月八日：

华北政务委员会华文字第五二八号训令，内开查旧历春夏各节，戒止各僚属称贺长官，迭经本会通令饬遵在案。兹复届旧历春节并在参战期间，自应重申前戒，凡我同僚务各悉遵先今各令，免除亲诣或函电称贺，一切虚文用祛积习而示自肃①。

特殊时代免除旧式繁复且严重耗费人力、物力的节日称贺礼节，代之以省时省力的团拜活动，这种礼节的简化就当时的环境而言有积极意义。这样的礼节的形式改变还包括取消跪拜礼代之以鞠躬礼等局部节俗的改良。

按北京老规矩：年初一本家同宗拜年，初二至亲姥姥舅舅家拜年，初三之后给老师、同学、同寅友朋拜年。……三十年代，机关学校同事间除特别要好的外，一般是"互不拜年"，或定期团拜。②

团拜这种新的拜年方式，在社会上有一定范围的流行，但主要限于知识分子或者单位组织。据笔者调查，对于团拜这一形式，部分调查对象表示有印象，但认为这是公家的方式，这种拜年形式在元旦比较多，春节还

①　J183-002-42382，《北平市警察局关于市长举行演讲、查职员抽查事项、各习俗节日例为假日、警大妇女会续办会员等训令》，1941年5月至11月。

②　邓云乡：《增补燕京乡土记》，中华书局1998年版，第193—194页。

是按照以前的习惯来。由此可见，节日礼俗的变革在民国时期处于由社会上层、知识分子开始逐步向广大民众推广的过程中。

又如对鞭炮的限放：

北防发第三号

中华民国三十四年一月二十日

计开

1. 日期：新历　自二月十一日至二月十五日（旧历自十二月廿九日至一月三日），新历自二月廿六日至二月廿七日（旧历自一月十四日至一月十五日）

2. 时间：每日自九时至十七时（严禁夜间使用）

3. 禁止爆竹①双响②马雷③起火①

从早期传说中的意在驱赶年兽，到现在体现节日的欢乐喜庆，烟花爆竹一直是节日中充满象征意味的亮色的存在，但烟花爆竹燃放存在安全隐患，政府当局又有严格控制火药的要求，这一节日庆祝活动必然要进行适当的改变。作为年节重要的节日表现，完全取缔是不现实的，而且会影响到人们的节日情感，故而政府采取了限放的政策，从具体的燃放时间到禁放的具体种类，都做了明确的规定。除了在燃放环节加以控制外，在生产制造环节也实行了严格的管理。以下便是花炮业同业公会关于年节申请生产花炮的材料：

具呈人姓名　郭秀群　年龄五十七岁　籍贯　北京　职业　花炮

现在住址　外三区弥勒庵十五号　铺保　顺城许记

为呈请售卖燃放灯花盒事，窃敝公会会员十数余家，均为制作灯花盒为业，赖此则能维持生活也。敝会之作业销路甚，四季之努力售卖只在年节，所为庆祝新年元旦佳节，且古即有爆竹之例，至今燃放灯花盒，代表新春之喜，虽则维新乃遵上古之制度也，敝会成立以来钦仰市长庇佑，深感德泽，例年呈报在业准许燃放灯花盒。现距年节切近，敝会诚恳服照旧，章谨呈公文，敬希市长发政施仁。

---

① J001-001-00376，《北京防卫参谋长函送旧历年燃放爆竹限制办法》，1945年1月20日至1945年12月25日。

呈报人花炮业同业公会会长郭秀群

会址 外三区弥勒庵十五号

中华民国卅三年十二月廿五日①

在限放烟花爆竹这一政策的执行中，可以看出现代城市社会管理模式已经对传统节日起到管理和改变的作用，而也是接受和顺应了这些变化趋势的。

对于烟花爆竹限放的记录，在民俗志书籍中是没有的。在笔者进行的调查中，也只有少数的调查对象表示有印象，但都表示这种限放有阶段性，"一阵儿一阵儿的"。由此可以判断，与现在的情况类似，民国时期对于禁放烟花爆竹一事的政策规定是在不断斟酌、反复的。更好的社会管理和传统生活习惯的要求需要达到微妙的平衡，这是对政府提出的难题。

除了顺从现代社会管理模式而出现的年节花炮限放这些变化，更多的改变是悄无声息地出现，悄无声息地被接受的。比如《北京市志稿》中收录关于中元节的一条记载：

> 上灯后，有施食焰口，并糊冥器，且有坦克车及轮船、汽车，此则昔年之所无，今始有之。(《帝京岁时纪胜笺补》)②

鬼节的冥器也随着时代的发展而有着新的内容，这些改变并没有任何的强制，而是社会生活不断发展变化、不断丰富所带来的自然而然的结果。类似的情况还发生在诸如节日活动地点的变更上，比如在景山、北海等处辟为公园以后，民众在重阳登高地点也相应发生了转移：

> 等到北海公园开放之后，每届重阳，人们都到北海琼华岛白塔去登高。
>
> 当年景山是北京最高的地方，所以每到重九等高时节，去景山的人最多……③

---

① J001-001-00376，《北京防卫参谋长函送旧历年燃放爆竹限制办法》，1945年1月20日至1945年12月25日。

② 吴廷燮等：《北京市志稿七·礼俗志》，北京燕山出版社1998年版，第313页。

③ 邓云乡：《增补燕京乡土记》，中华书局1998年版，第319、337页。

传统节日民俗的变化是最多也是最具体的，这些改变只是时代变迁带来社会生活变化的结果。传统节日随着社会发展的变化，不断吸收着新生事物，不断接纳与消化着新的时代因素。

3. 传统节日意义的新变化

除了节日活动内容和形式上的变化外，还有一部分传统节日在官方的促成和推进下发生另一种形式的、更深入的转变，那就是在节日意义层面上的置换，其中民国时期的清明节就被赋予较多的新内涵。

清明节是中国传统节日体系中很重要的一个节日，这种重要性很大程度上又源于它意义的多重性。在长期的社会历史发展中，清明节从最简单的自然节气，逐渐融合上巳、寒食等节日习俗而成为包含着自然时序、人情伦理以及历史感情在内的重要的社会节日，民国时期出现了植树节。从表面上看，这是一个新节日，但实际上，它是政府对传统清明节进行转变的尝试。

在前引档案中我们看到了"植树节"（夏历清明节），传统的清明节以植树节被引入民国政府的假日体系中。不仅如此，从对植树节活动的积极提倡，可以看出明显的意义转移。

> 民国二十五年三月二十九日。本年四月五日上午在天坛举行植树式及造林运动①。

种植本身是清明节的重要节日活动，祭祀、种植、游览种种活动构成了清明节的节日意象，而在政府这一政令中，我们看到对其中某一点的明显偏重。下面所引的政令，更是直接表明了政府的意愿选择：

> 北京特别市公署训令　贞字 369 号
> 令公用管理总局
> 为令行事本署承准
> 行政委员会函字第二三八号函开案奉

---

① J021－001－00359，《北平市政府关于纪念节日放假事项给颐和园事务所的训令》，1930年10月7日至1937年3月31日。

临时政府令清明植树遵行已久，近年曾经变更，殊失种植以时之义，嗣后应仍以清明日为植树节，于是日举行植树典礼，北京为国之首都，应由市公署敬谨筹备，政府委员亲诣行礼，其各地长官各就所在地遵照举行并布告人民一体遵办，以重树艺而正农时，此令等因除分函遵照外相应函达贵公署遵照并转饬所属一体遵照等，因到署除分行布告并函复外和行令仰该局遵照并饬属一体遵照此令

市长 余①

清明节中"种植以时"的节日意义被明确地以植树节这一形式提升出来，并被不断扩大，政府采取多种手段来加深人们对这一意义的认识：

四月五日植树节，放假一日。

迳启者，本大学订于四月五日（植树节）在阜成门外罗道庄举行植树典礼，兹特将时间分配表秩序单等随函奉达，即希转知

贵院学生届期全体参加，职教员亦望踊跃参加，至于起运苗木工资、应用蒲包草绳及棹凳芦席茶水等各费约计五百余元，均由本办公处担负，每院学生及教职员等是日于植树后在场院野餐，应用食品均由各学院及师生自行预备相应函达即查照办理可也。

中华民国卅一年三月廿五日发②

在这则档案中，我们看到已然直接使用植树节这一名称了。但不管名称如何改变，从节日的时间、节日的意义、节日的设立以及节日活动的内容等诸多方面来看，我们都不得不承认清明节和植树节之间存在的密切联系。也正因为这种密切的联系，清明节这一重要的传统节日从各个方面被改造着、被改变着。在清明节这一实例中，我们可以看出，节日的部分意义被突出、被强化，从而衍生新的节日形态或节日定位，用以实现新的节日目的。

---

① J013 - 001 - 01030，《北京市市公署、社会局关于清明节在先农坛举行植树典礼及放假的训令和公函》，1938 年 4 月 1 日至 1944 年 4 月 30 日。

② J029 - 003 - 01023，《北京大学医学院关于节日放假及北大图书馆闭馆通知》，1942 年 2 月 10 日至 1942 年 12 月 31 日。

4. 传统节日的娱乐性、商业性明显增强

民国时期是中国历史上重要的思想意识变化的时期，随着科学思想的普及，节日中信仰成分下降，对"人"的发现使人们对现世的关注倾向也得以高扬。传统节日中以神为中心的祭祀仪式越来越被以人为主题的娱乐活动所取代。而随着社会经济的发展，近代商业模式的涌入，更使得富有特定意义的节日与用以休闲娱乐的假日之间的距离越来越近。

"北京自一进腊月门以后，家家忙年，街上顿现出一种繁华太平景象，今年各机关又都发放双薪，在左手来右手去的北京人手中，更觉市面有一种繁荣气概。"① 北京人有积极消费的习惯，年节期间相对充裕的经济实力更为这种消费习惯提供支持，在年节时期，除了公家发的双薪，商店要结算，要收账；住家户要还"节账"。机关的差役，家中的佣人，常去吃饭的饭馆的跑堂，常去看戏的戏园子的看座的，都要给予开赏，谓之"节赏"。②

于是诸多因素一起促成了节日中商业性的加强。这一方面表现在商业或经济手段在传统节日领域作用的发挥，这一点在"食物会"这种经济组织方式中有着十分明显的体现。另一方面则表现在年节期间商品交易的繁荣上，节日消费成为人们节日的主要活动之一，也成为人们在节日中获得乐趣的主要途径之一，贸易成为节日的重要组成部分。从以下这段关于厂甸庙会的记载中可以看到浓重的商业气息：

> 从 1918 年开始，每年农历正月初一至十五日，以厂甸及附近的海王村公园（现中国书店所在地）为中心，举办大型庙会。庙会期间，琉璃厂东西街街口、南北新华街街口及吕祖阁、大小沙土园等处的摊贩连成一片。海王村公园水法地前的广场开辟为茶社，由几家茶社联营，游人可以在这里品茗休息。茶社四周，设有北京风味小吃，有年糕、豆腐脑、元宵、炸糕、小豆粥、豆汁、灌肠、面茶、蜂糕、艾窝窝、冰糖葫芦等，生意兴隆。还有售卖日用杂品、儿童玩具以及风车、空竹、气球、琉璃喇叭、扑扑凳等。海王村北面的小胡同里专门售卖各种风筝，有两三丈长的大蜈蚣、大沙雁，悬挂在墙壁上，还有瘦腿子、黑锅底等风筝，均制作精细、色泽鲜艳。南新华街原师范大

---

① 金受申：《北京通》，大众文艺出版社 1999 年版，第 77 页。
② 邓云乡：《增补燕京乡土记》，中华书局 1998 年版，第 36 页。

学门前马路东侧，照例每年搭大席棚三座，内悬名人字画，供人观览并出售。①

庙会是北京春节重要的民俗活动，也是人们年节活动的重要组成部分，庙会所表现出来的特征也在很大程度上代表着年节的节日特征。庙会的产生与信仰、祭祀有着密切的联系，这也是它能够逐渐成为重要年节活动的原因。但从民国时期的庙会情况看，时代变迁及商业经济对庙会信仰、祭祀已造成重大冲击，以厂甸庙会为例。如果说庙会是北京春节的象征物，那么厂甸庙会便是北京庙会的象征物，过春节，逛厂甸，成为人们津津乐道的过节内容。厂甸庙会在民国时期极其兴盛，这一兴盛有着多方面的原因。从庙会所具有的信仰性质上说，它有火神庙和吕祖阁；从空间上来说，其有海王村公园等提供地理环境的支持。在此基础上，从商业性上看，它将传统庙会的庙市功能发挥到了极致。民国时期曾有人做过《北平庙会调查报告》，② 其中曾对厂甸庙会所涉及的行业和摆摊位置作了十分详细的说明，为我们直观记录了当时厂甸庙会商业繁荣的盛况。

但是商业性不是单独存在的，而是与娱乐性紧密结合在一起的。年节时的贸易类别多与吃喝玩乐的消遣休闲之物联系在一起，可见贸易不是为了满足生存需要，而是以满足娱乐需求为出发点。人们逛厂甸，不再是因为火神庙、吕祖阁，也不是因为缺了基本的吃喝用度，而是因为在这里有自己想要的东西，有自己可以找到的乐子：

> 每届新年，倾城仕女，香车宝马，群向此中心点而来，大有共和国家人民一律平等之现象。盖无老无幼，无贵无贱，只须不出自由范围，违背警章，大家均可同乐，较之他种游戏场之有限制者迥不同也。

厂之他处皆有变更，唯工艺局洋楼一座，尚如鲁殿灵光，岿然独存。现就其地址改为工商改进会商品陈列所。每逢年节，门前扎五彩牌楼，上嵌通商惠工等字样。盖借新年游乐之中，以引诱人民注意国货之观念，

---

① 北京市政协文史资料委员会选编：《北京文史资料精华·风俗趣闻》，北京出版社2000年版，第295页。

② 《北平庙会调查报告：侧重其经济方面》，民国学院，民国二十六年（1937）。

其意良善。而开放三日，不取票资，由是观者如堵，人稠地狭，拥挤不堪，欲入不得，望望然而去之。门之两侧搭有席棚，陈卖各物，以人造花卉最能销售。然较之儿童玩物，尚不及百分之一也。

……

琉璃厂向为古董、字画、书籍之荟萃地。每届新年，字画为一大宗售品，土地祠、火神庙皆悬挂无余地。人至此间，如在山阴道上，目不暇接。一般考古家、大名士咸集于此，品论优劣。其间因不乏佳者，然以俗者及赝鼎为多数①。

逛厂甸我们是一定要去的，不是为了喝豆汁儿，吃煮豌豆，或是那大糖葫芦，是为了要到海王村和火神庙去买旧书。白云观我们也去过一次，一路上吃尘土，庙里面人挤人，哪里有神仙可会，我再也不作第二次想！（梁实秋《过年》)②

儿童有儿童的乐趣，大人有大人的趣味，随着商业性和娱乐性的加强，节日越来越成为人们实现自我满足的工具。

总之，民国时期，随着社会的发展进步，借由政府的力量，新兴节日大量涌现，冲击着民众生活中既有的节日系统，面对着节日存在环境的改变，传统节日也或浅或深地发生着变化。在两类节日激烈的冲击碰撞中，有的节日沉淀下来，有的则从节日体系中消失，节日的这种沉淀和消失便在我们面前展现出了现有节日体系诞生之初的激烈状貌，而其交织碰撞，也最终奠定了我们现在的节日体系格局。

无论是在时间空间还是在活动空间上，新旧节日都在努力地维系着自己的领域，并根据实际的情况进行着调整。民国时期的新旧节日在我们面前展现出了纷繁的变化面貌和多样的变化模式，而这不仅为我们了解那个时代的社会状貌和民众生活提供了视角，通过分析这些面貌和模式，通过这些节日现象的表面，我们或多或少能从中得到有益的借鉴。

---

① 胡朴安：《中华全国风俗志·下编》，上海科学技术文献出版社 2011 年版，第 339—340 页。

② 徐杰舜主编，万建中、周耀明著：《汉族风俗史·第五卷》，学林出版社 2004 年版，第 320 页。

本章主要抄录、使用的。

附　录

民国时期节日档案目录

档号	题名	起始时间	终止时间
J004—001—01496	北平市教育局关于补助童子军北平支会举行庆祝临时费办法及办理空军节情形的呈和为各种节日庆祝活动与有关机关的来往函以及市政府的指令	1948—2—1	1948—10—31
J005—001—00132	卫生局抄发市政府关于春节、祀孔、双十等重大节日放假、祀典、注意事项以及作息时间变更的训令、布告	1936—1—1	1936—12—31
J005—001—00884	市政府关于填报需用编余官佐人数及有关节日纪念日放假时间的训令以及卫生局的呈文	1945—11—1	1945—12—31
J005—001—01708	市政府关于节日、纪念日放假、转发行政院规定悬挂国旗方式及每年十月二十四日联合国日为国定纪念日的训令及市政府秘书处关于举行每晨升旗各长官轮流作简单报告的函以及卫生局的复函	1948—1—1	1948—1—31
J005—001—01938	市政府关于节日纪念日放假、庆祝活动的训令	1946—3—1	1947—1—31
J007—001—00371	内政部转发"双十节"、元旦等节日纪念办法的训令和华北水利委员会的布告	1933—1—1	1935—5—31
J011—001—01477	北京电车股份有限公司关于节日放假、更改办公时间、更换服装等事项的通告	1938—2—1	1938—12—31
J021—001—00359	北平市政府关于纪念节日放假事项给颐和园事务所的训令	1930—10—1	1937—3—31
J026—001—00288	私立中法大学有关节日庆祝和放假参观等全校性布告	1949—1—1	1950—12—31
J031—001—00029	中国银行北平支行关于各种节日放假停业等问题的通告	1929—1—1	1930—12—31
J183—002—13925	内三分局关于节日加勤计划及办法	1948—2—1	1948—9—1

档号	题名	起始时间	终止时间
J183—002—31410	北平市警察局内五区署关于中秋节加勤警戒办法、秋季武庙大祭警戒方法及其他节日警戒办法计划	1942—1—1	1942—12—1
J183—002—42382	北平市警察局关于市长举行演讲、查职员抽查事项、各习俗节日例为假日、警友妇女会续为会员等训令	1941—5—1	1941—11—1
J185—002—00260	北平市警察局关于五月份由纪念节日多严加防范不法之徒乘机活动、严加禁止每年春节一般市民聚赌情况、切实查禁颇多不逞之徒私自卖枪的训令	1946—2—1	1946—3—31
J029—003—01023	北京大学医学院关于节日放假及北大图书馆闭馆通知	1942—2—1	1942—12—31
J082—001—00042	北平市教育局关于纪念孙中山寿辰和庆祝"双十节""教师节""青年节"等节日活动的训令	1945—1—1	1948—12—31
J004—004—00157	北平市教育局关于纪念孙中山先生诞辰日举行讲演游艺大会和请拨经费的呈、代电及市政府的指令、教育部的代电以及大会签到簿等	1946—7—1	1946—11—30
J009—002—00068	北平市政府转发行政院等关于禁止年节馈赠或收受礼品、处理诉愿事项须力求迅捷等法规的训令	1947—10—1	1948—1—31
J009—005—00240	北平市财政局关于在筵席、娱乐税下加征军属春节慰劳捐及各戏剧院义演派员监察等的训令、指令	1948—1—1	1948—6—30
J011—001—00080	京师总商会等单位关于派人参加欢迎蒋介石和"双十节"会给北平电车公司的函	1928—7—1	1928—11—30
J011—001—00131	北平特别市党务指导委员会举办公祭济南惨案烈士活动致北平电车公司函及公用局关于"五一"劳动节举办纪念活动给电车公司的训令	1929—3—1	1936—9—30
J011—001—00231	北平电车公司营业处关于发还革职员工保证金及发放节假日加班费、双薪的通告、通知	1937—1—1	1937—8—31
J011—001—00355	北京电车股份有限公司关于节日奖励职工的通知	1940—1—1	1940—12—31

续表

档号	题名	起始时间	终止时间
J011—001—00953	北平市公用局关于更改作息时间及"五一"劳动节举行纪念活动的训令	1948—1—1	1948—11—30
J011—001—01478	北京电车股份有限公司营业处关于节日放假并加发优待工资的通知	1938—2—1	1938—12—31
J008—001—00032	北京特别市公用管理总局公共汽车处关于表彰司售人员及春节期间发放奖金的呈文	1940—2—1	1940—12—31
J013—001—01030	北京市市公署、社会局关于清明节在先农坛举行植树典礼及放假的训令和公函	1938—4—1	1944—4—30
J001—001—00040	北平市政府关于注意共产党纪念日进行活动与河北省政府、市公安局的来往函（附纪念日表）	1930—12—5	1930—12—26
J001—001—00091	国民党关于禁止"九一八"纪念日爱国行动的训令	1932—9—6	1932—9—30
J001—001—00376	北京防卫参谋长函送旧历年燃放爆竹限制办法	1945—1—20	1945—12—25
J001—002—00098	北平市陈列馆呈报年节开放规定及市政府的指令	1936—1—1	1937—12—31
J001—002—00119	国货陈列馆关于春节假期改变开放时间入门券铜币改为国币等有关问题的呈文	1939—1—1	1939—12—31
J001—002—00150	北京特别市国货陈列馆呈报新年例假照常开馆及改订开馆时间呈	1942—1—1	1942—12—31
J001—005—00360	财政部冀察热区货物税局关于麦粉、水泥、茶叶、皮毛、蓆菹、迷信用纸、饮料品、化妆品开征课税日期的函件	1946—1—1	1946—12—31
J001—007—00059	戊寅秋丁祀孔执事人及陪祭人名单	1938—1—1	1938—12—31
J001—007—00127	北平市政府关于三十四年十二月二十五日为"民族复兴节"的有关事项的训令	1945—12—1	1945—12—31
J001—007—00340	北平市政府三民主义青年团青年节筹备会议记录、筹备计划等	1946—1—1	1946—12—31
J001—007—00557	北平市政府关于人民团体集会事项的规定及双十节"九三""三八"等节"庆祝"活动的有关公函	1946—1—1	1946—12—31

续表

档号	题名	起始时间	终止时间
J001—007—00558	北平市政府关于"国庆"纪念日筹备会议记录及有关的通知、公函	1946—1—1	1946—12—31
J001—007—00559	北平市政府关于孙中山先生诞辰、逝世纪念日的有关训令	1946—1—1	1946—12—31
J001—007—00560	北平市政府第六机关圣诞节合送美军礼品的有关报告	1946—1—1	1946—12—31
J001—007—00561	北平市政府关于祀孔筹备会决定及有关的公函	1946—1—1	1946—12—31
J001—007—00618	第十一战区政治部关于新年对联的公函	1946—1—1	1946—12—31
J001—007—00682	北平市各界庆祝民国三十五年元旦大会筹备会记录通知等	1946—1—1	1946—12—31
J001—007—00987	北平市政府社会局等关于筹备庆祝"国父"诞辰纪念大会筹备会议记录等	1947—11—1	1947—11—30
J001—007—01067	北平市政府拨发庆祝双时节及行宪临时用费的训令	1947—1—1	1947—12—31
J001—007—01090	北平市政府关于职雇员春节借支的签呈及借支办法的通知	1947—1—1	1947—12—31
J001—007—01130	北平市政府关于春节放假及奖励警卫公役签呈	1947—1—1	1947—12—31
J001—007—01321	北平市政府春节"劳军"捐款三千万元的签呈	1948—2—1	1948—2—29
J001—007—01475	行政院内政教育部咨送民国三十七年度国民历	1948—1—1	1948—1—31
J001—007—01476	行政院关于抄发国定纪念日日期表的训令	1948—9—1	1948—9—30
J001—007—01477	行政院关于明定每年十月二十四日为"联合国日"纪念日的训令	1948—10—1	1948—10—31
J002—007—01435	北平市社会局关于国民党党旗和国旗制造使用条例及新生活运动促进会推行方案以及孔庙禁止军队驻扎的训令	1934—1—1	1935—12—31

续表

档号	题名	起始时间	终止时间
J005—001—00112	卫生局关于推行新生活三化工作的训令及市立医院对妓女检治事务所、移交清册中借用被褥情形的呈报	1935—7—15	1935—10—31
J007—001—00645	经济委员会抄发国民政府关于救济纱厂恐慌推广土布销路等办法、确立检查新闻原则、新生活运动纪念日等中央通令的训令	1935—1—1	1935—5—31
J009—005—00060	北京特别市财政局奉颁关于革新生活、考察职员办法、宴会限制办法等给各稽征所的训令	1942—1—1	1942—12—31
J010—001—00340	邮政总局关于推行"新生活运动纲要"及"新生活运动标职"事项的通饬、指令及北平邮管局的呈文	1934—6—1	1934—10—31

中 篇

岁时节日与城市文化空间

第六章

城市节日与城市文化空间的营造
——以宋明以来都市节日为例

中国城市有着久远的历史，从考古发现中可知，上古三代已经形成了政治军事性城市，距今四千年的山西襄汾陶寺遗址，虽然还不能完全确定就是夏代都城，但它是夏代文化期的重要城市已无疑问。商代安阳殷墟的发掘，证明殷商时期城池规模的庞大。周朝的镐京与洛邑是当时的中心城市，城市规制完备。此后历代的大小政治层级中心都是人口集中的都市。这些都市虽然与现代城市在社会功能与空间形态上有明显差异，但其与农村社会相对区分的性质大体一致。中国的城市在早期是政治军事的都邑，居民是以有身份地位的贵族为主体。中古之后，城市性质发生变化，在商业消费动机的驱使下，城市成为经济活动中心。城市居民的主体是工商阶层等一般平民。因此城市生活形态也就发生重要变化，城市普通人的日常生活得到重视。城市空间不再是上层阶级独占的空间。既然城市的普通人是城市人口的多数，那么他们的利益与需要，情趣与欲望自然要在城市社会生活中显现出来。

一 传统城市节日的历史文化特性

城市生活是一种与乡村生活迥异的生活形态，虽然从中国农业社会的总体上看，中国城市是农业文明的花朵，但花朵毕竟与枝叶有不同的结构与色彩，在长期的城市发展过程中形成了城市生活传统。城市的日常生活传统这里先不去说它，我们先来看城市的节日生活传统。

从历史民俗资料看，城市早期没有自己的节日，城市贵族依靠传统农业时令生活，他们的生活资源都来源于农村，他们只是城居的领主。随着中国城市经济的发展，城市以商业、服务业与加工业的需要的方式聚集了众多离乡离土的非农业人口，这些人不是以熟悉的家族群居的方式生活，而是以家庭的形式或单个个体的形式聚集在相对陌生的社会中，他们居住是紧密的，但职业是分散的。城市居民在生活中逐渐因为城市五方杂处的聚居状态，形成自己的生活习性。城市有了自己的社会循环系统与生活节律，城市节日就是城市社会时间循环系统的重要环节，是城市时间节奏的重要体现。

唐宋时期的城市节日已经初现特色，明清以来城市节日愈益突出。虽然从城市节日的时序看，它依然遵行大的民俗传统，一年四季的节日与农业地区差异甚小。但是，值得充分注意的是其中具体的节俗内容已经有了较大的变化。虽然同样过的是传统节日，但过节的方式与内在的情感需求有了显著变化。随着时间的推移与城市生活模式的固定化，城市形成自己的节日传统。

城市节日传统中，公共性是根本特性。人们为公共节日需要而组织起来，人们为了公共社会文化空间的建立而聚集各种精神与物质资源。以农业地区为主的中国传统节日，主要是家庭性的节日。一般中国传统节俗是围绕着家庭伦理与家族生活展开的，祖先祭祀与家庭亲人团聚、节日中的亲族往来是主要表现形式。而城市节日因为居民的居住紧密与人际关系的分散性（导致这种分散性原因，是居民来自不同地域与不同的生计方式），节日虽然仍保留一定的家族成员的内聚性，但相较于节日其他要素来说相对次要，人们更看重的是户外、街市、庙会上的公共集会活动。以北京妙峰山庙会为例，妙峰山庙会的会期是四月初一至四月十五，它虽然偏在西郊，路途遥远，却是北京城居市民一年一度的聚会场所，人们以行业或街区组成各色香会组织，按照传统沿途走会表演，最后汇聚到妙峰山金顶，在那特殊的文化空间中竞技献艺，如中幡、五虎棍、秧歌戏种种，人们在这样的场合是不计较经济的投入，而是要在公共场合获得荣誉与体面，所谓"耗财买脸"。走会不仅成本高，而且很难协调组织，民间俗语："宁领千军，不带一会。"但在北京、天津等城市庙会中香会组织严密、行动规整有序，它说明城居百姓为了公共的利益与兴趣，重视彼此的联系与结合，以实现城市社会公共秩序的协调。城市节日的公众参与性与公共性仪式表演体现了城市节日文化空间民俗的本质特征。而城市节俗的历史文化特性集中体现在城市节日的娱乐性、宗教性及消费性三大方面。

1. 城市节日公众娱乐性特征明显

城市节日公共性的标志之一是城市各阶层依照传统或新型的节日时间定期举行吸引全城居民参与的公共性娱乐活动。如孟元老《东京梦华录》序所说："时节相次，各有观赏。"①

娱乐性是城市节日的重要特征之一。节日是生活的华彩乐章，节日的娱乐因素虽然未必是节日起源的原始动机，但在早期历史阶段的节日中娱乐已经是节日的重要功能之一，我们从先秦的蜡祭日子里"一国之人皆若狂"②的情形中，就可体会到。如果从文明进程的角度考虑，城市节日较之于乡野节日应该更加强调节日的娱乐性，因为节日的主体城市居民更重视感性的与公共场所有关的娱乐活动，人们通过公众参与的娱乐活动，实现城市社会成员的沟通与交流。传统城市节日的娱乐性伴随着城市军事城市功能的消退与商业化进程的加快，以及由此产生的世俗化成分的扩大而愈益增强，顺应天时的岁时节日在隋唐之后日益成为城市生活节奏与城市信仰的社会时间，在城市节日生活中娱乐成为节日的重要特征。

集会游观与广场性娱乐是城市节日的主要内容，早期城市由于管理方式与社会功能的限制，人们较少有自主性的公共活动，汉晋以前的大型城市活动都与宫廷有关，如岁末的宫廷驱傩仪式，由骑士军人充当仪式队伍。南朝以后，随着城市政治职能的逐渐消退、经济社会职能的不断增强，城市平民的公共活动逐渐活跃，城市居民利用城市节庆，举行集会游观与广场性娱乐活动，满足城市居民的精神与社会生活需要。

元宵节是城市节庆中最能体现城市公共生活的节日。作为中国的民俗年节的重要组成部分，元宵节在城市农村都受到重视，但元宵节俗在城乡有不同的侧重，农村重在祈年，城市重在街市巡游、集会娱乐。从节日公共性角度看，农村元宵节也跨出了家庭，有走村串户的社火表演，但城市公共参与程度更加热烈，习俗也更加丰富。

城市元宵节的早期记载是《隋书·柳彧传》，隋朝官员柳彧在一封请求禁止正月十五侈靡之俗的奏疏中说：近代以来，"窃见京邑，爰及外州，每以正月望夜，充街塞陌，聚戏朋游。鸣鼓聒天，燎炬照地。人戴兽面，男为女服，倡优杂技，诡装异形。以秽嫚为欢娱，用鄙亵为笑乐，内外共观，曾不相避"。京城与外地州城人们利用正月十五月夜集会娱乐，

---

① 孟元老：《东京梦华录》，"自序"，中国商业出版社1982年版，第1页。
② 孙希旦：《礼记集解》卷四二，杂记下第二十一之二，中华书局1989年版，第125页。

鼓乐喧天，火炬照地，化妆游行的队伍填满街巷。这在当时是新起的城市节俗，因此受到保守官员的抨击可以理解。事实上隋朝以后正月十五上元节夜的集会娱乐成为社会上下普遍参与的活动。隋炀帝时"每岁正月，万国来朝，留至十五日，于端门外，建国门内，绵亘八里，列为戏场，百官起棚夹路，从昏达旦，以纵观之"。① 节日中的帝都街市有绵延数里供人游观的戏场，节日成为显示太平盛世的日子。

唐宋时期元宵节更为喧闹，元宵灯火游人成为节日突出的人文景观，有唐诗为证，苏味道《正月十五夜》："火树银花合，星桥铁锁开。暗尘随马去，明月逐人来。游伎皆秾李，行歌尽落梅。金吾不禁夜，玉漏莫相催。"因为节日官府取消了通常的宵禁，人们彻夜娱乐游赏。唐景龙四年（710），在正月十五夜，中宗皇帝放宫女数千人出外看灯。② 唐朝在上元节前后三晚，坊门不闭，以便于人们往来观灯。当时的东都洛阳、江南扬州、西北的凉州元宵节同样热闹。宋朝将观灯的时间由三晚延至五夜，元宵灯火游人更盛。《东京梦华录》记载帝都开封元宵节前在宫廷附近宣德楼对面搭起山棚，在楼下用方木垒砌演戏的露台，元宵节期间，皇帝登宣德楼看戏，并打出"与民同乐"的金字招牌，"万姓皆在露台下观看，乐人时引万姓山呼"。城市到处燃灯作乐，"万街千巷，尽皆繁盛浩闹"。③元朝大都元宵花灯也吸引着游人，人们于灯市流连忘返。④

明清时期元宵节依然是城市的公共性表现最强的节日，明代京城百官放假十日，在东华门外，形成灯市，卖灯的商贩、买灯的顾客、观灯的游客，络绎不绝，人物齐凑，热闹非凡。"天下繁华，咸萃于此。勋戚内眷登楼玩看，了不畏人。"⑤ 明代南方元宵灯会同样热闹，福建人尤其重视灯会，明人谢肇淛说"富贵之家，曲房燕寝，无不张设，殆以千计，重门洞开，纵人游玩。市上则每家门首悬灯二架，十家则一彩棚。其灯上自彩珠，下至纸画，鱼龙果树，无所不有。游人士女，车马喧阗，竟夜乃散。"⑥ 明人张岱记述杭州龙山放灯的情景："山无不灯，灯无不席，席无

---

① 《隋书》卷十五《音乐志下》，中华书局 1973 年版，第 381 页。

② 《旧唐书》卷七《中宗纪》，中华书局 1975 年版，第 147 页。

③ 孟元老《东京梦华录》卷六"元宵"。中国商业出版社 1982 年版，第 38、41 页。

④ 北京图书馆善本书组辑：《析津志辑佚》，《岁纪》，北京古籍出版社 1983 年版，第 213 页。

⑤ 刘若愚：《酌中志》卷二十，北京古籍出版社 1994 年版，第 178 页。

⑥ 谢肇淛：《五杂俎》卷二，上海书店出版社 2001 年版，第 20 页。

不人，人无不歌唱鼓吹。男女看灯者，一入庙门，头不得顾，踵不得旋，只可随势，潮上潮下，不知去落何所，有听之而已。"① 明朝后期江南元宵节盛况，可见一斑。

清代的元宵灯市依旧热闹，清中期前，京城正月十三日至十六日四晚灯火通宵，依然"金吾不禁"。② 晚清北京元宵灯火以东四牌楼及地安门为最盛。其次是工部、兵部、东安门、新街口、西四牌楼"亦稍有可观"。③ 天津上元日，号为灯节，"通衢张灯结彩，放花炬，遍地歌舞"。④ 山西民间同样"架鳌山，烧旺火，张灯放花，群相宴饮"，名之为"闹元宵"。⑤ 清代苏州闹元宵，元宵前后，家家户户的锣鼓依曲调敲起来，有跑马、雨夹雪、七五三、跳财神、下西风等名目："或三五成群，各执一器，儿童围绕以行，且行且击，满街鼎沸，俗呼走马锣鼓。"⑥ 元宵的喧闹透出民众节日欢娱的心情。

寒食清明，是祭悼祖先的日子，但在城市生活中，人们有诸多娱乐活动。隋人所著《玉烛宝典》称，"此节，城市尤多斗鸡、斗卵之戏"。⑦ 这种游戏活动，在后代城市节日习俗仍有传承，如开封清明斗鸡，一直是当地的节俗传统。从宋朝开始城市居民借扫墓踏青郊游，东京，"四野如市，往往就芳树之下，或园囿之间，罗列杯盘，互相劝酬。都城之歌儿舞女，遍满园亭，抵暮而归"。⑧ 临安，清明同样是娱乐的日子，人们或宴于郊，或宴于湖，"随处行乐"。"此日又有龙舟可观，都人不论贫富，倾城而出，笙歌鼎沸，鼓吹喧天。""不觉日晚。"⑨ 庄严肃穆的祭悼演变为热闹的公众娱乐，这就是城市的节日文化。明代杭州依然保持清明娱乐传统，"是日，倾城上冢，南北两山之间，车马阗集，而酒尊食罍，山家村，享馂邀游，或张幕藉草，并舫随波，日暮往返。苏堤一带，桃柳阴

①　张岱：《陶庵梦忆》卷七，上海古籍出版社 1982 年版，第 71 页。

②　潘荣陛：《帝京岁时纪胜》正月"上元"，北京古籍出版社 1981 年版，第 10 页。

③　富察敦崇：《燕京岁时记》灯节，北京古籍出版社 1981 年版，第 48 页。

④　乾隆《天津县志》，引自《中国地方志民俗资料汇编》华北卷，书目文献出版社 1989 年版，第 47 页。

⑤　雍正《朔州志》，引自《中国地方志民俗资料汇编》华北卷，书目文献出版社 1989 年版，第 556 页。

⑥　顾禄：《清嘉录》卷一，江苏古籍出版社 1999 年版，第 33—34 页。

⑦　杜台卿：《玉烛宝典》卷二，丛书集成初编，第 127 页。

⑧　孟元老：《东京梦华录》卷七"清明节"，中国商业出版社 1982 年版，第 43 页。

⑨　吴自牧：《梦粱录》卷二"清明节"，中国商业出版社 1982 年版，第 10 页。

浓，红翠间错，走索、骠骑、飞钱、抛钹、踢木、撒沙、吞刀、吐火、跃圈、筋斗、舞盘，及诸色禽虫之戏，纷然丛集。而外方优妓，歌吹觅钱者，水陆有之，接踵承应"。① 扬州亦为明代重要城市，扬州清明因为有张岱的记述，让我们获得难得的节庆娱乐资料，"扬州清明，城中男女毕出，家家展墓"，扫墓之行即为娱乐之旅。"是日，四方流寓及徽商西贾、曲中名妓，一切好事之徒，无不咸集。"走马放鹰、斗鸡蹴鞠、鼓琴弹筝、相扑、纸鸢、老僧诵经、瞽者说书，"立者林林，蹲者蛰蛰。日暮霞生，车马杂沓"。② 扬州清明，成为城中百姓的娱乐集会。明代北京人清明娱乐的热度虽然比不上南方城市，但同样有一定的娱乐因素，"清明日，小民男妇盛服，携盒酒祭其先墓，祭毕野坐，醉饱而归"。③

七月十五中元节在乡村是烧纸钱祭悼亡人的日子，城市的七月十五不仅佛道俗三家各有祭仪，而且它成为城市居民出外观赏娱乐的机会。"目连救母"杂剧在北宋东京自七夕开演，直到十五日，"观者增倍"。④ 明代杭州七月半城市居民涌往西湖，杭州人到西湖观赏风景，自己也成了西湖的风景，如张岱所说："西湖七月半，一无可看，止可看看七月半之人。"七月十五夜，"二鼓以前，人声鼓吹，如沸如撼，如魇如呓，如聋如哑，大船小船一齐凑岸，一无所见，止见篙击篙，舟触舟，肩摩肩，面看面而已"。⑤ 节日看人，是城市节日的传统，人们在拥挤中，在时空浓缩的节日里，人们从面对面、摩肩接踵中体验着城市人特殊的亲密关系。

中秋节在城市节日生活中也引人注目。宋代东京"中秋夜，贵家结饰台榭，民间争占酒楼玩月"。"闾里儿童，连宵嬉戏。夜市骈填，至于通晓。"⑥ 无论贵族平民，成人儿童，人们都在公共场所欢度中秋之夜。明代杭州，"是夕，人家有赏月之燕，或携榼湖船，沿游彻晓。苏堤之上，联袂踏歌，无异白日"。⑦ 虎丘是明代苏州人中秋聚欢的公共空间，"虎邱八月半，土著流寓、士夫眷属、女乐声伎、曲中名妓、戏婆、民间

---

① 田汝成：《西湖游览志余》第二十卷熙朝乐事，上海古籍出版社 1980 年版，第 359 页。
② 张岱：《陶庵梦忆》卷五扬州清明，上海古籍出版社 1982 年版，第 48 页。
③ 沈榜：《宛署杂记》第十七卷民风一，土俗，北京古籍出版社 1982 年版，第 191 页。
④ 孟元老：《东京梦华录》卷五，第 55 页。
⑤ 张岱：《陶庵梦忆》卷七西湖七月半，上海古籍出版社 1982 年版，第 72—73 页。
⑥ 孟元老：《东京梦华录》卷八，第 56 页。
⑦ 田汝成：《西湖游览志余》第二十卷，第 361 页。

少妇、好女、崽子娈童及游冶恶少、清客帮闲、傒僮走空之辈，无不麟集。"① 中秋节在这里成为城市各群体、各阶层的共同享用的公共时间，人们不是庭院式的私家赏月，而是在一个开阔的城市风景区娱乐聚会，这样一个公众参与性的聚会，跟农村中秋亲人团聚宴会大异其趣，城市赏月之人彼此成为了风景。清代苏州虎丘赏月之俗虽不及明代，但其游观之风依旧，苏州妇女有"走月亮"之俗，"妇女盛装出游，互相往还"。② 中秋节成为城市妇女展演的舞台，可以说节日解放了城市的妇女，盛装的妇女同时装点了节日的城市。

其他如新年、城市庙会、行业祭祀日等都是城市居民公共活动日，人们习惯在城市街头、广场、寺庙等公共文化空间聚集，人们热衷于行游与民俗展示活动。再以北京为例，北京有一个独特的城市节日——正月十九的燕九节。自元开始，燕九节是北京城的狂欢节，倾城士女"纵情宴玩以为盛节"。③ 明朝正值正月十八灯市收官之后，十九日，城市男女，汇集白云观，"联袂嬉游，席地布饮"，北京人称为"耍烟九"，④ 也称耍燕九，有诗为证：吴宽《戊寅燕九日》："京师胜日称燕九，少年尽向城西走。白云观前作大会，射箭击球人马吼。"⑤ 燕九节成为北京城年轻人的节日，娱乐与烧香并重，"是日天下伎巧毕集，走马射箭，观者应给不暇"。⑥ 延至清代，依然"车马喧阗，游人络绎"。⑦

2. 城市节日的宗教性集会活跃

城市是人口与物资聚集之地，也是寺院庙宇林立之区，由于经济的关系与人们密集活动的需要，城市既有适应全城甚至更大范围的人们祭拜需要的规模宏大的寺庙，也有同一街区或仅为行业崇拜的中等规模的寺庙，当然街角也会有一些影响范围更小的小庙。寺庙林立反映了城市各阶层的精神生活需要，城市节日通常都以寺庙为公共活动中心。烧香拜神、逛庙看会是传统城市居民节日生活的方式之一。

---

① 张岱：《陶庵梦忆》卷五，上海古籍出版社1982年版，第46—47页。

② 顾禄：《清嘉录》卷八，江苏古籍出版社1999年版，第164页。

③ 《析津志辑佚》，"岁纪"，第213页。

④ 沈德符：《万历野获编》补遗卷三"淹九"，中华书局1959年版，第902页。

⑤ 《帝京景物略》卷二，城东内外，春场，第75页。

⑥ 《宛署杂记》第十七卷，民风一，土俗，第191页。

⑦ 《帝京岁时纪胜》燕九，第12页。《燕京岁时记》亦载燕九节："游人络绎，车马奔腾。"

我们以宋代东京开封，元明清的北京、苏州为例。北宋东京开封城，正月十六除皇帝亲临的相国寺外，"其余宫观寺院，皆放万姓烧香"。① 新年上庙烧香，是城乡共有的民俗习惯，但京城百姓只有在节日这样特定的时间能够进入官家寺院。浴佛节，十大禅院"各有浴佛斋会"。② 六月六日州北崔府君生日，人们"多有献送"，二十四日为神保观神生日，这天香火"最为繁盛"。人们夜晚五更"争烧头香"，"天晓，诸司及诸行百姓献送甚多。其社火呈于露台之上，所献之物，动以万数"。③ 重阳节，"诸禅寺各有斋会，惟开宝寺、仁王寺有狮子会。诸位皆坐狮子上，作法事讲说，游人最盛"。④ 年节，"二十四日交年，都人至夜请僧道看经，备酒果送神"。⑤ 北京是元明以来的国家都城，不仅有帝王的宗庙，而且是全国宗教信仰的本庙所在地，其中白云观、东岳庙、都城隍庙、都土地庙、关帝庙、雍和宫、广化寺、广济寺等尤为著名。

北京人宗教信仰常常通过岁时节日活动体现。不仅帝王要在岁时节日中举行盛大的祭天礼地敬祖，迎四时之气，祭祀山川诸神、追悼为国捐躯的将士节日仪式，普通的北京居民，他们的岁时节日生活同样有着浓郁的宗教色彩。北京除一般传统节日外，也有自己的城市节会，而这些节会都与寺观庙宇等宗教空间发生关系。如正月十九，元代北京人称为"燕九节"，燕九节是为纪念长春真人丘处机诞辰所设的节日，此日，倾城士女拖着竹杖，前往南城的长春宫、白云观，"蕆扬法事烧香，纵情宴玩以为盛节"。⑥ 明代以后正月十九日，这一具有宗教纪念意义的节日，仍是北京的特色节日，虽然民间有种种节日起源的解释，但白云观宗教圣地的影响依然，"京师是日不但游人塞途，而四方全真道人，不期而集者不下数万"。⑦ 清代白云观仍然是正月烧香赛会所在，晚清成书的《燕京岁时记》记载："每至正月，自初一日起，开庙十九日，游人络绎，车马奔腾，至十九日尤盛，谓之会神仙。"正月十九日成为北京人会神仙的佳节，有缘

① 《东京梦华录》卷六，正月十六日，第40页。
② 《东京梦华录》卷八，四月八日，第52页。
③ 《东京梦华录》卷八，六月六日，第52—53页。
④ 《东京梦华录》卷八，重阳，第57页。
⑤ 《东京梦华录》卷十，十二月，第69页。
⑥ 《析津志辑佚》，"岁纪"，第213页。
⑦ 沈德符：《万历野获编》补遗卷三"淹九"，第902页。

相遇，则"却病延年"。① 城市节日中的祈福信仰与乡村殊无二致。

北京还有一个盛大的城市节会，那就是农历三月东岳庙会，元代东岳庙会是京城朝野的盛会，三月二十八日，"乃岳帝王生辰，自二月起，倾城士庶官员、诸色妇人，酬还步拜烧香者不绝，尤莫盛于是三日"。在临近岳王诞日的前几天，"道途买卖，诸般花果、饼食、酒饭、香纸填塞街道"。② 二十八日是岳王庙会的正日子，齐化门内外居民，夹道迎接皇帝的"御香"。"妇人女子牵挽孩童，以为赛愿之荣。"③ 人们在给岳王庆生的日子里，以亲近偶像，虔诚报赛，还愿许愿，冀望获得神灵的恩宠。明代东岳庙，号称古庙，东岳天齐圣帝的岁时祭祀属于国家祭礼，在三月二十八日，"设有国醮"。④ 当然最兴盛的是民间香会组织的神像巡游活动，"三月廿八日帝诞辰，都人陈鼓乐、旌帜、楼阁、亭彩，导仁圣帝游。帝之游所经，妇女满楼，士商满坊肆，行者满路，骈观之"。⑤ 清代中期，东岳诞辰仍然"导驾出游，观者塞路。进香赛愿者络绎不绝"。⑥这样有着广泛市民参与的具有宗教意义的集会行游仪式是城市节日宗教性的生动体现，它促动城市居民卷入宗教庆典之中，让他们在同一节日获得共同的情感体验。到了晚清，东岳诞辰已经不举行游神活动，人们将二十八日视为掸尘会期，"士女云集"东岳庙，那里"水陆诸天神像最全，故酬神最易"。⑦ 东岳庙已经成为节日期间信众游人会聚之地。从圣像巡游的仪式表演，到庙中聚会膜拜的变化，虽然我们没有看到直接的说明材料，但很可能有外在与内在两个方面的因素，一是统治者对城内控制趋紧的需要，担心圣驾出游引发城内治安问题；二是人们信仰心态的变化，圣帝威严，他安居庙庭，接受信众顶礼膜拜，人们到庙中给圣帝掸尘，为的是乞求圣帝赐福。当然无论是游神表演还是庙宇膜拜，三月二十八日是北京人的重要节日，它的宗教信仰意义始终如一。

江南苏州新年"诸寺丛林各建岁醮，士女游玩琳宫梵宇，或烧香答愿"。苏州人"男妇修行者，年初皆往烧香，必经历十庙而止，谓之'烧

---

① 富察敦崇：《燕京岁时记》，白云观，第51页。

② 熊梦祥：《析津志辑佚》"岁纪"，北京古籍出版社1983年版，第217页。

③ 《析津志辑佚》"祠庙"，第55页。

④ 《宛署杂记》"朝东岳"，第191页。

⑤ 刘侗、于奕正：《帝京景物略》，卷之二东岳庙，北京古籍出版社1983年版，第64页。

⑥ 《帝京岁时纪胜》"三月"，东岳庙，第17页。

⑦ 让廉：《京都风俗志》，北京古籍出版社1981年版，第1页。

十庙香'"。① 鲜明体现苏州宗教性特征的节日是四月十四吕仙诞，俗称"神仙生日"。此日苏州官员致祭于福济观，"观中修崇醮会，香客骈集"，传说仙人变身乞丐，混迹人群中，烧香的人们互相挨挤，可祈福佑，民间称为"轧神仙"。② 时至今日，苏州人仍将此节视为地方代表性节会，不过名称改为"轧蚕花"。杭州自南宋以来，就是江南繁盛地，寺观林立，市民节日生活自然与信仰发生密切联系。如南宋时期，二月十一日霍山神祠，"其日都城内外，诣庙献送繁盛"。③ 三月清明，"官员士庶，俱出郊省坟，以尽思时之敬"。④ 二十八日东岳圣帝诞辰，杭州有吴山庙等五处香火地，献祭之人，充满道路。⑤ 佛诞日，除寺院的浴佛会外，士民放生西湖，"舟楫甚盛"；六月六日崔府君生日，"是日都人士女，骈集炷香"；七月十五中元节，"茹素者十八九，屠门为之罢市"。冬至，"岳祠城隍诸庙，炷香尤盛"。⑥ 明代杭州节日民俗传统依然保留着浓厚的宗教信仰。有代表性的是二月十九日的观音会，"十九日，上天竺建观音会，倾城士女皆往"。⑦ 浴佛节、七月半等，市民"持斋诵经"成为节日常态，佛教信仰影响杭州甚深。道教信仰在杭州同样有着突出表现，三月三日"俗传为北极佑圣真君生辰。佑圣观中，修崇醮事，士女拈香，亦有就家启醮，酌水献花者"。⑧ 三月二十八日东岳圣帝生辰，杭州吴山等五处香火，一如南宋。清代杭州节日中的宗教性特征仍然明显，看看晚清范祖述的《杭俗遗风》，自然就会得到以上认识。限于篇幅，此不具说。

从宋元以来的南北城市节日内容中，我们可以从两方面明显地感受到城市节日神圣空间的魅力。一方面，宗教场所是城市居民节日活动的重要出处，节日上庙烧香祈福迎祥成为城市居民必不可少的节俗内容。另一方面，城市居民围绕特定信仰对象，形成具有城市特色的民俗节会，人们定期聚集庆祝。对于寺庙神灵的祭祀，是传统城市社会生活的重要组成部分。一般寺庙都有开庙祭祀的时间，由庙祀活动所体现的节日时间，构成

---

① 以上见顾禄《清嘉录》卷一，第12、15页。
② 顾禄：《清嘉录》卷四，第96—97页。
③ 吴自牧：《梦粱录》卷一"八日祠山圣诞"，第6页。
④ 吴自牧：《梦粱录》卷二"清明节"，第10页。
⑤ 吴自牧：《梦粱录》卷二"二十八日东岳圣帝诞辰"，第12页。
⑥ 以上见周密《武林旧事》卷三，中国商业出版社1982年版，第46—50页。
⑦ 田汝成：《西湖游览志余》第二十卷"熙朝乐事"，第358页。
⑧ 同上。

了城市节日生活的特色。

3. 城市节日消费性特色突出

城市人口密集的程度与其相对富裕的经济基础，决定了城市的消费性特征，节日是城市消费的重要时机，节日市场的消费行为又构成传统节日的重要内容。如果从时间过程看城市节日的话，城市节日就是一个精神与物质消费的过程，而且这个过程往往纠结在一起。城市节日的消费模式是庙会、庙市，进香、娱乐、物质消费等都可在熙熙攘攘的节日庙会（市）中完成。

我们仍以宋代开封、元明清的北京与明清时期的江南城市为例。先看宋代东京开封，正月初一为年节，自此后三天，开封府"放关扑三日"，坊巷以食物、果实、柴炭、用品等"歌叫关扑"。人们在城内要闹处，搭建彩棚，"铺陈冠梳、珠翠、头面、衣着、花朵、领抹、靴鞋、玩好之类"。① 立春时节，人们为配合鞭春节俗需要，春前一日，"府前左右，百姓卖小春牛，往往花装栏坐，上列百戏人物，春幡雪柳，各相献遗"。② 元宵节是各种食品节物展示的佳节，如宣德门下"两边关扑买卖"，晨晖门外，都下卖鹌鹑骨饳儿、圆子、白肠、水晶脍、科头细粉、旋炒栗子、银星、盐豉、金桔、橄榄、龙眼、荔枝等，"诸般市合，团团密摆"。③ 清明，节日市场上最兴旺的纸马铺，"纸马铺皆于当街用纸衮叠成楼阁之状"，④ 以此招徕顾客。浴佛节，"在京七十二户诸正店，初卖煮酒，市井一新"。⑤ 端午市场上有：百索艾花、花巧画扇、香糖果子、粽子、桃等；七夕在一些瓦子及主要商业街区"皆卖磨喝乐"，"磨喝乐"是小的泥塑人偶，人们精心装饰土偶，"或饰以金珠牙翠，有一对值数千者"。各色节物，均当街售卖，七夕前三五日，"车马盈市，罗绮满街"。⑥ 中元节是祭祀用品发卖的好时机，"先数日，市井卖冥器、靴鞋、幞头、帽子、金

① （宋）孟元老撰、邓之诚注：《东京梦华录注》卷之六，正月，中华书局1982年版，第154页。

② （宋）孟元老撰、邓之诚注：《东京梦华录注》卷之六，立春，中华书局1982年版，第163页。

③ （宋）孟元老撰、邓之诚注：《东京梦华录注》卷之六，正月十六日，中华书局1982年版，第173页。

④ （宋）孟元老撰、邓之诚注：《东京梦华录注》卷之七，清明节，中华书局1982年版，第178页。

⑤ （宋）孟元老撰、邓之诚注：《东京梦华录注》卷之八，四月八日，中华书局1982年版，第202页。

⑥ （宋）孟元老撰、邓之诚注：《东京梦华录注》卷之八，七夕，中华书局1982年版，第208页。

犀假带、五彩衣服"。① 还有祭祀时铺垫的练叶,用于秋报的庄稼、食物等。立秋日,"满街卖楸叶"②,瓜果梨枣上市。中秋节前,"诸店皆卖皆卖新酒","市人争饮",螃蟹、石榴、葡萄,"皆新上市",中秋夜饮酒娱乐,"夜市骈阗,至于通晓"。③ 岁末交年,"市井皆印卖门神、钟馗、桃板、桃符,及财门钝驴、回头鹿马、天行帖子。卖干茄瓠、马牙菜、胶牙饧之类,以备除夜之用"。④ 宋代东京节日市场丰盈,不同时节有不同的应节消费食品与用品,节日生活的物质性特征明显。

自元以来,北京就是中国政治权力中心所在,也是物资消费的中心地区,城市节日消费性特征突出。年节是消费大节,元大都时期,从正月初一日开始,"车马纷纭于街衢、茶坊、酒肆,杂沓交易至十三日"。商人们年节时期,在正常的市场之外,以芦苇编搭临时棚屋,"铺挂山水、翎毛画,发卖糖糕、黄米枣糕之类及辣汤、小米团",还卖琉璃葡萄灯、奇巧纸灯、谐谑灯与焰火爆竹之类,十五、十六日方止。⑤ 二月八日镇国寺庙会,"寺之两廊买卖富盛太平,皆南北川广精粗之货,最为饶盛"。富商不仅在寺院内铺张如锦,而且借皇帝与大佛出游之机,南北二城内聚集起众多商贾,"多为江南富商,海内珍奇无不凑集,此亦年例故事"。这样铺排的年例故事,一以见"京师极天下之壮丽",二以见皇帝与万民同乐之意。⑥ 端午节,南北二城赛关王会,小商人在街头喧闹处,如年节一样架棚买卖。市场上的节日消费品,如江南略同,也是艾虎、彩线符牌等,⑦ 七夕节,也是一个消费的节日,"市中小经纪者,仍以芦苇夹棚,卖摩诃罗巧神泥塑,人物大小不等,买者纷然"。九月九日重阳节,以及七夕、端午,市场上又搭起席棚,叫卖重阳糕,还有流动的商贩推车

① (宋)孟元老撰、邓之诚注:《东京梦华录注》卷之八,中元节,中华书局1982年版,第211页。

② (宋)孟元老撰、邓之诚注:《东京梦华录注》卷之八,立秋,中华书局1982年版,第213页。

③ (宋)孟元老撰、邓之诚注:《东京梦华录注》卷之八,中秋,中华书局1982年版,第215页。

④ (宋)孟元老撰、邓之诚注:《东京梦华录注》卷之十,十二月,中华书局1982年版,第249页。

⑤ 《析津志辑佚》"岁纪",第213页。

⑥ 《析津志辑佚》"岁纪",第215页。

⑦ 《析津志辑佚》"岁纪",第219页。

"上街沿叫卖"。冬至，市场上开卖新历书。①

明代后期是商品经济迅速发展的时代，北京节日市场也体现着这样的时代特征。我们看到北京节日消费继承着元代以来的传统，在与城市生活节律相应的民俗节日中，节日消费引人注目。元宵节依然是城市节日消费的亮点，明代北京元宵灯市繁盛，元宵游灯市，成为一景。明人沈榜在《宛署杂记》中说："每年正月初十日起至十六日止，结灯者，各持所有，货于东安门外迤北大街，名曰灯市。灯之名不一，价有千金者，是时四方商贾辐辏，技艺毕陈，珠石奇巧，罗绮毕具，一切夷夏古今异物毕至。观者冠盖相属，男妇交错。近市楼价一时腾踊，非有力者率不可得。"② 为何元宵近市楼价高涨，因为人们要看灯市的热闹。《北京岁花记》在灯节之下说："（灯市）百货骈集，两行高楼，游者坐其上下观。"③ 由时人记述可知，灯市不仅是灯具的展示交易会，同时也是域内域外古今珍奇异物的交易博览会。其他节日依然有应节物品出售，清明日开始卖冰，七夕市面卖巧果（同前），八月中秋食肆卖月饼，"市肆以果为馅，巧名异状，有一饼值数百钱者"。④ 纸店卖月光菩萨像，重阳节"市上卖糕杂果"，"无家不食"。⑤

清代北京节日消费仍为城市商业关注的内容，除夕之夜，伴随着迎年的鞭炮声是各种应节商品的叫卖，"卖瓜子的解闷声，卖江米白酒的击冰盏声，卖桂花头油唤娇娘声，卖合菜细粉声，与爆竹之声，相为上下，良可听也"。⑥ 元宵灯市虽然因为灯展与市易分离，没有明代繁盛，但也吸引着城市游人，其中出现了新型的冰灯。各色焰火"竞巧争奇"，"富室豪门，争相购买"。市场上的食物"干鲜俱备，而以元宵为大宗"。⑦ 正月二十五日为填仓节，京师居民以此日为年节消耗之后的物资补充节日，"于是日籴米积薪，收贮煤炭"。⑧ 二月一日中和节，京师人做太阳鸡糕，

---

① 《析津志辑佚》"岁纪"，第 220、223 页。

② 《宛署杂记》第十七卷，民风一，第 190—191 页。

③ 上海图书馆手抄本，转引自张勃《亡佚后的发现——〈北京岁华记〉手抄本及其岁时民俗文献价值研究》，附录部分，《文献》2010 年第 3 期。

④ 《宛署杂记》第十七卷，民风一，第 190—191 页。

⑤ 《北京岁华记》，上海图书馆手抄本。

⑥ 《帝京岁时纪胜》正月，元旦，第 7 页。

⑦ 《燕京岁时记》灯节，第 48 页。

⑧ 《帝京岁时纪胜》正月，第 12 页。

"绕街遍巷,叫而卖之"。[①] 清明节琉璃厂有风筝市。闲园鞠农编的《燕市货声》对北京岁时节物消费情形,记述甚详,此不罗列。[②] 清代北京围绕着寺庙形成的庙市甚多,各庙市有固定的开市日期,都城隍庙庙市在五月初一至八日,"百货充集,拜香络绎"。"至于都门庙市,朔望则东岳庙、北药王庙,逢三则宣武门外之都土地庙,逢四则崇文门外之花市,七八则西城之大隆善护国寺,九十则东城之大隆福寺,俱陈设盛多。人生日用所需,以及金珠宝石、布匹绸缎、皮张冠带、估衣骨董,精粗毕具。"来京旅居的人,只要进入庙市,顷刻就能备办齐整,"富有完美矣"。[③] 由此可见,庙市货物的充盈。定期的庙市虽然与传统节日消费不尽相同,但它是对节日消费市场的重要补充,由于传统节日毕竟有一定的时间间隔,它不能完全满足城市居民日常生活的需要,因此,就需要定期的庙市来满足市民购物娱乐的需要。直到民国时期,北京定期的庙市庙会仍是民众生活的重要组成部分。

明清江南城市节日的消费特性引人注目。首先我们看杭州,从南宋开始,杭州节日消费就十分兴旺,明代杭州西湖香市尤为著名,西湖香市自花朝节开始,至端午节结束,长达四月的节日市场,可谓罕见。参与香市交易的人群来自南北地区,"山东进香普陀者日至,嘉湖进香天竺者日至,至则与湖人至市焉,故曰香市"。香市货物荟萃,"三代八朝之骨董,蛮夷闽貊之珍异,皆集焉"。从市场空间看,除昭庆寺两廊之外,池沼左右,山门内外,"有屋则摊,无物则厂,厂外有篷,篷外又摊,节节寸寸"。人们在如此密集的范围内开展交易活动,张岱对当时交易的场景,有着生动描述:"如逃如逐,如奔如突,撩扑不开,牵挽不住,数百十万男男女女老老少少,日簇拥于寺之前后左右者,凡四阅月方罢。"[④] 这样的串联两节,长时段的节日市场,在历史上是少见的。在杭州其他城市节日中,节日消费特性同样明显。元宵节有灯市,"出售各色华灯";清明节适应人们祭墓踏青需要,商人做起了买卖,"又有买卖赶趁,香茶细果,酒中所需。而彩妆傀儡,莲船、战马、饧笙、鼗鼓,琐碎戏具,以诱

---

① 《帝京岁时纪胜》二月,第14页。
② 参看《双肇楼丛书》,闲园鞠农编,张次溪订《燕市货声》,1938年。
③ 《帝京岁时纪胜》五月"都城隍庙",第22页。
④ 张岱:《西湖梦寻》卷一"昭庆寺""西湖香市记",上海古籍出版社1982年版,第7页。

悦童曹者，在在成市"。① 年节期间，节日市场更加活跃，"盖杭人奢靡，不论贫富，俱竞市什物，以庆嘉节"。② 清代杭州节日消费延续前朝，据《杭俗遗风》记载，香市虽然没有明代之盛，但春季"赶香市"的传统依旧。其次，看苏州。清代苏州新年，人们聚会玄庙观，卖年画的人集中在三清殿交易，"乡人争买芒神春牛图"。庙内没有店铺的空间，人们支起布幕，搭建临时货棚，"晨集暮散"，卖的是糖果小吃，及玩具、杂物等。③ 苏州灯市繁华，苏灯自宋以来闻名天下，周密在《武林旧事》中说，元夕张灯，"每以苏灯为最"。④ 苏州人特别推崇上元，自腊月就开始卖灯，"货郎出售各色花灯，精奇百出"。至正月十八日方止，这段时间号称"灯市"。⑤ 二月观音香市，清明节卖清明团，端午市肆卖秤锤粽、健人，七夕前卖巧果等。值得一说的是岁末的年市，"市肆贩置南北杂货，备居民岁晚人事之需，俗称六十日头店。熟食铺，豚蹄鸡鸭常货卖有加。纸马香烛铺，预印路头财马，纸糊元宝缎匹，多浇巨蜡，束名香。街坊吟卖簧灯、灯草、挂锭、灶牌、灶簾箪、瓢、箕、帚、竹筐、磁器、缶器、鲜鱼、果蔬诸品不绝。煅磨、磨刀、杀鸡诸色工人，亦应时而出，喧于城市"等年节消费活动，"总谓之年市"。⑥

近代以后中国城市节日形态开始有所变化，出现了许多新型的社会政治节日，但是依然没有改变中国传统节日在城市生活中的格局，虽然民国政府一度想废除传统节日，但以妥协告终。

从中国传统城市节日消费的历史看，我们对传统城市节日消费特点有如下几点印象。第一，节日期间城市居民消费欲望显著增强。人们以节日习俗的方式为非日常消费找到正当理由，比如节物的备办，群体性娱乐消费，宴席的铺陈，衣饰的光鲜等，人们在传统节日的特定时空中，有着竞赛性的消费欲望。第二，适应人们群体消费需要，城市市场空间显著扩张。我们看节日的都市市场空间异于平常，从经营时间看，消费时间明显延长，一般节前数天，就进入了节日消费状态，节日当天是消费高潮，有些节日

---

① 《西游览志余》第二十卷"熙朝乐事"，第359页。
② 《西游览志余》第二十卷"熙朝乐事"，第362页。
③ 《清嘉录》卷一，第12页。
④ 《武林旧事》卷二"元夕"，第34页。
⑤ 《清嘉录》卷一"灯市"，第30页。
⑥ 《清嘉录》卷十二"年市"，第224页。

通宵达旦营业。节日期间，从商业经营空间看，不仅有日常店铺进行买卖活动，又在街头增添临时性货棚、货摊，以扩大销售，适应居民消费需要。游走街巷的商贩将节日物品直接送至家户门口，这样的流动的消费方式，无疑也扩大了城市节日市场。同时节日市场拥有大量的奢侈品与各地运来的新奇物件，这也是扩大与提升城市居民消费空间的有效方式。第三，节日有特定的消费品。传统节日都有特定的物质符号，对于这些物质符号的生产与消费在城市通常是由商家推动完成的。在节日商业活动的推动下，社会出现基本统一的消费趋向，这种社会全方位的超阶层消费，其实就是在节日经济中实现的一次城市传统文化的认同。节日消费活动与消费品密切关联着城市居民的身心，物质消费与文化消费在城市节日中同步实现。

城市节日中城市居民公众参与的活动大多具有群体性特点，人们的节日活动除了家庭部分外大多围绕着特定的传统街区与寺庙展开，人们将出游与进香、购物中将娱乐、宗教与消费活动融为一体。节日活动的开展过程就是一次消除人际关系间隔的城市认同过程，城市民俗的公共性特点较传统乡村要鲜明得多。

总体来说，传统城市有自己特定的文化空间，这种文化空间一般依托公众认可的习惯性场所或者是人们最易于聚集与参与的特定地点与路线，城市文化空间具有固着性与流动性，可见的文化空间与感知的文化空间关系密切。

二 当代城市节日与城市文化空间的营造

当代城市节日同样服务于城市居民，不过因为社会政治生活的浓烈，对城市节日的文化特性有着较大的抑制与消解。人们并不能通过民间自组织开展自己的节日生活，城市文化空间相对狭窄与单一。城市节日的许多传统因素不复存在。但随着政府管理体制的逐渐开通，民间生活的自由度越来越大，人们希望城市有更多的传统节日。这就是近年来城市庙会复兴的因由。同时中国快速城市化过程中，出现了一些新型城市，这些城市本来没有自己的城市文化传统，包括节日文化传统，在经济发展过程中，它们为了提升城市影响，创造了许多新型节庆活动，这些活动一般是以经济为中心的，跟人们的文化需要并不直接相关，所以一般没有延展的生命力。即使那些有文化传统的都市，它们打起了复兴城市节日传统的旗号，但在当代经济浪潮与政治社会环境下，这些传统节日也发生了变化，它们跟传统的联系比跟当代的联系要少很多。往往是有名无实，有形无质。对城市民众的精神需要服务不够，城市民众参与的热情也有着相应的局限。这样城市民众所需要的文化空间并没有真正完整地建立起来。

我们知道，人类学的空间概念，包括地理空间、社会空间、文化空间三部分。人们对地理空间与社会空间的概念是明确的，而动态的、组合的文化空间，容易被人忽略，其实它是重要的、需要我们用心灵与身体去感觉的空间，在那里我们会实现人际的交流、人与非人的精神交换，从而使我们的精神得到完善与更新。我们的传统节日在建设城市文化空间过程中有着重要而积极的作用。人们在同一时间，围绕着同一节日主题，以公众参与的形式，展开公共性活动，城市节日文化空间赖以形成。以传统节日为契机的城市文化空间，一般来说具有信仰与娱乐两种文化特性。城居者在特定的时日，通过特定的线路与组织方式，在特定区位聚集，表达自己的特定信仰，城市神灵信仰是传统城市文化空间的核心要素；而城市的世俗游戏娱乐是城市文化空间的活跃力量，它以诙谐、有趣的形式吸引人们的观赏或参与，如通常所说的"行香走会"。在当代中国城市生活中，真正民众自足的文化空间还十分有限，但在一些城市有了发展的趋向，如北京的妙峰山庙会。这一文化空间虽然在地理区位上离北京中心市区较远，但它确是地道的北京城市文化空间，它是北京人的精神释放与聚合的场所，传统香会通过花会的形式在此复兴。当然因为种种原因它跟民国或更早的庙会有较大的差异，形式与内容都有许多新的变化。此外，北京东岳庙也是民众文化空间重建的一例，虽然我们的名义是第几届民俗文化节，但普通民众正月初一上庙，还是要祈福求祥。端午节的粽子都要比别的地方卖得好，不是质量更好，而是有文化内涵。这些文化空间的当下意义，虽然我们赋予相当多的新文化的内涵，但最贴近人性的还是它的传统意义。可惜的是我们对这些活跃文化空间的传统因素较为忽视。如北京琉璃厂的厂甸庙会是明清以来北京春节的著名庙会，每年春节期间，人如潮涌。此庙会被国家列入非物质文化遗产名录，但2010年北京春节厂甸庙会，就被某些领导从经济收入与管理的考虑，人为地挪到陶然亭公园，在那里收起了门票，结果引起北京市民强烈不满。文化空间虽然具有流动性特色，但传统的文化空间是不可以随意更动的，人们的习惯与心理认同是有一定指向的，对文化空间简单粗暴地挪移与改变，是对民众情感的严重伤害，更不会得到民众的接受与认同。

从城市文化运行逻辑上看，营造城市文化空间的积极力量是精神信仰，这种信仰可以是传统的神灵信仰，也可以是泛化的对未来幸福的期待。这些信仰大都通过节日仪式表现出来，所以我们说传统节日在营造城市文化空间上具有独特的作用。

·我们用日本、韩国的例子来说明问题。日本京都有三大祭，即五月的葵祭、七月的祇园祭，以及十月的时代祭。祇园祭还是日本三大祭之一（另外两个是东京的神田祭和大阪的天神祭）。祇园祭以八坂神社为中心，在京都的四条行政区划一带展开祭礼，时间是从6月初到7月下旬，主要日期是7月17日。时间一个月。它起源于9世纪末，最先是为了驱除瘟疫，而游街祈祷；后来演变为市民文化的一部分，成为展示京都传统文化的重要方式，至今盛行不衰。它的活动是完全由市民自治会组织，成为京都最大的节庆活动，届时几十万人参加。京都人为此自豪。①

韩国江陵端午祭，是以端午神灵祭祀为中心形成的大型城市祭祀活动，1967年就成为韩国无形文化遗产，江陵端午祭期间，除指定的祭礼、巫祭、官奴假面戏、农乐竞赛、儿童农乐竞赛、鹤山奥道戴歌谣外，还有众多的民俗活动，如汉诗创作比赛、乡土民谣竞唱大赛、全国时调竞唱大赛、拔河、摔跤、荡秋千、射箭、投壶等；庆祝活动，如烟火游戏、端午放灯等；夜间活动，如国乐表演、伽琴并唱等；艺术活动更是丰富多彩。此外还有被称为"乱场"的商品交易。每年端午祭活动吸引国内外上百万的观光游客。② 在政府与民间的共同努力下，端午传统节日不仅充实、丰富了城市居民生活，成为"尝试新文化、探索新生活方式"的现代庆典，③ 同时也成为江陵城市的文化标志。江陵端午祭成为传统文化空间与现代社会成功对接的重要范例。

这些城市文化活动都以传统节庆为中心，以大型街市传统风俗展演活动为主体，以有效的民间组织为方式，构成当代城市独特的文化景观。我们可以从这些成功的例子中得到启示，即传统节庆活动，是我们培育发展

---

① 参见《年中行事·记念日事典》，学习研究社2005年版，初版第2刷发行，第144—145页。

② 参见百度百科辞条，"江陵端午祭"。

·③ 贺学君：《韩国非物质文化遗产保护的启示——以江陵端午祭为例》，《民间文化论坛》2006年第1期，第67—75页。

城市文化空间的重要时空基础，我们完全可以结合现代经济实力与科学技术手段去扩大节日活动规模与影响，以吸引更多的市民自觉自愿地参与其中，将城市传统节日变成当代社会生活的绚丽风景。如近年各地利用传统节日复兴的传统庙会，以及利用城市所在地区的资源兴办的新型城市歌会（如南宁歌会）与灯会（如自贡灯会）等，都是城市文化空间的生动呈现。

在当代城市节日的复兴与重建过程中，我们要注意传统与创新，中体与西用，文化遗产与商业追求的关系处理，既让城市节日成为城市民众的文化空间的重要组成部分，同时也让城市传统节庆活动成为城市名片，成为展示城市个性与城市魅力的窗口，同时它还可以影响甚至引领乡村文化（通常我们看到农村影响城市，但实际上常常忽略了城市文化对乡村的导向作用），从而铸就当代中国文化的精神品格。

第七章

东岳庙与北京城市文化空间的构建

一　山岳地府与城市"异界"

　　山岳崇拜起源于上古，它是早期先民自然信仰的重要组成部分。在先民的原始信仰中，山岳是通天的阶梯，云雾缭绕的山顶是天地交接的界点，人们由此可以进入非人的天界。五岳就是这样的五座神山，它既是通天的神路，也是人间王朝的重镇，对五岳的定期巡狩是早期中国的行政制度与宗教权力合一的表现，而且巡狩的方位与四季时间同步，人间政治依循天时运作，体现了早期社会政治的自然性特点。作为五岳之首的泰山，它处在东方，是中国东方海疆的重镇，属于五行中的木位，东方对应的是春天，因此仲春时节是东祭泰山标准时间。《虞书》："岁二月，东巡狩，至于岱宗。"虞舜时代，泰山已是王家的祭祀地。《礼记·王制》中更清晰地记载上古东岳祭祀情况，二月东巡，至于东岳岱宗，"命大师陈诗以观民风；命市纳贾，以观民好恶，志淫好辟；命典礼考时月，定日同律，礼乐、制度、衣服正之"。这些内容说明统治者通过民谣、市场交易情况观察民情，注意对时间的掌握，制定统一的时间标准，对礼乐服制是否施行，进行检查，违背者将受到处罚。"变易礼乐者为不从，不从者君流；革衣服制度者为畔，畔者君讨。"周天子东巡泰山，目的是对周朝统治权力与统治疆域的确定。

　　在上古时期，尚未见到泰山与人类生死的信仰关系。这一时期属于自然崇拜阶段，东岳的人格神尚未出现。随着帝国王权的成长与强大，以及来自东方齐地阴阳学说对国家政治影响的增强，包括方士阶层在国家政治地位的上升，泰山在秦汉统一帝国的宗教政治中的地位日益凸显，早期的巡狩制度演变为朝廷的封禅大典。人们以封禅的仪式与天地神灵沟通，以昭示受命于天的权力合法性。同时也因为将东方视作生命之源，封建帝王也想通过封禅乞求长远的生命，秦始皇、汉武帝莫不如此。秦始皇即位三年，东封泰山，立石山顶，表示自己得到上天的册封。汉武帝同样是一个希冀生命永续的帝王，他在古礼不传的情况下，做积极的封禅准备，齐人丁公对汉武帝说："封禅者，古不死之名也。"元封元年，汉武帝封禅泰山："天子从禅还，坐明堂，群臣更上寿。"（《汉书·郊祀志上》）封禅泰山有获取长命的功效，所以群臣要向汉武帝庆寿。

泰山在中国很早就成为魂灵依归之地，据《后汉书·乌桓鲜卑列传》，乌桓人死后神灵归赤山，"如中国人死者魂神归岱山也"。汉朝时期，泰山已经成为主管人们生死之区，东汉汝南人许曼少年时曾重病三年，"乃谒太山请命"。（《后汉书·方术列传》本传）晋人干宝在《搜神记》中记载东汉人胡母班曾在泰山之侧奉泰山府君之召，为其致书河伯，还在地府见到了正在作苦工的亡父。这时地府的样态已经完整。张华《博物志》更明确地说，泰山是天帝之孙，"主召人魂"。泰山神主管亡灵的处置，在泰山之侧设置地府，诚如清人赵翼所论述："泰山治鬼之说，汉魏间已盛行。"[1] 在两汉时期民间已有"生属长安，死属泰山"之说。泰山是对应于王朝首都长安的亡魂的统一管辖地，是一处山岳地府。

东岳是周秦以来的国家正祀的对象，东岳泰山的森严地府对于人们来说，那是一个人所共知的亡灵管辖地，它遥远而神秘。唐宋以来，随着世俗王权的扩张与城市人口的增长，东岳神祀在名号愈加隆重的同时，也逐渐降低了其自然神秘的特性，不仅泰山神的属吏辅佐多为人间官员充任，而且东岳神分香天下，在各大小城市建立东岳行祠。人们在自己的日常生活范围内就能接触到东岳神祀，自然人们也就不容易形成对东岳神的特别神圣的感觉。同时我们也应看到作为东岳行宫的东岳庙，它属于东岳大帝的分身机构，它同样有着主管人之生死的职能。后世东岳庙中有对泰山地府的模拟，三十六狱、七十二司一应俱全。对于城市居民来说，它是城市的"异界"，是城市居民表达信仰的神圣的空间，人们可以就近实现"朝岳"的信仰行为。但这一安置于城市东部边缘的"异界"，与远离世俗生活的山岳地府来说，似乎它少了一些神异色彩，人们在这里表达着各种城

---

① 赵翼：《陔余丛考》卷三十五"泰山治鬼"，河北人民出版社1990年版，第717—718页。

市民众的心理愿望。它是城市潜在而现实的秩序维持者，它有着制约与服务城市社会生活的现实力量。如果我们从世俗的政治角度考量，遍及全国大小城市的东岳庙祀事实上它承担着强化中央王权、服务国家统治的政治功能。

二 圣俗共处与城市社会信仰空间特性

东岳神大规模进驻城市是从宋朝开始的，宋真宗大封泰山后，各地纷纷建立别庙，东岳的香火似乎与城市的发展同步，随着宋代城市的繁荣，东岳庙也普遍立足于城市，东岳神成为城市城隍之上的新的主管神。以南宋杭州为例，这里就有五处东岳行宫，分置于吴山与东西南北各方位，"三月二十八日乃东岳天齐仁圣帝圣诞之日，其神掌天下人民之生死。诸郡邑有行宫奉香火，杭州有行宫者五，如吴山、临平、汤镇、西溪、昙山，奉其香火。惟汤镇、临平殿庑广阔，司案俱全。吴山庙居辇毂之下，人烟稠密，难以开拓，亦胜昙山梵宫内一小殿耳。都城士庶，自仲春下浣，答赛心愿，或专献信香者，或答重囚戴枷者，或诸行铺户以异果名花、精巧面食呈献者，或僧道诵经者，或就殿庑举法音而上寿者，舟车道路络绎往来，无日无之。又有丐者于吴山行宫献彩画钱幡，张挂殿前，其社尤盛。"①

东岳行宫成为都城士庶"答赛心愿"的信仰空间，这一空间虽然临近日常生活空间，但毕竟有独立的范围，它与日常生活空间的交流也有具体的时间规定与特定的仪式。

从宋元明清有关文献看，一般来说，东岳圣诞所在的三月是特定的开庙期，圣俗空间开始全面互动。以北京东岳庙为例，城市民众"至三月烧香酬福者，日盛一日"，二十日以后上香祈祷者填满道路，而高潮在三月二十八日。三月二十八日是东岳圣诞日，这一天自元代开始就成为北京城的盛大节日。节日的中心在东岳庙。东岳庙内外聚满了香客、商贩、小戏艺人、盲人、乞丐、官员等，"行香盛众，车马填街，最为盛都"。② 明清时期以帝王为首的宫廷势力与广大信众的共同作用下，北京东岳庙获得

---

① 吴自牧：《梦梁录》卷二，中国商业出版社 1982 年版，第12—13 页。
② 《析津志辑佚》"祠庙"，北京古籍出版社 1983 年版，第54—55 页。

了前所未有的扩充完善，庙内神灵增加到了 3000 多尊。东岳庙供奉的神灵除东岳大帝、碧霞元君、地府判官七十二司等东岳仙班外，并收纳了玉皇大帝、关圣帝君、文昌帝君、三官大帝、斗姆元君、药王等普世的尊神，同时供奉行业祖师鲁班、马王爷、喜神等。东岳庙成为城市的"万神殿"，人世中所遭遇的几乎所有生活难题，都可以通过信仰的途径得到解决。东岳庙甚至也是人们为自己身后早作安排的出处，旧时北京有句老话："活着不去东岳庙，死了没着落。"

正因为东岳庙在城市生活中的特殊地位，东岳庙会成为近世北京重要人文景观。从东岳庙内部的空间结构、神灵的种类与效用，以及特定庙会时间与城市居民拜庙进香方式，我们可对城市社会信仰空间特性，作一个初步的归纳。

第一，城市信仰空间的公共性。

公共性是借用西方公共空间理论的表述，公共空间理论是基于资本主义私有制发展之后，为调整维护社会联系及公众利益的需要而产生的理论，公共空间建立的基础是超越私人利益的公共活动。[1] 城市信仰空间是指中国传统城市中以寺庙为中心的文化空间，它的公共性在于超越城市居民的私人眼界，将不同街区与不同行业、不同层位的个体统一在寺庙之中，在统一信仰的支配下，人们在特定时间与空间中集体表述了自己的诉求。

从传统意义上说，城市社会与乡村社会最大的不同是其居民构成的异质性，人们之间很少有乡邻那样的亲密联系，家族性的组织与家族生活中心的祠堂更是少见，城市居民在日常生活中缺乏如乡村家族社会那样的中心性的习惯组织，生活缺乏中心感。他们在生计上依靠行业组织，在日常生活中依靠社区组织，在精神上依靠信仰组织，这些组织给城市居民提供了参与公共生活的机会，而且社区组织与行业组织往往利用神灵信仰凝聚居民，以定期的信仰仪式活动将生活组织演变为信仰组织，在城市庙会中我们经常见到这一现象。东岳庙在这一点上表现得十分突出，我们从宋代杭州东岳庙会中就能看到这一情形，当时人们以行业铺户或者会社的形式

---

[1] 参见［德］哈贝马斯《公共领域的结构转型》第一章"资产阶级公共领域的初步确定"，曹卫东等译，学林出版社 1999 年版。

参与东岳庙会。"诸行铺户以异果名花、精巧面食呈献者",[1] 有"东岳生辰 都城社陌甚多,一庙难著诸社酌献,或在城吴山行宫烧香,或在城南坛山烧香,或在城北临平行宫烧香,或在城东汤镇行宫烧香,或就城西法华山行宫烧香,诣庙皆如此。社陌朝拜,钱幡社至日开正阳门,献钱幡三五十首,高者有二丈长,献物在外"。[2]

北京东岳庙始建于元朝中期,它是在皇家直接支持下,由玄教大师张宗演创建的。东岳庙位于北京城东齐化门(今朝阳门外),邻近通惠河,为漕运必经之地。东岳庙建成后,就成为香火兴旺的圣地。

明清北京东岳香会十分发达,"凡一切诸司善众,各有发心,会名不等"。[3]

有宫廷后妃、太监发起成立的香会,如岳庙圣会,明万历十三年中贵赵君銮发起成立,当时有会众300余人,岳庙圣会因为有宫廷太监、后妃的支持,每年在三月给东岳庙神更新袍服,在明后期影响很大,东岳庙有多通关于此会的石碑。[4]

有按街巷组织的香会,这类香会由本街区有一定威望与经济实力的人士发起,大家共同出资,结缘建会。"民间每年各随其地预集近邻为香会,月敛钱若干,掌之会头。至是盛设,鼓乐幡幢,头戴方寸纸,名甲马,群迎以往,妇人会亦如之。"[5] 如四季进贡白纸圣会,它由京都明时等巷老善首锦衣牛永福在明万历年间发起,每年三月二十八日上庙,"进贡冠袍大马并四季白楮",以备岳府冥司应用。[6] 会众绝大多数为女性。还有一个四季白纸圣会也成立于万历年间,每年四季进贡白纸与勾魂司前。会首是卞孟春等,会众为崇文门外东南坊居民,全为女性。[7] 庙会祭祀活动给女性以参与公共活动的机会,明后期女性在东岳庙特别活跃,她们除了参与一般庙会活动外,还自组香会,充任会首。清代依然如此,如

---

① 吴自牧:《梦粱录》卷二,中国商业出版社1982年版,第13页。

② 《西湖老人繁胜录》,中国商业出版社1982年版,第9页。

③ 崇祯《敕建东岳庙碑记》,《北京东岳庙与北京泰山信仰碑刻辑录》,中国书店2004年版,第60页。

④ 万历《东岳庙圣会碑记》,《北京东岳庙与北京泰山信仰碑刻辑录》,第20页。

⑤ 沈榜:《宛署杂记》第十七卷,民风一,北京古籍出版社1982年版,第190页。

⑥ 天启《东岳庙四季进贡白纸圣会碑记》,《北京东岳庙与北京泰山信仰碑刻辑录》,第46页。

⑦ 崇祯《敕建东岳庙碑记》,《北京东岳庙与北京泰山信仰碑刻辑录》,第60页。

四季年例进贡圣会亦为纯女性的香会组织。北京女性参与庙会公共活动的
频度与广度在中国历史社会中是较为突出的，这大约与北京的多元混合的
民族成分相关。妇女在北方少数民族中地位较高，她们较少受到封建伦理
的人身束缚，天性较自由开放。在元朝与清朝定都北京后，少数民族妇女
的开放天性影响到北京城的社会生活，北京女性与一般城市女性有所不
同，她们善于抛头露面，应酬社交，"了不畏人"，女性自然也是当时节
会中的风景与主角；同时东岳大帝主掌生死，妇女进香祈求生育与福祉，
也符合民众信仰的逻辑，香会中有众多女性出现也就不足为怪了。此外还
有朝阳门内外的掸尘老会、东华门内小南城香会、灯市口的甲子上香圣
会、西安门外子午胜会等，围绕着东岳信仰形成的社区香会在北京香会中
占有较大比重。

　　当然按行业组织的香会也不少，如庆司会，成立于明朝后期，是东四
牌楼猪市行的行业香会。康熙四十八年碑记中已经成为"庆司老会"，说
明该会在此时已历百年，因为按北京民间传统说法，超过百年的香会才能
称"老会"。乾隆三十三年碑刻中记："庆司者，以庙有七十二司，司有
神诞日，设庆贺之义焉。凡与会之人，月为积贮香楮之资，资有余则时黝
垩丹漆其堂殿，无使残敝。"① 散司会，由东四牌楼的绸缎行商人及附近
的旗人汉民组成，"值神诞日则敛钱致祭，相沿数载不懈"。② 鲁班圣会，
由东直门内南北小街的木匠、石匠、瓦匠等组成，鲁祖圣会，朝阳门外棚
行众人公立。东岳庙西廊鲁班殿是其活动中心，"逢朔逢望，我辈推诚叩
拜"。③ 其他还有马王会与羊行老会等。

　　寺庙作为城市信仰空间的重要载体，它给城市居民提供了公共表达的
场所，城市庙会给人们提供了宗教情感与世俗愿望的表达机会。"岁时朔
望，宰官士庶，信女中官，具香楮者，具牲牡者，结社而鸣金鼓者，匍匐
竭蹶，步步长跽，以拜代趋者，奔走恐后。"④ 而一年一度的东岳神巡城
活动，也是东岳信仰公共性的表现，"岁之三月朔至二十八日设庙，为帝
庆诞辰。都人陈鼓乐旌旗，结彩亭乘舆，导驾出游，观者塞路。进香赛愿

---

① 乾隆《东岳庙庆司会碑记》，《北京东岳庙与北京泰山信仰碑刻辑录》，第 187 页。
② 乾隆二十七年《散司碑记》，《北京东岳庙与北京泰山信仰碑刻辑录》，第 176 页。
③ 乾隆《鲁班圣会碑记》，《北京东岳庙与北京泰山信仰碑刻辑录》，第 185 页。
④ 崇祯《敕建东岳庙圣前进贡碑记》，《北京东岳庙与北京泰山信仰碑刻辑录》，第 64 页。

者络绎不绝"。①

第二，城市信仰空间的融通性。

以东岳庙为中心的信仰空间聚集了八方神灵、招徕了上下层香客（东岳信仰自上而下推广），贵族平民、男女老幼都是这一空间的主体。"京师四民，老幼瞻仰，遐迩欢心，每逢朔望，大而牲帛，小而香烛，奉祝者毂击肩摩，接踵而至。"②人们在祭拜活动中没有神格的区分，只有祈祷愿望的区别。庙会日"士女拈香供献，放生、还愿等诸善事。及各行工商建会亦于此庙酬神。盖此庙水陆诸天神像最全，故酬神最易"。③明清以来，东岳庙呈现出城市居民信仰空间的融通性。

东岳信仰在早期阶段可能是东方部族信仰，后来被统一王国倚为重要的东方神灵重镇，在秦汉至唐宋时期由帝国垄断为国家正祀。自宋朝以来，传统信仰日益世俗化，东岳信仰逐渐向百姓开放，东岳行宫成为城市居民"朝岳"的去处。虽然皇家仍然享有东岳祭祀的优先权，皇室成员对东岳庙的兴趣也浓于他庙。明清帝王春天出郊祭日，常要在此庙休息，并祭祀东岳大帝。④在明代东岳庙还是宫廷的太监、后妃主要祭祀地，后妃祈求皇嗣，太监除了祈求生前顺利外，同时期望死后的安逸。但皇家并没有独占，"都城士庶"在会期同时参拜。

正因为东岳庙的开放性，东岳庙的神灵也应着信仰者的要求，不断增多。东岳庙除了供奉东岳谱系的神灵外，还有民间信仰中形形色色的各类神灵，可谓天地上下的诸色神灵荟萃一庙。神灵偶像这样的紧凑与密集是其他宗教文化所难想象的。人们并没有考虑神灵之间有何冲突与不适，其实在城里人的心目中具体是何神可能不是首要考虑的，他们考虑更多的是东岳庙这一信仰空间的实在的意义，只要跨进东岳大门，就是虔诚。城市是拥挤的、非同质的，人们只有在庙宇这样的信仰空间中找到同质的感觉。无论是皇室成员还是普通百姓，甚至乞丐，他们在神灵面前都是平等的信众。当然，这种东岳信仰与其他信仰还是有所不同，似乎帝王或者统治阶层有意利用东岳神灵来管辖城市。

---

① 潘荣陛：《帝京岁时纪胜》"三月·东岳庙"，北京古籍出版社 1981 年版，第 17 页。

② 康熙《东华门外散司会碑记》，《北京东岳庙与北京泰山信仰碑刻辑录》，第 99 页。

③ 让廉：《京都风俗志》，北京古籍出版社 1981 年版，第 4 页。

④ 据《东岳天齐仁圣大帝庙大供会碑记》，清顺治皇帝在甲午年二月初一"祭朝日坛，斋宿于此，拜瞻帝□。"

如果我们从更深层面考虑，东岳神由泰山派驻全国大小城市，一方面是世俗权力对神权的支配与利用；另一方面是世俗王权对地方控制效用与信心的期待，他们企图倚重传统的宗教神权，以便更加有力地对城市居民进行精神掌控。因此东岳神常常是帝王及其代表的统治阶层的化身（北京东岳庙大帝的侍臣像按著名宰相魏徵模样塑造的就是典型例子），人们朝拜东岳诸神似乎也就是在对现实帝王统治的礼敬，"上祝天子万寿"[①]，帝王也利用神灵的灵力伎俩施惠于大众，如帝妃赐子等。

第三，城市信仰空间的生活性。

城市信仰空间的建立本来是为了解决城市居民的精神出路问题，但中国传统社会城市信仰空间不仅具有城市社会控制的作用，同时也有着城市生活的服务作用。我们在东岳庙这样的城市信仰空间中可以看到城市百姓关注的几乎所有生活问题，都有体现。当然生老病死福寿问题是首要关注的问题，东岳大帝"掌人间之福禄，操生死之大权"，京都人为了祈福避害，"奔趋如云，诚敬而奉祀焉"。[②]

生育问题是传统社会人们共同关心的大问题，东岳作为东方之神，它天然地具有生殖的神性，"天地发育万物之功皆本于东方，故群岳祀之方域，而岱宗祠遍海宇。虽与礼经稍殊，然推原所以致人心向往之深者，其在兹乎"。[③] 元人在东岳神旧封号"天齐仁圣"下新加"大生"的封号，强调东岳重生的德性。当时鲁国大长公主自京师归其封邑，路过东门外的东岳庙，祷于大生帝，并出私钱作神寝殿，皇帝赐名为昭德殿，"岁时内廷出香币致祭，都人有祈祷，咸得至焉"。[④] 明朝正统年间重修东岳庙，仍为前后二殿，前为岱岳，以为东岳泰山之神，后为育德作为神寝之所，帝妃赐子的信仰更浓。明代开始香客以打金钱眼的方式祈子，"帝妃前悬一金钱，道士赞中者得子，入者辄投以钱，不中不止，中者喜，益不止，罄所携以出"。[⑤] 人们在庙中热衷于这种巫术性的求子方式，体现了当时人对东岳主生的信仰虔诚。

---

① 范成大：《吴郡志》卷13 "祠下·东岳庙"，江苏古籍出版社1999年版。

② 康熙《二顶圣会碑》，《北京东岳庙与北京泰山信仰碑刻辑录》，第88页。

③ 元大都东岳庙《昭德殿碑》录自清人于敏中等编纂《日下旧闻考》卷八十八。

④ 《东岳仁圣宫碑》，元人虞集《道园学古录》，引自《北京东岳庙与北京泰山信仰碑刻辑录》，第6页。

⑤ 刘侗、于奕正：《帝京景物略》卷之二 "城东内外·东岳庙"，北京古籍出版社1983年版，第64页。

事实上明朝人们已经淡化了东岳的地府信仰，强调东岳生育的盛德。明人谢肇淛在《五杂俎》中说："岱为东方主发生之地，故祈嗣者必祷于是，而其后乃傅会为碧霞元君之神，以诳愚俗。故古之祈泰山者为岳也，而今之祠泰山者为元君也。"碧霞元君信仰开始流行，在明清时代北京东岳庙内有五处奉祀娘娘（碧霞元君的化身）的香火，广嗣神殿是其中香火旺盛之处，久婚不育的妇女来此"拴娃娃"，祈求子嗣。2008 年春节庙会期间，这里仍然有许多香客虔诚叩拜。

一旦求得子嗣，人们还希望子嗣未来有好的前程命运。因此，人们到七十二司中的"掌注生贵贱司"前求好的命运。传说掌管该司的是五云真人，他有五支竹筒，竹筒里面装有五种不同颜色的云，每种颜色代表一种命运。子孙娘娘将不同命运的魂魄交给五云真人，由五云真人分别装入不同颜色的竹筒，然后由送生娘娘送到各生育家庭。为了自己孩子有好运，在孩子出生前，父母都要偷偷来拜五云真人，多献供品，希望他在装魂魄时替自家孩子换一个好命。① 这种充满生活情趣的信仰，生动地体现了城市居民关心自我的性格。

掌管人的寿命是东岳神最基本的职能，传说东岳地府有生人名录，到期就派专职勾魂使者前来勾魂。为了延续生命，人们虔诚奉祀东岳大帝。东岳庙比较其他寺庙，更有皇家意味。明代宫内太监常常参与东岳庙内修缮与祭祀事务，因此"上为祝厘圣寿，下为生民祈福"② 是当时庙内主要活动之一。北京东岳庙内有增延福寿司，每年正月初二，北京人都要来本司献上金箔做的元宝，请增延福寿司神赐福延寿。东岳庙内还有长寿司，其神为寿星，每年正月初八是拜寿星的日子，茶商们要到东岳庙的长寿司烧香献供，香客们买一些东岳庙道士自制的草药，回家泡酒，说是喝了这酒就能活到九十九。假如有人重病痊愈，人们一定要到东岳庙七十六司烧香（明清时期为七十二司），挨个磕头、上香，有的还要放一个馒头，称为"散司"。③ 在医疗卫生条件有限的传统社会，人们的健康大都不能得到必要的保证，因之大家转向神灵，乞求神灵的保佑。东岳庙自古就有多位治病疗疾的神灵。北京东岳庙药王殿奉祀三皇、孙思邈和韦慈藏。在孙

---

① 陈巴黎：《北京东岳庙》，中国书店 2002 年版，第 95 页。
② 嘉靖《崇整岳帝司神修葺续基碑记》，第 12 页。
③ 陈巴黎：《北京东岳庙》，中国书店 2002 年版，第 130、154 页。

思邈、韦慈藏两边配享的是岐伯、扁鹊、张仲景、华佗等十大名医。庙内还有掌黄病司，专门为身患黄疸性肝炎的人提供祷神服务。东岳庙内这种治病疗疾乞求健康的服务从明代开始明显增多，人们在庙内帝妃行宫中安置两个大浴盆，"受水数十石，道士赞洗目，无目诸疾，入者辄洗"。[1] 可能当时人们易害眼病，东岳庙就针对这一社会需要，提供此项专业保健服务。清代东岳庙又增加了一匹铜骡，说它"颇能愈人疾病"，人体哪一部位出了毛病，就去庙里摸摸铜骡相对应的身体部位，人的疾病就会痊愈，"病耳者则摩其耳，病目者则拭其目，病足者则抚其足"。[2]

虽然可以求助神灵，祛病保健，但死亡还是经常发生，为了在死后得到好的安排，人们也到东岳庙祈请神灵保佑。东岳本来就是幽冥之神，地府七十二司堂皇列于庙中。如《封神演义》第99回"姜子牙封神"中所说："东岳泰山天齐仁圣大帝，总管天地人间吉祥祸福"，"执掌幽冥一十八重地狱，凡一应生死转化人神仙鬼，俱从东岳勘对，方可施行"。因此人们对东岳神礼拜有加，对掌管地府诸司的神灵也特别恭敬，清康熙初年北京人组成"散司会"的信仰组织以长期供奉诸司祈福。[3] 而明清时期的白纸圣会，对勾魂司尤为看重，四季在司前供奉白纸，以备神用。

东岳庙还是调解社会矛盾、家庭矛盾，化解道德困境的生活空间。庙里大多宣传的道教的劝善惩恶的内容，如七十二司中有恶报司、善报司、速报司、忠孝司、忤逆司、欺昧司等，各司有专神主持。人们利用地府诸司警示人们，你即使逃过阳间王法，但难逃阴司惩处。"使若辈者一旦入东岳之庙，过七十二司之门，有不悚然惧惕，然省心怍颜赧汗浃背者哉。"[4] 围绕着东岳庙七十二司形成了不少灵异故事，这些故事都带有扬善惩恶、警醒世人的意味，以此教训人们遵守孝道、遵循公德。如"速报司显灵"的故事，不孝子因寡母误伤孙子，欲借逛东岳庙会之机害死母亲，母亲跪求速报司神，结果其子暴死。[5] 相传速报司之神为岳武穆，

---

[1] 刘侗、于奕正：《帝京景物略》卷之二"城东内外·东岳庙"，北京古籍出版社1983年版，第64页。

[2] 富察敦崇：《燕京岁时记》，北京古籍出版社1981年版，第58页。

[3] 康熙《东华门外散司会碑记》，第99页。

[4] 乾隆三十三年《东岳庙庆司会碑记》，第187页。

[5] 陈巴黎：《北京东岳庙》，中国书店2002年版，第163—164页。

最著灵异。"凡负屈含冤心迹不明者，率于此处设誓盟心，其报最速。"①
从清朝晚期开始东岳庙内还有两把大的铁算盘，上书"乘除分明""毫厘
不爽"，警戒人不要作恶作祸。有一首《报应歌》说得好："生败子，疾
病缠；妻和女，伴人眠。从前只说拣便宜，哪知后来要利钱。处处东岳
庙，都有大算盘；不拘数，有人还，一倍要你加二三。"②

人们将庙宇空间视为生活问题的诊断所，同时也是未来职业命运的祈
祷所，"后阁有梓潼帝君，亦著灵异，科举之年，祈祷相属"。③ 东岳神灵
偶像与功能的不断增加，体现了城市居民不断增加的精神生活需要。

东岳庙以其城市信仰空间的特殊地位，成为传统城市生活的有机组成
部分，它成为调控传统城市居民精神生活与社会生活的重要场所。在今天
的城市，人们面对的生活问题与精神困惑也明显减少，人们有了多种精神
表达的途径与社会问题的解决方法，庙宇空间的现实意义已经明显降低。
但作为人口集中的城市，依然需要除了剧院、广场、博物馆、展览馆等公
共文化设施的精神调整场所外的信仰表达场所，有些精神问题，还需要传
统的信仰方式解决。这不仅因为传统信仰经历了岁月的陶炼，它与民族文
化心理水乳交融，更重要的是作为一种文化表达，它是特定的文化样式之
一，并且它依然在一定程度上影响着人们的精神生活。我们应该避免简单
地以"封建迷信"对其进行拒斥，那样不会有好的效果。我们应该以理
解宽容的态度对待传统信仰，将其视为现代社会文化生态的一部分。文化
生态的多样性与丰富性是现代社会文明进步的重要表现。因此说，在我们
现代化的城市尽可能保留一些具有历史文化传统的信仰空间，为人们提供
一定的精神服务，这就像预防自然灾害的避难所一样，我们也预留这样的
精神避难所，这对社会和谐稳定方面是有益无害的。

---

① 富察敦崇：《燕京岁时记》，北京古籍出版社 1981 年版，第 58 页。另有康熙五十一年
《岳武穆鄂王碑记》："东岳庙两庑置司七十余，而速报最著，为劝善警恶故也。"第 124 页。
② 陈巴黎：《东岳庙》，中国书店 2002 年版，第 22—23 页。
③ 富察敦崇：《燕京岁时记》，北京古籍出版社 1981 年版，第 58 页。

第八章

晚明北京居民的节日生活与
城市空间的发展

　　节日是结构时间的一种方式，人们通过节日的设置将难以捉摸的时间变得可以把握。节日作为中国社会的文化传统，尽管是一种社会性的建构，却往往被当成日常生活的客观因素来接受，自其产生以来，就一直是社会成员日常生活中自然而然、不能超越的组成部分。秦汉以降不同王朝的君民大致共享着同一种节日生活框架。当然这并不意味着不同时代、不同地方、不同群体的节日文化和节日生活是没有差别的。事实上，某一特定区域的节日生活总因节日在体系结构、活动内容、活动空间、活动主体方面的特性而与另一区域分别开来，显示出一定的地方性特征。笔者以为，区域节日文化的形态、地方性特征及其形成必须与该区域的整体联系起来才能得到理解。本章的写作在很大程度上即可以被视为对晚明北京节日文化形态、地方性特征及其形成原因的一个理解过程。然而，笔者的意图并不止于此，当节日文化仍然活态地存在从而是居民日常生活实践一部分的时候，它就不仅是被建构的对象，它还具有建构的能力。本章还将试图阐释北京居民是如何通过过节，即对节日文化的实践，作用于北京城市活动空间的发展的。由此，该章便为理解区域文化与城市空间发展之间的复杂关系提供了一项个案的说明。

　　本章所使用的基本材料出自刘侗、于奕正所著《帝京景物略》。该书共八卷，写成于崇祯八年（1635）。之所以选择该书作为基本材料，一方面是因为作者创作态度十分认真，使用资料多来自田野调查的成果，所谓"事有不典不经，侗不敢笔；辞有不达，奕正未尝辄许也。所未经过者，分往而必实之，出门各向，归相报也"①，所谓"兹编人征其始末，事核其有无……疑乃传疑，信乃传信"②，故而真实可靠，在反映明代末年帝都北京政治、经济、文化、风俗等方面的情况极富史料价值。另一方面，它在以景观（空间）为关注点，将北京划分为"城北内外""城东内外""城南内外""西城内""西城外""西山上""西山下""畿辅"等不同区域，详细叙述区域内山川景物、园林刹宇等名胜古迹的同时，还在"春场"部分详细记录了当时北京居民的节日文化和节日生活，从而为我们认识明末北京城市居民的节日生活的时空特征提供了十分便利的条件。当然，它也有明显的缺点，如作者已坦言："至尊内苑，非外臣见闻传闻所得梗概。四坛、诸陵，臣庶瞻望焉，罔敢至止。"③ 所以《帝京景物略》所揭示的并非全体居民的节日生活。好在还有刘若愚（1583—？）的《明宫史》、陆启浤的《北京岁华记》（撰写于1644年）④ 等文献，它们对晚明北京节日文化和生活也多有涉及，文中亦多作参考。

一 晚明北京居民节日生活的形态和特征

根据有关记载，我们可以基本厘清晚明北京居民节日生活的形态和特征，主要体现在以下四个方面。

1. 节日的时间安排

根据《帝京景物略》的记载，我们制成表1。

---

① 刘侗：《帝京景物略·叙》，载刘侗、于奕正《帝京景物略》，北京古籍出版社1983年版，第4页。

② 于奕正：《帝京景物略·略例》，第5页。

③ 同上。

④ 刘若愚：《明宫史》，北京古籍出版社1982年版；陆启浤：《北京岁华记》，上海图书馆馆藏清抄本。

表 1　　　　　　　　《帝京景物略》中节日的时间安排

月份	一①	二	三	四	五	六	七	八	九	十	十一	十二	合计
节日数	5	1	2	4	2	2	3	1	1	1	1	4	27
节日天数	30②	1	2	19③	6	4	3	1	1	1	3	30④	101⑤

表 1 显示，这一时期北京的节日共有 27 个，每个节日持续的天数长短也颇有差异，它们并不均匀地分布在一年的十二个月份之中：年末的十二月和年初的一月节日数最多，节日密集，节日时间也最长，它们前后相续，成为一年当中的高峰期。如果从上半年和下半年来看，则上半年的节日数量和节日时间都明显多于下半年。尤其下半年的八月到十一月，节日稀疏，成为一年当中的低潮期。27 个节日之中，绝大多数为北京与其他地方所共有，但亦为其所独享者，如耍燕九的正月十九日和洗象的六月六。东岳仁圣帝诞和碧霞元君诞则是庙会性质的地方性节日，尤其后者，节期达 18 天之久，从而使四月成为北京城市年度节庆的又一个高峰期，这与其他地方四月往往是节日低潮期形成了鲜明对比，也令北京居民的生活节奏明显与其他地方有所不同。

尽管有月度分配上的差异，但总体上看，明末北京的居民拥有相当可观的节日时间，由于节日时间往往就是娱乐时间和消费时间，这意味着晚明的北京居民一年中有大约 27.6%⑥的时间是在消费娱乐中度过的。有学者在谈到明代北京城市的发展时曾经说，它"由一个生产兼消费的城市变成一个以享乐消费为主的城市"⑦，其节日数量之多、节期时间之长可谓一个有力的证据。

---

①　在《帝京景物略》中，立春未被置于月份之中，一方面为了统计的方便，另一方面因为立春曾被视为岁首，并多被其他岁时作品列入正月，此处将其置入正月进行统计。

②　在北京有从旦日到晦日家家点天灯的习俗做法，依此习俗统计时间，整个正月均为节日时间，按正月有 30 天算，其中 16 天为活动十分频繁期。

③　节气节日（如清明、立秋、冬至等）在历法中的位置不确定，有时可能与其他节日在节期上重合，但我们在统计节日天数时通常单独计算。

④　当时有从腊月初一至除夜"小民为疾苦者""奉香宵行"的习俗，据此，则整个腊月均为节日时间，按十二月有 30 天算，其中 4 天尤为重要。

⑤　如果按严苛的标准，则为 61 天。

⑥　若节期按 61 天计算，比例则为 16.7%。

⑦　张紫晨：《中国民俗学史》，吉林文史出版社 1993 年版，第 459 页。

2. 节日活动的空间布局

人类的任何活动都必须在一定的空间里进行，节日活动也不例外。通常来讲，家庭是日常生活的中心，家的一堵堵墙壁为活动于其中的人竖立了一道道有形的屏障，从而将家构成一个相对封闭的私人空间。与此相应，户外则是开放的社会可视空间。节日活动在家内进行，意味着节日活动多以家庭为单位进行，具有较强的封闭性；而节日活动在家外进行，则意味着活动具有更多的开放性，允许更多的人参与其中，从而形成众多人在公共空间的"共同在场"，来自不同群体的人们在视与被视、接触与被接触中调整或改变着自己的行为、感觉和思想。表 2 中根据空间将《帝京景物略》记载的不同节日里的活动进行了区分。

表 2 　　　　　　　　　《帝京景物略》中的节日活动安排

月份	节日名	家内举行的活动	家外举行的活动	不确定
正月	立春		迎春、进春、鞭春	
	元旦	不卧嚏、夙兴盥洗、啖年糕、拜年	绕塔、拜年、东岳庙烧香、赛放炮仗、卖琉璃瓶盛鱼	戴闹娥
	灯节		灯市、走桥、击击太平鼓、跳百索、耍大头和尚、商灯、缚棚作九曲黄河灯	祀姑娘
	十九日		耍燕九	
	廿五日			啖饼饵
二月	龙抬头	熏虫儿		
三月	清明日		祭墓，踏青	
	东岳仁圣帝诞		祭祀、游行	
四月	碧霞元君诞		祭祀、游行	
	立夏日		启冰	
	八日		舍豆结缘，游耍	
	十八日		舍豆结缘	
五月	女儿节	菖蒲酒、艾叶插门、耳鼻涂雄黄，悬五雷符	避毒，游耍，取蟾酥	簪榴花，系端午索
	十三日		进刀马、游行	

续表

月份	节日名	家内举行的活动	家外举行的活动	不确定
六月	六日			晒銮驾，晒衣物
	三伏日		洗象	
七月	七日			丢巧针
	十五日		盂兰盆会，放河灯，祭祖、掏促织	
	立秋日			不饮生水
八月	团圆节	祭月，互相馈送	互相馈送	
九月	九日	迎女	登高，迎女	
十月	一日	送寒衣	作、售寒衣	
十一月	冬至	始画九九消寒图	贺冬，吉服互拜	进履舄
十二月	八日	煮腊八粥	纳冰，煮腊八粥	
	廿四日	祭灶，幼女禁食祭余		
	廿五日	接玉皇		
	三十日	送玉皇，迎灶君，插芝麻秸、收瘟鬼、烧松盆，祀先，辞岁，守岁		

从表2可以发现，晚明北京居民节日空间布局大致具有如下三个特点。

第一，节日空间既有家内，又有家外，但无论是从举行活动的数量言，还是从节日活动占据时间的长短言，家外都比家内成为北京居民更重要的节日活动空间。

第二，家外的活动空间主要包含寺观庙坛、街市、街衢、园林、风景胜地等，而且形成特定节日与特定空间相对固定的结合，比如迎春要到东直门外五里的春场，正月绕塔要到白塔寺，逛灯市要到东华门外，耍燕九要到白云观，踏青要到高梁桥，碧霞元君诞要到马驹桥，四月八日要要戒坛，五月五日避毒要到天坛，游耍则至金鱼池、高梁桥、松林和满井，三伏日洗象要到响闸，七月十五放河灯要到水关、泡子河，九月九日登高要到香山诸山、法藏寺、显灵宫、报国寺等处。

第三，从月份分布上看，在家内举行的节日活动主要分布在一月、

187

二月、五月、八月、十月、十一月和十二月，尤以十二月最为集中，而在家外举行的节日活动则分布在二月之外的所有月份。这种活动空间分布在时间方面的特征反映了北京居民的节日生活一方面仍受季节性的影响，在一定程度上延续了中国古代节日春夏开放、秋冬内敛的传统；另一方面又极大地突破了季节性的影响，呈现出一年四季的节日都颇具开放性的形态。

3. 游赏、游戏作为节日活动的普遍性

晚明北京居民的节日活动多样，这从表2中可以看得清楚，而事实上的节日生活比《帝京景物略》所展示的还要丰富。譬如《北京岁华记》中提到的"上巳日上土谷祠""无赖子弟臂作字，或木石鸟兽形，必取是日（指五月初五日）"等①，在《帝京景物略》中便没有体现。必须说明的是，晚明北京节日活动的丰富性并不格外引人注目，因为丰富性可谓中国历代节日活动的整体特点，这一时期北京节日活动让人印象深刻的地方在于游赏、游戏的普遍性。表2中列举的"家外举行的活动"大多与游赏相关。传统的节日成为外出游赏的时间，庙会的进香之旅也获得了游赏的性质。游赏之外，游戏盛行，《帝京景物略》所载即有一月的"女妇抓子"，二月的小儿打柭柭、抽陀螺、放空钟，三月的小儿玩泥钱，十一月的玩羊骨，十二月的小儿及贱闲人踢毽；《北京岁华记》所载还有八月的斗蟋蟀、斗鸡，九月的斗鹌鹑，十一月的击羯鼓等。游赏、游戏的盛行赋予了此时期北京节日生活高度轻松欢快的世俗娱乐特质。

4. 明显的群体差异性

在中国传统社会，拥有不同身份、地位的社会成员总是共享着同一种节日文化和节日生活框架。然而，共享同一种节日文化和节日生活框架，并不意味着共享同一种节日生活。尽管晚明北京城市居民过着同样的节，甚至在不少节日时间里他们还会到同一个公共空间里活动，比如《明宫史》就记载灯市时"勋戚内眷，登楼玩看，了不畏人"②，但他们的节日生活还是具有明显的群体差异性。这种群体差异性既体现在基于性别、年龄的划分方面，也体现在基于社会地位、财富拥有状况、职业、身份等的

---

① 《北京岁华记》，第4、5页。
② 《明宫史·火集》"饮食好尚"，第84页。

188

划分方面。

以性别划分为例。根据《帝京景物略》的记载，在许多男女共享的节日活动之外，有个别的节日活动是专属于男子的，如十二月的祭灶由男子祭，妇女不得见，幼女不得食祭余，但相形之下，专属于女性群体的节日活动更加多样，比如正月抓子的游戏，望夜前后的走桥、祀姑娘，五月的簪榴花，七月的丢巧针，九月九日的迎女儿，十一月冬至的制履舄上舅姑等。这似乎表明在晚明的北京城里，女子拥有比男子更加丰富多样的节日生活。

再以财富拥有为例，比如《帝京景物略》记载正月十三日有散灯之俗，"家以小盏一百八枚，夜灯之，遍散井灶门户砧石，曰散灯也……富者灯四夕，贫者灯一夕止，又甚贫者无灯"，[①]《北京岁华记》所谓"逼岁始备新衣，富者衣于岁前，示有余"，[②]都表明社会成员因财富拥有状况不同而在节日生活方面具有了群体差异性。

从身份方面看，客居北京的群体与土著群体存在差异，比如在清明节，土著居民群体会去扫墓，客居者则多"感念出游"。至于皇室、官员与平民在节日生活方面的差别，更加明显。由于作者活动范围的有限，《帝京景物略》对于皇室、官员节日生活的描述并不多，但在迎春、进春、鞭春这一由官府主导的典礼的记载中，我们还是能够深切感受到皇室、官员、社会名流与平民的分野。在迎春仪式中，包括大京兆、县正佐、耆老、学师儒等在内的官员、社会名流衣朱簪花，众目睽睽下行走在迎春队伍里，显然是仪式的主角。一般的平民则往往是仪式的观众。旁观固然也是对仪式的一种参与，但作为主角的参与和作为旁观者的参与，在个人感受上毕竟不可同日而语。更何况有些活动空间并不对平民开放，在对皇上、中宫、皇子进春的活动中，只有京兆生才有资格抬小春牛芒神入朝。而《明宫史》的记载更鲜明地反映出皇宫内岁时生活的独特性。比如宫眷内臣在年中尤其重要节日期间都要更换新衣以应时节，如祭灶后穿葫芦景补子及蟒衣，三月初四日换穿罗衣，四月四日换穿纱衣，五月一日至十三日穿五毒艾虎补子蟒衣，七月七日穿鹊桥补子，九月自初四日换穿罗重阳景菊花补子蟒衣，十月初四日换穿

①　《帝京景物略》，第 66 页。
②　《北京岁华记》，第 9 页。

纻丝，冬至节穿阳生补子蟒衣等，而节日饮食也异常讲究，非一般所能享用。①

二 晚明北京城市空间与居民节日生活特征的形成

在对晚明北京居民节日生活的特征进行分析论证之后，接下来的问题便是这些特征是如何形成的。笔者以为，这个问题只有放在北京城市空间中加以考察才能得到较好回答。具体而言，则主要是由北京的帝都地位及其城市空间中的社会风尚促成的。

1. 北京的帝都地位

明朝开国时北京本非都城所在地，但朱棣即位后，出于各方面的考虑，决定迁都北京，重新营建。这一决策迅速提高了北京的地位，使其一跃成为全国范围内最重要的城市。首都地位的确立，极大地促进了北京城市的发展。

这首先体现在人口规模的迅速扩大和社会结构的迅速变迁。明朝初年，包括北京在内的中国北方经济凋敝，居民稀少，据洪武二年北平府统计，全府仅有 14974 户，48973 人。② 中期以后，则大大增加。韩大成先生曾引用明人文献列举了成化、嘉靖、万历时期的京城人口状况，如嘉靖时，正阳、宣武、崇文、德胜诸门外，"居民稠密"，据兵科给事中朱伯辰估计，有"数十万户"之多，如果加上城内居民，数量当更加可观。③这些居民的社会身份极其复杂，其中既有伴随着中央政府的迁入而生活于此的皇室、贵戚、功臣、中官以及一般官僚等权贵势要之人，有看准商机孜孜逐利的富商巨贾，有生产资料较少主要依靠劳动贩运为生的小工商业者，有通过为官府、皇室、富商巨贾、小工商业者工作、服务而谋生的军人、奴仆、工匠、雇工、宦官、宫女，有以相面、看病、看风水以及各种卖艺、卖身活动为生的医卜相巫艺妓，还有三姑六婆、乞丐光棍、游方僧道等各种闲杂人员。可以说，在晚明的中国，没有哪一个城市像北京这样拥有如此复杂的社会构成。这些居民有北京土著，亦有大量客居者，他们

---

① 参见《明宫史·火集》"饮食好尚"，第 83—91 页。

② 《永乐大典》辑本《顺天府志》八"户口"引洪武《图经》，转引自许大龄《明代北京的经济生活》，《北京大学学报》1959 年第 4 期，第 41 页。

③ 韩大成：《明代北京经济述略》，《北京社会科学》1991 年第 1 期，第 93 页。

以不同的身份携带着各自的口音、文化、财富、追求生活在同一个城市中，从而大大增强了城市的异质性，北京成为典型的"五方杂处，风俗不纯"之地。体现在节日生活中，便是明显的群体差异性：在同一个节日时间里北京居民的不同群体过着并不相同的节日生活，对节日空间的使用也复杂多样。

首都地位的确立，使北京的经济迅速发展，商业很快繁荣起来。早在1959年，许大龄先生就撰文探讨明代北京的建都对其经济发展的影响，认为："北京的建都加速了北京地区经济的发展，土地占有关系起了一定的变化，农业、手工业和商业都为之改观了。"[①] 这一观点无疑是正确的，人口规模的迅速扩大以及伴随而来的对各种生活资料、生产资料需要的大幅度提升主要依靠市场，而皇室、官府、权贵们对奢侈品的追求也大大刺激了工商业的发展。当时"帝都所在，万国梯航，鳞次毕集"，"市肆贸迁，皆四远之货；奔走射利皆五方之民"[②]，形成了商业的繁荣，在北京城内城外，不仅有多处店铺密集的市肆繁华之处[③]，还有形成较大规模的定期集市。比如绵亘十里每月初一、十五、二十五的城隍庙市以及东华门外的灯市。集市之上，百物杂陈，生意兴隆。经济的发展和商业的繁荣，深刻地影响到北京居民的生活方式，反映在节日生活中，就是购物成为节日生活的重要内容，街市成为重要的节日活动空间。

首都地位的确立，使北京的城市空间发生了诸多改变。在中国传统城市中，城墙可以说是比较明确的城市空间的边界，城墙的建设基本上限定了北京城市空间的范围。明代北京城是在元大都的基础上营造的，明初为了巩固城防，将城市北部比较空虚的地区加以紧缩，新北城墙向南缩入五里，永乐迁都后，南城墙则向外拓展，即从元代丽正门、文明门、顺承门一线向南扩展到正阳门、崇文门、宣武门一线。随着时间的推移和经济、社会的发展，在北京南城三门之外，逐渐形成了人口稠密的居住区，同时，城南又是官方重要祭祀场所的所在地，为了应对城市

---

① 许大龄：《明代北京的经济生活》，《北京大学学报》1959年第4期，第43页。
② 谢肇淛：《五杂组》卷三，地部一，中华书局1959年版。
③ 比如蒋一葵在《长安客话》中说到大明门前棋盘大街，"天下士民工贾各以牒至，云集于斯，肩摩毂击，竟日喧嚣"。北京古籍出版社1982年版，第11页。

发展和帝都防卫的需要，嘉靖年间又修建了北京外城。外城的修建，不仅将城南这一重要的经济文化区域纳入城墙的保护范围之内，而且大大扩张了北京的城市空间。晚明北京居民的节日生活主要是在这一空间范围中形成的。而在这个空间中的山山水水、风景胜地也往往成为居民在节日期间趋向之地。

不仅如此，首都地位的确立还意味着各种举行官方礼仪建筑和场所的设置，而官方礼仪的举行时间往往与民间节日的时间同步，虽然官方礼仪的主角只是皇室成员、政府官员以及社会名流，但在很多场合中，这些礼仪活动都是可视的，普通民众并不被排斥旁观，甚至还能主动参与其中，比如在立春节的迎春活动中，儿童们就可以用瓦石掷击迎春队伍中的人员①。因此，这些建筑和场所的存在虽然显示了群体的差异性，却也标志了节日活动空间在总体上的扩张。此外，帝都地位的确立以及与此相关的权贵富有人员的聚集、经济的发展、城市的繁荣也使寺观庙宇、园林、酒楼、茶肆、坊曲、桥头等公共空间得到迅速发展，它们同样成为北京居民节日期间栖身的重要场所。

2. 北京城市空间里的社会风尚

社会风尚，指一定时期流行的社会价值观、追求取向、审美心态及其所表现的社会的和生活的行为。它根本上是一定时期经济、政治、观念的反映。明朝初年，民生凋敝，人以"敦厚俭朴"相尚。经过一百多年的发展，社会经济逐渐恢复，商业获得极大发展，明代中期以后，社会风尚发生了巨大转变，人们普遍地追求人性的自由和自我的张扬，以浮靡奢侈相高，以感官愉悦为求，"声色"对人生的价值得到肯定②，"生活"本身也被赋予了"道"的意义，如李贽所说："穿衣吃饭，即是人伦物理；除却穿衣吃饭，无伦物矣。世间种种皆衣与饭类耳，故举衣与饭而世间种种自然在其中，非衣食之外更有所谓种种绝与百姓不相同者。"③ 焦竑也从"人非食不生，非菽粟不食"的常识中悟出"日用饮食，靡之而非道"的道理。社会中普遍弥漫着享乐主义的生活态度和生活方式，袁宏道所谓

---

① 参见《帝京景物略》，第65页。
② 李贽：《续焚书》卷1《答邓石阳》，中华书局1975年版，第49页。
③ 焦竑：《澹园集》卷22《庸言跋》，中华书局1999年版，第282页。

的人生五快活①正是享乐主义生活态度和生活方式的极佳说明。虽然这一社会风尚并非为北京所独有，但在北京却表现得十分明显，人们的节日生活自然不能不受其影响。因为与以从事物质生产为主要内容的平常日子相比，节日以物质消费为核心内容，更具有享受声色之娱的合法性。对人性自由的追求以及享乐奢侈之风影响节日生活的重要表现之一便是节日时间的拉长。碧霞元君诞的庙会之期竟然达 18 天之久，让北京的四月显得热闹非凡。腊月和正月差不多整月都处于过节当中。表现之二在于它令节日中的高消费现象十分普遍，如《北京岁华记》，灯节宴席间"相尚以黄瓜豆荚为供。一瓜之值三金。豆一金。……牡丹、芍药、蔷薇俱有花。较春时薄小，一瓶值数千钱"。② 另外，愉悦身心的游赏、游戏活动普遍存在于节日生活之中也与其有密切关系。

三 节日生活对城市空间的影响

中国节日文化萌芽于先秦，初步定型于汉魏，经由隋唐宋元的发展，到晚明已有一千多年的历史。在这一千多年里，尽管有王朝的更迭、国家的分裂，尽管有节期长短、节俗内容和节日性质的变化，但节日作为一种民俗事象从未中断，而在何时过节、如何过节也往往构成了一套规则。对于不同历史时期各地的社会成员而言，这套规则是不言自明的常识，对这套规则的具体参与操作则成为难以超越的日常生活。这同样适用于明代的北京居民。当我们试图揭示城市空间与居民岁时生活之间的关系时，仅仅认识到城市空间对节日生活特征的形成具有决定意义是不够的，因为节日生活作为社会成员日常生活不可超越的组成部分，它还具有建构城市空间的能力。

---

① "然真乐有五，不可不知。目极世间之色，耳极世间之声，身极世间之鲜，口极世间之谈，一快活也。堂前列鼎，堂后度曲，宾客满席，男女交舄，烛气薰天，珠翠委地，金钱不足，继以田土，二快活也。箧中藏万卷书，书皆珍ясん。宅畔置一馆，馆中约真正同心友十余人，人中立一识见极高，如司马迁、罗贯中、关汉卿者为主，分曹部署，各成一书，远文唐、宋酸儒之陋，近完一代未竟之篇，三快活也。千金买一舟，舟中置鼓吹一部，妓妾数人，游闲数人，泛家浮宅，不知老之将至，四快活也。然人生受用至此，不及十年，家资田地荡尽矣。然后一身狼狈，朝不谋夕，托钵歌妓之院，分餐孤老之盘，往来乡亲，恬不知耻，五快活也。士有此一者，生可无愧，死可不朽矣。"载《袁宏道集笺校》，上海古籍出版社 1981 年版，第 205—206 页。
② 《北京岁华记》，第 1、2 页。

第一，因为人们不能不过节，人们便不能没有过节的空间，当原有的空间不能满足人们的节日生活的需求时，新的空间便应运而生。因此，节日生活对城市空间发展的作用首先体现在它可以促进城市居民活动空间的扩张以及与之相关的基础设施的营建。比如每届四月八日，晚明北京的居民多到戒坛、香山、玉泉山等处游玩，这些地方已经远远超出他们平日里京师内外城。又如灯市。灯市因上元有（元宵节）张灯之俗得以形成。据《帝京景物略》，灯市在东华门东，长二里，"起初八，至十三而盛，迄十七乃罢也。灯市者，朝逮夕，市；而夕逮朝，灯也"。每逢开市之日，热闹异常。而这个原为灯节而设的灯市后来逐渐变为在每月初五、初十、二十日定期交易百货的集市，并建起供人交易的市楼，"楼而檐齐，衢而肩踵接也。市楼价高，岁则丰，民乐。楼一楹，日一夕，赁至数百缗者"。①

第二，只要他们过节，他们就会或多或少地遵循着既有节日习俗规则行事，这深刻影响着他们对节日活动空间的取向。从理论上讲，每一个人迹可至的场所都有可能成为节日活动的空间。正如前面已经说过的，一个特定节日往往有特定的空间，如迎春须到东直门外五里的春场。可以说，某一空间之所以成为节日活动空间，是与节俗规则的要求密切相关的，比如清明节晚明的北京居民更热衷于去高梁桥而不是白塔寺，是因为踏青、插柳历来是清明节的一项重要习俗活动，而高梁桥一带每届清明则"桃柳当候，岸草遍矣"，能够更好地应对习俗规则的要求。又比如香山诸山、法藏寺、显灵宫、报国寺等处是九月九日的重要活动空间，是因为九月九日有登高之俗，而"香山诸山，高山也；法藏寺，高塔也；显灵宫、报国寺，高阁也"②，与其他地方相比，更能够与习俗规则的要求相契合。总之，在习俗规则的作用下，人们可以通过对节日活动空间的选择增强某些城市物理空间的生活性和社会性，从而成功地在不经意间将其转化为社会活动空间。

第三，节日生活有助于增强城市空间内部的联系性。这其中很重要的是通过节日期间更为频繁的商品往来得以实现的。在晚明的北京，享乐主义之风弥漫于社会之中，节日成为重要的物质消费日，而居民所需要的节

---

① 《帝京景物略》"灯市"，第57—58页。
② 《帝京景物略》，第69页。

日物品，许多要仰赖交易获得。比如人们中秋节时需要的月光纸有纸肆供应，九月九日需要的花糕有糕肆供应，十月一日需要的寒衣也有纸肆供应。相比于平日，节日市场更加繁荣，彼此之间发生贸易往来的频率也要高一些。《帝京景物略》里描述的灯市的繁荣很可以说明问题。基于社会分工形成的节日贸易往来强化了人们之间的有机联系。不仅如此，节日作为一种公共时间，为社会成员提供了共同在场、彼此关照、互相交流的机会。尽管不同群体在节日活动空间的利用方面有着不可忽视的差别，但是社会成员不分男女、老少、贫富、贵贱地在同一空间里共处毕竟是节日生活的常态。在这个空间里，他们通过观察感受自己衣着打扮、行为方式等与他人的同与异，通过身体接触，通过语言交流，而不断调整、形成着自己的行为方式和观念。杨补的《灯市竹枝词》曾用短短两句描绘出节日中互动的频繁，所谓："楼上眼光楼下落，下头人说上头强。"甚至过节引发的一些个人烦恼也有助于彼此之间建立起更加密切的关系，刘效祖有首《灯市词》："谁家闺女路傍啼，向人说住大街西。才随老老桥边过，看放花儿忽失迷。"① 描述了一位女子因看灯迷路引起大家关注的小事。正是诸如此类众多的不起眼的小事进一步增强了城市空间内部的有机联系，并在很大程度上有利于城市空间的整合与发展。

总之，可以说，节日生活直接参与了城市空间的建构。这里的节日生活，当然包括晚明北京居民的，但又不仅仅是指他们的。

---

① 杨补与刘效祖诗均见《帝京景物略》，第61页。

第九章

北京端午礼俗与城市节日特性探赜

　　自辽金元建都以来，北京都城历史已经千年，北京城市居民经历了数次大换血，城市生活传统同样经历了重大的变化。地处华北的北京历来处于农牧交锋的前沿地带，是北方少数民族进入中原的重要入口，也是中华帝国稳定北方地区的重要基地。因此在北京城市人口的变动中常常出现北方少数民族与中原汉族彼此消长的情况。由于近千年来北京有三分之二以上的时间由少数民族主导的王朝作为都城，因此，城市民俗生活中多民族色彩鲜明。当然也由于北京是王朝的都城，北京城市人口中有相当部分来自全国各地，特别是城市精英阶层多为通过科举考试进入北京的江南士人，这些任职京城的南方人，随着他们到来的是一群服务行业人员，以及他们的生活习惯。当然决定北京最基本的生活底色是北京所在的燕蓟地区的风土及在此基础上形成的历史文化传统。

　　就北京自然时序来说，北京春秋短促，夏冬较长，四时节庆完备，但引人瞩目的是尚在冬天的年节与长夏中的端午节。这里专门探讨北京的端午节，自辽建南都于北京地区以来，北京就是重要城市，据《契丹国志》记载，辽代南京（今北京）户口三十万，番汉杂处，"陆海百货，聚于其中"。伴随北京城市居民的端午节也经历了800多年的历史，800多年的历史中端午节的形态有明显的变化，辽金元时期，端午节俗有着明显的北方民族特点，具有部族国家礼仪性质。明代以后，北京端午节俗日益世俗化，成为城市社会居民生活的节点。

一　辽金元北京端午祭天射柳礼俗

　　辽金元政权是北方民族建立的政权，属于通古斯语族，其中心性的民族信仰是"天"，对天的礼拜是契丹、女真、蒙古诸族共有的习俗传统。

端午在辽金元三朝都为重要节日，端午重要节俗之一是祭天，在当时北京城市生活中，祭天成为盛大的岁时仪式。尤其是金朝，"其节序，元旦则拜日相庆，重午则射柳祭天"。①《金史·礼志》称："拜天之礼甚重"，金主宣称："国莫大于祀，祀莫大于天。"据文献记载，金朝拜天的传统继承辽人，一年有多次拜天之礼，"金因辽旧俗，以重五、中元、重九日行拜天之礼"，②金人拜天一年三次，重五、中元、重九三个节日所拜场所各异。重五在马球场，中元在内殿，重阳在都城外。拜天的方式是在空地上搭一五六尺高的架子，上面放置一个用木块刳出来的舟形木盘，木盘质地为赤色，上面画云鹤纹饰。人们在木盘中放入祭祀食品，如酒醴、牢饩、饼饵、果实等（据文惟简记）。然后集合宗族人员祭拜。端午祭拜的方式如下："重五日质明，陈设毕，百官班俟于球场乐亭南。皇帝靴袍乘辇，宣徽使前导，自球场南门入，至拜天台，降辇至褥位。皇太子以下百官皆诣褥位，宣徽赞：'拜。'皇帝再拜。上香，又再拜。排食抛盏毕，又再拜。饮福酒，跪饮毕，又再拜。百官陪拜，引皇太子以下先出，皆如前导引。皇帝回辇至幄次，更衣，行射柳、击球之戏，亦辽俗也，金因尚之。"③ 在端午祭天之后，然后射柳击球。蒙古亦重五月五日，在重五宴会上，要讨论秋天出征方向。据《蒙鞑备录》记载："正月一日必拜天，重午亦然，此乃久住燕地，袭金人遗制，饮宴为乐也。"端午拜天是国家的礼仪。

射柳击球是辽金元端午节的重要户外竞技，辽人的情况不是很清楚，但金人明确说继承辽俗。我们从《金史·礼志》中，得到当时射柳与击球的风俗描述："凡重五日拜天礼毕，插柳、球场为两行，当射者以尊卑序，各以帕识其枝，去地约数寸，削其皮而白之。先以一人驰马前导，后驰马以无羽横镞箭射之，既断柳，又以手接而驰去者，为上。断而不能接去者，次之。或断其青处，及中而不能断，与不能中者，为负。每射，必伐鼓以助其气。已而击球，各乘所常习马，持鞠杖。杖长数尺，其端如偃月。分其众为两队，共争击一球。先于球场南立双桓，置板，下开一孔为门，而加网为囊，能夺得鞠击入网囊者为胜，或曰：'两端对立二门，互

①　（元）宇文懋昭《金志》，丛书集成初编本（3903），中华书局1985年影印本，第6页。
②　《金史》卷三五，志十六，礼八，台湾艺文印书馆据清乾隆武英殿刊本影印，第38册，第366—367页。
③　同上。

相排击，各以出门为胜。'球状小如拳，以轻韧木枵其中而朱之。皆所以习跷捷也。既毕赐宴，岁以为常"。金人以此两项竞技运动作为军事训练的方式，特别是拜天之后的射柳竞技，"则无贵贱、老幼，能骑射者，咸得射柳，中者则金帛赏之；不中者，则褫衣以辱之。射柳既罢，则张宴饮以为极乐也",① 端午射柳成为全民习武的盛大节会。

元朝五月五日的户外竞技同样是射柳与击球。《析津志辑佚》记载击球射柳情形。

首先看击球，"今之故典。而我朝演武亦自不废。常于五月五日、九月九日，太子诸王于西华门内宽广地位，上召集各衙门万户、千户、但怯薛能击球者，咸用上等骏马，系以雉尾、璎珞，紫缀镜铃、狼尾、安答海，装饰如画"。击球时，两队争夺激烈，因为胜者有赏，败者受罚。"当其击球之时，盘屈旋转，倏如流电之过目，观者动心骇志，英锐之气奋然。虽耀武者，捷疾无过于是，盖有赏罚不侔耳。如镇南王之在扬州也，于是日王宫前列方盖，太子、妃子左右分坐，与诸王同列。执艺者上马如前仪，胜者受上赏；罚不胜者。若纱罗画扇之属。此王者之击球也。其国制如此"。由于元人为马上民族，其骑术更好，因此在击球竞技中更重视对抗性与观赏性，增添节日气氛。

其次看射柳，元人的射柳大略与金人同样重视仪式与演武竞技。"端午日质明，镇南王于府前张方盖，与王妃偕坐焉。……前列三军，旗帜森然。武职者咸令斫柳，以柳条去青一尺，插入土中五寸。仍各以手帕系于柳上，自记其仪。有引马者先走，万户引弓随之，乃开弓斫柳。断其白者，则击锣鼓为胜，其赏如前，不胜者亦如前罚之。……此武将耀武之艺也。"

射柳与击球是金元两代端午节的竞技游戏，由于金元两代的军政合一传统，他们利用传统节日，训练、较量、展示军事技能，端午这种军事竞技活动的开展暗含着与自然的协调，端午时节是阴阳二气争锋的时候，人们以射柳与击球的较量与比试作为与天时相应的节俗活动，是合适的。江南端午时节的水上竞技活动同样有类似性质，竞渡也被人理解为水上作战的训练方式的遗留。

---

① （宋）文惟简：《虏庭事实》，车吉心总主编：《中华野史辽 夏金元卷》，泰山出版社2000年版，第341页。

当然辽金元的端午节除了朝廷的拜天仪式与射柳击球竞技外，官方与民间还有诸多节俗活动。从节日佩饰看，辽代称端午为端五，"五月五日午时，采艾叶与绵相和，絮衣七事，国主著之，蕃汉臣僚各赐艾衣三事"。由此段资料我们知道辽人端午节要穿特制的艾衣，这种五月五日采艾叶，然后将艾叶与绵合制的衣服，据说有祛毒的功效。它是一种特别的端午民族服饰，我们在前后朝代很少见到。当然辽代君民以彩丝系臂①，妇女戴合欢索以及编织成人像的长命缕等祈求生命的延续，就明显属于汉代中原地区的习俗在辽代北京城市生活中的传承。元朝北京人端午佩饰有诗为证："五月天都庆端午，艾叶天师符带虎，玉扇刻丝金线缕。怀荆楚，珠钿彩索呈宫箇。"② 彩索、珠花、玉扇、天师虎符等是元人端午朝廷上下崇尚的节物，其中天师虎符是端午的避邪物，这是宋代江南旧有的习俗，元代北京人明显受其影响。从端午节日食俗看，辽代端午节日有大型集会饮食活动，节日食品是来自渤海国的艾糕③。金代端午祭天集会饮宴，元朝北京贵族沿袭金人旧习，以端午为大节，重午"饮宴为乐"（孟琪《蒙鞑备略》）。节日食品以凉糕、香粽为典型。无论官府还是民间都以凉糕、粽子为馈赠佳品。

辽金元时期由于北方民族历史文化传统的关系，北京端午节被推为大节，以朝廷为主导的礼俗活动隆重热烈。

二 明清以来北京端午节俗的家庭化与世俗化

如果说辽金元时期，端午节俗以国家拜天仪式为中心，辅之以具有演武性质的射柳、击球竞技，是一种国家主导的节俗形态的话，那么明清以后北京的端午节强调的是家庭形态，家庭性节日民俗占据主导地位，虽然作为都城，朝廷礼仪依然举行，但民众很少成为其中的参与者。

明代北京端午习俗与辽金元时相比有明显形态差异，主要原因是主体民族的文化传统不同，当然还有历史社会阶段性原因。端午时节虽然朝廷

---

① 《辽史》礼志六"嘉仪下"，"重午仪，至日，臣僚昧爽赴御帐，皇帝系长寿彩缕升车坐，引北南臣僚合班，如丹墀之仪。所司各赐寿缕，揖臣僚跪受，再拜。"

② 北京图书馆善本组辑，熊梦祥原著：《析津志辑佚》，见"岁纪"条，北京古籍出版社1983年版。

③ 《契丹国志》卷27"岁时杂仪"："国主及臣僚饮宴，渤海厨子进艾糕，各点大黄汤下。"

也要举行仪式活动，但比较于前代是例行公事而已。"朝廷每端午节赐朝官吃糕粽于午门外，酒数行而出。文职大臣仍从驾幸后苑，观武臣射柳，事毕皆出。上迎母后幸内沼，看划龙船，炮声不绝。盖宣德以来故事也。"① 朝廷只是举行一个宫廷范围内的应节的仪式，没有前代那样的明显的时政意义，而且这种仪式在明朝后期也不大举行。②明代北京节日习俗较多地继承宋代，当然元朝大都的节日习俗也部分地留存下来，呈现出南北交融状态。就明代北京的端午节来说，其节日结构形态已经与元代有较大差异，节日主题不再强调与天时变化的对应的拜天之祭，而是将端午当作日常生活中家庭关系与社会关系的重要调剂时间。端午节被明代北京人称为"女儿节"，"五月女儿节，系端午索，戴艾叶、五毒灵符，宛俗自五月初一至初五日，饰小闺女，尽态极妍。出嫁女亦各归宁，因呼为女儿节。端午日，集五色线为索，系小儿胫。男子戴艾叶，妇女尽画蜈蚣、蛇、蝎、虎、蟾为五毒符，插钗头。踏青端午日，士人相约携酒果游赏天坛松林、高梁桥柳林、德胜门内水关、安定门外满井，名踏青。妇女如之，比之南京雨花台更盛"。③ 女孩在家庭被特别关注，将她打扮得漂漂亮亮。出嫁的姑娘也回到娘家。男孩小腿上系上五色线索。男人戴艾叶，女子将画着蜈蚣等五种毒物的灵符插在头上，这些佩饰既是节日避忌观念使然，也是一种节日的特别装扮。明代北京人特别注重节日中的佩饰，适应不同节日需要，装扮各种民俗象征物。端午在北京还是踏青的日子，男女结伴游天坛等处。据《帝京景物略》记载，京城人端午出游还有避毒的意味，"五日之午前，群入天坛，曰避毒也。过午出，走马坛之墙下。无江城系丝投角黍俗，而亦为角黍，无竞渡俗，亦竞游耍。南则耍金鱼池，西耍高梁桥，东松林，北满井，为地不同，饮醵熙游也同"。④

---

① （明）陆容：《菽园杂记》卷一，中华书局1985年版。又《太宗永乐实录》记：永乐十一年端午节"车驾幸东苑观击球射柳，听文武群臣四夷朝使及在京耆老聚观"。说明永乐时期，朝廷端午节仪一度盛大，不过这样的资料在其前后皇帝实录中记载甚少，即使他本人实录也极稀少。

② （清）史玄：《旧京遗事》："京朝官端午赐食粽，重阳赐食糕，一费可七百金。食时助以酒脯取沾赏而毕，诸臣享会之后，长班以馂余纳置筐篮，与其官长矜宠卸路，自皇极门至长安街马归洋洋，寻续不断。余寅卯两年中惟见端午赐食粽一次，余以经费浩繁，蠲除盛事，然非制也。"见京津风土丛书，张次溪编，台北进学书局影印1969年版，第42页。

③ （明）沈榜：《宛署杂记》第十七卷"民风一，土俗"，北京古籍出版社1983年版。

④ （明）刘侗、于奕正：《帝京景物略》卷二"春场"，北京古籍出版社1983年版。

我们在上述记载中看到，北京的端午已经是一个以女性为中心的家庭节日与娱乐郊游的节日，充满民间生活情趣，这在辽金元时代的北京是看不到的。明代北京端午节日食品仍然是粽子、果品，还有加蒜过水面，饮雄黄菖蒲酒等。辽金元以来重视的艾糕在明代已经不大被提起。金元兴盛的端午射柳与击球游戏，在明代显著衰减。朝廷有武官射柳的宫廷活动，民间也有人在天坛玩类似射柳的游戏。击球运动未见任何文献记载，想必已经废止。明代北京还将端午视为采药节，"太医院官，旗物鼓吹，赴南海子，捉虾蟆，取蟾酥也"①。所以北京有一句俗语："癞蛤蟆躲不过五月五。"

　　清代虽然是满族主政北京，但端午节俗依然沿袭明朝家庭化与世俗化的路向，清人控制下的北京已经没有其女真祖先的端午拜天仪式与击球运动。清代北京称端午为端阳，端阳节俗从五月初一开始，据乾隆年间成书的《帝京岁时纪胜》记载："五月朔，家家悬朱符，插蒲龙艾虎，窗牖贴红纸吉祥葫芦。幼女剪彩叠福，用软帛缉逢老健人、角黍、蒜头、五毒老虎等式，抽作大红朱雄葫芦，小儿佩之，宜夏避恶。家堂奉祀，蔬供米粽之外，果品则红樱桃、黑桑葚、文官果、八达杏。午前细切蒲根，伴以雄黄，曝而浸酒。饮余则涂抹儿童面颊耳鼻，并挥洒床帐间，以避虫毒。饰小女尽态极妍，已嫁之女亦各归宁，呼是日为女儿节。"②端阳节为女儿节，但在避瘟保健、家户防护、祈福求吉方面有更多民俗细节体现，如家家悬朱符、窗贴红纸吉祥葫芦、剪彩叠福、制作避邪小佩饰等，这些习俗明显融合了江南与东北的端午习俗。清代端阳节日食俗丰富，粽子依然是主要节令食品，也是供佛祀先的供品，当然还有樱桃、桑葚等时果奉献。"每届端阳以前，府第朱门皆以粽子相馈贻，并副以樱桃、桑葚、荸荠、桃、杏及五毒饼等物。其供佛祀先者，仍以粽子及樱桃、桑葚为正供。亦荐时食之义。"③五毒饼是清朝京城的新创造，晚清"富家买糕饼，上有蝎、蛇、虾蟆、蜈蚣、蝎虎之像，谓之五毒饽饽。馈送亲友，称为上品"。④这种具有巫术类的节日食品，让人们从味觉中体味端午节的民俗意蕴。

---

① （明）刘侗、于奕正：《帝京景物略》卷二"春场"，北京古籍出版社1983年版。
② （清）潘荣陛：《帝京岁时纪胜》"五月端阳条"，北京古籍出版社1981年版，第21页。
③ （清）富察敦崇：《燕京岁时记》"端阳"，北京古籍出版社1981年版，第65页。
④ （清）让廉：《京都风俗志》，北京古籍出版社1981年版，第5—6页。

在端午节日禁忌中，清代北京还有五月初一与初五禁止汲水的禁忌，说是为了避井毒。禁忌端午水的习俗来源于古老的阴阳变化观念，跟人们对夏至阴阳二气运动变化的理解有关。虽然不拜天，但天坛仍然是端午节游览娱乐的场所。

民国时期，端午节俗继承前代夏日防避毒恶的卫生主题，但在节俗信仰方面已经有所减弱。民国政府一度将端午定为夏节，放假一天。据《宛平岁时志稿》："五月五日家悬五雷符，插门以艾，幼女佩纸符，簪榴花，曰女儿节。是日午具角黍渍菖蒲酒阖家饮食之，以雄黄涂耳鼻取避虫毒之义也。天坛墙下走马为戏，群竞观焉，金鱼池、草桥、聚水潭皆有树荫可作醵饮，相望不绝。"① 这段资料与康熙《大兴县志》几无差异，是否照抄前志，抑或民国时期依然如此过节，故仍然以此文字来反映端午节俗。由此可见明朝以来五月端午女儿节的传统依然传承，道教在端午的影响也依然存在，明代京城户户悬挂五雷镇宅符、门前插艾等做法，依然是清至民国北京端午户内门前的装饰。北京端午节日饮食也是传统的江米小枣粽子与菖蒲酒等。民国成书的《燕市货声》五月叫卖中有供佛的桑葚、樱桃、蒲艾、江米小枣凉粽、神符、葫芦花等。端午的户外娱乐场所主要还是天坛，金鱼池、草桥、聚水潭等也是玩乐之地。

三　从北京端午节俗看城市节日的文化特征

在北京传统节日体系中，端午是一个较为重要的节日，因为与辽金元拜天仪式的关系，端午地位特殊，它成为王朝政治的时间节点。在明清以后北京端午虽然没有前代那样隆重，但由于它融合南北端午习俗，节日内容丰富，因而在全国性的节日体系中，它也有着重要影响。从北京端午节俗看，城市节日有如下特征。

第一，城市节日习俗的仪式性明显。城市生活强调公众性，城市节日重视仪式性表达。都城北京的端午节仪式主要表现在朝廷与民间两大层面，在辽金元时期端午节仪是以朝廷为主、京城公众参与欣赏的公共仪式，如拜天、射柳、击球、赏赐节物等，家庭性仪式不明显；明清时期端午节仪式分化为宫廷节日庆祝礼仪与京城百姓家庭与社交礼仪两个部分。

---

① （民国）王养濂、李开泰合编：《宛平岁时志稿》，京津风土丛书，第119页。

宫廷端午节日仪式明代主要有午门赐食粽，宫苑内观武臣射柳等，清代为"内廷王公大臣至端阳时，皆得恩赐葛纱及画扇"。[①] 在朝官得到赏赐后，沿着长安街招摇回家，以矜"御宠"。京城百姓端午仪式主要表现在以打扮小女儿为中心的家庭节庆仪式上，端午节期间，北京人家精心修饰小闺女，给闺女戴上纸符、插上石榴花，"尽态极妍"。同时，明清时期北京人重视端午节供佛祀先仪式，以粽子与新上市的时令水果樱桃、桑葚作为祭品。端午原本是巫道信仰浓厚的卫生节日，明清北京却将供佛仪式纳入端午。端午习俗的仪式性，还表现在与端午相关的庙会活动上，元朝大都"南北城人是日赛关王会，有案，极侈丽"。[②] 关王会有精美的关王像、有鼓乐，互相比试竞技。明代北京关王会止歇，但在五月十三日，"进刀马于关帝庙，刀以铁，其重以八十斤，纸马高二丈，鞍鞯绣文，辔衔金色，旗鼓头踏导之"。[③] 这同样属于端午期间的节日巡游仪式。清代端午期间盛大的城市仪式是城隍出巡，"五月初一日，大兴县城隍出巡。出巡之时，皆以八人肩舆，舁滕像而行"。巡游队伍中有民众自愿舍身为马童的、打扇的，有手臂穿铁钩悬灯的、有披枷戴锁扮为罪人的，还有扮作判官鬼卒的，护持神轿。在城隍出巡过程中，京城有盛大的街市巡游表演仪式，北京人称为"过会"。《燕京岁时记》介绍说："过会者，乃京师游手，扮作开路、中幡、杠箱、官儿、五虎棍、跨鼓、花钹、高跷、秧歌、什不闲、耍坛子、耍狮子之类，如遇城隍出巡及各庙会等，随地演唱，观者如堵。"[④] 从赛关王到城隍出巡，北京人端午节期间的节会仪式活动丰富生动。

第二，城市节日信仰氛围浓郁。城市节日是城市社会生活的节点，虽然中国重要节日多数来源于农耕生活，但城市居民在享受传统节日时，有自己节日心态与节俗行为。我们通常会认为城市生活中人们信仰心理会弱于农村地区，但从节日民俗看，城市宗教信仰与民俗信仰的氛围明显比乡村浓烈，这一方面是由于经济实力与时间相对机动的原因，但根本性的原因应该是城市生活的竞争与不确定性，让人们对神灵信仰有更多的依赖。

---

① （清）富察敦崇：《燕京岁时记》"端阳条"，北京古籍出版社 1981 年版，第 66 页。

② 北京图书馆善本组辑，熊梦祥原著：《析津志辑佚》"岁纪"，北京古籍出版社 1983 年版，第 219 页。

③ （明）刘侗、于奕正：《帝京景物略》卷二"春场"。

④ （清）富察敦崇：《燕京岁时记》"端阳条"，北京古籍出版社 1981 年版，第 67 页。

我们看到端午节中的城市居民，他们特别重视对节日家居空间与个人身体的信仰性保护。除在门口插艾这一传统习俗外，还要在门口悬挂由道士绘制的各种符箓，以及天师像。如《燕京岁时记》所说："每至端阳，市肆间用尺幅黄纸，盖以朱印，或绘画天师钟馗之像，或绘画五毒符咒之形，悬而售之。都人士争相购买，粘之中门，以避祟恶。"还剪彩纸为各种葫芦，倒贴在门阑上，"以洩毒气"。在个人身体保护方面，儿童妇女是重点防护对象。明代北京端午节除了打扮小闺女外，"端午日，集五色线为索，系小儿胫。男子戴艾叶，妇女尽画蜈蚣、蛇、蝎、虎、蟾为五毒符，插钗头"。① 妇女将五毒符戴于头上，这样的佩饰传统在北京流传久远。清代《京都风俗志》就记载了北京妇女在端午节佩饰上所下的工夫："人家妇女以花红绫线结成虎形、葫芦、樱桃、桑葚及蒲艾、瓜豆、葱蒜之属，以彩绒贯之成串，以细小者为最，缀于小儿辫背间。或剪纸，或镂纸、折纸作葫芦、蝙蝠、卐字各式，总谓之福儿。杂五色彩纸以衬之，总谓之曰葫芦儿。妇女买通草小虎、彩绒福儿戴钗簪头上。至五日，惟神符、福儿留之，其葫芦等物尽抛街巷，谓之扔灾。是日，小儿额上以雄黄画王字，又以雄黄涂小儿鼻耳之孔，谓如此夏月能辟诸虫。"② 这些精巧的手工艺品，既是儿童妇女节日饰物，也是她们顺利度过炎夏的精神法宝。同时也看到人们以传统的涂点雄黄的避邪方式保护儿童的身心健康。

端午节还是僧俗与道俗关系交集的时节，佛寺或道观各有社会影响范围，在端午节前，寺庙道观都要给施主馈送神符，以答谢信众。这是宋明时代城市生活中常有的节日信仰现象。

第三，城市节日娱乐功能突出。城市生活中人们重视公众娱乐，节日就是城市居民公众娱乐的时间平台。节日欢娱不仅是城市节日本身的组成部分，同时它也是城市居民娱乐精神的周期性呈现。五月端午对于北京人来说是避忌的节日，也是户外欢娱的节日，人们根据端午节日性质，在节日期间开展竞技与游赏活动。辽金元时期端午走马射柳、击球竞技，参与者众多。金人重五在球场拜天之后，"行射柳、击球之戏，亦辽俗也，金因尚之"。③ 元人"当其击球之时，盘屈旋转，倏如流电之过目，观者动

---

① （明）沈榜：《宛署杂记》第十七卷"民风一·土俗"，北京古籍出版社1982年版。

② （清）让廉：《京都风俗志》，光绪己亥作，北京古籍出版社1981年版，第5—6页。

③ 《金史》卷三十五，志十六，礼八，台湾艺文印书馆据清乾隆武英殿刊本影印，第38册，第366—367页。

心骇志，英锐之气奋然"。① 击球与射柳有很强的对抗性与竞技性，是富于观赏性的娱乐项目，京城人无不为之心动。明清时期端午已经很少有击球运动，射柳也不被重视，端午出游成为人们节日娱乐的重要方式，"帝京午节，极胜游览"。② 明代北京人出游的地点主要是天坛与高梁桥等处，人们走马于天坛墙下，"亦竞游耍。南则耍金鱼池，西耍高梁桥，东松林，北满井，为地不同，饮釀熙游也同"。③ 清代沿袭明朝端午游览的节日娱乐传统，"或南顶城隍庙游回，或午后家宴毕，仍修射柳故事，于天坛长垣之下，骋骑走繲。更入坛内神乐所前，摸壁赌墅，陈蔬肴，酌余酒，喧呼于夕阳芳树之下，竟日忘归"。④ 人们在夕阳芳树之下，纵酒喧呼，忘乎所以。而大运河边的里二泗"五月朔至端阳日，于河内斗龙舟，夺锦标，香会纷纭，游人络绎"。⑤ 龙舟赛是南方水乡端午的竞技活动，这时已经引入京城城郊民间社会，可见清代北京端午的娱乐习俗有了新的色彩。由以上记载，我们对京城居民的节日娱乐狂欢的情景有了更深印象。城市节日的娱乐化是城市居民生活的内在需要，人们除了遵循节日信仰与节日禁忌，实现节日期间人神沟通与社会伦理秩序的再确认外，人们还要利用传统节日来放松身心，以节日出游与饮宴的娱乐调整精神，同时增强人际关系。

北京节日习俗的独特性在于北京城市居民的独特生活态度，由于北京地处北部边陲，是农业民族与游牧民族交汇地带，北方民族作为统治民族曾经长期生活在这一地区，北方民族的信仰、性格与亲近自然的生活方式，影响着北京居民的生活态度，因此在节日仪式、节日信仰、节日娱乐方面与内地城市相比可能更为浓烈。当然作为近千年的帝都，北京是全国政治中心，汇聚了五方之民，其生活习俗不可避免地受到多方影响，特别是江南地区的精致文化渗入京城，让北京民俗生活在粗犷中增添了几分细

---

① 北京图书馆善本组辑，熊梦祥原著：《析津志辑佚》，见"风俗"条，北京古籍出版社1983年版，第203页。

② 潘荣陛：《帝京岁时纪胜》，北京古籍出版社1981年版，第22页。又陆启泓《北京岁华记》："朔日至旬杪，女儿艳服，带花满头，盛过元宵。至日，挈酒游高梁，或天坛，薄暮争门入。"

③ （明）刘侗、于奕正：《帝京景物略》卷二"春场"，北京古籍出版社1983年版。

④ （清）潘荣陛：《帝京岁时纪胜》"五月端阳条"，北京古籍出版社1981年版，第21页。

⑤ 同上书，第22页。

腻，如端午节中对妇女儿童的装饰打扮。由于北京岁时文献的相对丰富，北京岁时节日的历史与节俗能够得到较清晰的描述，为我们认识北京节俗文化的特性提供了重要依据。当然今天的北京岁时节日形态已经发生重大变化，节日仪式、信仰与娱乐在现代语境中被转换成政治社会表达方式，政府行为与民间社会在节日中的协调，尚在磨合过程中，北京人的传统节日已经进入复兴与重建的过程。

下　篇

北京妙峰山庙会调查与研究

第十章

民间信仰与庙会
——以京西妙峰山春季庙会历史传承
考察为个案[*]

传统庙会活动的中心是庆祝性的祭祀活动，庙会活动的主体是相关的庙会组织成员与广大香客。有着 300 多年历史的北京妙峰山庙会，因为其紧靠京城的特殊位置，受到世人瞩目。本章重点考察民间信仰在妙峰山庙会的历史传承过程中的支配位置，以及当今时代妙峰山庙会中的民间信仰因素。笔者曾在 2002 年、2005 年先后两次组织北京师范大学民俗学社同学以及民俗学专业研究生对妙峰山春季庙会进行了田野考察，考察的重点是香客（包括观光者）、花会组织参加妙峰山庙会的动机与表现。

一　妙峰山的地理位置、自然环境与人文资源

妙峰山在京西北，距北京 130 余华里，其中山路 40 华里。妙峰山属太行山余脉，主峰海拔 1291 米，是西山北麓的主峰。现属门头沟区妙峰山乡涧沟村境内。妙峰山峰顶开阔，空气清新，灌木群英，生机盎然。有木本植物 600 余种，是个天然的植物园。各类奇花异卉四季常开，形成了"四面有山皆如画，一年无日不看花"的特有景致。其中玫瑰花最为知名，涧沟是中国有名的玫瑰之乡。

妙峰山主峰近旁有一组山石，远看像莲花，中间有一个凸起的巨石，经阳光照射反光呈金黄色，故名莲花金顶。山顶有座灵感宫，即碧霞元君

* 本章参考多位北京师范大学本科生、研究生的调查报告，详见相关注释。参加 2002 年、2005 年妙峰山春季庙会调查并对本报告写作有贡献的是柳芳菲、吴丽平、许明堂、贺少雅、苏燕、章颖、王静、王晓鸣等，此外陈建丽、蔡锦碧、洪学佳、陈元鹏、李小雅、赵娜、常莎莎等同学也参与了 2005 年调查活动，特此说明，并对所有参与调查活动同学表示感谢。

祠，俗称娘娘庙，相传是明代的建筑。相传康熙年间娘娘"显圣"，皇帝敕封妙峰山为"金顶妙峰山"，从此香火更加旺盛。妙峰山是京西名山，旧时人说：政治中心在北京，宗教中心在妙峰山。每至四月，京城人大都倾城而出，前往妙峰山进香。京城、天津、石家庄等地都有香会组织前来。

二　历史追寻：明清至民国时期的民间信仰与妙峰山庙会

1. 明代北京地区的碧霞元君信仰与香会

碧霞元君是一位道教女神，她是道教在历史发展过程中为适应世俗生活需要而创造出来的一位新神，明清社会的广大民众在对碧霞元君的顶礼膜拜中获取了一定的生活信心与特殊的精神力量。

碧霞元君的前身是泰山玉女，传说宋真宗在泰山玉女池洗手，发现旧时的玉女像，于是重新恢复了被人遗忘的玉女神祀。明代以前，人们祭祀泰山的主神是东岳大帝，泰山玉女只是陪祀。从明代开始玉女变成了碧霞元君，碧霞元君逐渐取代了东岳大帝在泰山的地位，人们朝山进香的目的就是祭祀碧霞元君。明人谢肇淛说："岱为东方主发生之地，故祈嗣者必祷于是，而其后乃傅会为碧霞元君之神，以诳愚俗。故古之祈泰山者为岳也，而今之祠泰山者为元君也。"[①] 东方为主生之地，乞求生育的人都赶来泰山，在古时是求岳神赐福，而明朝变为求碧霞元君。碧霞元君除了在泰山享受民众香火外，各地也建有碧霞元君的行宫，以适应当地不能前往泰山进香人的日常信仰需要。当然碧霞元君的信仰主要集中在华北地区。北京地区是碧霞元君信仰最集中的区域之一。明代北京称碧霞元君为"泰山天仙圣母"。碧霞元君庙祀极多，著名者有七处，其中西直门外的高梁桥娘娘庙（天仙庙）和左安门外的弘仁桥的元君庙两处在明代香火最旺。

高梁桥娘娘庙的塑像，犹如育婴的妇女情态，形象生动。民俗相传四月八日，娘娘神降生，生育困难的妇人在这天到庙里乞子，比较灵验。所以来此"祈嗣者尤众"。后来这里成为北京妇女的郊游处所，人们携带着酒果，杂坐在河的两岸，有的"解裙系柳为围，装点红绿，千态万状"，

---

① 谢肇淛：《五杂俎》卷四，上海书店出版社 2001 年版，第 66 页。

至晚方休。[1]

弘仁桥的元君庙会是明朝北京最热闹的碧霞元君庙会。《帝京景物略》作者感叹："夫亿万百姓所瓯礼，以俗教神道焉，君相有司不禁也。""岁四月十八日，元君诞辰，都士女进香。"前期有香首"鸣金号众"，人们相互呼应组成一个进香的香会队伍。从四月初一到十八日，路上进香人络绎不绝。有乘轿的，有骑马的，有步行的。步行者，一类是表示虔诚，沿途叩拜，另一类是要举旗幡、鸣锣鼓。步行的人一般是贫民，他们来"酬愿祈愿"。沿途叩拜的人，顶着元君像，扛着纸钱，一步一拜者，三日到，五步、十步至二十步一拜者，一日到。乘轿的是贵富豪门，骑马的是游荡少年与小家妇女。香会队伍张幡执旗，吹弹鼓乐，人们首戴金字小牌，肩令字小旗，抬着木制的小宫殿，称为"元君驾"。元君驾前树有三丈绣幢，上有元君圣号。驾后，建二丈皂旗，旗点七星。有些讲排场的，装扮台阁，数丈铁杆，造型曲折，每层置四五个儿童，扮成各种小戏的角色。另外，还有各色扮相，有打扮成和尚尼姑的，有扮作乞丐的，邋遢态、无赖状、游手少年喧哄嬉游。弘仁桥旁市肆林立，买卖各种食品玩具。抟面做成有棱有角的食品，称为"麻胡"，用饴糖和炒米做成圆形食品，名曰"欢喜团"。还有用秸秆编成的草帽，纸泥面具称为"鬼脸"。"鬼鼻"，加上一串鬃毛，叫作"鬼须"。"香客归途，衣有一寸尘，头有草帽，面有鬼脸，有鼻，有须，袖有麻胡，有欢喜团。入郭门，轩轩自喜。道拥观者，啧啧喜。入门，翁妪妻子女，旋旋喜绕之。"[2] 进香归来，戴福还家，情趣盎然。

明代北京另外五处著名的元君庙号称"五顶"。东顶在东直门外，西顶在麦庄桥北，南顶在永定门外，北顶在安定门外，中顶在草桥。各顶建庙时间前后不一，但一般在明朝后期，例如西顶在蓝靛厂，"万历三十六年，始建西顶娘娘庙于此"。这里向来地势低下，当时北京城中有人倡言"进土"于此，可以祈福，于是"男女不论贵贱，筐担车运，或囊盛马驮，络绎如织。甚而室女艳妇，藉此以恣游观，坐二人小轿，而怀中抱土一袋，随进香纸以徼福焉"。[3] 草桥的碧霞元君庙建于天启年间，"岁四

① 沈榜：《宛署杂记》卷十七，北京古籍出版社1982年版，第191页。

② 刘侗、于奕正：《帝京景物略》卷三"城南内外"，北京古籍出版社1983年版，第133页。

③ 刘若愚：《酌中志》卷十六，北京古籍出版社1994年版，第111页。

月，游人集醵且博，旬日乃罢"。① 四月庙会也有十多天，人们在一起集会娱乐。碧霞元君的信仰在京畿亦有扩展，除北京城内与近郊的元君祠外，涿州的娘娘庙，得到明朝宫中的礼敬，太监前往进香者络绎不绝。②

2. 清代碧霞元君信仰与妙峰山香会

清朝北京沿袭明朝碧霞元君信仰，"京师香会之胜，以碧霞元君为最。庙祀极多，而著名者七"。这七处仍同明朝，西直门外高梁桥娘娘庙与左安门外的弘仁桥的娘娘庙，以及五顶娘娘庙。此外涿州的北关、怀柔的丫髻山，都有元君的行宫祠祀。清朝康熙皇帝亲自给丫髻山天仙殿题写匾额，曰"敷锡广生"。每年四月初一至十八日，为元君诞辰，"男女奔趋，香会络绎，素称最胜"。③ 西顶娘娘庙，每至四月，自初一起，开庙半月。庙有七十二司神的画像。每到开庙时，清朝朝廷特派大臣前往拈香。北顶碧霞元君庙每年四月有庙市，市肆交易的多为日用农具，来游庙会的多为乡人。东顶活动同北顶。南顶开庙最迟，五月初一开庙，至十八日止。"都人献戏进供，悬灯赛愿，朝拜恐后。"④

妙峰山娘娘庙大约在明朝后期已经出现，主要是一些宫廷太监捐资兴修，因为交通问题没有受到更多的人关注，明末清初人们主要在京城附近的"五顶"和高梁桥、弘仁桥处给娘娘上香，庙会在那里举行。确凿知道妙峰山庙会时间的是清康熙二十八年（1689），据原竖立于灵感宫旁、清工部主事张献撰文的《妙峰山香会序》碑，有"己巳春三月，里人杨明等诚心卜吉共进楮币于妙峰山天仙圣母之前"的记载。但在清初，妙峰山香会尚未成为北京地区重要香会。

清朝中期以后北京地区香火之盛，莫过于妙峰山的碧霞元君庙。妙峰山在京西130里处，庙在山顶，人称此顶为"金顶"。人们认为碧霞元君"至灵至圣，有求必应"，每年四月初一开庙，至四月十五结束，庙会时间已经缩短三天，关键时间是初一、初八、十五。碧霞元君诞日似乎与佛诞日合并，娘娘向佛家靠拢。"自始迄终，继昼以夜，人无停趾，香无断烟。"上山有南、北、中、中北四道，以北道上山香客最多。四路香客人

---

① 刘侗、于奕正：《帝京景物略》卷三"城南内外"，北京古籍出版社1983年版，第120页。

② 刘若愚：《酌中志》卷二十四，北京古籍出版社1994年版，第218页。

③ 潘荣陛：《帝京岁时纪胜》，北京古籍出版社1981年版，第19页。

④ 同上。

数共计有数十万，香火钱亦有数十万，"香火之盛，实可甲于天下矣"。①
数十万香客中有相当一部分是由香会组织的，据说，晚清香会最盛时有四
百余会。据奉宽《妙峰山琐记》记录名称有新旧茶棚、善会、社火等三
百多个。他说"其实尚不止此，迩来国家财聚民散，所存不及什一"。
1925 年农历四月妙峰山香会期间，顾颉刚在妙峰山做进香调查时，根据
碑碣款识和会启说明，记录了 17 个清朝香会名称，香会分"老会"和
"圣会"两种，年代久远的香会称"老会"，年代近的香会称"圣会"。
有人说时间在一百年以上的圣会可以向老会转变。这 17 个香会是：引善
老会、万善缘缝绽会、万诚童子跨鼓老会（以上为康熙二年）、义合膏药
老会（康熙五十九年）、妙峰山进香圣会（雍正十二年）、二人圣会（乾
隆二年）、二顶兴隆圣会（乾隆七年）、献袍会（乾隆十六年）、十人膏药
圣会（乾隆三十五年）、二人老会（乾隆四十七年）、献供斗香膏药胜会
（乾隆五十二年）、公议沿路茶棚施献茶叶圣会（嘉庆十年）、遵王荡平修
道圣会（道光二年）、万年长清甲子悬灯灵丹圣会（道光二年）、海灯老
会（道光十六年）、永佑平安绳络老会（同治十三年）和净道圣会（光绪
三年）。② 这些香会以不同的形式表示着自己的虔诚，有为香客服务的，
如修路、施粥、施茶、缝衣，有直接给天仙圣母上供、献灯的。香会有严
密的组织分工，一般有香首、副香首、都管等，以康熙二年引善老会为
例，香会有钱粮都管、请驾都管、车上都管、行都管、陈设都管、中军都
管、吵子都管、号上都管、揆子都管、厨房都管、茶房都管、拉面都管、
饭把都管、净面都管、清茶都管等各数人，作专项的负责。由此可见，香
会在进香的目标之下，形成了一个有着历史传统的自我服务、自我管理组
织。这些香会的资金一般靠香客捐助或者香会地产收入。

值得注意的是在妙峰山香会的兴起过程中，清廷皇室人员的参与发挥
重要影响。在妙峰山有乾隆皇帝第六子永瑢撰写的《妙峰山天仙圣母官
碑碣记》："敬仰天仙圣母，真如自在，大德广生。"嘉庆皇帝、慈禧太后
都曾观看部分香会表演。万寿善缘缝绽会茶棚在嘉庆十八年四月十八日获
内务府颁赐黄旗。慈禧太后为观看香会，光绪十九年在颐和园建看会楼，
用望远镜遥看进香表演。后来掌仪司承懿旨调香会在园内大戏台表演，

① 富察敦崇：《燕京岁时记》，北京古籍出版社 1981 年版，第 62—63 页。
② 参看顾颉刚编著《妙峰山》，中山大学语言历史研究所，1928 年。

"各会进园承差，共十二项七十余堂，会众近三千"人。自光绪二十二年（1896）四月初五日起应差皇会有：群英乐善双石会；五虎棍会，包括幼童吉祥棍、永乐同春棍、太平舞棍、太平万年少林棍会等，挎鼓花钹会，包括太平花鼓、万年攒香长春花鼓等会；花坛圣会，有长清万年花坛会；天平圣会，有太平歌词、万善歌词等；高跷秧歌会，有吉祥歌唱秧歌、高跷秧歌、公议助善秧歌、万年歌唱秧歌、长春高歌秧歌、同庆升平秧歌、乐善升平秧歌、万善秧歌、太平秧歌等；兵部引善杠箱圣会；狮子圣会，有海甸太平舞狮、恩荣舞狮、万年永庆太狮、万寿双石等；开路圣会，有同心乐善开路、同义永乐开路、公议助善开路、虔心乐善开路、万寿无疆公议助善开路等。[①] 这些在宫廷表演过的香会统称皇会。民国北京有十三皇会之说。人们以走皇会为荣，新起的香会需要得到这十三会认可。慈禧曾经给妙峰山天仙圣母题写多幅匾额，如娘娘庙外檐有慈禧太后手书的"慈光普照""功侔富媪""泰云垂荫"等。一些太监自办茶棚、修整进香香道，如同治三年（1864）太监安德海修中道，光绪十八年（1892）太监刘诚印修中北道，为香客前往妙峰山提供了方便。

3. 民国时期的娘娘信仰与妙峰山香会

有人说："北京盛衰以妙峰山香火为转移，香火盛则国盛，香火衰则国运亦衰，人心已堕落矣。"[②] 清朝末年，妙峰山香会曾遭重创。光绪二十六年（1900）四月初六，山中风雪交加，冻死香客百余人。接着八国联军攻破北京，西太后与光绪皇帝避走西安。乱离之世，妙峰山香火衰败。直到民国五年（1916）、六年（1917）后香会才逐渐恢复旧时之景。[③]1925 年农历四月初八至初十，北京大学教授顾颉刚率领数位同人亲自调查了妙峰山香会，并将调查材料汇编为《妙峰山》一书，给我们留下了宝贵的香会资料。[④] 与此同时社会学家李景汉也上山作香会调查，在 1925年 8 月《社会学杂志》上发表了《妙峰山朝顶进香的调查》一文，同样为我们了解民国时期的妙峰山香会提供了一手资料。此后的妙峰山进香情况，我们通过《北京庙会史料通考》辑录的报刊资料，能够有大致的了

---

① 金勋：《妙峰山志》，手抄本，第 41—43 页，藏中国科学院图书馆。

② 同上书，第 5 页。

③ 同上书，第 3 页。

④ 顾颉刚：《妙峰山》，1928 年国立中山大学语言历史学研究所作为民俗学丛书第十八种出版。

解。奉宽的《妙峰山琐记》、金勋的《妙峰山志》更是我们研究晚清至民国时期妙峰山香会的重要参考资料。

民国时期香会组织规模与香客人数明显逊于晚清。曾经因帝后重视，妙峰山香火特殊繁荣的景象，随着清朝的灭亡，一度极为冷清。后来逐渐恢复，也因经费问题，大不如前。顾颉刚抄录有会启的 99 个，因为有些会没贴会启，照此估算，会启的实际数量要超出不少。据顾颉刚统计的情况看，北京内城有金峰普照燃灯老会（崇文门内）等香会有 20 个，北京外城有同心万代巧炉圣会（正阳门外）等香会 28 个，北京四郊有乐善合缘敬宾茶会（朝阳门外）等香会 23 个，郊县及其他地址不明的香会 10 个。民国时期天津香客成为重要来源，他们有 18 个香会组织。天津香客实力雄厚，他们在妙峰山上修路、施馒头茶水、安装汽灯等。天津公善汽灯会会启上说："老北道历年沿路所点汽灯，所有一切资费，皆由本会自行筹备。"天津馒头成为妙峰山香客的主食之一，当时人记："同食天津馒首，同谒碧霞元君。"① 天津香客来妙峰山的重要原因之一是拜王三奶奶，王三奶奶是天津人，修行成神，在妙峰山进香仙逝，她的墓地在妙峰山上。有人说她是茶棚的创立者。同治十二年长春茶棚会众重修王奶奶墓碑题词为："创化施主建立茶棚"。② 天津香客朝山的会单上并列写着"天仙圣母，王三奶奶"。天津还有一种带香会的风俗，"有的是团体，有的是个人，据说不下二百余处。替人带香，亦是一项心愿"。在香会开始前，愿意带香的事主，到处贴小黄报条，"上写金顶妙峰山进香，天仙圣母，王三奶奶，有香早送，由某日起，至某日止，送至某处"字样。有心进香却无力前往的，就到纸马铺买一个檀香木牌，牌正中写"天仙圣母，王三奶奶"；左边写"为某某心愿"，右边写"天津府天津县信士弟子某名敬叩，或敬献"。送到带香处，托其带到山上，代为焚烧，以了心愿。③ 香客上山一般要在娘娘面前求签，如妙峰山圣母灵签，第二签，大吉，签文："心直德厚福无疆，恁意求财定有方，守分自然多吉庆，名利双全荣与昌。"解曰：求官得位，财源大通，婚姻可成，谋事遂意，孕生男子，利见大人，行人即至，疾病必痊。王奶奶神像前也有灵签，那些签

---

① 金勋：《妙峰山志》，手抄本，第 5 页，藏中国科学院图书馆。

② 同上书，第 11 页。

③ 土文光：《天津的妙峰山进香情形》，引自顾颉刚编《妙峰山》，1928 年国立中山大学语言历史学研究所作为民俗学丛书第十八种出版。

文都是治病的，如第二十签，男科，"肝有火，胃不开，心胃相交，病无来。白茯苓一钱，次生地二钱，柴胡一钱，酸枣仁八分。引藕节二个。二剂完"。①

民国时期香客多时，每年也有数十万人，据称半月内桃木杖可卖数十万根，回香人大都拄杖下山，很少有不买的，据说"回家顶门，能避邪祛鬼"。娘娘顶上的绒花也能销售一百余万枝。② 据李景汉在 1925 年春季香会观察，香客中农民占百分七八十，北京城内居民为香客的百分之二三十，妇女占百分之七八。香客京兆一带人最多，天津人次之，保定、张家口、关外都有香客，南方也有香客来。从来的目的分类，为父母、亲人疾病还愿来的占百分之二三十，为灾难、疾病、贫穷、无子、忧苦而来求圣母救助解难的占百分之五六十，为香会而来的占百分之一二十，为游览山水而来的不过百分之一二。③ 庄严在《妙峰山进香日记》中亦说："进香之人，大约以劳动界为多。"妙峰山的香客以下层社会为主，他们一方面上山乞求神灵赐福，另一方面也是难得的行业、村落的公共聚会表演。如民国时期妙峰山香会中最老的香会万寿善缘缝绽老会，就是京师靴鞋行公立，该会在妙峰山有自己的粥棚，它为香客鞋绽，代为缝缀，并施粥茶。

金勋在《妙峰山志》序中说："各项香会组织最完备之会规，虽然不是国家法律，但各会众心存信仰，皆以触犯规则为最耻，开山之日，各路景象一新，香客热烈团结，互相亲爱，欢声载道，虔诚、带福还家之词不绝于耳，真有同作佛国民之慨。"

抗战时期妙峰山春季香会依然举行，只是天津一带的富裕香客少了，穷香客并不少，"他们头上扎着黄布，插着红花，身上背着黄包，善男信女们来朝山进香了"。八路军利用这一时机对民众进行抗日宣传。④ 解放战争时期，农历四月庙会在当地民主政府保护下照常进行，平津等地香客游人不顾国民党匪军的恫吓阻挠，络绎前来。⑤ 革命政府将妙峰山庙会看作解放区吸引、影响蒋管区民众的重要方式。

---

① 李景汉：《妙峰山朝顶进香的调查》，刊于《社会学杂志》，商务印书馆 1928 年版。
② 金勋：《妙峰山志》，手抄本，第 4 页，藏中国科学院图书馆。
③ 李景汉：《妙峰山朝顶进香的调查》，刊于《社会学杂志》，商务印书馆 1928 年版。
④ 周而复：《北平西郊一带》，引自北京市东城区园林局编《北京庙会史料通考》，北京燕山出版社 2002 年版，第 251 页。
⑤ 《平西妙峰山庙会·蒋区香客不绝于途》，《人民日报》1948 年 6 月 4 日。引自北京市东城区园林局编《北京庙会史料通考》，北京燕山出版社 2002 年版，第 252 页。

三 当代民间信仰与妙峰山庙会

解放后妙峰山庙会停止活动，直至 1986 年以后才逐渐恢复，1990 年北京城的一些老香会组织"秘密"上山进香。1993 年，政府正式批准妙峰山春香庙会。庙会恢复后，连续十三年没有中断，而且庙会的影响越来越大。山上供奉了儒、释、道三家信奉的神明，有药王殿、娘娘庙、地藏殿、月老殿、观音殿、喜神殿、王三奶奶殿、文昌殿、财神殿、东岳殿、玉皇阁等；关于妙峰山庙会中的民间信仰情况，有几位学者做过相关调查研究，如吴效群的博士论文《北京的香会组织与妙峰山碧霞元君信仰》(1998)、王晓莉博士论文《碧霞元君信仰与妙峰山香客村落活动的研究——以北京地区与涧沟村的香客活动为个案》(2002) 以及郗志群、李海荣《妙峰山第十届传统春香庙会调查报告》(《民俗研究》2003 年第 1期) 等。在郗志群与李海荣的文章中，有一组经过问卷统计后的数字，根据 2002 年春季庙会收回的 200 份问卷调查分析，宗教信仰占 63.5%，而旅游观光的占 36.5%。2002 年 5 月 18 日 (农历四月初七)，北京师范大学民俗学社同学对妙峰山春季庙会上山香客进行了随机访谈。

从我们随机的抽样看，来妙峰山的香客所占比例仍大于游客。许多香客还是慕名远道而来的。香客们的信仰是虔诚的，多是怀着向往幸福生活的朴素愿望和向善的心理。即使那些游客来到妙峰山也不可能不受这样的文化氛围影响。看看下山的人身上都戴着"戴福还家"的花，就知道人们渴求幸福平安的心理了。①

在对山上的茶会人员的访谈中，我们也对大家祈求平安的心理深有感受。茶会人员在山上供奉观音菩萨，给上山的香客、游客提供免费茶水服务。从四月初一至十五日，他们一直待在山上。在谈及这半个月的感受时他说："一到这山上，我们就跟出家没什么两样，就什么也不想了。其实，观音并不能让人发财，让人想什么有什么，只是让人心安罢了。人活着就求这么个心安。"②

---

① 章颖：《妙峰山民俗文化田野调查报告》(未刊稿)，2002 年。
② 王静：《一切但求心安——对妙峰山朝拜人群心理状态的社会调查》(未刊稿)，2002年。

2005 年 5 月妙峰山春季庙会期间，我们三次上山进行田野调查，时间分别是 5 月 7、8 日（农历三月二十九日、四月初一），5 月 14、15 日（农历四月初七、初八）和 5 月 21 日（农历四月十四）。我们获得了关于妙峰山庙会与信仰的新近情况，神灵信仰依旧是妙峰山吸引来客的重要因素。

从我们完成的几份调查报告看，无论是有组织的花会、三五成群的香客，还是单个游客，他们对妙峰山的认知在相当程度上是以上香祭祀为主。

传统花会行走路线，依然是先到娘娘殿前，报到、叩拜、上香、表演，然后到本会碑前祭拜，再下行到各茶棚处参拜、表演，最后到回香阁，辞别下山。一些民间自发组织的新型的社区娱乐团体，也模仿着先去娘娘殿前叩拜，然后表演。现以"丰台区南苑乡大红门村秧歌云车圣会"参拜仪式为例。该会进殿之后，在会首的带领下，整齐列队，面向娘娘。然后由会首双手高举三炷香，站在香炉旁边，代表本会向娘娘通明禀告：

> 城里城外，文武各会，三山五顶，见见城南管神像的，见见庙前庙后，庙左庙右，全体工作人员，见见各位老都管，见见各位父老乡亲们，丰台区南苑乡大红门村秧歌云车圣会给娘娘上香。

念完之后，会首高举供香，站在队伍之前，面向娘娘，接着念："娘娘保平安"，随之将供香插入香炉。接着鼓、乐响起，会首带领会众在音乐节点的带动下行跪拜大礼，反复三次。[1] 我们见到的其他花会组织，大都遵循这样的仪式。我们从调查中看到，参拜庙祀主神，依然是花会组织认真履行的大事。虽然妙峰山庙会活动中将过去的香会改成了花会，花会的信仰色彩也明显消减，但是神灵信仰仍然是一般传统花会的重要内涵。当然各花会组织的具体情况也有差异，有的信仰色彩浓厚，有的较为淡薄。但我们没有见到不在娘娘殿前参拜的花会组织。

单个香客按照其信仰的程度可以分为两类，一类是对妙峰山神灵虔诚信仰的香客；另一类是以游览为主的香客。我们有一个调查小组共访谈了15 组普通香客，以进香为主的有 10 组，以游览为主的有 5 组。这些群体

---

① 贺少雅、许明堂等：《妙峰山上香仪式调查报告》（未刊稿），2005 年。

的组合方式多种多样：有以家庭、朋友或邻里为单位的，有以社会组织成员或宗教组织成员为单位的。在以进香为主的 10 组香客中，以家庭为单位前来的有 6 组，家庭成员和邻居朋友一起前来的有 2 组，其他 2 组分别是师徒前来进香和佛教协会的佛友前来进香。通过我们的调查发现，以进香为主的香客，他们进香活动传承的途径，首先是家族的传承，在调查的 10 组这类香客中，有 80% 主要以家庭为单位前来进香的。他们对妙峰山的记忆和进香的习惯，是从小就养成的，八十多岁的浦大爷说他年年都来妙峰山，"二十岁就来过妙峰山"，他九十多岁的母亲也是每年都来；虔诚的张大爷也是说很小的时候就随着家里人来过妙峰山；还有一对八十多岁的老夫妻，他们十几岁的时候就跟老人来妙峰山烧香。他们对以前的庙会有过记忆，对妙峰山的信仰也是从小养成的习惯，这些人都是妙峰山普通香客里的中坚力量。他们在一听到庙会恢复的消息，就携家带口赶来烧香。其次是与之相关的村落传统，在我们对调查对象的访谈中发现，他们原来生活过的乡村，以前就有赶妙峰山香会的历史传统。以游览为主的香客他们对于信仰较为淡漠，虽然也认为"烧一个是求心里的踏实"，但并不太在意仪式，并且有意与虔诚信仰的香客相区别。① 无论是花会组织还是家庭、个人，在四月初一至十五庙会期间上妙峰山，虽然不一定说人们都怀有特定信仰，但从调查中看，他们中大多数人是有祈求平安吉祥心理的。

传统妙峰山庙会与民间信仰关系紧密，以祭祀碧霞元君为中心妙峰山香火活动构成了妙峰山庙会的显著特征。20 世纪 90 年代以来恢复的妙峰山庙会，其社会环境已经发生了重大变化，以行业、庙宇为中心的传统香会组织已经蜕变为相对单纯的乡村村落与街道社区花会组织，人们之间的联系已经较为松散，但是传统的信仰依然在发挥作用。花会组织依然遵循传统走会的规矩与程序，一些年长却饱含热情的会首正竭力传承走会传统。但年轻一代在信仰心理上已经出现落差，当然也有部分会首后人有意传承祖业。他们从国家非物质文化遗产工作中找到了新的合法性，将传统庙会的民间艺术、民间祭祀仪式纳入传统文化建设中，妙峰山庙会已经列入北京市首批国家非物质文化遗产名录之中。对于普通民众来说，人们对

---

① 柳芳菲、吴丽平等：《关于妙峰山香客调查报告》（未刊稿），2005 年。

神灵的信仰也在淡化，人们在祭祀神灵时，并不真的都要顶礼膜拜，重要的是求得心安。在建设和谐社会的主题之下，在现实生活中仍然存在某些缺憾的时候，在普通民众心理仍然需要特定信仰以平静心灵的时候，一年一度的妙峰山庙会，在现代生活中依然有自己的特定位置与社会效用。

第十一章

北京妙峰山碑刻文献与香会(花会)
组织的集体记忆*

本章以北京妙峰山碑刻为重点研究对象，对明清以来妙峰山历史上存在过以及 20 世纪 80 年代以来新立碑的碑刻资料进行整理与研究，并在此基础上进行有代表性的个案调查访谈，在对历史性的传承演变与共时性的对比分析中，管窥民众怎样借助碑刻表达自己的信仰或感情，理解民众信仰心态的变迁。

第一节　妙峰山香会(花会)碑刻文献的
时间与空间描述

北京碧霞元君信仰在明代已经相当盛行，民间有所谓"五顶"之说[①]，但明代妙峰山的香火并不兴旺[②]，有清一代，妙峰山碧霞元君庙的香火才超过其他"五顶"，一跃而为华北的信仰中心。《燕京岁时记》记载了妙峰山碧霞元君庙的地理位置、寺庙格局、庙会时间与庙会盛况：

> 妙峰山碧霞元君庙在京城西北八十余里。山路四十余里，共一百三十余里。地属昌平。每届四月，自初一日开庙半月，香火极

---

* 妙峰山管理处与各位会首对本项调查给予了大力支持和帮助，在此谨致衷心的谢意。

① 北京地区较有影响的元君庙有"五顶""两山"。"五顶"：东、西、南、北、中五顶。"南顶"在左安门外弘仁桥，建于明成化年间；"西顶"旧名护国洪慈宫，在西直门外兰靛厂，始于明万历年间；"中顶"在右安门外草桥以北，建于明天启七年（1627）；"东顶"在东直门外小关，俗称行宫庙，建于明代；"北顶"在德胜门外朝阳区大屯乡北顶村，建于明代。"两山"即妙峰山、丫髻山。

② 顾颉刚：《妙峰山的香会》，收入顾颉刚编著《妙峰山》，据 1928 年版影印，上海文艺出版社 1988 年版，第 26—35 页。

盛。……前可践后者之顶，后可见前者之足。自始迄终，继书以夜，人无停趾，香无断烟。奇观哉！庙南向，为山门，为正殿，为后殿。后殿之前有石凸起似是妙峰之巅石。有古柏三四株，亦似百年之物。庙东有喜神殿、观音殿、伏魔殿，庙北有回香亭。……以各路之人计之，共约有数十万。以金钱计之，亦约有数十万。香火之盛，实可甲于天下矣。①

从这里看，碧霞元君作为庙的主神，清代已经成为北京及其周边地区的香主，妙峰山碧霞元君庙由山门、正殿、喜神殿、观音殿、佛魔殿、回香亭等组成，吸引了大量的香火，是京西著名的庙会。

香会到妙峰山进香朝顶的活动，是在北京碧霞元君信仰具有广泛的民众基础之上发展起来的，并在清中后期达到鼎盛。每年四月妙峰山庙会开庙时节，各类香会都到妙峰山朝顶进香②。"妙峰山香会是当时（及那以前的一段时期）河北一带的大香会之一。这种香会，虽然主要是宗教信仰活动，实际上已经发展成为一种综合的社会、文化活动。③"美国学者韩书瑞（Susan Naquin）对妙峰山香会及其作用给予了高度关注，她认为，在一定程度上是数量庞大的民间团体或者组织的存在，才使妙峰山的碧霞元君的名声得以扩大，"声名在外"④。的确，妙峰山香会是妙峰山庙会的一大特色。因此，对于香会的记载，见于历史文献，传于民间口头，同时，在碑刻这种特殊的文献中也有生动的体现。民间的香会组织都以到妙峰山朝顶、进香而自豪⑤。

虽然19世纪90年代朝廷的皇封大大刺激了香会的发展，但是这种日子并没有持续太久。经过1900年的庚子事变，1901年的妙峰山庙会，

---

① （清）富察敦崇：《燕京岁时记》，据清光绪三十二年（1906）刻本，北京古籍出版社1981年版，第62—63页。

② 张宗平、吕永和译：《清末北京志资料》，北京燕山出版社1994年版，第556—557页。

③ 钟敬文：《"五四"时期民俗文化学的兴起——呈献给顾颉刚、董作宾诸故人之灵》，《民俗文化学：梗概与兴起》，中华书局1996年版，第85—142页。该文曾刊于《北京师范大学学报》1989年第3期。

④ ［美］韩书瑞（Susan Naquin）：《北京妙峰山的进香之旅：宗教组织与圣地》（The Peking Pilgrims to Miao–fengShan: Religious Organizations and Sacred Site），周福岩、吴效群译，《民俗研究》2003年第1期，第84页。

⑤ （清）让廉：《京都风俗志》，北京古籍出版社1981年版，第4—5页。

"只远来山东省香客一人"①，庙会的惨淡可见一斑。奉宽认为 1900 年后的 10 年间，虽然庙会也在继续进行，但是远远不如从前了。1900 年到 1910 年，妙峰山上只出现了两通碑刻：1906 年的《清天津路灯会重修玉皇庙碑记》和 1910 年的《天津信意馒首会石碣》②，十年间只有两通碑的情形在妙峰山碑刻历史当中比较少见。1911 年以后，当社会进入动荡期时，民众无力应对，只能借助于神灵，他们再次燃起了前往妙峰山向"老娘娘"求助的热情，一些香客、善人重又开始捐资筹款，"重修"已经废弃不用或破败不堪的茶棚，因此这个时期碑刻基本与茶棚翻修或者翻盖有关。庙会的衰落与兴盛，必然可以从茶棚的举办情况略知一二。但暂时的恢复并不代表妙峰山庙会真正恢复了昔日的繁盛，妙峰山庙会总体上仍然走向衰落，在当时的环境下这是不可避免的命运。

1937 年，中国进入了抗战时期，妙峰山庙宇曾连遭轰炸，庙会也随之完全停顿。顾颉刚在《妙峰山》的"自序"和"妙峰山的香会"中都提到，民国时期妙峰山进香的香会已经开始逐渐减少，《自序》更提到战争是导致妙峰山庙会衰落的直接社会原因③。1949 年，庙里还有僧人居住，但 1951 年破除迷信，这里就完全关闭，基本处于无人管理的状态。笔者没有发现 1937 年到 1991 年这 54 年时间内的碑刻或者拓片，这从侧面反映出 20 世纪 30 年代以后约半个世纪时间之内妙峰山娘娘庙的窘态。1988 年，妙峰山庙会在以妙峰山管理处为主的各级政府和社会各界的努力下正式恢复，花会作为庙会的特色和主体力量，从少到多，逐渐开始发展，进而带动了庙会的更快发展，这一发展历程，也反映在碑刻数量的增长当中。

一 妙峰山香会（花会）碑刻的时间分布

妙峰山庙会及碑刻的研究历史开始于顾颉刚等人，其成果汇集在《妙峰山》中。参照前人的研究与资料文献，结合田野搜寻，笔者对妙峰

---

① 奉宽：《妙峰山琐记》，收入叶春生主编《典藏民俗学丛书（下）》，黑龙江人民出版社 2004 年版，第 2503 页。

② 序号 49，首图拓片 745，《清天津路灯会重修玉皇庙碑记》，1906 年 4 月；序号 50，首图拓片 746，《天津信意馒首会石碣》，1910 年 2 月。

③ 顾颉刚：《妙峰山的香会》，收入顾颉刚编著《妙峰山》，据 1928 年影印，上海文艺出版社 1988 年版，第 20—21 页。

山香会（花会）碑刻进行了整理归纳，目前所见碑刻大致分布在三个时期：清、民国和20世纪80年代以后的新时期。以下，按照时代顺序，分析各个时期碑刻特征。

（一）清代的妙峰山香会碑刻

根据目前掌握材料，妙峰山有清代的碑刻50通，占所有碑刻的48.5%（参见附录三）。目前所见妙峰山最早碑刻，是《清引善老会碑》，据碑文标识，此碑是康熙二年（1662）的旧碑，道光十六年（1836）重镌[1]。而至清代末期，有1910年的《天津信意馒首会石碣》，这表明妙峰山娘娘庙有碑刻的历史自清代起至少约250年了。

清代统治者出于统治需要，重视各色神灵信仰，碧霞元君信仰因之获得扩张的机会。清代统治者对妙峰山碧霞元君信仰的支持，主要是通过皇室、宦官、官吏和官员家庭以各种形式对妙峰山庙会的捐助来完成的。比如：同治三年，太监安德海由大觉寺开始修中道，开成宽约七尺的山道，还用方砖砌成石磴；光绪十八年，太监刘诚印捐资修北安河到涧沟村的中北道，也宽约七尺，方砖砌石磴。便捷的上山道路，一定程度上吸引了众多的香会进香朝顶。妙峰山碑刻中，乾隆时期的碑刻最多，一共有14通，同时立碑的组织和地域范围比较广，碑中出现的各阶层人士，比如官员、商民数目等也大大超过以往，这在一定程度上说明乾隆时期妙峰山庙会比较繁盛。

同治和光绪年间，妙峰山立碑的数量为17通，约占妙峰山清代碑刻的34%。光绪二十二年、二十四年（1896、1898），慈禧太后在颐和园观看香会表演，香会七十有余，演员近三千人[2]。对于民间的玩意儿来说，能够进宫表演，得到皇室的赏识和赏赐而且被封为"皇会"，那是莫大的荣耀，不仅在妙峰山庙会的行香走会过程中享有特权，而且在整个民间社会的日常生活当中也会被人所尊敬和畏惧。此后，"皇会"成为民间香会争相追求的目标，清廷在某种程度上通过控制香会，进而对妙峰山这一民俗圣地进行渗透，最终控制下层社会生活，达到其维护王朝统治的目的。

这个时期的50通碑刻中，48通碑在碑文后注明了立碑时期或者可以

---

[1] 序号29，首图拓片671，《清引善老会碑》，道光十六年（1836）七月初一日。

[2] 国家图书馆藏历史档案文献丛刊：《清内务府档案文献汇编》，全国图书馆文献缩微复制中心出版，2004年。

推算出立碑年月。对这些立碑日期进行分析得出：立碑时间在四月的有
20 通，约占 40%，也有一部分碑刻选择四月前后刻立，在七月、八月立
碑的有 10 通，占 20%。春、秋香季立碑的数目远远大于其他月份，但春
香立碑数量居于首位。

据震钧《天咫偶闻》记载，清初妙峰山"岁以四月朔开山，至二十
八日封山"，而富察敦崇《燕京岁时记》则记载清末妙峰山庙会"每届四
月，自初一日开庙半月"。妙峰山庙会的时间在清朝后期明显缩短①。

京都顺天府大兴、宛平二县皇城内外旗民众善人等从嘉庆二十年四月
开始，每年春、秋二季前往新中道上平台设立茶棚，敬献粥茶、路灯，为
往来香客提供方便②，这样来看，1815 年时就已经每年有春、秋两届庙会
了，对于茶棚这样的服务型香会来说，春、秋二季他们都要上山服务——
敬献粥茶路灯，以方便香客。到本会立碑时为止，这个茶棚已经服务了 9
年了。寨尔峪头道行宫茶棚，也是"春秋二季施献粥茶"。

而到了 19 世纪 70 年代以后，碑文对香期的记述就明显发生了变化。
养心堂《重修东西配殿碑记》中谈道："每年四月初一日起至十五日止，
八方信善朝顶者难以悉数，一概京中百技、各处方物供献神前，无所不
备，香烟之盛，可谓极矣。③"这一段碑文丝毫没有涉及秋香；天津路灯
会从光绪十二年（1886）到 1906 年从北道大觉寺开始设立直达金顶的路
灯，他们的碑文中也只提到了春香：

> 例年四月朔日至望日，进香朝顶者，昼夜联络不绝。④

这一记录可以从两个方面来看：一是天津路灯会每年只在春香的时候
才进行路灯会的服务，而从来没有参加过妙峰山秋季庙会；二是相比于春
香，秋香无论从规模还是从香客数量上都远远逊于春香，以至可以不去
计较。

---

① （清）震钧：《天咫偶闻》，北京古籍出版社 1982 年版，第 204 页。（清）富察敦崇：
《燕京岁时记》，北京古籍出版社 1981 年版，第 63 页。
② 序号 26，首图拓片 740，《重修茶棚碑》，道光四年（1824）四月。
③ 序号 42，首图拓片 677，《重修东西配殿碑记》，光绪四年（1878）七月。
④ 序号 49，首图拓片 745，《天津路灯会重修玉皇庙碑记》，光绪三十二年（1906）四月初
一。

香客更倾向于春季庙会，秋香远没有春香的波及范围广。

（二）民国时期的妙峰山香会碑刻

妙峰山民国时期的碑刻，有 10 通（见附录三），约占总碑刻的 9.7%。这一时期中，立碑最早的是 1919 年的《张帅夫人重修碑》，最晚的是 1936 年的《修建傻哥哥殿碣石》。

这一时期碑刻有如下特点。

第一，碑刻多立于"春香"时期。

这个时期，香会的立碑时间集中在四月前后。共有 7 通碑选择在四月立碑，约占本时期碑刻的 70%。而秋香时段几乎没有立碑，只有九月初九立碑一通。

万寿善缘缝绽老会粥茶棚"年例四月朔日起至望日止，在京西金顶妙峰山沿河三岔涧沟村，供奉天仙圣母娘娘神驾，诚献粥茶，并备来往香客寄宿之用"[1]，丝毫没有提到秋香的情况。

据碑刻刻立时间和顾颉刚等人在 20 世纪 20 年代的调查记录可以看出，这一时期的香客或者会众比较认可春季庙会。秋季庙会基本上已经停止。

第二，天津香会碑较多。

民国时期天津香会在妙峰山或香道上所立碑刻，有 4 通，约占这一时期所立碑刻的 40%，占妙峰山总碑刻的 3.9%。

天津香会为什么到妙峰山来，怎样到妙峰山来，下面会有详细论述。韩书瑞认为，天津香会的加入，显示了这一地域人群雄厚的经济实力及其对妙峰山多方面、多层面的渗透。

天津香会之所以到妙峰山来，最重要的是因其对碧霞元君的信仰。比如，天津西门外的船户因为"遭风蒙佑"，于是发愿公立天津信意馒首会茶棚。[2]

最能说明天津香会向妙峰山庙会渗透的，莫过于至今仍在妙峰山庙会中被口耳相传的王三奶奶成神的传说。天津人凭借着他们的财力，巧妙地通过宣扬王三奶奶的身世、虔诚，宣传她从普通人转而为神的历程，成功

---

① 序号 53，首图拓片 757，《万寿善缘缝绽会碑》，1921 年四月。

② 奉宽：《妙峰山琐记》，收入叶春生主编《典藏民俗学丛书（下）》，黑龙江人民出版社 2004 年版，第 2457 页。

地进入了北京碧霞元君信仰体系之内。

据光绪四年（1878）《重修东西配殿碑记》载，光绪元年（1874），养心堂上山朝顶，见"王奶奶殿坍塌，发愿重修"①，这说明，王三奶奶殿在光绪元年之前就已经存在，也就是说，光绪元年即1874年之前，王三奶奶就已经在妙峰山惠济祠"安家落户"了。1929年，学者们调查时发现，短短四年的时间，王三奶奶的形象已经从1925年调查时候的"老妈子"模样，一变而为菩萨了，头上戴着凤冠，身上披着黄色华丝葛大衫。② 王三奶奶之所以能够在这么短的时间内改变形象，与碧霞元君相提并论，成为妙峰山上的主神，这跟天津人的极力运作有很大的关系。现在妙峰山王三奶奶殿门旁的对联为："居人世广结善缘同归般若，列仙班普济苦难共证菩提"。在2006年调查中，被调查人毫不讳言："我拜王三奶奶，因为她近"③，显然，这个"近"，是因为被调查者相信王三奶奶真有其人：她是通过自己的修行而成神的，比起天仙圣母这位高高在上的神灵来，王三奶奶就像祖先一样，跟香客的感情更近。

将代表天津地域特色的王三奶奶送上妙峰山，在信仰层面上扩大本地的影响、对抗北京的同时，天津香会也在展示自身实力的过程中与北京香会抗衡。顾颉刚在《妙峰山娘娘庙殿宇略图》中用图示标出了娘娘庙各殿的名称和位置，其中，天津的香会有两个，分别是天津大乐会、天津众善灯棚施粥茶会（包括天津众善汽灯粥茶会厨房）。④ 在妙峰山碑刻中，

---

① 序号42，首图拓片677，《重修东西配殿碑记》，光绪四年（1878）七月。

② 顾颉刚：《游妙峰山杂记》："娘娘正殿的右首有小间一，供王三奶奶。青布的衫裤，喜雀窠的发髻，完全是一个老妈子的形状。据人说，这是天津人，确是做老妈子的，因修行而成神。这里边一定有一件很大的故事，所以会得从天津传到北京。"顾颉刚：《游妙峰山杂记》，收入顾颉刚编著《妙峰山》，据1928年版影印，上海文艺出版社1988年版，第182—183页。周振鹤：《王三奶奶》："话说平西金顶妙峰山巅上，竖着一支像刘伯温子孙挑的剃头担上的单根旗杆，白天悬上六条小幡，一条两三丈长的长幡，写着一串大字：敕封护国金顶妙峰山天仙圣母，王三奶奶，默佑四方，有求必应……大殿西边露台下，有一个偏殿，黑地金字的横额写着：慈善引乐圣母广济菩萨宝殿……王三奶奶的装束，已不像《妙峰山》里说的：'老妈子'模样，一变而为菩萨了，头上戴着凤冠，身上披着黄色华丝葛大衫。"周振鹤：《王三奶奶》，"妙峰山进香调查专号"，《民俗》第69、70期合刊，国立中山大学语言历史研究所编，1929年，第69—70页。

③ 被访谈人：张大爷、王大爷，六郎庄童子棍会会众，60多岁；访谈人：王雪、周云磊、陈建丽；访谈时间：2006年5月4日星期四，农历四月初七；访谈地点：妙峰山茶棚对面。

④ 顾颉刚：《游妙峰山杂记》，收入顾颉刚编著《妙峰山》，据1928年版影印，上海文艺出版社1988年版，第131—132页。

立碑的天津商人或香会组织实在不多，但这些香会组织，却多是以茶棚、汽灯会等"服务型"香会出现，少表演性质的武会，而服务性质的香会组织可能在钱财、人力上花费更多，他们一般庙会期间都要服务，天津人设立的茶棚不仅舍馒头，有的还舍肉给穷人家的孩子。① 比如，双龙岭茶棚由天津人修建和维护，庙会期间除舍粥和馒头外，还有炖肉。天津信意馒首会茶棚除了施舍茶水给香客外，进香的人每人赠送馒头两个，回香的人施舍粥。② 北京的茶棚和天津的茶棚不同。北京的茶棚一般只是提供免费的茶水，富裕的茶棚在一定时间内施舍粥和馒头。天津人在妙峰山庙会这一声望社会中的"财大气粗"，给人们尤其是给北京的香会和香客很深的印象。

天津香会的渗透，是从信仰层面和物质层面同时进行的。韩书瑞认为，天津香会的加入，一定程度上，使妙峰山能够巩固其信仰地位，并且在一定程度上扩大了碧霞元君的信仰地域。当然，这种加入，是对北京的一种冲击，甚至是挑战，这一点是清末、民国以来敏感的北京人不可能感觉不到的。"娘娘正殿的右首有小间一，供王三奶奶。……但北京人的崇拜的程度终究不及天津人，所以天津人在会单上必以王三奶奶与天仙圣母并举，而北京的会单上便没有。"③ 这种尴尬的回忆暗含了对天津地位上升的忧虑和对自身受到威胁的无奈。

清末、民国时期，妙峰山庙会经历了由清中后期的鼎盛转为衰败，再逐渐恢复，终又因战争停办的历程，反映香会情况的碑刻也不例外。

（三）20 世纪 80 年代以后的妙峰山花会碑刻

20 世纪 80 年代以后，政府开始参与到妙峰山景区的建设和发展中来。到了 20 世纪 90 年代，在北京花会界的泰斗隋少甫的带领和倡导下，妙峰山庙会开始逐渐恢复和发展起来，妙峰山进入了全面恢复时期，这从 20 世纪末到现在每年仍在不断出现的碑刻上也能得到印证。自从 1989 年妙峰山庙会恢复后，碑刻开始逐渐增多。从 1992 年开始有花会立碑，到

① 常华：《妙峰山朝山进香老北道考察记》，参见中国人民政治协商会议北京市委员会文史资料委员会编《文史资料》第 53 辑，北京出版社 1996 年版，第 259 页。

② 奉宽：《妙峰山琐记》，收入叶春生主编《典藏民俗学丛书（下）》，黑龙江人民出版社 2004 年版，第 2457 页。

③ 顾颉刚：《游妙峰山杂记》，收入顾颉刚编著《妙峰山》，据 1928 年版影印，上海文艺出版社 1988 年版，第 182—183 页。

2007 年农历四月笔者田野调查结束时为止，所立碑刻一共 43 通（见附录三），约占所有碑刻的 41.7%，15 年间，除 1997 年、2000 年没有花会新立碑之外，其他年份均有新碑刻立。

2003 年 4 月到 7 月，"非典"席卷中国，人们的日常生活受到了很大的影响，妙峰山庙会的举办也因此而搁浅①。从碑刻的立碑时间看，有些花会还是准备好了要进香朝顶的，但因为"非典"最终没有成行。不过，《同心合善蝴蝶少林老会朝莲花金顶妙峰山进香碑》《三路居新善吉庆开路老会碑》《妙峰山管理处千元功德碑》②，都表明是 2003 年妙峰山春香期间立碑，这说明立碑者一般提前立碑，即在本年庙会开庙前就把所刻好的碑运到山上立好，这一推测得到了管理处王德凤的证实。

这一时期，碑刻呈现如下特点。

1. 春香、秋香碑刻并存

从花会立碑时间多集中在春季庙会期间，大部分立碑时间都在农历四月或者仲春，且多为四月初一、初八、十五这样的"正"日子来看，春季庙会是妙峰山庙会的"正日子"，秋香没有如此大规模。比如，2006 年秋季妙峰山就没有组织庙会，这可能从侧面说明妙峰山的春、秋香庙会香火的"不平等"。

立碑时间，均用阴历标识，有的还用天干地支纪年，这说明在妙峰山人们认同传统、回归传统方面的努力。

2. 管理处统一安排立碑

妙峰山管理处在妙峰山恢复庙会这一历史进程中发挥着独特的作用，它现在隶属于永定镇下属的新南城总公司，但是，在花会这方面，它仍然是政府的代表。"既是妙峰山庙宇建设管理以及庙会活动组织安排的执行机构，也是妙峰山风景旅游区的管理机构。③"它作为政府或旅游公司与花会、香客的中间媒介，起着协调、沟通，减少摩擦的作用，把政府、旅游公司、花会等各方面力量结合起来，形成妙峰山庙会的民间仪式与国家

---

① 根据 2006 年庙会期间在妙峰山所作的访谈及妙峰山管理处《历年花会登记表》。

② 序号 87，碑刻 2，《同心合善蝴蝶少林老会朝莲花金顶妙峰山进香碑》，2003 年 3 月；碑刻 3，《三路居新善吉庆开路老会碑》，2003 年 4 月 2 日；序号 88，碑刻 37，《妙峰山管理处千元功德碑》，2003 年四月初一。

③ 贺学君：《关于妙峰山管理处的报告》，[日] 樱井龙彦、贺学君：《关于妙峰山庙会的民众信仰组织（香会）及其活动的基础研究》，名古屋大学大学院国际开发研究科，2006 年，第 438—448 页。

在场的庙会形式，可以说，妙峰山管理处是政府引导民间与民间借助政府资源的"中转站"，在碑刻这一载体上体现在两个方面。

一方面，春香、秋香并存，但秋香举行时间由妙峰山管理处根据实际安排。上文已经谈到，现在的妙峰山庙会仍然是春香、秋香并存，但是每年妙峰山秋季庙会的举办时间略有不同，这是因为管理处基本根据每年节假日来调整秋香举办日期，这种做法与过去民间按照固定的阴历时间上山进香的做法大不相同。秋香日期的不固定，及其与法定假期的人为"绑定"，旅游收入是管理处考虑的首要因素，秋季庙会可能在一定程度上已经被剥落了其原本就不浓厚的信仰内核，在管理处的安排当中完成了其市场化、商业化的转变。

20世纪后期的碑刻当中，并无一通提到"秋香"，对于立碑者来讲，妙峰山的春季庙会与秋香庙会的意义截然不同：他们到春季庙会来，是为了表达对娘娘的虔诚和为娘娘服务的，有一定的宗教心理因素；而秋香，他们一般是不来的，大多数被调查的香会在会人士都表示，"春香来过了，秋香就不来了"或"没有时间"，这固然是因为经费或者时间限制，但更深层次的，恐怕是因为秋季庙会失去了其最吸引香客的内在——信仰，而只剩下旅游的特点了。

另一方面，管理处给花会、香客立碑。妙峰山作为一种文化资源可以带来经济利益，正是因为看中了这一点，为了发展经济，提高人民生活水平，政府才大力宣传、开发妙峰山。似乎越是旧的，越是古老的，越是传统的，越具有民族文化特色，越能吸引人，所以包括政府在内都在宣传妙峰山的古老、妙峰山的传统，而且让今天的活动保留更多的传统特色。

在发展战略上，当地的相关部门主要打出了民间传统文化、宗教圣地的招牌，以华北信仰中心为口号，吸引香火，力图重构传统庙会的氛围和特色，同时通过发放捐款证书、建立功德碑等方式来吸收捐款，证书对于捐款人来讲有证明作用，可以用于收藏，而功德碑则以立碑立传方式向朝顶的香客、游客传达捐款人的功德以流芳千古。近年来，妙峰山管理处一直在坚持每年庙会前夕都在惠济祠前的功德碑上刻写前一年捐助善款善人的姓名。管理处或者政府持续刻立的7通碑主要目的是：确立妙峰山民间信仰中心的地位、宣传各文武善会和香客的虔诚与功德。

虽然近年来妙峰山管理处每年庙会前，都在前些年早已立好的空白碑上刻写前一年捐善款善人的名字，但从妙峰山庙会恢复以来，除了1994

年所立的那通"万古流芳，进香朝顶"碑之外，13 年过去了，管理处再也没有任何要给这些年来到妙峰山进香朝顶的花会立碑的迹象，这多多少少引起了诸花会会首的不满，他们在各种场合表达过这种情绪。在 2007年 4 月 13 日管理处召开的会首联谊会上，会首就向出席会议的管有瑞等几位主任表达了"应该给花会立碑"的想法①。左安门外普善同乐五虎少林老会的会首刘立财在说到自己的会还没有在妙峰山上立碑时，显然有些不太满意，他说："丫髻山免费主动给到那里献档表演的花会刻碑，并且出车费等费用请花会到那里的庙会去献档，而到妙峰山这里来，各个花会还是秉承传统车笼自备、茶水不扰每年上这儿来，不但表达自己的虔诚信仰之心，还能给老娘娘催香火，这本身就是在给妙峰山做贡献，妙峰山应该给花会立碑竖传。"② 花会之所以认为妙峰山应该体谅花会至少给立个碑、留个名，是因为他们认为花会给妙峰山的旅游做了很大的贡献却没有报酬，更何况许多花会没有经济实力立碑，他们看重和认可的是碑刻这种方式：碑刻是可以"留名"的，有凭证的作用。

3. 碑文刻写多元化

妙峰山的庙会，从清代以来，经历了超越京城其他"五顶"而香火甲于天下的鼎盛局面，至清末民初走向衰落，辛亥之后逐渐恢复，直至抗日战争完全停顿，再到 20 世纪 80 年代以来的恢复和发展，社会环境在很大程度上影响着庙会的命运，碑刻也在某种程度上反映着庙会的这种变迁；伴随着这种变迁，民众对于碑刻、庙会的态度乃至心理都在发生着变化。

顾颉刚发现香会"有会启的只有北京城内外和天津的会众，其他各县及……稍偏僻地方完全没有"，因为"他们的文化……不及京津高"。何思敬《读妙峰山进香专号》认为，农村人民的宗教信仰和行为没有文字的表现。石碑、会启都是文化高的都市人的物品，没有农民的份儿。农民一向没有文字的表现，而城市人的文字只表现自己的宗教信仰和行为以及目的，他们没有一定要把农民的信仰、行为、目的表现出来的义务。而20 世纪 80 年代以后，农民、居民不但是妙峰山庙会的主体，他们还主笔

---

① 访谈时间：2007 年 4 月 13 日；访谈地点："妙峰山会首联谊会"会议现场；访谈人：陈建丽。

② 被访谈人：刘立财，普善同乐五虎少林会会首，60 多岁；访谈人：陈建丽；访谈时间：2007 年 5 月 20 日，四月初四；访谈地点：妙峰山碑林前。

通过撰写碑文的形式来撰写自己的历史，掌握了话语权。但在调查中发现，现在民众需要交钱才能将自己的名字刻在碑上，而以前的民众可能多是因为捐款从而名字被刻写在碑上，二者的目的不同：一是因为立碑所以交钱，二是因为行善而立碑。

就碑刻的表述内容来讲，清代及民国时期，碑刻注重神灵信仰，香会在惠济祠内连续立碑，有些香会甚至立有三四通碑①，碧霞元君的信众通过立碑"聊写愚诚②"，多刻写香客或香会的具体行善行为，比如翻修茶棚、重修配殿、施舍膏药等，他们认为借助碑刻这种坚硬而弥久的载体，"维言不朽，维石得寿，相传永久"③，可以表达自己对于碧霞元君执着而虔诚的信仰。而20世纪80年代以来，花会开始挖掘更多民间艺术的特点，碑刻成为其宣传花会组织的历史、演出活动等关乎本会的一种有效方式，在碑刻中多表现出一种追寻历史感，竭力想通过碑刻接续历史，寻找花会本身因诸多社会因素而曾经断裂的在时间序列中的明确位置。这是因为当代花会与以往香会所面临的社会环境不同，它需要重建本会的历史以获取在民俗社会的正当性和权威感。

就碑刻的碑文结构、款式来讲，当代碑刻的大小形制越来越讲求排场；同时，碑的书写格式多样化，横写、竖写；碑文内容有些简单，比如只写本会进香，有些碑文内容繁复，从本会组织结构、本会历史，到本会会员章程，再到捐资人，一应俱全。以前的香会会碑在碑阴所展现的本会组织构成井然有序，而现在的会众却无具体分工，多数只标注"会首"一职，一定程度上反映出其他许多职位没有必要存在了。以往的碑刻在写到"天仙圣母""圣母娘娘"等具有神圣性的词语时，均会将其另起一行，并比正常碑文文字高出两格，以示神灵的高人一等及信众对其的崇敬；而现在的碑刻中"天仙圣母""圣母娘娘"这些表示具体神灵的词语减少，多以"金顶""妙峰山"或"惠济祠"代替，说明现在人们多以妙峰山总体为朝拜的对象。这些变化在某种程度上说明各个花会对于妙峰

---

① 比如，义兴万缘清茶老会就在60多年时间内立了4通碑。序号25，首图拓片714，《清义兴万缘清茶老会碑》，道光三年（1823）四月初八；序号27，首图拓片715，《清义兴万缘清茶圣会碑》，道光十四年（1834）八月；序号31，首图拓片716，《清义兴万缘粥茶圣会重修庙宇碑》，道光二十四年（1844）四月初八；序号45，首图拓片717，《清妙峰山回香亭义兴万缘粥茶棚重修庙宇碑》，光绪八年（1822）二月。

② 序号21，首图拓片670，《源留圣会碑》，嘉庆十一年（1806）。

③ 序号35，首图拓片732，《重修寨尔峪茶棚》，同治六年（1867）四月。

山庙会、本会情况、会碑所承载的意义等在心态上与以往不同。

现在人们对于立碑内容、立碑者的态度持相对宽容的态度。妙峰山原有"三年挂匾，五年立碑"的说法，但现在也有只到一年就立碑的；很多碑文上赫然刻着一个大大的"佛"字，韩××信佛因而其所立的三通碑就写明了"佛光普照"，一些传统会众虽然认为惠济祠更多意义上是道庙，虽然对此有些不满，但还是选择了容忍和沉默，他们认为到山上来就是做善事，没有必要起争执。可以推测妙峰山庙会多元格局正在逐渐形成。

二　妙峰山碑刻的空间分布

《燕京岁时记》记载了妙峰山碧霞元君庙的地理位置、寺庙格局、庙会时间与庙会盛况：

> 妙峰山碧霞元君庙在京城西北八十余里。山路四十余里，共一百三十余里。地属昌平。每届四月，自初一日开庙半月，香火极盛。……前可践后者之顶，后可见前者之足。自始迄终，继昼以夜，人无停趾，香无断烟。奇观哉！庙南向，为山门，为正殿，为后殿。后殿之前有石凸起似是妙峰之巅石。有古柏三四株，亦似百年之物。庙东有喜神殿、观音殿、伏魔殿，庙北有回香亭。庙无碑碣，其原无可考。然自雍乾以来即有之，惜无记之者耳。以各路之人计之，共约有数十万。以金钱计之，亦约有数十万。香火之盛，实可甲于天下矣。①

至迟在 20 世纪初，妙峰山碧霞元君作为灵感宫的主神，受到了各方的礼遇。灵感宫由山门、正殿、喜神殿、观音殿、佛魔殿、回香亭等组成，吸引了大量的香火，成为京西著名的庙会，历经明、清、民国而走到了今天，它仍然以它独特的魅力吸引着各方各界人士。但令人疑惑的是，《燕京岁时记》中说"庙无碑碣"，事实上，今天的妙峰山上仍然能见到光绪之前所立的碑刻，比如，刻立于康熙二十八年三月的《清妙峰山香

---

① （清）富察敦崇：《燕京岁时记》，据清光绪三十二年（1906）刻本，北京古籍出版社1981 年版，第 62—63 页。

会序》①，虽然年代久远，但仍然可以辨识大部分碑文。

笔者发现，妙峰山碑刻的空间分布很有特点：部分碑刻集中于惠济祠内，部分碑刻分布于进香朝顶的各个香道上②。以下对其进行描述和分析。

（一）惠济祠碑刻布局及其意义

惠济祠内的碑刻数量最多，时间跨度最大，从目前所见妙峰山最早的碑——1689 年的《清妙峰山香会序》，到 1919 年约 230 年间，惠济祠外的碑刻一共 37 通（见附录三），呈现出多种神道碑并立的特点。

妙峰山娘娘庙，从其产生到现在，供奉的神明并不唯一，也就是说，民众的碧霞元君信仰具有兼容性。"妙峰山是集道教、佛教、儒教及民间传说为一体的综合庙宇群，怀有各种心愿的香客到此都可以得到满足，无需再到别的地方去。③"人们并不在意神灵谱系、出身，而是看重其是否灵验以及灵验程度，所以，这种众神共同在场的场景丝毫不影响他们的香火。现在有些花会立碑，赫然在碑刻的中间位置用大大的空间，书写"佛光普照"之类的语词，一些人虽对此有微辞，但也不加纠正④。

在妙峰山有碑刻出现的 200 多年历史中，17 世纪到 19 世纪初这一段时间，碑刻只立在娘娘殿前，而从 19 世纪 20 年代开始，药王殿、财神殿、观音殿、灵官殿等殿前均立有碑刻，这可能表明信众对于其他神的肯定，认为它们都是平等地享受信众的虔诚礼遇。不过在碑正文当中，人们似乎更经常提到天仙圣母（当然天津的香会更多的是把王三奶奶摆在很显眼的位置上）。

娘娘殿的碑刻最多，为 25 通。娘娘是主神，自然碑刻也多。在这些碑文当中，主要是歌颂娘娘的威灵显应、神应庇护。娘娘，司生育，管无病无灾，迎合了民间百姓的心理要求。因此，各个组织、信众都非常虔诚，善是祈福之本。总之，碧霞元君的"灵"与信众的"善"是对应的，相辅相成的关系。民国《都市丛谈》《旧都文物略》都明确指出上妙峰山

---

① 序号 1，首图拓片 653，《清妙峰山香会序》，康熙二十八年（1689）三月。

② 本节表格中所标"立碑地点"，根据首都图书馆编《馆藏北京金石拓片目录（初编）》得出。

③ 李春仁：《妙峰山庙会的历史沿革》，载刘锡诚主编《妙峰山·世纪之交的中国民俗流变》，中国城市出版社 1996 年版，第 33—38 页。

④ 被访谈人：妙峰山坐棚众会首；访谈人：陈建丽；访谈时间：2007 年 5 月 17—25 日，庙会期间；访谈地点：妙峰山。

乃是由于信奉，要进行瞻拜，即进行信仰活动①。容肇祖的研究文章《妙峰山进香者的心理》，也明确提出妙峰山的香会表演是满足宗教心理需求的重要方式②。孙伏园所描写的香会大殿，更是对宗教祭拜场面的直接描写③。

娘娘殿西北的回香亭的碑刻有 5 通。庄严的《妙峰山进香日记》特别提到了回香亭的特殊地位：

> 回香亭在庙北。自天仙圣母处进香毕，欲下山转回者，必到此进香，故名。然实一东岳庙也。④

据庄严考察，回香亭里面实际上供奉的是东岳大帝。有学者认为碧霞元君信仰是东岳信仰的一部分，因此，回香亭作为东岳大帝的庙宇在妙峰山庙会的地位也是不容忽视的，"回香"这一仪式的出现，以及至今仍在延续的"回香三参"，是东岳崇拜的延续与折射。民国时期，张勋夫人捐资重修回香亭。1919 年 4 月刻立的《张帅夫人重修碑》⑤，大概就是香会组织感谢张帅夫人的功德吧。

观音殿的碑有两通。茶棚都要供奉观世音菩萨。茶棚的会众认为，观音手中的柳枝是茶棚水的源头。在调查当中，信众会这样反问："没有观音娘娘的柳枝，你哪来的水喝？"在被问到观音和娘娘有什么关系的时候，被访谈者一般认为，娘娘就是观音，观音就是娘娘。有人说茶棚供奉娘娘，有娘娘驾，也有人认为茶棚供奉的是观音，比如，目前仍在妙峰山庙会出现的倪振山的茶棚、白德山的茶棚，还有鲜花圣会的棚内，均供奉

---

① （民国）逆旅过客编辑：《都市丛谈》，张荣起校注，北京古籍出版社 1995 年版，第 204 页；李家瑞编：《北平风俗类征》（上），据商务印书馆 1937 年版影印，上海文艺出版社 1985 年版，第 62 页。

② 容肇祖：《妙峰山进香者的心理》，收入顾颉刚编著《妙峰山》，据 1928 年版影印，上海文艺出版社 1988 年版，第 132—141 页。

③ 李家瑞编：《北平风俗类征》（下），据商务印书馆 1937 年版影印，上海文艺出版社 1985 年版，第 457 页；孙伏园：《朝山琐记》，顾颉刚编著《妙峰山》，据 1928 年版影印，上海文艺出版社 1988 年版，第 155—158 页；歌舞作为供神之物的观点，参见钟敬文主编《民俗学概论》，上海文艺出版社 1998 年版，第 201 页。

④ 庄严：《妙峰山进香日记》，收入顾颉刚编著《妙峰山》，据 1928 年版影印，上海文艺出版社 1988 年版，第 149 页。

⑤ 序号 51，首图拓片 719，《张帅夫人重修碑》，民国八年（1919）四月。

的是观世音菩萨的神像。对于年例在山上做善事的会首们来说，信奉娘娘还是观音不重要，重要的是，要有做善事的心，即所谓的"虔诚"最重要。

药王殿 1 通。药王殿居于西配位置，供奉民间传说中的医药之神——扁鹊。德舜堂药铺经理沈爱亮敬立的《妙峰山药王殿创设和衷乐善茶棚碑文》，立碑是表明药店的祖传药丸之所以灵验是药王的功劳，他在药王殿创立茶棚也是为了秉承这种悲天悯人的精神①。义合膏药老会"每岁取租施舍万应神膏并顶上香金肆千，非敢曰于物有济，亦好善乐施之则也"②。同样，成府村的献供斗香膏药圣会每年也在妙峰山施舍膏药③。

其余碑刻，分别是财神殿 1 通，山门 1 通，灵官殿 1 通，傻哥哥殿 1 通。

碧霞元君信仰的包容性也表现在人们某种程度上可以按照现实的需要来扩大碧霞元君的神灵体系。天津香会把王三奶奶抬高到与碧霞元君几乎同等地位的经过就是具有代表性的。

傻哥哥殿的《修建傻哥哥殿碣石》，主要是为了纪念 1936 年傻哥哥殿修建而立的，碑中记载了傻哥哥尽孝道，母亲去世后又终身守孝而终于得道成佛谓之"傻佛"的感人故事，碑中还刻写了捐资的商号及善男信女的名姓，认为心诚则灵，宣扬傻哥哥的"傻孝"。著名京剧艺术家李万春的父亲李永立携李万春，在各会修建傻哥哥殿的时候也捐了钱④。孝，是中国传统的观念，孝道已经深入人心，而傻哥哥的"傻孝"是孝敬父母至真的集中体现，这与妙峰山提倡的虔诚是一致的，因而也被纳入了碧霞元君的信仰体系，被民众所接受。光绪十六年，宣课司在修建了兴隆万代这一合署公建的茶棚之后，又在殿的右边安放了本署"科神"，并公然将其与碧霞元君并列⑤，这就使得保护神进入了妙峰山信仰体系，也体现

---

① 序号 58，首图拓片 697，《妙峰山药王殿创设和衷乐善茶棚碑文》，民国二十二年（1933）四月。

② 序号 14，首图拓片 664，《清金顶妙峰山义合膏药老会碑记》，乾隆四十三年（1778）。

③ 序号 17，首图拓片 666，《清斗香膏药胜会碑》，乾隆五十二年（1787）四月十三日。

④ 序号 60，首图拓片 702，《修建傻哥哥殿碣石》，民国二十五年（1936）四月。

⑤ 《崇文门宣课司茶棚碑文》记载："后于十六年公建宣课司本署科神于殿之右彰彰斯棚实为阖署公建之棚也，今大工告成庙貌巍巍我经费充裕皆仰赖：圣母之灵感叨庇科神之福荫。"序号 46，首图拓片 723，《清崇文门宣理司茶棚碑文》，光绪十九年（1893）四月。

了人们对于信仰的朴素的现实取向。

20 世纪 80 年代以来的碑刻，全部集中在妙峰山顶，其中，35 通在惠济祠山门外的左右两边，形成颇具规模的碑林；两通碑在齐天乐茶棚外通往娘娘庙的台阶左侧；另有六通 2006 年、2007 年新立的碑，因碑林空间不够而被立到了通往回香亭的台阶左侧，空间比较开阔的地方。整体上看，惠济祠外的碑排列整齐，老碑比较靠后，新碑在前面，是经过总体规划的，显然是管理处安排的结果，管理处实际主事人王德凤也承认了这一点。新时期碑文中一般只提碧霞元君，而对于其他的神灵很少单独在碑文中提到，因此，如果按照所祭的神来立碑的话，这些碑刻也会立在娘娘殿前面，新时期民众对于碧霞元君在妙峰山主神地位的还是普遍认可的。

（二）妙峰山香道碑刻布局及其特点

金勋认为，妙峰山灵感宫大概在明末修建，但是因为距离京城太远，山路又高低不平崎岖难走，香火不旺盛，但到了清朝康熙雍正年间，天下太平，到妙峰山朝顶的香道也开始被修补整理变得平坦起来，妙峰山灵感宫的香火开始慢慢兴盛。

至迟到康熙十二年，万寿善缘缝绽老会茶棚已经出现，以后越来越多的茶棚出现于几条香道上，乾隆年间到光绪二十二年之间，各香道的茶棚已经有三百多所了[①]。道路的整修，就使越来越多的香客可以较为便利地到妙峰山朝拜碧霞元君；而茶棚的设立，对于进香的香客来说可以提供非常有效的、有吸引力的服务，这更激发了人们朝顶的热情。

1995 年 6 月 10—11 日，北京史地民俗学会派出小组，专程沿昔日上妙峰山进香朝顶的古道进行调查，发表《妙峰山香道考察记》，常华等人的考察比较详细，对各个地方的现实状况也进行了考察和考证，大体勾勒了妙峰山各个香道的现存状态，笔者根据此次考察路线，总结各个香道茶棚如下[②]：

---

① 金勋：《妙峰山志·妙峰山志序》，中国社会科学院图书馆藏，手抄本，第 3 页。
② 常华：《妙峰山朝山进香老北道考察记》，中国人民政治协商会议北京市委员会文史资料委员会编《文史资料》第 53 辑，北京出版社 1996 年版，第 253—264 页；常华：《妙峰山香道考察记》，同时稍作修改以《妙峰山香道》为题作为《京西古道》一书的部分章节。政协北京市门头沟区文史资料研究委员会编：《京西古道》，香港银河出版社 2002 年版，第 173—247 页。

老北道（全 43 里）：

聂各庄—车耳营（车儿营、车营）关帝庙—石佛殿茶棚—双泉寺（双水泉茶棚）—磨镰石河茶棚—双龙岭茶棚—花儿洞茶棚—大风口茶棚—磕头岭茶棚—贵子港茶棚

中北道：

北安河（北安寨）—清福观—响塘庙—响福观（响墙茶棚）—青龙山朝阳院茶棚—金仙庵茶棚—玉仙台茶棚（俗名瓜打石）—三瞪眼与快活三—饭台子—妙儿洼茶棚—玫瑰谷—涧沟村

中道：

石窝村（温泉）—周家巷—徐各庄—大觉寺—观音庵、回香亭茶棚下处—关帝庙与敬善长青茶棚—九龙山玄同道院—栗子峪与栗子台茶棚—头道行官寨尔峪茶棚—下平台—二道行官上平台茶棚—冷风口—萝卜地兴隆万代茶棚—二道岭—三道岭—四道岭—五道岭—涧沟村修道路灯茶棚（至此与中北道合）

南道：

陈各庄—西北洞圣母行官、提灯乐善茶棚—龙王庙—仰岭十八盘（当地又称仰岭儿）—望山娘娘顶—水泉（降香会茶棚）—阴山—桃园村（旧称桃源村）—南庄（又名玉和庄）—樱桃沟—仰山—孟尝岭（又名孟常岭、路景山）—引香亭茶棚旧址—四平岭—舍儿岭—抢风岭—涧沟村（松棚行官）

顾颉刚在《妙峰山的香会》中，依据自己对苇子港茶棚会众的访谈及根据自己的经验认为，当年可能有 300 个会[①]，但截止到顾颉刚一行调查的 1925 年，妙峰山及其各个香道一共立有 53 通碑，这说明，立碑的香会组织是少数，绝大多数香会可能在现存碑刻中没有出现过，立碑数量远远少于上山朝顶香会数量。光绪二十五年灵官殿刻石记载了 4 条香道老北道、中北道、中道、南道及其 100 余个茶棚的名字[②]，但有碑刻的非常少。妙峰山现存香道 22 通碑刻分布情况如下：

---

① 顾颉刚：《妙峰山的香会》，收入顾颉刚编著《妙峰山》，据 1928 年版影印，上海文艺出版社 1988 年版，第 21 页。

② 序号 48，首图拓片 700，《清四路香道武当各会壁石》，光绪二十五年（1899）七月。

中道有 11 通：中道萝卜地茶棚 1 通、寨尔峪茶棚 4 通，新中道上平台 1 通、中道关帝庙 1 通、温泉西北 1 通、涧沟村 3 通。

南道有 4 通：西北涧 1 通、樱桃沟茶棚 1 通、孟常岭 2 通。

北道有 1 通：贵子港 1 通。

中北道有 6 通：北安河 3 通、玉仙台瓜打石 3 通。

可以看出，中道茶棚数量比较多，来往香客和香会比较多，这与前人记载一致，奉宽《妙峰山琐记》卷二、卷三详细记载了上妙峰山的五条香道：中南道、中道、中北道、南道、北道及沿途古迹、建筑、风物等，其中，中道最近，中北道人最多①。顾颉刚《游妙峰山杂记》："香道有五道，中道大觉寺现在没有多少人走，一天来往的只有十余人。中北道北安河人最多。北道沙河来的会少，但后山街（在妙峰山北四十余里）上有一个万人老会是极盛的。"茶棚一般多以殿宇为依托，似乎多为关帝庙和观音殿，至于原因，还待探讨。妙峰山香道碑刻反映当时茶棚特点有以下几方面。

第一，香道茶棚多重功能并存。

以往，人们进香朝顶一般都是步行，这就需要茶棚在路上提供服务，除妙峰山庙会之外，别的庙会根本没有茶棚，茶棚这种集多种服务于一体的组织为妙峰山娘娘庙吸收各地的香火增色不少，最后凌驾于其他五顶之上而为"金顶"，从而形成了妙峰山别具特色的行香走会文化。茶棚大概八里就有一处，棚内供奉着神像，悬挂着旗幡、装饰一新，昼夜灯火通明地接待往来的香客。香道茶棚提供的是不论贵贱一视同仁的免费服务，不但表现了会众的虔诚，而且在无意中给妙峰山营造出了互助协作、平等的进香氛围，正是各个香道大量茶棚的存在，才使信众不以上山进香朝顶为苦，渴了有茶、饿了有粥，晚上如需休息还有现成的房间可以住宿，对于下层民众来讲，着实具有很大的吸引力，对于他们来说，这都是托了碧霞元君娘娘的福。一般茶棚，最基本也是最重要的功能就是舍粥、舍茶。

---

① 根据奉宽《妙峰山琐记》中提到的路线整理，该书收入叶春生主编《典藏民俗学丛书（下）》，黑龙江人民出版社 2004 年版，第 2447—2483 页。

除此之外，茶棚还兼具下列功能。

1. 娘娘行宫

茶棚在一定意义上就是娘娘行宫。身体虚弱或年老的香客可以在香道上的任一茶棚烧完香返回家中，这叫作"顺香"，也表示自己已经完成了进香的心愿。对于武会表演来讲，在茶棚和娘娘殿表演，其意义没有任何区别。

据《妙峰山志》记载，茶棚典型的布置是这样的：

> 内陈设香案供品，安坛设驾，奉碧霞元君或其他神像，周悬红边白布底儿的旗帜，每旗绘一神像，共二十八面，是为二十八宿。又有四值功曹像四幅。棚口设灵官长方大旗一面，辕门方旗二面，棚外斜插七星皂纛旗一面，茶棚外两傍设摆上本棚的笼幌二副。棚外另设带座豆青琉璃钵形缸两座，内里注满热茶，是为香客准备的。棚内设八仙桌与凳子，带青黄围桌布，桌上摆着茶盅盘香。棚外正中搭起一个高木架子，高三丈多，挂着铁丝制灯笼。上端八方形，每角三个一串，正中大灯一串九个，名九联灯。香客入，行三叩首礼，然后饮茶。棚内唱着茶歌，钟声齐鸣。行香会在进香的路上遇到茶棚必须献供、烧香，武会遇到茶棚则须呈献技艺，时间是在朝罢大顶回来后①。

每到一处茶棚，香会（花会）都需要"参驾"、进行"三参"。具体过程是这样的：

> 由会众前引，执帖拜知，随由茶棚或庙宇管事人接待寒暄后，即手持支竿前往香会接引，然后柷子起平，会众随行，至棚或庙前，香会在参驾前，应另有三参……门外三参完毕以后，即为参驾，由本会都官手执高香，进棚或进庙，应参驾的会众随行，如文场，车会的五车，茶棚止于棚外，庙宇止于殿外，只都官进至神驾前，先对已到各会或先到未行各会，或本棚本庙都官执事人等，各自谦让一过，然后

---

① 金勋：《妙峰山志》，中国社会科学院图书馆藏，手抄本，第13页。

焚香，安于炉内，或先叩首后安会，只在下跪时，该打参的即打起参来，该拿参的，都官一叩首，拿参的拿一参，随都官起落共三叩首，拿三参。打参的须打三参，不必随都官叩首起落①。

所谓"三参"，具体意义是这样的："第一'参纛'，因茶棚和庙宇前左手，皆有大旗，名之曰纛，香会参纛时，棚庙管事人应先以支竿遮卷纛旗，谓之'免纛'，'不免不参'，是行香走会时最重要规则之一。参纛时，有文场德香会（如开路、打路、少林、五虎棍等会）打一参，车会则拿一参。参纛后，第二为'参辕门'，即拜门之意，亦打一参或拿一参。第三为'参二十八宿值日星宿'，即对棚或庙的右前方，打一参，或拿一参。②"在惠济祠上香时候也需要进行这样的进香仪式。

如果在茶棚礼节不周到，就会被认为对娘娘不敬。

2. 提供其他必要服务

在碑刻当中，也可以看到有些茶棚提供其他形式的服务，比如万寿善缘缝绽老会茶棚，就是京城靴行、鞋行联合起来举办的茶棚，同时这个茶棚还为香客提供免费的修鞋服务。后面还会讲到，这个茶棚就是因为给慈禧太后修好了花盆底鞋跟而被封为皇会的。

如今，香道基本已经废弃，香道上的茶棚也因为人们不再步行从香道上山而没有了存在的必要。茶棚的存在需要客观条件：香道的使用和香客的需要。但是，现在这两者都不存在了，所以，分布于各个香道上的茶棚也就没有存在的现实基础了。

至本文写作时止，仍然活跃在妙峰山上的茶棚只有两个，一个是分钟寺倪振山老会首带领的同心合善清茶圣会，另一个是白德山老先生创办，他的儿子和徒弟在其去世之后赠送给妙峰山管理处的亲朋同乐清茶圣会。另外一堂义福善缘清茶圣会，会首张义福，但因妙峰山管理处考虑到山上房间有限，没有让义福善缘清茶圣会到妙峰山庙会来，张义福每年自己到山上来进香朝顶，尽一点心意。20世纪80年代之后的碑刻当中，基本上没有天津香会的踪影，可以看出，天津地区的信仰范围在

---

① 金受申：《香会》，金受申《北京通》，第162—163页。

② 同上。

逐渐缩小。

第二，老北道多天津香会。

妙峰山香会进香有五条固定的香道，分别为南道、北道、中道、老北道和中南道。香会进香，全部从这些香道上山①。天津人到北京的庙会中来，一是信仰因素，二是因为交通便利。不过，天津这一新兴城市，向守旧的北京城发起了挑战，妙峰山上天津香会是其展示自身形象的一种方式。

《都市丛谈》特别记载了进香交通工具的变化和南道、老北道两条香道及各路进香者情况：

> 京西妙峰山之灵感宫，久为京、津人士所信仰，所以每年一到四月而烧香者络绎于途。且未兴火车之先，御河并有善人船，专载天津香客，分文不取，由津运往通州，再由通州绕道北京，转赴老北道（即聂各庄）。……老北道向来概不募捐，以天津人及内监占多数。②

北道比较多的是天津人，碑文也证明了这一点。天津的茶棚不外募办会所需费用，前人研究证明，到妙峰山来其实就是耗财买脸，武会是这样，文会也是这样，粥、茶、馒头，哪一样都需要不小的开支，古城村秉心圣会当中石锁会的会首常守智在琉璃渠茶棚前向众人回忆当年生活的艰难，并谈到琉璃渠茶棚当年是打卤面管饱③，这样看来，一般的花会开销大约不会少，而每天招待数以万计香客的茶棚的开销可能更大。北道天津

---

① 清初文献《壶天录》记有南道、北道，而晚清的《燕京岁时记》中增加了中道、老北道，民国的《妙峰山》《妙峰山琐记》《都市丛谈》继续记载了以上这些路线，同为民国时期的《妙峰山琐记》还补记了一条已废的中南道。李家瑞编：《北平风俗类征》（上），据商务印书馆1937年版影印，上海文艺出版社1985年版，第58页。（清）富察敦崇：《燕京岁时记》，北京古籍出版社1981年版，第63页。顾颉刚在《游妙峰山杂记》中详记了向轿夫打听来的上妙峰山的各路的重要站口和里数。顾颉刚：《游妙峰山杂记》，收入顾颉刚编著《妙峰山》，据1928年版影印，上海文艺出版社1988年版，第182—183页。奉宽：《妙峰山琐记》，收入叶春生主编《典藏民俗学丛书（下）》，黑龙江人民出版社2003年版，第2447页。逆旅过客编辑：《都市丛谈》，张荣起校注，北京古籍出版社1995年版，第204页。

② （民国）逆旅过客编辑：《都市丛谈》，张荣起校注，北京古籍出版社1995年版，第204—205页。

③ 被访谈人：常守智，80岁；访谈人：陈建丽；访谈时间：2006年5月19日，四月初三；访谈地点：琉璃渠茶棚前。

茶棚多，从侧面表现了天津影响力的大增，可能是在对普通香客和香会关照的过程而逐渐积累起来的。

现在的许多老香客，对香道上的天津茶棚印象都非常深刻。贵子港茶棚是老北道上最晚建立的茶棚①，他的创建者张玉亭是天津人，是中国北方地区无声电影的创始人②。天津信意馒首会茶棚建立的原因是，天津西门外的船户因为遭遇风浪，受到了保佑，于是发愿公立茶棚，除了施舍茶水给香客外，进香的人每个赠送馒头两个，回香的人施舍粥③。这说明天津香会对妙峰山民俗社会的渗透。

（三）碑刻反映的香会（花会）地域分布

顾颉刚说每个香会都有碧霞元君的神位或者神像（也就是娘娘驾），他们在朝山进香之前都先在自己的会内或者附近的庙内设驾进行祭祀④，一般来说，娘娘驾在庙会结束后被安放在会首家中，比如，"聚义乐善国术圣会驾设永定门外大红门东前街一〇三号孙宅"⑤、"西直门外同心和善五虎打路会驾设北京西直门外桃柳园四号"⑥、代表聚义乐善国术圣会、同心和善五虎打路会的娘娘驾分别放在孙宅、西直门外桃柳园四号。同时，一般香会（花会）都在会名前面加上本会所在地的地名，因此，通过分析香会（花会）设驾的位置可以考察妙峰山碧霞元君信仰的辐射范围。而且，无论是以前，还是 20 世纪 80 年代妙峰山庙会恢复之后，香会（花会）的会众大体是以会首居住地为中心的，因此，香会（花会）名前所标识的地址基本可以反映会众分布。

60 通清及民国碑刻中，有 32 通碑刻中提到了香会地址；新时期所立的 43 通碑中，1 通个人立碑无法确定地址，1 通天伦轿房功德无量碑实际属于个人立碑，7 通碑刻为文物局或管理处立碑，2 通碑刻《同心永乐开路圣会碑》《大有庄普天同庆会碑》通过查阅妙峰山管理处提供的《历年

---

① 序号 59，首图拓片 760，《清重修贵子港庙宇复设茶棚记》，民国廿三年（1934）三月。

② 常华：《妙峰山朝山进香老北道考察记》，参见中国人民政治协商会议北京市委员会文史资料委员会编《文史资料》第 53 辑，北京出版社 1996 年版，第 253—264 页。

③ 奉宽：《妙峰山琐记》，收入叶春生主编《典藏民俗学丛书（下）》，黑龙江人民出版社 2004 年版，第 2457 页。

④ 顾颉刚：《妙峰山的香会》，收入顾颉刚编著《妙峰山》，据 1928 年版影印，上海文艺出版社 1988 年版，第 15 页。

⑤ 序号 79，碑刻 17，《聚义乐善国术圣会、文武乐善八卦少林会碑》，2001 年四月初一。

⑥ 序号 76，碑刻 19，《西直门外同心和善五虎打路会碑》，1999 年四月初一。

花会进香花名册》查到了这两个会的会址，因此，共有 34 个花会可以查到会址（附录三）。

1. 清及民国时期香会分布

满族人从 1644 年入关以后，开始在北京实行"旗民分治"的政策，在一定程度上限制了旗人与民人的交流。清代八旗分布的具体方位是：正黄旗居德胜门内，镶黄旗居安定门内，并在北方；正蓝旗居崇文门内，镶蓝旗居宣武门内，并在南方；正白旗居东直门内，镶白旗居朝阳门内，并在东方；正红旗居西直门内，镶红旗居阜成门内，并在西方[①]。

从现有碑刻资料来看，18 世纪初期到 18 世纪中期，旗、汉已经开始逐渐接触，并在信仰领域开始互相接纳和交流，但是，这种交流及共同活动仍然是相对有限的，可能没有大面积展开。

震钧《天咫偶闻》记载：安定门外"两黄寺之东，外蒙古外馆。市厘栉比，屋瓦鳞次。充街隘巷，祇见明驼，列肆连箱，惟陈服匮。而居人除蒙古外，皆贾人也"。最初它是外蒙古的宾馆所在地，是接待外蒙古贵族、官员来北京晋见清朝皇帝的地方，后来，一般外蒙古人来北京也都住在外蒙宾馆。这也使得一些有商业头脑的商人在外蒙古宾馆附近开设店铺，形成了商业街，这里除了这个外蒙的宾馆，其余都是店铺。因此，外馆的居民既有外蒙古人也有北京的商人。清末民初，外馆的店铺有一百五六十家，多数是杂货行。光明海灯会是安定门外哈尔客馆弟子公立的，"凡我众姓久切皈依恭献香灯神庥，是迤自嘉庆年间至今五十余载，□传不息"[②]，持续的时间很长。寨尔峪天仙圣母娘娘头道行宫茶棚为安定门外外馆商客公立的，但是茶棚的人员范围非常广泛：商人、居民、官员，茶棚所需要的司房、陈设把、茶把、水把、棚铺、大车、棚行、裱作等，都有很多相关行业的从业人员担任，而且东黄寺还年例助番经道场[③]。但是日俄战争后，民国十三年（1924），外蒙宣布成立"蒙古人民共和国"，

① 刘小萌：《清代北京旗人与香会》，载《燕京学报》新十二期，北京大学出版社 2002 年版，第 139—176 页。

② 序号 34，首图拓片 673，《重建光明海灯碑文》，同治二年（1863）七月。

③ 奉宽：《妙峰山琐记》，收入叶春生主编《典藏民俗学丛书（下）》，黑龙江人民出版社 2004 年版，第 2453 页。序号 30，首图拓片 729，《清建寨尔峪头道行宫碑》，道光二十二年（1842）五月。序号 33，首图拓片 731，《清重修寨尔峪茶舍碑文》，同治元年七月。序号 35，首图拓片 732，《清重修寨尔峪茶棚》，同治六年（1867）四月。

从民国十六年（1927）开始，外蒙当局对中国的进出口贸易进行限制，提高了进出口税率，这样，严重打击了外馆的商人。1930 年初，外馆各杂货行、杂货栈相继歇业①。这自然也影响了这一区域居民的信仰活动。此后没有见到标有"外馆"字样的碑刻。

18 世纪初虽然已经有香会组织在妙峰山顶立碑，但是从碑文中提到的香会会址或者会众的范围来看，虽然西直门内应该主要为正红旗，也就是说二顶兴隆圣会的主要人员应该是旗民，但从碑阴 106 个人名来看，比如，"当年正香首：王三、李方玉、沈明玉、孙良玉、屈世禄、张来有、肯天保、陈德馨、刘自成、孙韦驮保、史七十八、姜胖子"，大部分都是汉人了，其中"孙韦驮保"不能判断是汉人还是旗人，但这个名字可能在一定程度上说明这种旗人、汉民融合的趋势。而阜成门外则应该是汉民，但根据《清金斗献花圣会碑》碑阴所列约 131 个人名，还是能够找到诸如白达子、黑达子、保住、□达子、得胡达子等旗人名字②。

阜成门内朝天宫众善诚起的二人圣会，到了乾隆二年（1737）已经"未数年而巍然一大胜会"③。将近五十年过去了，乾隆四十七年（1782）年，立于妙峰山娘娘殿前的《清二人老会碑》④ 记载了这个二人圣会的内部组织分工：钱粮弟子、厨房弟子、搂把弟子、司房弟子、进香弟子、刻字弟子等。朝天宫，按照乾隆时期吴长元《宸垣识略》卷首图，朝天宫位于内城西北，属于正红旗界内，而从这个会碑碑阴题名来看，此会有约 40 个旗人，比如：当年香首富勒贺、仓儿、什钟保、□老格、吴三达子、富兴阿、乌金木、九格、隆保、乌云保、佟七达子、图明阿、阿灵额、□都、巴克唐阿、德清额、伊彦布、赵大硕色、千佛保、托克托布、观音保、巴□太、观音保、克兴额、他克什布、汪七十五、管保住、花连布、仓尔、窝仁额、那恩太、图六十、孙九达子、他思哈、伊拉哈、赵明义。当然，还有 80 余人，从姓名推测应为汉人。

根据碑刻资料，从 20 世纪初开始，天津的香会组织开始在妙峰山山顶及香道立碑，天津的香会出现，一般以较大范围的地址出现，如天津

---

① 王永斌：《北京的关厢乡镇和老字号》，东方出版社 2003 年版，第 54—76 页。

② 序号 9，首图拓片 707，《清金斗献花圣会碑》，乾隆十六年（1751）四月十四日。

③ 序号 5，首图拓片 658，《清二人圣会碑记》，乾隆二年（1737）四月十四日。

④ 序号 16，首图拓片 665，《清二人老会碑》，乾隆四十七年（1782）七月。

"合郡"、天津西门外或天津，没有更具体的地点①，这或许是因为这些本会的会众地域比较广泛，也可能是因为天津的香会希望以"天津"这一地区的整体渗入妙峰山庙会北京地区的民俗社会。

另外，从香会会址来看，去往妙峰山途经的村庄或地方，更容易出现香会组织。比如，京城内的百姓需要出西直门才能到妙峰山，则西直门一带就有很多香会。

2.20世纪80年代以来花会分布

前文已经谈到，在妙峰山立碑的香会（花会）数量远远少于朝顶进香的香会（花会）数量。妙峰山管理处保存的《妙峰山庙会花会登记册》搜集了1999年、2000年、2001年、2002年、2004年、2005年、2006年和2007年到妙峰山朝顶的花会名单，其中一项就是登记各会的"地址"到2007年庙会结束为止，花会去妙峰山庙会朝顶进香至少有420余次，约170档花会到过妙峰山庙会。这些花会分布如下：海淀区48档、丰台区39档、门头沟17档、朝阳区18档、西城区13档、宣武区10档、崇文区6档、东城区3档、石景山3档、顺义2档、大兴区1档、昌平区1档、房山1档、河北省水平县1档，还有6档花会地址不详。各地区花会分布情况大体与妙峰山碑刻显示的地址分布一致。碑刻所刻写的地址为：丰台区17通、海淀区10通、门头沟区6通、朝阳区3通、崇文区3通、宣武区1通、西城区1通、石景山区1通，李福明个人立碑地址不详。

从20世纪80年代以来花会地址可以看出，这一时期到妙峰山庙会的组织还是覆盖了北京大部分地区，在新时期碑刻中，没有发现明显的满族人名，但不排除有满族人的可能性。

清及民国时期，香会的组织有经济、商业活动原因，比如宣课司。但是，20世纪末期，经过很长时间的熏陶，人们对于神、佛的信仰因素减少，而"喜好"、兴趣成为人们结合的主要交叉点。而这种兴趣的结合，则有地域性特点，及就近原则。

这一时期，多的是以"村"或者镇，或者一个社区为主组织活动，比如，京西蓝靛厂同心合善蝴蝶少林老会，从开始重整到现在，基本上都

---

① 比如，序号54，首图拓片687，《天津众善灯棚碑》，1925年4月；序号52，首图拓片689，《天津阖郡众善灯棚同人公建碑》，1920年；序号49，首图拓片745，《清天津路灯会重修玉皇庙碑记》，1906年4月；序号50，首图拓片746，《清天津信意馒首会石碣》，1910年2月。

是蓝靛厂四季青乡的人作为主要会员。同心合善蝴蝶少林会会员中有些是做生意的，有些还是世代经营的①，根据杨海鹏的说法，索德山原来是钉马掌的，在当时比起其他人来有时间和精力，所以在 1979 年蝴蝶少林会重建的时候才会选择他作为会首。同心合善蝴蝶少林会老一辈会众中，有一部分是手艺人②。而西北旺的两个花会，也都是在西北旺范围里活动。如今，昔日低矮的平房已经逐渐翻盖成了楼房，昔日的农民也远离了土地成为市民，但是，会众仍然分布于相距不太远的各个生活区，因而对于他们来讲，不存在人员分散的问题，会众的活动方式和组织形式也跟原来一样，比较单纯。

新型社区大规模出现后，以社区健身为主要形式的秧歌队也开始出现，一般来讲，会众范围反而小了，这种联系相对简单，可能仅仅基于兴趣而组合在一起。

小结

妙峰山庙会，根据碑文来看，到今天为止，至少已经有三百多年的历史了。历代的碑刻，已经成为管窥妙峰山庙会现象的一面镜子。无论是从碑刻的立碑时间，还是从空间分布角度来看，妙峰山碑刻均具有时代特点。

从时间上，清代民众对于碧霞元君的信仰属于继承和发展阶段，他们通过固定进香时间、进香路线和进香仪式来集中展示/体现他们的信仰，天津的香会通过一系列的行为成功地将具有天津特色的王三奶奶塑造成与碧霞元君一样享受香火的神灵；民国时期，进香时间仍然是每年的四月初一到十五，但庙会的情况已经大不如前，社会环境对庙会的兴衰有直接影响。而 20 世纪 80 年代庙会恢复以后，立碑的花会几乎每年都有，这可能在某种程度上说明民间社会围绕妙峰山庙会恢复传统的一种努力和追求。

---

① 比如，"谷记煤铺，经理谷庆云。此铺地处戏楼石桥南的东边，经营煤球。铺址厂大街58 号。谷庆云乃是蓝靛厂蝴蝶少林会会首，擅使一杆丈余长的大枪，故人称大枪谷。其徒弟邢建成赴抗美援朝，贯（应为惯——引者注）用'小七枪'套路，刺死数名美国兵。谷庆云之门徒有甄庭秀、康存林、卢学夷等"。再比如，"成顺和，经理索云瑞，清光绪九年（1883）生人，识字。弟索祥，清光绪十四年（1888）生人。为马、驴、骡钉掌"。杨海鹏：《蓝靛厂商业街》，载王珍明主编《海淀文史·商海变迁》，开明出版社 2006 年版，第 160—180 页。

② 比如，康存林是木工，甄庭秀家世代兽医。杨海鹏：《蓝靛厂商业街》，载王珍明主编《海淀文史·商海变迁》，开明出版社 2006 年版，第 160—180 页。

作为妙峰山庙会建设发展指导者之一的民间学者王作楫明显把"拜碑"作为花会进香朝顶仪式的一部分来看待①，民间学者的这种具有导向性的引导可能也会大大引发花会的立碑行为，此种现象值得关注。

从空间上看，主神碧霞元君殿前的碑刻是最多的，其他神灵也多多少少有几通碑文。而在各进香朝顶必经的香道上，拥有22通碑刻，几乎占清代及民国时期所有碑刻的一半，可见香道在庙会期间的重要作用。香道当中，最重要的当属茶棚，还有一些路灯、汽灯等助善设施，碑文当中对于这些香会的兴衰、修建均有不同程度的记载。而曾经财大气粗的天津茶棚现已消失，如今只剩下对它们的记忆，20世纪80年代从修复庙宇开始，管理处就陆陆续续地修筑从涧沟村直接通往庙宇的盘山公路，香道大都被废弃不用，各个香道也没有新立碑，现在只有几个北京茶棚在大顶的庙会上支撑着。

第二节　妙峰山碑刻分类描述

碑刻作为承载民间文化的一种实体，历经风雨而矗立，它们不但记载了民众立碑当时的某些情况，为我们追溯历史提供了一定的依据，而且，也在一定程度上保存了民众当时的思想状态，为我们探寻民众心态的变迁提供了线索。

笔者以碑刻为依据进行分类描述，对立碑主体、碑文内容及碑刻与香会的关系进行考察。

一　碑刻主体描述

碑刻是民俗的承载体，是信仰表达的媒介。到底谁通过碑刻来表达其思想，即，谁是碑刻民俗的承担者？董晓萍认为，地方社会的民众是碑刻民俗的实际承担者和传承者，他们通过刻碑的方式记载地方社会中的群体性重大事件，并通过种种途径来保持和体现碑刻在民俗生活中的权威作用②。

---

① 被访谈人：王作楫，1939年生于北京，对北京文化很喜爱，民俗学者，北京市民间文艺家协会会员；访谈人：陈建丽；访谈时间：2007年5月27日；访谈地点：妙峰山茶棚前通往惠济祠的台阶旁。

② 董晓萍、[法]蓝克利（Christian Lamouroux）：《不灌而治——山西四社五村水利文献与民俗》，中华书局2003年版。

鞠熙在其博士论文中，提出碑刻民俗志的概念，并根据北京内城寺庙碑刻认为，碑刻民俗的承担者主要包括碑刻的撰书人、碑刻的刻立人、碑刻的捐赠人和碑刻中的社会组织四种①。借鉴这种分析方法，对妙峰山碑刻进行考察，发现碑刻中记载的民俗主体同样也包括碑刻的立碑者、撰写者、捐赠者和或松散或紧密的社会组织。

需要说明的是，妙峰山的 103 通碑刻当中，存在未说明刻写立碑者、撰碑者、捐赠者的情况，这种情况的碑文，暂不予以讨论。

（一）立碑者

立碑者，作为妙峰山碑刻的民俗承担者之一，主要有三种类型：集体立碑者、个人立碑者和管理处或政府作为立碑者。

集体立碑者当中，个人作为集体或组织的一分子出现，不单独作为民俗主体实施民俗行为，但在 20 世纪 80 年代的立碑行为当中，则呈现出个人与集体结合松散化的特点，这可能与 20 世纪 80 年代花会会员结合方式有关；个人立碑者，主要是主持僧或会众作为个人，为彰显善行、本会功德等事而为组织或众善立碑，同时个人作为立碑主体的现象出现，经济条件好的个人出于种种原因而以个人名义立碑；管理处或者政府立碑的现象也是 20 世纪 80 年代以后独有的，约有 7 通碑刻为妙峰山管理处或者文物局所立。管理处或者文物局作为政府单位，不能简单等同于香会组织的集体立碑，它们的立碑行为，显示了其介入妙峰山民俗社会的一种努力和尝试，是 20 世纪 80 年代妙峰山碑刻民俗必不可少的承担者之一。以下分别进行说明。

1. 集体立碑者

在碑文当中，一般会出现诸如"本会末众等""众信人等""合会众善人等""众善诚起""众等弟子诚献""弟子公立""众善敬立"一类具有集体含义性质的词语，或者未明确出现上述词句却有很多本会会众的题名出现，这两种情况都视为集体立碑。

根据统计，在目前搜集的 103 通碑刻当中，共 82 通属于集体立碑，约占妙峰山所有碑刻的 80%，1949 年前有 51 通，20 世纪 80 年代有 31 通。集体立碑又分为以下几种情况。

---

① 分类原则和方法，参考鞠熙《碑刻民俗志》，在此表示衷心感谢。《碑刻民俗志》，北京师范大学出版社 2009 年版。

（1）祭祀组织作为集体立碑者

各类香会（花会）集体立碑的数量居于妙峰山碑刻的首位。

第一种，碑刻的立碑者一般是会众集体，这类组织一般是以信仰、庆典仪式为中心出现的，个人作为组织结构中的一部分而被刻写在碑文当中并没有独立的个性。《清京都顺天府宛平县京西马鞍山石厂村进香碑》碑阴说："合会众善人等公造喜碑壹□"①，这是本会人员共同刻立的；拾人膏药老会的《清妙峰山天仙圣母感应碑记》中碑阴说："京都顺天府宛平祖家横街路东钱铺众善诚起"②，拾人膏药老会是由钱铺这一行业的人组织的香会。20 世纪 80 年代碑刻当中，京西蓝靛厂同心合善蝴蝶少林老会出现"全体成员"字样③、《同心乐善五虎少林会碑》中有"永定门外蒲黄渝南胡同村三里老会一堂全体叩拜"字样④。

在这种集体立碑的碑文当中，个人作为组织的一员出现，但 20 世纪 80 年代后的碑刻与以往碑刻有些不同。清及民国的碑文当中，一般标明会众在会中的职责，体现了各司其职、各负其责的会内分工；而 20 世纪 80 年代后所立碑刻中有相当数量不标明会众的职务，究其原因，可能是 20 世纪 80 年代以来花会除了会头之外其他职位存在的必要性不大，也有可能是因为更多的会员是因兴趣爱好而在一起活动，妙峰山庙会期间上山献艺只是其组织活动的组成部分而非主要部分，同时上山献艺又相对便捷，因此也就不需要分工来互相协作以保证上山的顺利了。这一点，后文会有说明。

第二种，会首或会中助善人作为集体的立碑者。会首、主要领导人或会中助善人作为集体立碑者而出现的碑刻，数量不多，主要有 2 通⑤，20 世纪 80 年代以来这种情况相对多一些，有 3 通⑥。这种情况的出现可能

---

① 序号 3，首图拓片 655，《清京都顺天府宛平县京西马鞍山石厂村进香碑》，雍正（戊申）六年（1728）。

② 序号 11，首图拓片 662，《清妙峰山天仙圣母感应碑记》，乾隆三十五年（1770）四月十四日。

③ 序号 87，碑刻 2，《同心合善蝴蝶少林老会朝莲花金顶妙峰山进香碑》，2003 年三月。

④ 序号 83，碑刻 11，《同心乐善五虎少林会碑》，2002 年四月初一。

⑤ 序号 7，首图拓片 659，《清金顶妙峰山进香碑记》，乾隆七年（1742）孟夏月十四日。序号 56，首图拓片 758，《万寿善缘缝绽老会重修粥茶棚碑》，民国二十年（1931）四月。

⑥ 序号 92，碑刻 40，《同心向善馒头圣会碑》，2004 年春。序号 93，碑刻 41，《厚德积善馒头圣会碑》，2004 年春。序号 98，碑刻 45，《左安门玉海升平小车圣会碑》，2006 年四月初六。

主要是因为会首出资，无论是起会还是立碑，费用均是这些人物承担，他人可能只是为此会"雇用"的角色。

左安门玉海升平小车圣会由甄玉贵、王玉海、李贵生三人组建，但是立碑者却是王瑞芬、甄玉贵，甄玉贵的内侄王建财、王建山捐资建碑。梅氏四兄弟和高氏三兄弟的馒头会，基本上是他们几个人主持，制作馒头的费用由这几个会首筹集，送馒头上山的是每天两百块钱雇用的司机，而每天负责"施舍"馒头的，是梅氏兄弟丝绸店里的伙计，他们之所以"上山"完全是因其与丝绸店具有聘用关系，因而，会首和这些临时或非自觉上山的工作人员不是平等的关系，其性质与原来香会中大家在会中无论职位、分工是否相同，但其地位平等的——都是为老娘娘服务的"弟子"——这种情形绝然不同，这些"雇员"先是与老板有聘用关系然后才发展为上山帮工的关系，后者是前者的派生物，所以上妙峰山算是其工作的一部分，因而，立碑时自然不会有他们的名字，而雇人每天送馒头上山，更是典型的商业关系，而无信仰因素作为纽带。

（2）各会公立碑

此类碑比较独特，是各个香会（花会）共同立碑，目前一共有两通，一为光绪二十五年（1899）七月镶嵌于妙峰山灵官殿外左右两面墙内的《清四路香道武当各会壁石》[1]，二为1994年《金顶妙峰山文武各会进香朝顶碑》[2]。

前者因为光绪戊戌（1898），有的香会自己资助，有的香会向外募捐，众会齐心修建灵官殿，光绪二十五年刻立了《清四路香道武当各会壁石》以永垂不朽。其中，标有"万寿无疆"字样的香会，也就是皇会，有24个，通过与《内务府掌仪司承应各项香会花名册》对照[3]，《清四路香道武当各会壁石》中有13个香会可以确定为皇会，它们被刻写在碑的最上方，占据了整个碑的显著位置，显示出其与众不同的地位，暗示了民间对于皇会所象征的皇权的妥协退让。同时，还有四条香道100个茶棚，各村老会14个，170余个宅、商号、信女或者信众，这一方面反映了碧霞元君的感召力，另一方面说明碧霞元君信众的广泛普及。

---

① 序号48，首图拓片700，《清四路香道武当各会壁石》，光绪二十五年（1899）七月。

② 序号66，碑刻15，《金顶妙峰山文武各会进香朝顶碑》，1994年仲夏。

③ 国家图书馆藏历史档案文献丛刊：清内务府档案文献汇编《内务府掌仪司承应各项香会花名册》，全国图书馆文献缩微复制中心出版，2004年。

而 1994 年的这通碑，一共列了 62 个花会，绝大部分属于武会或者文场，根据《登记册》，碑上这些花会目前仍然活跃在妙峰山庙会中的数目可能不到当年的四分之一了。这通碑虽然刻写的是"金顶妙峰山与文武各会共立"，但实际上，据妙峰山管理处王德凤介绍，完全是管理处出资，免费给这些自妙峰山庙会恢复之后来朝过顶进过香的花会立碑，没有花费各花会的一分钱，管理处是本着鼓励原则来对这些历年上山献艺的花会表示感谢的。可以说，这通碑的刻立，属于官方行为。

这两通碑，一为民间立碑，二为官方行为，行为主体不同，目的不同，效果也就不同。前者是为了表达对老娘娘的虔诚，纪念各会的善举；后者则是在一定程度上表现了管理部门对花会上山献艺的鼓励态度。

（3）信众作为集体成员立碑

这一类碑刻主要特点是：这一群体作为集体立碑者，从碑文中不能够判断他们是否属于香会组织，因此，暂且认为他们是临时化缘与募捐关系，属于临时捐赠者，并被刻写下来。这一情况主要出现在清及民国时期。

比如，据光绪四年《重修东西配殿碑记》载，光绪元年，养心堂众人上山朝顶进香的时候，看见王三奶奶殿坍塌、东配广生殿三间被烧，应住持僧募化重修的动员，养心堂在回到京城之后与朋友商量捐资兴修。后来开工的时候又看到西配财神殿三间渗漏，西耳药王殿三间也已经腐朽，于是，把王三奶奶殿、广生殿、财神殿、药王殿和随殿禅堂二间以及殿前站台垣路都一齐重修并且把塑像也装饰一新[1]。养心堂、乐安堂、雪何山房及两位无名氏作为临时的集体，捐资翻修庙宇，他们之间并不是因为参加祭祀或信仰而组织重修庙宇的，完全是因偶然募化聚集并立碑的。

民国二十五年，信士弟子马渡修"发善提愿游行四方，普结善缘，感动善男信女解囊资助"[2]，捐资人除了天章油盐店之外还有 54 位善人姓名开列于碑上，他们共同捐资修建了傻哥哥殿。根据现有资料，不能判断这些人是否为碧霞元君的信徒，也不能判断他们是否为香会的会员，他们捐资给马渡修，可能只是偶然的募化与捐赠关系，不具有必然性或长期稳定性的联系。

---

① 序号 42，首图拓片 677，《重修东西配殿碑记》，光绪四年（1878）七月。

② 序号 60，首图拓片 702，《修建傻哥哥碣石》，民国二十五年（1936）四月。

20世纪80年代碑刻当中，大都是集体立碑或者花会组织中一部分捐资会众的名字被刻写到碑文中。20世纪80年代庙会重新恢复之后的上山朝顶的花会，有以复兴传统文化为旗号而恢复的花会，有以健身娱乐而结合在一起的社区组织，也有以追逐经济利益为主组建的花会，其组织方式多样，因而组织成员间的关系也变得复杂和多样起来，在这种情况下，立碑这一花会组织的集体行为就会出现如下情况：本是香会（花会）的参与者，但因立碑之前由于各种原因没有出钱，则其名字没有出现在本会所立碑刻当中。

综上，以集体身份出现的立碑者，对所立的碑刻拥有主导权，从某种程度上说，正是立碑者身份的标注，才宣示了其作为碑刻拥有者的权利。集体立碑者，以集体身份出现在与朝顶有关的仪式中，是妙峰山碧霞元君信仰的传承主体，但有些碑刻还需要进一步考察。

2. 个人作为立碑者

个人作为立碑者的碑刻，在妙峰山所有碑刻中只占10.7%，但仍然具有自己的特点。从立碑者身份来看，包括以下几类。

（1）住持僧个人作为立碑者

妙峰山的惠济祠是一座典型的儒释道共居的庙宇，但是就目前所掌握材料来看，近代的住持一直是僧人①。妙峰山碑刻当中，如果标示庙宇住持的身份，也均是住持僧，没有"道长"等身份人出现。住持僧作为惠济祠的当家，既独立于香会组织，又通过庙会、募捐等形式与香会组织保持紧密联系。住持僧凭借其地位和身份，在寺庙陷入困境时候募化钱粮，维持庙宇的生计和发展，并通过树碑立传的方式旌表善行，同时，作为信仰权威，通过立碑等方式，宣扬乐善好施是教义的体现，鼓励大家朝顶进香。

第一种情况是，住持僧作为个人立碑者，但不是为自己或者寺庙立碑，而是为进香的香会或行善的个人立碑。比如：《清进香圣会碑》，是雍正十二年住持僧兴行给江西南昌府新建、丰城二县诚起妙峰山进香圣会的信士、弟子众等立碑②，这可能是妙峰山进香圣会朝顶，妙峰山住持出

---

① 比如，庄严：《妙峰山进香日记》："最奇者，天仙圣母碧霞元君据说为东岳大帝之眷属，理应属之道教，纵不然，亦应由尼姑侍奉。今庙中主持竟是和尚。"收入顾颉刚编著《妙峰山》，据1928年版影印，上海文艺出版社1988年版，第148页。

② 序号4，首图拓片656，《清进香圣会碑》，雍正十二年（1734）五月初一日。

面立碑。

第二种情况是，住持僧既作为香会组织的一员，但又站在住持的立场上，既行使住持权利又代表茶棚，为募捐善人立碑。比如，道光十四年八月住持僧惟印作为回香亭义兴万缘茶棚的一员，"因本茶棚重修添盖配房，非众善莫能成其功"①，于是立碑旌表各位善人的善行。唯印作为住持僧，不仅称赞义兴万缘茶棚的乐善好施，更认为他们的善施之行一定会得到碧霞元君、王三奶奶等众神庇佑。真人真事再加上住持僧的碑文宣告，对其他虔诚的香客更有吸引力，这是僧道进行宗教教化的一种展示。

第三种情况是，住持僧为不能判断是否为香会组织成员的施善人立碑。光绪年间明秀、扎拉芬，各施舍银三百两，又引化比人施舍钱三百吊，修整涧沟村到妙峰山顶的香道，住持僧因此立碑，宣扬他们的乐善好施，让往来香客铭记他们的善行，同时也通过碑文宣扬乐善好施的精神②。

总之，住持僧立碑，多通过记录香客或香会的具体善行来表现对于这些个人或组织的赞扬，他是这些善行的督促者、见证者和记录者，因而也是碑刻民俗不可缺少的组成部分。

（2）会首或者会众以个人名义为集体立碑

会首或者会众以个人名义为集体立碑，记录、传承本会历史、善行或组织结构等其认为这是应该传承的部分，并以本会为中心对妙峰山庙宇或庙会表现出特别的关心。

会众以集体名义立碑。比如，《二人老会碑》为信士弟子明智呈献，但是碑阴刻写了本会的香首、钱粮弟子、刻字弟子、揆把弟子、进香弟子、当年香首等170余人的名字③，可能是信士弟子献碑，笔者认为是个人立碑，但实际上，立碑者并没有脱离他所在的香会组织而独立存在。

会首为集体立碑。德舜堂药铺经理沈爱亮欣甫敬立《药王殿妙峰山药王殿创设和衷乐善茶棚碑文》，从碑文可以看出，他立碑一方面是表明药店的祖传药丸之所以灵验是因为药王的功劳，所以他在药王殿创立茶棚

---

① 序号27，首图拓片715，《清义兴万缘清茶圣会碑》，道光十四年（1834）八月。
② 序号37，首图拓片759，《清修理涧村路径记》，同治十一年（1872）二月。
③ 序号16，首图拓片665，《清二人老会碑》，乾隆四十七年（1782）七月。

也是为了秉承这种悲天悯人的精神①，同时，作为药店的经理、主人，他个人出资为集体立碑，也表现了其作为组织一员对集体的归属感。

会首为香会组织立碑，还有一种情况是，带有家族谱系式的集体立碑。比如，合义清茶面茶老会的《合义面茶会碑》中立碑者是："清故祖考孙兴业，父德至，弟子广泰，子瑞芳、瑞茂，孙祺敬立"②，因为缺少相关资料，目前不能判断是否孙兴业、德至、广泰、瑞芳、瑞茂、祺等几代人均为会首或者此会的会众，但这种立碑方式有家族立碑的倾向，同时，"不请善会，永不化缘"是这个会在碑刻当中所立的誓愿，如果真的是从故祖即经营此会，可以想见，本会确实很有经济实力。根据前辈学者研究，妙峰山香会历来讲究"耗财买脸"，一个香会如果完全凭借自己的经济能力而朝顶进香或施办茶棚，在民间社会会被称赞和敬佩，由此获得社会声望。

立碑者通过具体的立碑行为，是碑刻成为民俗文化承载物的前提条件。民国时期，因为瓜打石茶棚无力经营，上山的香客非常辛苦，住持僧宗镜募化天津刘宝珍、卢仲玉二人引领同人以尊义堂名义继续举办瓜打石茶棚，而且重新修复了殿宇并重塑了神像，再举行了开光典礼之后由刘宝珍立碑刻写此次善举③，应该说，刘宝珍是本碑的真正"主人"，他对此碑拥有主权，是立碑行为实施的真正承担者，其他善人的"芳名"及功德均依附于刘宝珍的这一行为上。20世纪80年代，会首个人出资为集体立碑的，只有韩文江。作为三堂会的会首，他在不同的年代为三堂会立碑④，这三通碑并立在妙峰山惠济祠外，十分漂亮和醒目，总体上成为三会实力的象征，实际上，也就是会首韩文江的经济实力的代表和象征。调查得知，作为三通碑立碑者的韩文江，实际上也是出资刻碑的人。无论对于花会会众，还是对于妙峰山民俗社会的其他人，韩文江的这一立碑行为，清楚地表明了他对这三个会拥有的影响力。碑刻，成为对花会会首身份的一种认可和强化的手段和途径。

---

① 序号58，首图拓片697，《药王殿妙峰山药王殿创设和衷乐善茶棚碑文》，民国二十二年（1933）四月。

② 序号28，首图拓片705，《清合义面茶会碑》，道光十四年（1834）春香季。

③ 序号55，首图拓片751，《重修瓜打石茶棚碑》，民国十九年（1930）九月初九日。

④ 序号94，碑刻7，《东管头村群英好善五虎少林燕青打擂少林圣会碑》，2005年三月十九。序号70，碑刻8，《丰台东管头燕青打擂五虎少林圣会碑》，1996年十月二十五。序号95，碑刻9，《广安门外东管头村万善虔诚旱船圣会、忠友义善玖狮同聚会碑》，2005年三月十九。

总之，会首或会众作为个人，而为集体立碑，重点记述与己有关的历史事件，虽然他们是集体中的一员，碑刻也出现了香会（花会）的组织结构等以集体面貌出现的相关内容，但毫无疑问，立碑者，才是这通碑的真正拥有者，他一般是这一民俗行为的组织者和主力军。

（3）非会众个人作为立碑者

从民俗承担者角度看，个人立碑者作为立碑个体，是立碑行为的主体，因此也是碑刻民俗的主体。20 世纪 80 年代以来的碑刻当中，35 号、46 号碑属于个人立碑，1949 年前的 60 通碑刻，均以集体立碑或个人为集体立碑形式出现，没有个人立碑的。

但是，35 号、46 号碑文只有寥寥几个字，一写"功德无量"，另一写"佛光普照"，剩下就是落款①，仅仅依据碑刻材料无法进一步分析考察，只能期待更充足的资料发现。

3. 管理处作为立碑者

前面已经谈到了管理处在妙峰山庙宇及庙会恢复进程中的历史作用，它对妙峰山庙会的推动作用不容忽视，妙峰山碑刻中 7 通有官方色彩②。有官方色彩的碑刻见证了管理处为之付出的心血。因此，管理处是妙峰山庙会恢复之后非常重要的民俗承担者之一。

其中，1 通是 1994 年金顶妙峰山与文武善会共立"进香朝顶"碑；1 通是 2001 年门头沟区文化文物局立"文物保护单位，娘娘庙及灵官殿"碑。第一通石碑上记载了参与妙峰山进香朝顶活动的 47 个花会组织的名称，管理处的王德凤说，这个碑上所刻写的花会是妙峰山庙会恢复以后至 1994 年立碑之前到过妙峰山的所有花会③。第二通碑上面写的是"文物保护单位　门头沟区人民政府一九八一年公布，门头沟区文化文物局二○○

---

① 序号 64，碑刻 35，《海淀小西天天伦轿房碑》，1993 年四月初一。序号 97，碑刻 46，《李福明立佛光普照碑》，2006 年四月初一。

② 这些碑刻分别为：序号 66，碑刻 15，《金顶妙峰山文武各会进香朝顶碑》，1994 年仲夏。序号 74，碑刻 16，《妙峰山景区管理处立积德行善碑》，1999 年。序号 88，碑刻 37，《妙峰山管理处千元功德碑》，2003 年四月初一。序号 67，碑刻 38，《妙峰山重建庙宇功德碑》，1994 年。序号 102，碑刻 39，《妙峰山管理处千元功德碑》，无年月。序号 82，碑刻 42，《门头沟文化局"文物保护单位，娘娘庙及灵官殿"碑》，2001 年。序号 103，碑刻 43，《捐万元善款功德碑》，无年月。

③ 被访谈人：王德凤，管理处主任，涧沟村人；访谈人：陈建丽；访谈时间：2007 年 5 月 21 日，农历四月初五；访谈地点：妙峰山碑林前。

一年立"。这通碑，在碑阴介绍了妙峰山的历史、妙峰山"金顶"的来历，特别强调了乾隆皇帝、嘉庆皇帝、慈禧太后对妙峰山的题字来凸显其作为民间宗教信仰中心的地位，并说明碧霞元君的灵验，"有求必应"，所以香火繁盛甲于天下①。山顶上的这两通石碑是从政府的立场出发，对妙峰山碧霞元君庙地位的肯定，也说明原本是属于民间的妙峰山，得到了官方的正式承认，并借助官方的力量，重新确立了它在华北碧霞元君信仰者心目中的重要地位。②

除了这两通之外，其余五通为管理处立的功德碑，这在妙峰山的20世纪80年代碑刻当中所占比例很大。

第一通功德碑"妙峰山重建庙宇功德碑"，由当时任管理处主任的王德凤撰文，经刻匠根据实际刻碑情况进行增减，形成了现有碑阳内容。在碑阳文中，提到了妙峰山的地势、地貌、"金顶"来历、碧霞元君庙主神来历及其职司，特别提到了王三奶奶这一由人坐化成神的形象及其对天津人信仰的吸引，最后点明立碑原因："欲求必达，必达者如愿以偿立此功德碑，自愿募资重建庙宇、塑造娘娘金身，万古流芳"，这对于虔诚的香客来讲，是非常难得的表达自己的虔诚之心的机会，因此，每年的善款捐赠活动都非常兴盛，2007年笔者跟随全心向善结缘茶会倪振山的女儿一家到惠济祠、玉皇顶和回香阁进香，看到倪振山的女儿拿出显然是早已准备好的五百元钱捐给了惠济祠大殿外接收善款的工作人员，并得到了一个捐款证书，不知她是每年都捐这些数目的钱，还是那年特殊一些，不得而知；而且，一同进香的五个人，基本上每个人都往各个殿的功德箱放善款，多少不等，基本都是面额不大的纸币。在这通碑的左右两边，就是两通功德碑，左边一块碑形制比"妙峰山重建庙宇功德碑"更显庄严和有

---

① 序号82，碑刻42，《门头沟文化局"文物保护单位，娘娘庙及灵官殿"碑》，2001年。碑文："妙峰山娘娘庙创建于明末，始称天仙庙。位于门头沟区涧沟村的莲花峰之巅，孤岩险峻飘逸，视若莲花，在夕阳的映衬下泛出金色的光泽。清康熙皇帝御赐莲花峰为'金顶'，乾隆二十五年（一七六零）改称'灵感宫'，嘉庆皇帝亲笔题写'敕建惠济祠'庙额，慈禧太后曾御书三块匾额'慈光普照''功侔富媪''泰云垂荫'悬挂于正殿外檐。金顶妙峰位居北京'五顶'之首，因地处国都又受皇帝的推崇一度成为北方民间宗教信仰中心。娘娘庙供奉多神，世传道儒三位一体的寺庙。每年四月初一至十五开庙，因所祀老娘娘、王三奶奶'有求必应'，香火之盛，实可甲天下。"

② 王晓莉：《碧霞元君信仰与妙峰山香客村落活动的研究——以北京地区与涧沟村的香客活动为个案》，北京师范大学博士论文，未出版，2002，第62—63页。

气势，这三通都是为捐款一千元（包括）以上到万元以下捐资人所刻写的功德碑，惠济祠外左边打金钱眼旁边的那通是万元功德碑。

王德凤回忆，妙峰山的"妙峰山重建庙宇功德碑"立于1994年，而另一通"功德碑"，根据碑文阳历时间换算，应该是立于2003年的四月初一，其余两通都是先立好了碑，原本没有刻字，刚刚开始刻写、填充捐款善人姓名。因此可以推测，这四通碑的刻写在时间上应该是连续的，也就是说碑上的善人姓名是随着庙会的举办，从1994年开始不断刻写、补充的，2007年四月初一之前，就请了石匠专门来妙峰山刻写去年捐款人名。[①]

"妙峰山景区管理处立积德行善"碑[②]，主要是记载西铁营乡释迦村陈德清老太太自20世纪80年代妙峰山庙会恢复起，每年上山做善事、捐善款，她每年给山上捐一（汽）车花，连续很多年，按照当时的条件，买这些鲜花的钱差不多是她一年的积蓄，王德凤就跟她说每年捐鲜花太麻烦了，改成捐款得了，再以妙峰山的名义给她立块碑（但需要陈德清自己出刻碑的费用），给子孙后代留个念想。于是，陈德清姐妹四人一次性捐了六千块钱，立碑又花了一千多。这通碑，从选石料、撰碑文、立碑，都是王德凤一手操办的[③]。陈德清说："有这么一块碑，让咱们后代知道咱们在这儿有一个名字。"[④] 这通碑的立碑原因、过程，很好地说明了碑刻是管理处和香客都认可的行善积德的见证，立碑，是有形地表达自己信仰的手段。

（二）撰碑者

撰碑者，作为碑刻民俗的又一重要承担者，历来为学者所关注。在妙峰山碑刻当中，有些碑刻没有表明撰碑者，因为缺乏其他补充材料，所以这里暂不讨论。目前妙峰山103通碑刻当中，表明撰碑者身份的有13通，包括皇族、管理、僧人、会众和部分非会众。

---

① 被访谈人：王德凤，管理处主任，涧沟村人；访谈人：陈建丽；访谈时间：2007年5月21日，农历四月初五；访谈地点：妙峰山碑林前。

② 序号74，碑刻16，《妙峰山景区管理处立积德行善碑》，1999年。

③ 被访谈人：陈德清，86岁，信佛；访谈人：陈建丽；访谈时间：2007年5月19日，农历四月初三；访谈地点：妙峰山茶棚前。被访谈人：王德凤，管理处主任，涧沟村人；访谈人：陈建丽；访谈时间：2007年5月21日，农历四月初五；访谈地点：妙峰山碑林前。

④ 被访谈人：陈德清，86岁，信佛；访谈人：陈建丽；访谈时间：2007年5月19日，农历四月初三；访谈地点：妙峰山茶棚前。

1. 皇族作为撰碑者

皇族作为撰碑者的碑刻，在妙峰山碑刻中只有两通，分别为《妙峰山天仙圣母宫碑碣记》《金顶妙峰山进香碑记》①。

《妙峰山天仙圣母宫碑碣记》，是清乾隆时期皇六子即质庄亲王永瑢撰写的，他写的碑文词句雅致，词语跟别的撰碑者不同，更多渲染字句，而对事件本身着墨不多。但其碑阴正副香首为多罗某门某氏，比如：多罗赵门王氏、赵门尤氏、赵门赵氏、赵门杨氏、赵门佟氏、赵门徐氏、赵门马氏、赵门黄氏，还有一些旗人姓名：郭隆阿、曾五达、邵四格、苏佛保……可以视为上层社会对妙峰山碧霞元君信仰的重视。

宗室弘晀作为《金顶妙峰山进香碑记》的撰碑者，其碑文立碑时间刻写的是："皇清乾隆七年岁次壬戌孟春吉旦"，其中对皇室的推崇之情显而易见，不似一般碑文只把年号作为一个纪年方式刊于文后。

皇族撰碑，用词明显跟其他阶层不同，华丽而多修饰，但皇室能够主笔撰碑的行为某种程度上可能表明：妙峰山的影响已经达于上层，并引起重视，而上层社会也通过这种方式表明自己对民俗社会的态度。地方和上层互相利用和扶持，不但使妙峰山的香火更加旺盛，也使上层借助源于民间的宗教信仰得以向民众表示自己的"亲民"形象，在一定程度上实现了其对妙峰山的拉拢；妙峰山民俗社会也通过与上层的多种联系来提升它的威信。这种宗教影响与民俗权力的结合，使得宗室所撰写的碑文成为一种威望的象征，其所属的香会组织在妙峰山民俗社会中也"长了脸"。

2. 官吏作为撰碑者

在妙峰山碑刻当中，有2通碑为官吏所撰写。20世纪80年代的碑刻当中，还没有发现官员作为撰碑者出现的情况。

第一，官吏作为撰碑者，同时也是立碑者。

在这种情况下，官吏既是会中人，也因为某种关系而主笔撰写碑文。他们熟知起会的原因、经过和组织原则，因而能够从局内人角度看问题；同时，他们作为官员，又必须站在政府角度考察事件，因而又同一般会众不同。

---

① 序号12，首图拓片663，《清妙峰山天仙圣母宫碑碣记》，乾隆三十八年（1773）四月八日。序号7，首图拓片659，《清金顶妙峰山进香碑记》，乾隆七年（1742）孟夏月十四日。

《崇文门宣课司茶棚碑文》是同知衔即选司务邢士猷撰写的，他同时也是这个茶棚的一员，这种撰碑者与立碑者合一的身份，宣告了对此崇文门宣课司茶棚即兴隆万代茶棚的民俗权力。同时，他们作为民俗承担者，通过行善建立茶棚把自己本署的神"科神"纳入妙峰山信仰体系中来①，并通过立碑的方式铭记、公布此举动。

第二，官吏应邀为香会撰碑。

在妙峰山碑刻中发现，官吏撰碑时，最后的落款总要注明自己的职位，这种将世俗生活的身份认同感纳入神圣体系的自觉或不自觉意识，表现出世俗权力意识对民间神圣信仰的渗入。

《妙峰山琐记》中记载钦差督理街道工部营缮清吏司主事张献是骁骑将军，銮仪卫云麾使，他撰写的碑文《妙峰山香会序》立论高尚、书法秀逸，为各碑之冠②。他在文中宣扬道德准则，作为官员的口吻，并同时在碑文中显示了自己作为朝廷臣子的身份③。

官吏较皇族人数更多，其社会关系更为广泛和复杂，与下层社会的联系方式也更为多样。

寨尔峪天仙圣母娘娘头道行宫茶棚为安定门外外馆商客公立④，本来外馆多为外蒙人，但是这一茶棚却请到了咸丰十年庚申科进士顺天大城的刘湉年、光绪三年丁丑科进士四川双流的刘桂文分别于同治元年和同治六年为本茶棚的碑撰写碑文。由此可见，官吏比皇族与下层社会的联系更为广泛，其所撰写的碑文成为这种联系的见证。

3. 僧人作为撰碑者

在妙峰山碑刻中明确标明僧人作为撰碑者的情况不太常见，如前文所述，僧人作为立碑者的情况比较多，但是在同样的碑刻当中，有些却没有明确词语或者注明撰碑者是僧人，暂拟不将其纳入此处讨论。

住持和其他佛教人员撰写碑文所关注的内容不同。住持僧对某一善行的叙述，往往从与本庙有关的方面进行，而其他佛教人员撰写碑文则喜欢

---

① 序号46，首图拓片723，《清崇文门宣理司茶棚碑文》，光绪十九年（1893）四月。

② 奉宽：《妙峰山琐记》，收入叶春生主编《典藏民俗学丛书（下）》，黑龙江人民出版社2004年版，第2496页。

③ 序号1，首图拓片653，《清妙峰山香会序》，康熙二十八年（1689）三月。

④ 奉宽：《妙峰山琐记》，收入叶春生主编《典藏民俗学丛书（下）》，黑龙江人民出版社2004年版，第2453页。序号33，首图拓片731，《清重修寨尔峪茶舍碑文》，同治元年七月。序号35，首图拓片732，《清重修寨尔峪茶棚》，同治六年（1867）四月。

从教义高度来阐述，表明其对教义的理解和奉行。

比如，西直门外佛教会员谢钦志撰文篆额《修建傻哥哥殿碣石》，就认为诚则必灵，人应该有善心、孝心，这样才能成佛，才能修行成功[①]。一般在碑文中，他们都倾向于从教义出发，阐述教义，劝告世人行善修行。

史野虽然作为碑文《重修瓜打石茶棚碑》的撰写者出现在碑文中，但碑文根据妙峰山住持宗镜口述得来[②]，因此，住持宗镜才是实际上的撰碑者，史野只是一个代笔者。值得注意的是，碑阳开篇，宗镜就先对妙峰山香火的繁盛和在民众信仰中的地位有形象生动的描述，对重修瓜打石茶棚的修建的阶段性进展的记忆非常清晰，对自己和刘宝珍、卢仲玉等人在修建茶棚这一历史事件中所起的作用有准确还原和定位，对这一修建所完成的工程项目详细说明，表现了寺僧对与庙宇相关事件的关注。

无论怎样，碑刻是僧人表明他们宗教人士的身份，进行宗教宣扬、说教的一种途径。

4. 会众作为撰碑者

会首或会众作为撰碑者的情况，分为两种：第一种，撰碑者表明本会的立场；第二种，撰碑者在碑文中展示了自己作为个人的特点。

一般清代及民国时期的碑文，比较重视本会房产等，注重在碑文中明确指出本会与寺庙的分界或者关于本会的权利。此时，碑文承担了民俗社会中一种类似于契约、文书等的具有约束力的功能。比如：

> ……二十一年四月向灵感宫住持宗镜和尚接洽议妥，由爱亮捐洋壹百元交宗镜重修药王殿，又附属住房二间亦当重修，又交洋壹百元均由宗镜和尚担任修理，彼此言明，将本殿及住房两间永作和衷乐善茶棚每年庙会栖息之所，闭会后住房两间，可作和衷乐善茶棚存贮物件之处[③]。

德舜堂药铺经理沈爱亮在碑文中叙述了本会的功德以及由此带来的

---

① 序号60，首图拓片702，《修建傻哥哥殿碣石》，民国二十五年（1936）四月。
② 序号55，首图拓片751，《重修瓜打石茶棚碑》，民国十九年（1930）九月初九日。
③ 序号58，首图拓片697，《药王殿妙峰山药王殿创设和衷乐善茶棚碑文》，民国二十二年（1933）四月。

权利。

1921 年，万寿善缘缝绽老会粥茶棚因为每年除了向香客施舍粥茶之外，还要为寄宿的香客提供住房，但是茶棚原有房屋不敷使用，于是"经同人等商议，拟将本棚西边空地两块购拨本会，以便扩充"①，碑文中关于本会界址的说明，一定程度上向来往香客宣告万寿善缘缝绽老会粥茶棚对于本棚所购地方的合法权利，是土地的合法拥有者。此时，碑刻具有一种类似地契的共证作用。

这种情况在 20 世纪 80 年代碑刻当中也有。凌长春，作为西北旺高跷秧歌的现任会头，他主笔撰写了 1998 年本会进宫表演（光绪二十四年）一百周年纪念的碑文，也就是我们在妙峰山看到的《西北旺高跷秧歌会碑》。他撰写碑文的目的就是让人们知道，自己的会才是真正的皇会，带有宣传本会的强烈主观目的。而调查中也发现，人们多少会受到碑文所写观点的影响，甚至接受这种说法。究其原因，是人们认可碑刻这种记载方式。

5. 非会众作为撰碑者

一种情况为，撰碑者因为私人情谊而为本会撰写碑文。《重修贵子港庙宇复设茶棚记》中的撰碑者邵阳魏勍记录自己撰碑的原因是："勍与居士谊属同道，深知巅末，故掾笔乐为记焉。"②

一种情况为，作为庙会的住持者立碑，这主要针对管理处的王德凤而言。他作为 20 世纪 80 年代妙峰山庙会的恢复者和管理者之一，对于这一民俗社会的影响必将受重视。1994 年他撰写了《妙峰山重建庙宇功德碑》③。在文中，他叙述了妙峰山庙会的结构、历史与现状，神灵的灵验与香火繁盛情况，这与当时努力恢复庙会传统的指导思想有关。

还有一种情况，身为同心和善蝴蝶少林老会常务理事的杨海鹏，是《京西古镇蓝靛厂同心和善蝴蝶少林老会碑》的撰碑者④。杨海鹏虽然参与了蝴蝶少林老会的重整，表面上看是其重要一员，但他其实没有真正参与本会的事务，现在已经渐渐淡出本会。因此，他不能算是真正意义上的会众，而是站在局外人的角度来回顾本会历史事件的。他认为自己

---

① 序号 53，首图拓片 757，《万寿善缘缝绽会碑》，1921 年四月。
② 序号 59，首图拓片 760，《重修贵子港庙宇复设茶棚记》，民国廿三年（1934）三月。
③ 序号 67，碑刻 38，《妙峰山重建庙宇功德碑》，1994 年。
④ 序号 87，碑刻 2，《同心合善蝴蝶少林老会朝莲花金顶妙峰山进香碑》，2003 年三月。

是回民，信仰很纯粹，只信仰伊斯兰教信仰真主；但现实的情况是：作为同心和善蝴蝶少林老会重整的发起者和建立者之一，他又必须参与到会里的发展中来，这就与自己的信仰发生了一定程度的冲突。于是，他在不违背会规与妙峰山庙会传统的前提下进行了细节上的转换以表现自己的特色——碑的碑额为："虔诚参悟"——"虔诚"，是妙峰山庙会这一民俗社会的专有名词；"参悟"，是伊斯兰教所提倡的。"虔诚""参悟"，是杨海鹏对二者的巧妙结合。同时，他在碑阴最后标明了自己的身份：北京史地民俗学会常务理事。他的这篇碑文，也凸显了自己作为民间学者的气质。

总体来看，会众作为撰碑者，他们虽然同时也是立碑者之一，是集体中的一员，但是，无论是碑文的格式还是碑文内容，抑或碑额，都会或多或少地留下撰碑者作为民俗个体的影子。碑刻，是他们或隐或显地展现个性思想的方式。

（三）捐赠者

捐赠者，对于中国的哪个寺庙、道观都不陌生，妙峰山惠济祠的捐资者群体却是异于其他寺庙道观的捐赠者的。这些捐赠者不单捐款，他们还捐米、捐面、捐茶叶、捐鲜花、献神像所披的袍子……凡是寺庙应该具备的东西，这些捐助人没有想不到的，这在中国的宗教发展史上或许是很有特色的。前文已经谈到，活跃在妙峰山上的香会数量远远大于在妙峰山立碑的香会数量，同样，捐赠人的数量和范围远远大于立碑者、撰碑者的数量和范围，其所展现的碧霞元君信仰的范围更加广泛。笔者所讨论的捐赠者范围，除了捐资修建朝顶进香的各条香道的香客或组织，也包括捐资塑像、修庙，捐赠妙峰山及其香道庙宇或庙会所需各种物品的香客或组织。

以下对 103 通碑刻中出现的主要的几种身份的捐赠者进行考察。

1. 太监作为捐赠者

明清以来，太监在宗教生活中是一个很活跃的群体，赵世瑜认为："宦官对寺庙情有独钟，并通过寺庙与民间社会发生密切联系"[①]，远在京郊的妙峰山也可以见到他们的影子。光绪十八年（1892）五月刘诚印捐

---

① 赵世瑜：《黑山会的故事：明清宦官政治与明清社会》，《狂欢与日常——明清以来的庙会与民间社会》，生活·读书·新知三联书店 2002 年版，第 324—351 页。

赠了铁炉①。同治庚午（1870）春季，钟粹宫范平喜虔心发愿开工修补上山朝顶的道路，并与同人于金仙庵下坎建立茶棚②，此碑碑阴的题名中涉及的善人范围相对广泛，有商号、旗人，也有女性捐资者，一共140多善人及商号。

在调查当中，谈到本会如何成为皇会的时候，很多花会都会不约而同地谈到宫里太监的联结作用。宦官这一特殊群体，通过参与庙会的建设，而跟民间社会发生联系，由于其特殊位置，能够起到连接朝廷与民间的中介作用。他们不仅大量参与了寺庙的修建翻盖，还推动了民间社会与国家的广泛联系。妙峰山碑刻当中，也常有太监捐款、捐物的记录，但似乎还处于零散状态，未形成组织规模。

2. 行会、商号作为捐赠者

行会、商号或商人个人作为捐赠者的情形，在碑刻中出现的时间比较晚。

清末，传统自上而下通过具体的行政区划来整合社会的模式被打破了，以区域市场经济体系为理念的结合方式开始出现。之所以会有商号、行会出现，多是因为经济往来而形成的，反映了北京经济发展状况，这种情况反映在信仰当中，就是各界联合起来以整体形式募捐或捐资。商号作为整体出现在碑文中的情况是很常见的。有些商人个人或作为信众或作为临时募化的对象而捐资。比如，前文的钱铺就组成了一个香会。

根据妙峰山碑刻资料，行会组织虽然没有通过举办茶棚或建立进香组织等作为整体出现在妙峰山庙会上，但作为民间社会的重要组成部分，他们的身影还是或隐或显地出现在人们的视野当中。

咸丰五年春天，宣课司翻盖旧有茶棚、建立兴隆万代茶棚，这一大型行动，得到了合署上下及内外的很多捐资，各种各样的行业有38个：酒行、烟行、杂行、广货行、绸货行、平布行、曲布行、棉线行、杨纸行、铁货行、獭皮行、护玉行、零油行、苏油行、南果行、麻绳行、芝麻行、香末行、鱼行行、棉花行、针坯行、瓷器行、鸡子行、瓜子行、蓝绢行、猪行、羊行、鲜货行、靛行、夏货行、江米行、姜行等③。从这些行会名

---

① 首图拓片749，《清铁炉》，刘诚印造，光绪十八年（1892）五月。
② 序号36，首图拓片721，《清妙峰山茶棚碑》，同治九年（1870）四月。
③ 序号46，首图拓片723，《清崇文门宣理司茶棚碑文》，光绪十九年（1893）四月。

称当中可以看出，行会组织已经达到了相当细致的阶段，可能说明行会发展得比较成熟了。

20 世纪 80 年代以来的碑刻当中，商人这一身份仅从碑刻中无法得知，可能被有意掩盖了。比如，倪先生的茶棚，其实际支持者就是他做生意的大儿子。妙峰山现在有四个坐棚，根据推测，开支最大的可能要算同心合善馒头会和厚德积善馒头会了，2006 年他们施舍了将近 2 万斤馒头、1.35 万袋榨菜，2007 年可能数量更多。同心合善馒头会的会首是浙江省台州市路桥区金清镇新东村的梅氏四兄弟，他们在北京大栅栏做丝绸生意，经厚德积善馒头圣会的会首高志怀介绍加入妙峰山庙会舍馒头做善事的行列中来，最开始主要是在厚德积善馒头圣会里帮衬，这两年逐渐成为厚德积善馒头圣会的 "主力"，最后也打出了 "同心合善馒头会" 的标识，并与厚德积善馒头会的会旗并排挂在馒头会门前的左右两边窗户上。对此，高会首看来并无异议，等于是默认了两会的并存状态。而两会碑刻的同时刻写和并排竖立①，也显示了两会并存的事实。再比如，名下有三档会的丰台东管头的韩会首②，他创办了北京绿谷蓝天环保技术有限公司，自任经理，所以出手比较阔绰，碑刻是这种财势的有力展现。

这说明，碑刻所记录的内容是经过选择的、精心组织的，它带有强烈的碑刻民俗主体的主观色彩，并不能反映全部的生活真实，而需要结合其他资料进行补充进而综合分析。

3. 女性作为捐赠者

碧霞元君信仰包括碧霞元君、送生娘娘、眼光娘娘、斑疹娘娘、子孙娘娘，应该是女性信众更多一些。但是文献记载和学者的调查都显示，女性在妙峰山这一民俗社会中居于从属地位，在碑刻当中亦是如此，女性担任会首的香会（花会）非常少，比如，成府村的献供香斗膏药会据说是雍正八年（1730）由老年妇女创建③；但仅仅过去了半个世纪，到了康熙

---

① 序号 92，碑刻 40，《同心向善馒头圣会碑》，2004 年春。序号 93，碑刻 41，《厚德积善馒头圣会碑》，2004 年春。

② 被访谈人：韩文江，北京绿谷蓝天环保技术有限公司经理，名下有三档会。访谈人：陈建丽；访谈时间：2006 年 5 月 2 日；访谈地点：妙峰山茶棚前。

③ 金勋：《成府村志》，载《中国地方志集成（乡镇志专辑）》，民国二十九年稿本影印本，江苏古籍出版社 1992 年版。

五十二年，本会所立会碑的碑阴题名中，所列出的香首六人、副香首十八人，几乎全部为男性，女性似乎退出了会首的行列。碑文从整体上明显表现出了女性从属于男性的特点，倒是"信女"一项，列出了7位女性的名字：王门梁氏、冯门金氏等①。除了献供香斗膏药会，女性的主体地位虽然是昙花一现，但也表明女性的主体地位之外的情形。女性在妙峰山碑刻中出现的身份包括以下两种方式：

其一，女性作为会众，以"信女"的身份出现。信女一般在会中不担任任何职务。

其二，募捐。在碑文中，可以见到"一品夫人"或者"某门某氏"字样，他们一般没有具体名姓，而是依附于他们丈夫的姓出现在男性占主导地位的碑文当中。

20世纪80年代以来的碑刻当中，女性的名字越来越多地与男性并列在一起。甚至，很多花会一开始就是由老太太组成的，而且她们是花会的主体。德清鲜花会的会首陈德清就是位80多岁的老太太，她连续很多年自愿上山为娘娘献鲜花，后来在各会会首的建议和帮助下举行了贺会仪式，从此以会首的名义出现在妙峰山庙会上。

而今女性越来越多地出现在妙峰山庙会上，她们的名字也越来越多地出现在碑刻当中，改变了过去走会的一般多是男性的局面，这从侧面表明了妙峰山以往的走会规矩在逐渐地改变，花会界对女性加入的心态更加宽容和友好。

4. 政府作为捐赠者

政府作为捐赠者形象出现主要在20世纪80年代以后。政府作为民间活动的支持者而出现，其支持的方式表现为提供政策、人力和资金支持，给花会组织活动提供其进行活动和发展所需要的场地、服装、经费等。

当然，随着社会的发展，有些花会所在的村委会也非常支持这种活动，海淀区韩家川村高跷秧歌老会的村委会出钱给他们买道具、出车费和化妆费等，这次上妙峰山来也是村委会出钱、赞助、找车②。比如，京西三家店太平鼓圣会，在2005年太平鼓圣会"成型"了之后，就得到了北

---

① 首图拓片666，《清斗香膏药胜会碑》，乾隆五十二年（1787）四月十三日。

② 被访谈人：刘大爷、甄大爷、刘连如，男，北京市海淀区韩家川村高跷秧歌老会会员；调查地点：妙峰山粥棚对面；调查时间：2006年5月3日；调查人：陈建丽。

京市的承认，北京市文委花了五万块钱买了一些服装、道具①，这在很大程度上解决了他们的资金问题。

花会尤其是武会可以发挥其民间艺术表演的特点来表现百姓安定祥和的生活，增添了节日的喜庆氛围，同时又达到发展经济和恢复民间文化的目的，这是各级政府所希望看到的。碑刻也表现了这种趋势，比如，蝴蝶少林会立碑，会众就没有担负任何费用，而是大队出钱，四季青乡远大村民委员会是其赞助单位之一，这一赞助行为被明确刻写在了本会的碑刻当中②。

总之，从妙峰山碑刻民俗的主体来考察，碑刻的产生是立碑者、撰碑者和捐赠者共同作用的结果，妙峰山碑刻的立碑者包括香会（花会）集体和个人立碑，是碑刻民俗主要承担者，而撰碑者的身份则较立碑者多样化和复杂化，捐赠者的身份更为宽泛。在刻碑、立碑及拜碑仪式等一系列行为中，碑刻民俗得以产生，而碑刻民俗在产生、形成和传承的过程中也反映了社会各个阶层之间或阶层内部多样而复杂的民俗关系，更为重要的是，在这一过程中能够发现碑刻民俗主体信仰心态的变迁与发展。

二 碑刻记录中香会（花会）的组织结构

妙峰山庙会之所以能够"香火甲于天下"，碧霞元君之所以能够成为华北一带有名的香主，大部分归功于各种各样的进香组织。《春明采风志》记载了香会成员的来历，并列出了香会的节目③。《民社北平指南》介绍了开路、中幡、秧歌、五虎棍、少林棍、双石头、狮子、石锁、坛子、杠子、杠箱、大鼓、小车、自行车十四档会的节目内容④。《清末北京志资料》详细地记载了香会组织的组织者、九种节目内容等⑤。

妙峰山的花会，有文会，也有武会。文武各会各司其职，在庙会期间担负不同的职责。比如，文会有修道的修补道路圣会，有净道的净道圣

---

① 被访谈人：谭大爷，京西三家店太平鼓圣会会员，负责对外联络，70多岁；调查地点：茶棚对面；调查时间：2006年5月3日；调查人：陈建丽。

② 序号87，碑刻2，《同心合善蝴蝶少林老会朝莲花金顶妙峰山进香碑》，2003年三月。

③ 引自李家瑞编《北平风俗类征》（下），据商务印书馆1937年版影印，上海文艺出版社1985年版，第455页。

④ 同上书，第456—459页。

⑤ 张宗平、吕永和译：《清末北京志资料》，北京燕山出版社1994年版，第556—557页。

会，有修鞋的万寿善缘缝绽会，还有分布在妙峰山各个进香道路上具有重要地位的茶棚，有负责夜晚照明的天津众善灯棚，也有施舍馒头的馒头会天津信意馒头会；武会的种类也非常多，京城流传有一首顺口溜：

> 金顶御驾在居中，黑虎玄潭背后拥。
>
> 清音童子紧守驾，四值公曹引大铜。
>
> 杠子是门栓掷子是锁，一对圣兽（指狮子会）把门封。
>
> 花拨吵子带挎鼓，开路打路是先锋。
>
> 双石杠箱钱粮柜，圣水常在花坛中。
>
> 秧歌天平齐歌唱，五色神幡在前行。
>
> 前有前行来引路，后有七星纛旗飘空中。
>
> 真武带领龟蛇将，执掌大纛在后行。
>
> 门外旱船把驾等，踏车（指自行车会）云车（指小车会）紧跟行①。

这首顺口溜，涵盖了到妙峰山进香朝顶的所有香会或花会（武会）的种类，它们依托娘娘庙的各种器物来凸显本会与老娘娘的神圣关系，为自己找到了存在的理由。作为已经远远超越了个人的组织，妙峰山的花会在朝顶、进香的过程当中，逐渐形成了严密的组织形式和组织结构，形成了固定的进香仪式，从而形成了妙峰山有别于其他庙会的特色，进而吸引了越来越多的注意力。以进香为名义的会众组织产生了，他们各有分工，互相协作，共同构建了妙峰山别具一格的"进香朝顶图"。

最近随着妙峰山庙会的恢复和发展，其影响力也越来越大，不单吸引了很多传统的花会组织，还使很多新兴的社区组织加入到这支队伍中，比如，海淀区西苑的夕阳红腰鼓队以及前两年十分活跃的宁桂荣组织的元君功秧歌队等，这些组织主要以小区健身为基本目标，到妙峰山的献艺表演之行也体现了比较强的现代因素。

下面从香会（花会）类型和组织结构两方面进行分析。

---

① 北京师范大学1998级吴效群博士在其博士学位论文中记载了民国时期武会在增加小车会、旱船会和自行车会以后，民间新编的关于十六档花会组织的顺口溜，见吴效群《北京的香会组织与妙峰山碧霞元君信仰》，博士学位论文，毕业学校：北京师范大学，专业：中国民间文学（含民俗学），指导教师：钟敬文教授，完成时间：1998年5月，第47页。

（一）香会（花会）类型

妙峰山的香会，是以信仰为中心集合起来的民间团体。笔者以现存妙峰山碑刻为资料范围，辅以文献、调查访谈资料，对碑刻中涉及的香会组织类型进行描述和分析。有些香会或者花会，仅仅根据碑文记载，无法判断、说明其成会过程、组织结构、成员是否具有稳定的、长期性的组织关系，此类碑文暂不讨论，待日后发现相关资料后再进行分析。

需要说明的是，笔者所说的组织，根据《民俗学概论》，社会组织是指传统社会中民间形成的具有互动关系的人们共同体[①]，但是考虑到妙峰山庙会的流动性和成员关系的不稳定性，这里指比较广泛意义或范围上的团体或共同体。结合其活动时间、活动内容和内部成员关系是否紧密等条件，将妙峰山香会（花会）分为长期性和临时性。

妙峰山庙会在长期的发展过程中，形成了历年固定的进香朝顶时间、固定的朝顶地点，既存在长期的、有稳定成员的进香团体，也存在临时的、偶然组合而成的进香组织。韩书瑞认为，北京地区带祭祀性质的社会组织至少包括临时共同体、由于庆典或修庙等事件形成的共同体、由于职业和居住关系形成的长期共同体，以及想象共同体。

判断组织是否为长期性，主要依据碑刻等记载。这里，长期或临时，不仅仅指组织成立时间、活动时间长短，更重要的是根据其"组织化"程度，即核心成员是否在一定程度上固定或无太大变动，其内部成员间关系是否紧密，组织内部认同感和归属感是否强烈等来判断。凡是社会组织活动时间长，且会首、督管等核心成员变动较小（或通过传承而变更）、认同感强、有分工明确的组织结构，则为长期性香会（花会）组织。

1. 临时性香会

① 因修庙等偶然事件形成的临时性香会

会中成员是因为偶然的事件，比如修庙、添盖庙宇房屋、翻盖茶棚等突发事件通过临时募捐而形成的临时性组织。这类组织可能不具有长期活动的基础和可能性，在某募捐行为之后，可能这种组织关系就不复存在。

1874 年，一位香客朝顶时看到妙峰山殿宇各处颓败，于是发愿重修，

---

① 钟敬文主编：《民俗学概论》，上海文艺出版社 1998 年版，第 99 页。

回到京城"与友人言讲约会兴修，友人无不乐从，实时招商开工"①，并于光绪四年竣工立碑，助善人多为养心堂、乐安堂中人，这些人作为临时的集体，他们虽然涉及范围很广，但可能并不是因为祭祀或信仰因素而重修庙宇的，而是因偶然募化聚集在一起并立碑的。

2007年调查时，跟着杜春亮的花会来的"练儿"，是山东武术学校的，二者各取自己所需：杜春亮是为了博得大家的"喝彩""叫好"，从而获取妙峰山花会界的认可；而武术学校的人，则是刚刚到北京来闯荡的，需要借助一些机遇来展示自己不错的功底，从而期望在京城这块地方打开市场。这二者的合作是互相借力，是新型的合作关系，他们组成的也是具有临时性质的花会组织。

②因庆典等固定仪式形成的临时性香会

这种香会组织，除了妙峰山庙会期间因为信仰而组织起来一起举办茶棚、进香朝顶之外，似乎在其他时间没有会务、商业经济等方面的往来记录。这种组织虽然有固定的内部成员分工，但成员不固定，每年结合也不具有稳定性和必然性，因而可以算作因为庆典而形成的临时性香会组织。

比如，京都顺天府大宛二县皇城内外旗民众善人等"自嘉庆二十年四月公议诚起，每年春秋二季前往京西金顶妙峰山新中道上平台设立茶棚一座，敬献粥茶路灯以便往来香客"②，并至少到光绪四年立碑时间为止，已经坚持了7年，时间还是比较长的，且碑文似乎表明本会一直没有出现断档情形。但这个茶棚的成员相对来说比较广泛，每届庙会时因朝顶进香而临时组织，平时可能没有什么往来，因而每年参加的成员有所不同，成员加入随意性比较强，具有临时组织起来的特点。

20世纪80年代以来的碑刻当中，没有发现这种由于庆典而组织起来的花会组织。

③其他临时性香会、花会

这类组织成立的主要目的不是上山朝顶，到妙峰山庙会只是其组织生活的一部分。比如，元君功秧歌会等一些以小区健身、业余娱乐等为目的发起建立的社区性质的组织，他们不是因为信仰而结合在一起的，最先是为了健身，丰富小区生活，后来加入了春游的因素，朝顶只是其活动的一

---

① 序号42，首图拓片677，《重修东西配殿碑记》，光绪四年（1878）七月。
② 序号26，首图拓片740，《清重修茶棚碑》，道光四年（1824）四月。

部分，"远足"郊外，信仰功能附属于健身娱乐职能，这种活动的约束力比较弱，是一种松散型的固定、长期组织。

比如，1934年，天津张玉亭居士因上妙峰山朝顶路过贵子港茶棚，看见天仙圣母行宫已经破败不堪，原有茶棚已经停办很久了，于是与同人商议捐资重新修建天仙圣母行宫，并通过住持与原来贵子港茶棚的主办人交涉，取得了茶棚的主办权并使它重新运作，服务来往的香客①。这些捐资人只是因为这一次与张玉亭建立了临时的募捐与捐资关系，建立的是临时性的组织关系。

（2）长期性香会

这类组织类型，具有稳定的组织结构和相对稳定的组织成员，并且进行长期的集体活动，带有较明显的集体性和传承性。在妙峰山庙会中，这种组织可以分为行业性香会组织、社区性香会组织和职业性香会组织。

①行业性香会（花会）

这种性质的香会组织，其得以组织和活动是基于因行业结成的关系，在其活动的过程当中，体现了这种行业的特征。比如，万寿善缘缝绽老会是新旧靴鞋各行联合起来组成的组织，他们在庙会期间的主要任务是缝绽；万寿善缘缝绽老会粥茶棚，应该是缝绽老会的"副业"：

> 兹因北平大宛两县商民人等新旧靴鞋各行原于大清康熙十二年间公议发起万寿善缘缝绽老会粥茶棚一座，年例四月朔日起至望日止，在京西金顶妙峰山沿河三岔涧沟村，供奉天仙圣母娘娘神驾，诚献粥茶，并备来往香客寄宿之用。②

万寿善缘缝绽老会茶棚是行业公议的茶棚，组织内部具有明确的分工和职责，供奉有娘娘驾，是因信仰而组织起来的朝顶进香服务团体。至今，妙峰山民俗社会仍然有这样的传说，讲的是有一次慈禧太后上山进香的时候把鞋扭坏了，就是这个老会修好的，慈禧因此赐这个缝绽会为皇会。暂且不论此事真假，传说在一定程度上表明了民众的真实心理，展示

---

① 序号59，首图拓片760，《清重修贵子港庙宇复设茶棚记》，民国廿三年（1934）三月。
② 序号53，首图拓片757，《万寿善缘缝绽会碑》，1921年四月。

了其心理图景与成员间认同感。①

喜神殿供奉梨园界的祖师爷和保护神，民间传说喜神是唐明皇。喜神殿是北京梨园公会建立和维护的。1920 年 5 月 22、23 日，农历一九二〇年四月初五、初六，北京梨园界为了重修破漏的喜神殿，在吉祥戏院进行了为期两天的筹资义演，轰动京城。演员有杨小楼、余叔岩、程砚秋、尚小云、于连泉、著名老生孙菊仙、王又宸、田桂凤、裘桂仙、龚云甫、陈德霖等京剧大师。这次义演表达了他们重修妙峰山喜神殿的虔诚之心②。

1925 年顾颉刚一行人去妙峰山调查的时候，看见了在回香亭与娘娘庙之间的喜神殿门外有一块匾，是北京梨园全体送的③。京剧表演艺术家周信芳、曲艺家刘宝全还曾在 1925 年捐钱修建梨园行茶棚，并添设山道间的汽灯以利香客夜行。当时有众多的艺人捐资修庙并给神殿以丰厚的布施④，尚小云 1933 年捐献给喜神殿一尊铁铸花瓶⑤。

20 世纪 80 年代以来的碑刻中，没有发现这种由于行业而组织起来的花会组织。

②职业性香会（花会）

妙峰山碑刻中记载的香会组织，有一类成员由同署官吏组成，祭祀活动往往在衙署内部或衙署控制的空间内举行。

咸丰四年（1854），李国栋、段世祥等约集宣课司同人商量接替萝卜地一座年久失修的茶棚，得到了合署上下的赞成，于是 1855 年春就举办了兴隆万代茶棚，至刻写本棚碑文《崇文门宣课司茶棚碑文》的时候，

---

① 2007 年 5 月 26 日，四月初十。笔者在亲朋同乐清茶老会茶棚内和亲朋同乐清茶老会前任会首白德山的大徒弟李连生聊天的时候，看到妙峰山管理处的王德凤给白德山的儿子一个证书，当时由于正在访谈，所以没有在意这一环节。但后来，李连生告诉笔者，这个证书是证明缝绽老会为皇会的，白德山的岳父似乎是缝绽老会会首。

② 《北京百科全书门头沟卷·京剧家与妙峰山·梨园大义演》，第 164 页，转引自首都图书馆北京地方文献中心编《妙峰山地区历史文献专题资料汇编》（共 5 册），2005 年，第四册，第 526 页。

③ 顾颉刚：《游妙峰山杂记》，收入顾颉刚编著《妙峰山》，据 1928 年版影印，上海文艺出版社 1988 年版，第 173 页。

④ 妙峰山管理处：《妙峰山简介》，转引自吴效群《妙峰山：北京民间社会的历史变迁》，人民出版社 2006 年版，第 69—70 页。

⑤ 妙峰山管理处在 1998 年清理妙峰山惠济祠庙宇遗址时，发现了尚小云 1933 年捐献给喜神殿的这尊铁铸花瓶。艾颜玲：《尚小云花瓶献喜神》，《北京晚报》1998 年 4 月 12 日，转引自首都图书馆北京地方文献中心编《妙峰山地区历史文献专题资料汇编》（共 5 册），2005 年，第四册，第 523 页。

已经是光绪十九年（1893）四月了。这个茶棚持续了将近四十年时间，他们仍然在活动，并且添盖了很多房屋、修建了照壁，"然，井泉犹未畅也，屋宇犹未敷也，坡岸犹短且窄也，诸同人乃引募行商，添集巨款，公约海淀树村把总李逢源公，召修并举知棚事。自光绪五年开工，越六年工始告成。……后于十六年公建宣课司本署科神于殿之右，彰彰斯棚，实为阖署公建之棚也，今大工告成，庙貌巍峨，经费充裕"①，且此会组织结构完整，设置有管理钱粮、粥茶、陈设、司事、表作、仲伙、面把、司事、承办、大木作、小器作、锡器作等，分工细致。宣课司作为政府税收的一个很重要的部门，从这通碑文中可以看出，这次翻盖旧有茶棚，得到了合署上下及内外的很多捐资，包括各种各样的行业 38 个、合署内外年例资助银钱茶米等，等到每年开庙时候缴纳钱粮以备茶棚使费。因此，这个兴隆万代茶棚是一个长期性的香会组织。

考虑到宣课司的特殊性，它由两部分组成：会中核心部分具有组织性，以职业为纽带结合起来的成员间内部认同比较强，祭祀本署科神，祭祀活动明确分工，各负其责，活动井然有序；其他捐资的商行、部门、铺户等，可能具有不稳定性和偶然性。但长期性和稳定性应该是崇文门宣课司茶棚的主要特征。

但是此类碑刻在妙峰山只此一通，其他碑刻虽然涉及许多衙署名称，比如：兵部、吏部、火器营等，但它们只是作为与长期朝顶进香无太大关系的捐赠人或募捐对象而存在的，目前材料显示其并未成立任何香会组织。

③社区性香会、花会

"社区"一词，最早是由德国社会学家滕尼斯提出的，英文译作 community，意思是生活共同体，是指特定地域空间内生活的一群人。在《共同体与社会》一书中，滕尼斯认为一个社区应满足以下几个条件。一是特定的地域空间。这个地域空间的界限是目力可识的，或者是心理可识的。二是特定的人群。这个特定的人群有一个界限，范围太大，就会出现匿名性，难以形成生活共同体。三是居民之间有共同的利益与意志，社会联系比较紧密，是一个利益共同体。这里借鉴"社区"概念，不过在某种程度上扩大或者模糊了其概念，认为这种中国的成员间关系较密切的

---

① 序号 46，首图拓片 723，《清崇文门宣理司茶棚碑文》，光绪十九年（1893）四月。

"村"类似于"社区"。

净道圣会是长期进行朝顶、服务的香会，它同时又是由合村公议的，核心成员固定，会员基于血缘或地缘而组成进香组织。京西北坞村及各等村旗民人等由同治乙丑年成立净道圣会，每年都在三月二十七日，所有会众由北坞村金山寺起程，把从大觉寺起到灵感宫为终点的中路一带山径，将石坎打平，活石挪弃于路旁，扫除浮砂，觅土盖垫坑洼，以备香客往来顺行。到三十日净道告竣，四月初一日吉时进香，就由旧路在各茶棚进香完毕，当日回香谢山，各了心愿，讨佑均安。① 本会拥有一套完整的内部社会分工：引善都管、钱粮都管、车把都管、司库都管、净道都管、催粮都管、中军把、石作、助善、神伙把。

同心合善蝴蝶少林会从其碑文所表现的组织结构来看，理事会的设置和职责正规且明确。在这通碑的碑阳，也依次列出了顾问、名誉会长、会长、副会长、常务理事、秘书长、理事、文场会员、武场会员等项目，并列出名单。杨海鹏说，会里人的名字都刻在上面了，70多个人，没有遗漏的。1985年理事会成立到现在，已经22年过去了，基本人员没有变化②。同时，蓝靛厂同心合善蝴蝶少林会在碑文中明确刻写了该会成立的理事会及其相关章程：

> 理事会聘请顾问、名誉会长，指导本会全面工作；设会长、副会长、秘书长、常务理事，组成常务会，主持本会工作；设理事若干为常务扩大会，主要成员有表决权、常务会职权、修改章程、聘任免领导成员、完成规定的各项任务。③

这个理事会，对外、对上仍然发挥着它成立伊始就被赋予的职责。但是，在对内方面，章程上规定，申请入会、成为会员的程序比较严格，实际执行情况虽然松散一些，但是并不影响它的长期性组织的性质。

---

① 序号40，首图拓片674，《清天仙圣母感应碑》，光绪二年（1876）八月。序号41，首图拓片675，《清净道圣会碑记》，光绪三年（1877）四月。

② 被访谈人：杨海鹏，50多岁，见证并作为主要发起人之一参与了蓝靛厂同心合善蝴蝶少林老会的重新恢复工作，北京史地民俗学会常务理事，主要从事有关回族的研究。访谈人：陈建丽；访谈时间：2007年6月18日，星期一；访谈地点：北京昌平阳坊镇西贯市村杨海鹏家中。

③ 序号87，碑刻2，《同心合善蝴蝶少林老会朝莲花金顶妙峰山进香碑》，2003年三月，碑阴。

总体来看，妙峰山的香会分为长期和临时两种。新、旧时期，在香会（花会）组织类型方面有很大不同。清代及民国时期，香会类型比较多样，但会员之间的关系比较松散；但 20 世纪 80 年代以后，花会类型比较单一，多长期性组织，似乎更多的是社区型组织，以一个村或者一个居住社区为中心组成活动团体。但是这种组织已经改变了主要进香朝顶的目的，而转变为以健身或走局为主、以进香朝顶为辅的组织，成为现代社会居民休闲、业余活动的一种主要形式。但是，由于拆迁、工作调动等人为因素，似乎这种长期性的组织也面临困境。比如同心合善蝴蝶少林老会，因为当地行政性拆迁整修，会员因此暂时搬离本地，居住地方比较分散，不能参加朝顶活动；比如，韩文江作为三会会首，但是他因为身体不适，不能组织大家活动，虽然会员固定，但是实际上没有能够长期活动或走会。这种名义上的长期性，也是值得关注的。

目前妙峰山存在着组织间的两种交流。一是妙峰山进香活动长期中断造成的一些花会节目演出的传承断档，为恢复传统而被迫向其他花会组织寻求传承人来教授演出技艺。二是目前大量存在的拆迁和现代工作周期造成的表演人员分散流失的分离因素，影响节目表演的正常进行，一些花会针对这种情况，请来"关系户"这种流动人员。这些关系户凭借自己的表演技能，在邻近村的香会表演人员不够的情况下，自愿加入其中协助其完成进香表演。根据调查，这些演员基本都是个人出于对碧霞元君的虔诚信仰或者对妙峰山走会传统的爱好而自愿参加表演的。当代妙峰山花会组织间的交流协助，带有以碧霞元君信仰为核心的、多个跨地理疆界的传统走会组织对共同文化的认同以及会众们对这个文化范围及自身身份的认同。

（二）香会（花会）的组织结构与会费

每届香期到来之际，各个香会都要组织与会人员朝顶进香，但过去因交通不便，在进香路上往往需要两三天甚至更长时间，民众需要在互相协作的过程中才能完成进香朝顶的神圣历程，才能在成全别人虔诚的同时也表达自己的虔诚之心。而由于"山路崎岖"，尤其要走夜路，这就需要照明设施，民国时期因此出现了汽灯会，专门为香客在夜间行走提供方便。进香的路上，累了渴了，就需要茶棚来休息。于是，不但香道上出现了专门提供粥茶、休息地方的茶棚，香会组织内部也进行了一系列分工，以便更好地进香。

1. 组织结构

顾颉刚认为，妙峰山的香会组织严密，在财政、礼仪、警察、交通、粮糒等各方面都有专员管理，又有领袖人物指挥一切，"实在有了国家的雏形了"。①

目前，相比其他文本资料，碑刻中对职位记载最为详细和权威，因为碑刻上所刻写的会内构成结构基本为香会或花会内部成员所写，自然比一般的记载或调查更为确切和翔实②。根据现存碑刻，1689 年三月，有一批进香的香客来到妙峰山，"勒石纪同事姓名，传诸不朽"而立碑，碑阴刻写了正会首、副会首、驾上弟子、潘上弟子、中军弟子、管事弟子、随会弟子等大约七百多人的姓名，这批香客内部有分工，但目前无法判断他们是否结成了比较紧密的组织关系③。此后的一段时间，陆续有新碑刊刻，但大部分只有"会首"一职出现，可能早期的香会组织相对松散。乾隆十六年（1751）。阜城关外四眼井的金斗献花圣会基于本会每年朝顶进香在妙峰山立碑。此会成员分工更为明确，有马头护驾、撰号都管、中军都管、厨房都管、抬碣、执事上、承办司房、钱粮上④。义合膏药老会由信女、马头、总领都管、护驾、请鞭、执事驾上、请锅、中军、请钱粮、厨房、驮子、车上等人员组成，全会有二百四十余人⑤。在这一段时间内越来越多的香会加入妙峰山朝顶进香的队伍中，香会组织结构进一步完善并壮大。

从对碑刻的分析可以看出，妙峰山的香会组织并不是一开始就是完善的，各会在进香途中逐渐发现了实际的需要，相应地在下次朝顶进香时候添加职位和完善分工，最终形成了完备的分工合作的进香体系，各负其

---

① 顾颉刚编著：《妙峰山》，据 1928 年版影印，上海文艺出版社 1988 年版，第 25—26 页。
② 比如，《清引善老会碑》：钱粮都管、请驾都管、车上都管、苦行都管、陈设都管、中军吵子都管、号上都管、撰子都管、厨房茶房都管、拉面都管、饭把都管、净面清茶都管、司房管、本会香首，以上每事或二人，或三人。序号 29，首图拓片 671，《清引善老会碑》，道光十六年（1836）七月初一日。《清斗香膏药胜会碑》：香首、副香首、都管、中军、撰子上、执事上、口号上、吵子都管、钱粮上、厨房都管、司都、信女。首图拓片 666，《清斗香膏药胜会碑》，乾隆五十二年（1787）四月十三日。《清净道圣会碑记》：引善都管、催粮都管、钱粮都管、车把都管、司库都管、中军把、净道都管。序号 41，首图拓片 675，《清净道圣会碑记》，光绪三年（1877）四月。
③ 序号 1，首图拓片 653，《清妙峰山香会序》，康熙二十八年（1689）三月。
④ 序号 9，首图拓片 707，《清金斗献花圣会碑》，乾隆十六年（1751）四月十四日。
⑤ 序号 14，首图拓片 664，《清金顶妙峰山义合膏药老会碑记》，乾隆四十三年（1778）。

责，保证了进香的顺利进行。这种职位的设置是否也像十六档武会分别代表娘娘庙里的十六样摆设那样具有象征意义，留待日后更多资料发现时讨论。

引善都管（会首和副香首）是会中的领袖。在妙峰山行香走会的人都知道，遵守走会的规矩是走会最重要的一点。他们不但是组织的人，还担负着与其他香会进行交涉的重任，因为在妙峰山庙会这一民俗社会中，如前文谈到的，每个香会都是娘娘庙里的一种物品，香会都是碧霞元君神圣信仰的组成部分，因此没有大小尊卑之分，所以会与会之间的礼节就非常重要。如果一个会的会首或前引违反了会规，那对这个会的打击将可能是致命的，有可能就再也不能在庙会中出现了。

会首一般是比较富裕的人，有能力"耗财买脸"，也有因爱好而组会的。会首以下，香会组织可分为两部分，一部分为角色，专司表演各种技艺；另一部分管理会中一切事务。管理者有以下几类：

催粮都管是收取会费的人。

请驾都管，或称神堂把儿，是掌礼的人。专门负责庙会期间，本会的起驾、朝山、敬神、回香等各种礼节的执行。

钱粮都管，或称钱粮把儿，是采办供品的人。钱粮把儿的人挑着"笼筐"，也叫"钱粮"，笼筐有高的，有矮的，都是圆的，高的叫"屏"，高跷会、五虎棍会等需要化装的香会（花会）才有；矮的叫"笼"，笼筐里面放着献给碧霞元君娘娘的高香、蜡烛等供品，每一档会都有。

司库都管是管理钱粮、财务的人。

中军哨子都管是管理巡查防卫的人。

车把都管，或称大车把儿，是管理车辆的人。

厨房茶房都管，或称忠和把儿、厨房都管，是管理饮食的人。

会中还有女香客不任职，称为信女。[①]

演员则一般是来自社会底层，家境比较贫寒也喜欢走会的人。不少文献对香会进行记载时，将其称为某地的某会，或者某行业某会，并有某地

---

① 李家瑞编：《北平风俗类征》（下），据商务印书馆 1937 年版影印，上海文艺出版社 1985 年版，第 456—459 页。顾颉刚：《妙峰山的香会》，收入顾颉刚编著《妙峰山》，据 1928 年版影印，上海文艺出版社 1988 年版，第 16 页。

各村皆有会这类的记载，有些甚至直接写各村组织会或共立，可见这类组织具有一定的社区性或行业性。

20 世纪 80 年代以后的妙峰山庙会，"香会"的名称换成了"花会"，少了些许信仰色彩，多了"百花齐放"的含义，其实际的服务、表演等功能也在悄然发生转变。现在花会组织内部的关于职位的名称不统一，比如，人们对于会长、会头、板头、前引的叫法都认可；而另一方面，这些"会首"自己也认为这些叫法没有什么区别，其职责也似乎有些随意转换的意味，说明花会虽然已经恢复活动，但内部结构的调整和整合还是相当粗放。这在碑刻当中都有所体现：许多会的碑文最多只标明"会首"，还有更多的会的碑文，根本不做标识，只是把所有人的名字排列而写。花会在碑文刻写时不涉及组织结构，恐怕其中一个原因就是其组织结构不完善或成员组合方式比较松散。当然，花会在当代的恢复和重建，并不是追求在组织、结构上达到以往香会组织的水平；他们更多的是在与现实生活相协调、接轨的条件下，发展新型的组织形式。当代花会组织结构的职位设置呈现出整体趋于简化但具有复古与创新并存的特点。

创新的一派认为，符合新时代特点的叫法更能显示出本会组织的完整和严密，也更能得到政府、社会的认可[①]；复古的一派认为，既然要恢复"传统"庙会，一切都应该按照传统做法来。当然，也有一类花会采取了折中的办法，妙峰山民俗社会对这种并存的状态采取了默认的态度，花会刻写的碑刻相关内容暗示了这种对抗。

比如，京西蓝靛厂同心合善蝴蝶少林老会所立的碑中显示了此会的组织结构：

顾　　问　朱凤山　张洪道
名誉会长　朱庆云
会　　长　索德山
副 会 长　甄明德　甄廷秀
　　　　　康存林　陈德水
常务理事　杨海鹏　索凤才　周立元

---

① 被访谈人：杨海鹏，50 多岁；访谈人：陈建丽；访谈时间：2007 年 6 月 18 日，星期一；访谈地点：北京昌平阳坊镇西贯市村杨海鹏家中。

万金贵　周立松　汪达生

秘 书 长　杨海鹏（兼）

理 　　事　吴 贵　索德宝　白和祥

　　　　　谷金玲　冯书章　李秋来

武场会员　……

文场会员　……①

从这里看来，理事会的设置和职责正规且明确。在这通碑的碑阳，也依次列出了：顾问、名誉会长、会长、副会长、常务理事、秘书长、理事、文场会员、武场会员等项目，并列出名单。杨海鹏说，会里人的名字都刻写在上边了，一共70多人，没有遗漏的②。

与同心合善蝴蝶少林老会现代化职位设置取向相对的，是一些花会力图在组织结构和形式上恢复旧制的做法。比如，同心和善五虎打路会的组织结构为香首、前引、司事、钱粮头、钱粮人、武场头、武场人、文场头、文场人③。依据碑文，这个花会的职务是完全依照古制来的。众友同心中幡圣会的组织形式的思路也和同心合善五虎打路一致：前引、钱粮头、武场头、武场④。这两会的前引是：隋少甫、李长福、卢德瑞、陈旺、赵云鹏，这五位在北京的花会界是非常有名的。其中，隋少甫更是因其对花会的执着和对妙峰山庙会恢复和建设的贡献而备受尊崇。众友同心中幡圣会的香首是黄荣贵，与同心合善五虎打路会的香首赵宝琪，同为妙峰山的老前辈隋少甫的弟子，因此，他们在自己会的职务称谓上选择遵循古制，可能也跟师父有关系。

还有一类花会所立的碑文显示，他们既借鉴传统叫法，又吸收新形式。

秉心圣会就规模和人数来讲，在到妙峰山进香朝顶的花会当中应该是数一数二的，它的组织结构也很有特点。首先，这个会成立了古城村秉心

---

① 碑在惠济祠外功德碑林。癸未年三月吉日 二〇〇三年四月 　日立。抄录及整理人：苏燕。整理碑文时间：2005 年 8 月 26 日。

② 被访谈人：杨海鹏，50 多岁；访谈人：陈建丽；访谈时间：2007 年 6 月 18 日，星期一；访谈地点：北京昌平阳坊镇西贯市村杨海鹏家中。

③ 序号 76，碑刻 19，《西直门外同心和善五虎打路会碑》，碑阴，1999 年四月初一。

④ 序号 63，碑刻 25，《左安门内众友同心中幡圣会碑》，碑阴，1992 年四月初一。

圣会理事会：名誉会长、会长、副会长、秘书长、副秘书长、顾问和录像，还设有督管、前引、管事、司房、玩角。秉心圣会号称恢复了"花十档"，是目前妙峰山庙会中恢复最全的一档会，对此，妙峰山管理处和北京的媒体给予其很高的评价。所谓的花十档是指：灵官旗、笼筐、钱粮筐、公议石锁、太平歌会、龙旗牌棍、中军、四执、娘娘驾、督旗。这十档会，从排练、管理来说相对独立，因此，就需要管事来单独管理本档的相关事务；而督管、前引、司房，则是总理管理本会会务的。其中，督管是会首，总理会中的一切事务；前引，负责执行会规、对外联络和主持各种仪式。目前，秉心圣会的前引是田洪彦，他口才好，懂的多，妙峰山1998年所立碑的碑文就是他主笔写成的；管事，也叫把头儿，负责会中其中一档会的会务；司房，管理会中的账目和后勤；玩角，就是"练儿"或者演员。从这个角度来讲，秉心圣会的组织结构还是比较合理的，一是通过设置传统职位来具体协调本会事务，体现了传统化取向，同时，又不排斥适应20世纪80年代以后的形势，设置相应的理事会这一管理机构来对外交流和合作。

吴效群认为，现在，一般较正规的花会只设会头、武场头、文场头职位[1]，"前引一职的重要性比以往大大降低"，将组织内部进行了最简化的分工，适应了现代社会的高效率、快节奏的特点。红寺太平同乐秧歌圣会里有会头、香首、前引、文场板头、武场板头等职务，一共有七八个人有职务，这些人都要互相配合。[2] 会首的职责和成为会首的资格现在与新中国成立前一样，基本未变。被调查者普遍认为，管理花会的事情是很容易得罪人的，虽然可以博取社会声望，获取社会资源，但是一旦管理和协调不好会内的相关事务，就会被人指责。成为会首的条件：热心组织者、懂相关的会礼会规。[3] 也有会众认为组织者就是本会的核心人物，是想当然的会头。会头的组织能力和个人魅力在很大程度上决定着本会的成败。比如，西北旺五虎少林会的前任会首朱锦山，个人做一段时间的生意，资金比较充裕，也积累了一些社会关系，他及时出手接过了这个会，组织大家

---

① 吴效群：《妙峰山：北京民间社会的历史变迁》，人民出版社2006年版，第285页。

② 被访谈人：赵凤岭，男，60岁左右，红寺太平同乐秧歌圣会会首；访谈地点：妙峰山"缘源"前；访谈时间：2006年5月1日；调查人：张世昌、陈建丽。

③ 被访谈人：张大爷、王大爷，六郎庄童子棍会会众，60多岁；访谈人：王雪、周云磊、陈建丽；访谈时间：2006年5月4日星期四，农历四月初七；访谈地点：妙峰山茶棚对面。

继续练习，同时自己跑关系、拉赞助，跟村、乡乃至市政府的相关部门申请，希望重视花会这一民间文化。可喜的是，经过他的努力，上级政府开始重视，并拍摄了录像，获得了资金和政策支持，逐渐恢复和发展起来，现在五虎棍已经成为北京市非物质文化遗产，这将非常有利于五虎棍的发展。钱粮筐的人以往特别受尊重，因为"钱粮把儿"挑的是献给碧霞元君的供品，因此，钱粮把儿都是身体健壮、步伐利索、长相体面的壮年人，而且他们在会中是"上磨肩膀，下磨脚掌，不要不练"，是无名英雄①。钱粮筐，现在很多花会都有，但因为各会驱车上山，根本用不着钱粮把儿挑东西了，钱粮筐已经失去了它原来的意义，更多地成为一种摆设，所以，钱粮把儿似乎也没有以前那么重要的地位了。总体来看，由于交通条件的大大改善，快捷方便的交通工具使上山数个小时即可成行，各个花会一般都采取早晨来下午回的进香朝顶行程，因此，不需要过去那种持续几天、半个月的仪式，所以，各个组织中的以往朝顶过程中必需的面把、仲伙把、大车把、司事把、中军哨子等职位都不复存在。组织结构设置趋于简化、实用。

碑刻是花会借鉴传统的凭证，是花会接续历史传统的工具和途径。花会通过碑刻，与历史上的香会保持一致，但主要是为了强调今日花会的连续性，提升了花会的认同感，又适应了新形势的需要。这种方式对于年轻人的影响无疑有积极的一面。在这个意义上，碑刻是一部教材，它通过对本会历史或会众名字的记载，一方面具体而细致地展现本会的历史；另一方面，也是最主要的，是在相同的规范和序列中与传统对话，使会众深刻懂得和体味自身的历史感和归属感。

2. 香会（花会）会费的筹措与开支

以前走会除了进香朝顶以示对娘娘的虔诚表达信仰之外，还要树立本会在民间的权威地位，是"耗财买脸"，因此，为获取民间其他香会的认可，"耗财"是一种很重要的方式。"跟谁不对，劝谁拴车走会"这句话就从侧面道出了走会所耗钱财不会少。在清及民国时期碑文中，也可以看到关于这方面的记载。

一般来说，会资的筹得分为以下几种。

第一，会首出资。

---

① 吴效群：《妙峰山：北京民间社会的历史变迁》，人民出版社2006年版，第113页。

传统的香会组织走会所需费用，一般是会首自己包办，"有些走会者为了不在面子上输给别人，便坚持财政上的独立"①，这样做不但不受别人指派，还可以获得香会界的敬重——声望。《清末北京志资料》比较详细地记载了香会组织的组织者、经费来源：

> 北京富豪之人自己投资，招人练习各种技艺，至艺成则在近郊山上寺观庙会时，自己出钱带艺人至寺观进香，沿途应人之邀表演技艺，谓之走会。②

当然，碑刻当中此种情况较少，多是多个会首共同出资来维持本会运作。比如，寨尔峪头道行宫茶棚"年例修补（行宫房屋——笔者注），并春秋二季施献粥茶，并无僧俗募化，亦无缘簿善会，俱系本棚众善人等各自捐资，共成善果。本棚香首……捐资每月在观音庵取钱肆吊预备年例春秋二季本棚柴火、煤炭使费。本棚香首……捐资每月在天升号取钱伍吊预备春秋二季呈供香烛、云马、钱粮、供献粥茶使费"③。此时，碑刻的相关记录对文献记载是一种有益的补充。

第二，通过租赁田地、房屋等不动产收取租金获取经费。

通过置办田地、房屋等形式来获得比较固定的资金收入，是获取会费的一种途径。

比如，妙峰山义合膏药老会，会友孙宏文、王元会等人于康熙年间"置房二处，东则在观音寺胡同，西则在孟端胡同，每岁取租施舍万应神膏，并顶上香金肆千"④，这种通过收取房租、田租等来取得本会资金及香火费的方式，在妙峰山碑刻记载中不多见。

第三，会众捐资。

会众出资的情况，一种是定额分摊，另一种是自愿捐款。顾颉刚《妙峰山的香会》中提到北道第一个茶棚——苇子港茶棚里的一个人谈到

---

① 吴效群：《北京的香会组织与妙峰山碧霞元君信仰》，博士学位论文，毕业学校：北京师范大学，专业：中国民间文学（含民俗学），指导教师：钟敬文教授，完成时间：1998 年 5 月，第 55 页。

② 张宗平、吕永和译：《清末北京志资料》，北京燕山出版社 1994 年版，第 556 页。

③ 序号 30，首图拓片 729，《清建寨尔峪头道行宫碑》，道光二十二年（1842）五月。

④ 序号 14，首图拓片 664，《清金顶妙峰山义合膏药老会碑记》，乾隆四十三年（1778）。

他们的会费"是依地亩捐的，一亩地派捐多少钱，所以很公平"①。

前文提到的兴隆与代茶棚的会费来自合署内外、署内各行，但是，从碑阴的捐资额来看，个人或者商号是依据自己的情况捐资捐物的，没有定额，应该属于自愿性质。

第四，会外的捐赠。

会外的捐赠包括：商人个人或者集体捐资；会外的善男信女们捐资。这是善男信女表示他们善心和虔诚的一个途径。妙峰山乡乡长李春仁在《妙峰山庙会的历史沿革》一文中认为香会会费是集资来的：

> 集资方式：定下进香日期之后，由进香组织出面，确定专人分别到各商号、财主、达官贵人的家里送帖子，谁获得的喜帖越多，谁就越感到光荣和自豪。同时，根据所得喜帖的多少，而决定赞助的数额。这样，经费的问题也就迎刃而解了。②

普通信众作为捐赠者的情况一般采取募捐的形式，被募捐者不属于任何香会组织，他们可能是临时或者偶然捐赠，但是正好赶上香会立碑，所以他们的名字也被刻写在碑上。道光二年（1822）四月十一日立的《修西配财神殿碑》说，1818年由住持悟文出面，协助万年长清甲子悬灯灵丹圣会印制帖子，广泛募集钱粮，财神殿的殿宇修造、圣像塑金等项目都是"京都五城内外，八旗满蒙汉，两县各铺户，及京外四乡香山火器营内府三旗，海甸西、北山前、后村庄、灰、煤等窑，各香会男、妇、老、幼，众善人等资助"。可见，其波及范围广泛，募捐对象不固定。或许，这是香会会费的主要来源。

根据20世纪80年代以后碑刻及田野调查来看，现在花会经费来源可以分为四种途径。

第一，表演比赛所得。

红寺村太平同乐秧歌会朝顶的费用就是"会里的钱。说你请我们走会去，你得给我们俩钱。就这么攒下来，积累下来的钱"。比如，朝阳区

---

① 顾颉刚：《妙峰山的香会》，收入顾颉刚编著《妙峰山》，据1928年版影印，上海文艺出版社1988年版，第20页。

② 李春仁：《妙峰山庙会的历史沿革》，载刘锡诚主编《妙峰山·世纪之交的中国民俗流变》，中国城市出版社1996年版，第33—38页。

文化馆 2007 年正月初一到初五举办了民间花会的比赛，红寺村太平同乐秧歌会拿了第二名，获得了一些奖金①。还有一些开业庆典性质的表演，比如大红门服装城表演，也会有一些酬金，"给我们一点钱，我们置点衣裳，置点行头啊"②。

第二，集资。

以集资方式获取开支，在改革开放以后的花会组织当中还是比较常见的。

这又分为三种情况。其一，通过社会人际关系网络获取经费。比如，厚德积善馒头圣会 2007 年一共花了大概 3 万块钱在舍馒头和榨菜上。根据了解，他们在初九就已经舍了将近 2 万斤馒头。馒头会的费用是很多会外的、有生意往来的同行集资的，有梅氏兄弟经营的丝绸行，有天意商城的一些经商者，还有浙江省台州市同乡会③。其二，就是会内集资，这在很多花会中存在，当然，捐多捐少不一定，多数情况是量力而行的，但也有花会实行均摊的方式。比如，孙德泉说，碑上刻写名字，需要捐一百块钱，不捐就不会在碑上留名。其三，会员缴纳会费方式获取经费。比如，京西蓝靛厂镇同心合善蝴蝶少林老会《理事会章程》的第四章就是规定会员缴纳会费。④

第三，政府拨款或村委会财政支持。

政府通过各种方式支持民间花会的发展。

比如，京西三家店太平鼓圣会，在 2005 年太平鼓圣会"成型"了，就得到了北京市的承认，北京市文委花了五万块钱买了一些服装、道具⑤，这在很大程度上解决了他们的资金问题。当然，随着社会的发展，有些花会所在的村委会也非常支持这种活动。其中村委会对香会进行财政支持，海淀区韩家川村高跷秧歌老会的村委会出钱给他们买道具、出车费

---

① 被访谈人：王某，男，红寺太平同乐秧歌圣会会员，打鼓的；访谈地点：妙峰山管理处外面；访谈时间：2006 年 5 月 1 日；调查人：陈建丽。

② 被访谈人：王某，男，红寺太平同乐秧歌圣会会员，打鼓的；访谈地点：缘源前的空地；访谈时间：2006 年 5 月 1 日；调查人：张世昌、陈建丽。

③ 根据 2006 年 4 月 30 日所拍摄照片，在调查期间经过梅冬福证实。

④ 序号 87，碑刻 2，《同心合善蝴蝶少林老会朝莲花金顶妙峰山进香碑》，2003 年 3 月。

⑤ 被访谈人：谭大爷，京西三家店太平鼓圣会会员，负责对外联络，70 多岁；调查地点：茶棚对面；调查时间：2006 年 5 月 3 日；调查人：陈建丽。

和化妆费等，这次上妙峰山来也是村委会出钱、赞助、找车①。

第四，会头出资。

现在的花会，一般会头个人完全出资的情况比较少，如果有的话，会首一般是商人或有商人（一般是会首的儿子等直系亲属）支持，比较有经济实力。比如韩文江自己出资，因为他是北京绿谷蓝天环保技术有限公司的经理，属于民间精英型人物。

综上所述，会首独资、会众集资、会外捐赠和会外募捐，是四种主要筹得会资的方式。碑文记载及调查显示，往往一个香会或花会所使用的经费来源方式不唯一，一般是这四种方式综合使用，清及民国时期如此，20世纪80年代以后亦是如此。不过，以前通过置办房产等以取得租金的形式获取香火费的事情是20世纪80年代以后的花会所没有的，而20世纪80年代以后，花会尤其是武会通过商业表演获取报酬来补充甚至赚取本会开支的方式是市场经济条件下的产物。这种变化，表现了香会（花会）根据时代特点而选择获取经费的不同途径。

（三）香会（花会）进香仪式

进香朝顶，是香会（花会）上山最重要的目的。每年阴历四月中，从初一到十五，朝山进香的人非常踊跃，尤其是初六、初七、初八三天，每天去的有好几万人。②

在妙峰山现存43通碑中，约有20通碑在碑题名、碑阳或者碑阴内容中明确提到"朝顶""进香"等字样。单纯从碑文分析，进香朝顶，仍然是20世纪80年代以后到妙峰山献档花会秉承传统妙峰山碧霞元君信仰的核心。比如，"京西古镇蓝靛厂同心合善蝴蝶少林老会朝莲花金顶妙峰山进香"③，海淀中坞万民同乐文场会碑"朝拜金顶妙峰山"，妙峰山管理处

---

①　被访谈人：刘大爷、甄大爷、刘连如，男，北京市海淀区韩家川村高跷秧歌老会会员；调查地点：妙峰山粥棚对面；调查时间：2006年5月3日；调查人：陈建丽。

②　顾颉刚：《妙峰山进香专号》，收入顾颉刚编著《妙峰山》，据1928年版影印，上海文艺出版社1988年版，第1页。

③　此碑立于妙峰山惠济祠外，抄录者：苏燕，抄录时间：2005年5月妙峰山庙会期间。下文提到的妙峰山现存碑，如无特殊说明，均为苏燕根据2005年5月妙峰山庙会期间拍摄碑刻照片抄录整理。

与文武各会一起所立碑的碑阳"进香朝顶"① 等。

保罗·康纳顿认为，仪式是形式化艺术，倾向于程序化、陈规化和重复，因为它们被深思熟虑地程序化，它们不会自发发生变化，或者至多只是在有限的范围发生变化。仪式参与者不是因为一时内心冲动而被操演，而是认真遵守，以示仪式参加者的感情，他们觉得这是义不容辞的。仪式一般在特定时间、特定地点举行。仪式是重复的，它必然意味着延续过去。仪式不仅仅用自己的高度程序化和固定性，暗示对过去的延续；同时，它们明显的特征之一，就是公开声称要纪念这样的延续。因此，这种纪念仪式对于塑造社群记忆起了重要的强化和巩固作用。② 在年例进香朝顶的过程中，各香会组织逐渐形成了固定的进香路线和约定俗成的进香仪式。

每年农历三月，要去妙峰山朝顶进香的香会会在京城沿街张贴会报，召集本会人员，宣布本会进香行程。顾颉刚《妙峰山的香会》将进香的程序归纳为"起程""沿路焚祠""仲伙，落宿""登山""报号""朝顶""守驾""进供""进香"共9项，加上"进香后的余事"有5项，即"下山""回香""回京""安驾""谢山"，总计14项③。比如，右安门外关厢众善人等诚起的万善长清献鲜圣会，"年例于四月初五日守晚，初六起程，初七日进香朝顶，交纳当年钱粮，呈供吉祥表文等仪，初八日回香，各各必愿，今奉会众善襄举承办有年，理应勒碑、恭悬匾额用答垂佑之平安，藉勉善行之砥砺"④。

仪式从会首家中就开始了。在出发的前一天，会众要聚集在会首家中"守晚"，共同祭拜祖师，强调进香注意事项。第二天清晨，进香队伍就从会首家中整队出发前往妙峰山，路上还要"沿路焚祠""仲伙，落宿"。行香会、武会去大顶进香途中遇到茶棚，只是由前引去茶棚和其执事人互致礼节，交换拜知，先到大顶为碧霞元君进香，然后才能再拜茶棚。进香

---

① 此碑立于妙峰山惠济祠外，序号66，碑刻15，《金顶妙峰山文武各会进香朝顶碑》，1994年仲夏。抄录者：苏燕，抄录时间：2005年5月妙峰山庙会期间。碑阳内容为：自一九八六年重建灵感宫各民间花会重整虔诚进香朝顶　进香朝顶　金顶妙峰山与文武各会共立。

② ［美］保罗·康纳顿（Paul Connerton）：《社会如何记忆》，纳日碧力戈译，上海人民出版社2000年版，第49—50、54页。

③ 顾颉刚：《妙峰山的香会》，收入顾颉刚编著《妙峰山》，据1928年版影印，上海文艺出版社1988年版，第109—114页。

④ 序号47，首图拓片676，《清万善长青献鲜圣会碑记》，光绪二十二年（1896）四月。

回来后，才正式拜棚献供，或在茶棚前进行表演。① 到了大顶之后，就要进香朝顶。孙伏园在《朝山琐记》中细致描述了香会在惠济祠中的祭拜仪式和表演过程：

> 先是四担或五担乃至六担八担的笼盒，"星霜星霜"地响着过来，这叫作"钱粮把"，里面放的是敬神的香烛以及纸糊的元宝等等。"钱粮把"的前面是一个壮健的少年捧着供物，这看各种香会性质的不同，例如"献花老会"则捧鲜花，"茶会"则捧茶叶，"馒首圣会"则捧馒首。后面跟着会众，数人数十人乃至数百人不等。"钱粮把"进门后就放在院子里，各人都拿出香——讲究的再加以烛——来燃着，跪在神前磕头祈祷。少年跪捧表章，居主祭者的前列，由庙祝用火徐徐燃着。表章是刻版现买的，空格上填进供物，会众人数，及会首姓名，放在一个五尺来高的方柱形的黄纸袋中，置于适能插下方柱形的钱架子上，少年的手就捧着那钱架子。这叫作"烧表"。……烧表时庙祝用两枝竹箸，夹着表章，使灰烬落入空柱中，不往外倾，口中尽念"虔诚虔诚"不止。到了将要烧完的时候，"虔诚"的声浪忽然提高，下面跪着的会众们，一听得这提高的声浪，便大家把脑袋儿齐往下磕。磕犹未了，必有年较长者，忽转身向会众起立，口中哼念着几句嘹亮的言语，例如：
>
> "诸位！在这里的，除了我的老师，便是我的弟子，我特地磕一个头，替你们祈福！"
>
> 说着就跪下大磕其头。这种言语大抵是各各不同的，得由德高望重而又善于辞令的人自己去想。……倘是个少林会，那么，进香完毕正是他们工作的开始，因为还要在神前各献他们的身手哩。倘是个音乐会，要演奏音乐；大鼓会，要演唱大鼓；梨园中人的什么会，还要在神前演戏，不过角色是完全扮好了来的，演完便各自卸妆回去②。

---

① 吴效群：《北京的香会组织与妙峰山碧霞元君信仰》，博士学位论文，毕业学校：北京师范大学，专业：中国民间文学（含民俗学），指导教师：钟敬文教授，完成时间：1998年5月，第40页。

② 孙伏园：《朝山琐记》，顾颉刚编著《妙峰山》，据1928年版影印，上海文艺出版社1988年版，第155—158页。

但是，现在的情况已经不同于以往了，这在碑刻当中也有所体现，以秉心圣会为例。秉心圣会属于 20 世纪 80 年代以后会档恢复得最全的一档会，它到妙峰山朝顶的过程是这样的：朝顶前一天先在本区街道上进行简单的排练，安排各会顺序和说明走法；排练结束之后通知第二天早晨的集合时间，没有守晚，也没有相关仪式。第二天，大家集合之后，集体坐车，先去琉璃渠茶棚献艺，再直接坐车经妙峰山的盘山公路上妙峰山顶。至于大顶上的进香朝顶仪式，包括烧表、进香、表演的顺序已经简约了许多。1988 年，秉心圣会在妙峰山山顶上立了庙会恢复之后的第一通碑。把碑安放稳妥之后，"秉心会全体玩角儿在娘娘庙用传统的仪式表达自己的虔诚之心，整个仪式包括号佛、攒香、念香词。号佛号的是《大五佛》，一人领唱，众人合唱……号佛完毕，攒香开始，管事的凑上前来，将三捆香三足鼎立状，其他香再小心地靠上去越多越好，点着手中的一捆香慢慢伸进香塔内，从里面慢慢点燃香塔，这就是所谓攒香。香塔燃烧起来，缕缕香烟腾空而起在娘娘庙飘然逝去，代表老娘娘已经接受了香火。接下来由督管进香词……众玩角儿和道：'多虔诚您呐！'督管转过身来，面向众玩角儿宣道：'中军、大把儿、石锁、太平歌会，起响！'刹那间，锣鼓宣（应为"喧"——引者注）天……[1]"2005 年调查者所见的仍然是这样的程序，没有多少变化[2]。

除了报号、朝顶、献艺之外，现在的花会也多了一些仪式。无论是 20 世纪 80 年代以后恢复的花会，还是近些年新成立的花会，在惠济祠内烧香表演之后，都会继续参塔、参碑。

许多被访谈的会首都非常郑重地表示，碑是一定要参的，而且一般是三参，在这种仪式当中，表现他们对于碧霞元君的虔诚，表现他们对于传统的敬仰之情仪式气氛比较严肃：绝大部分会员都会到场，玩角儿一字排开或列队站立，一般会首或者前引在队伍靠近碑的一边站立，如果有文场，则在丹皮控制鼓点的前提下配合其他器乐，会首拿本会拨旗儿向前拜，玩角儿向碑行三参大礼；如果没有文场，则是会首或前引自己喊：一

---

① 田洪彦：《妙峰山立碑经过》，载《京西古城村风情》，古城村工商联合公司，内部发行，2005，第 251—257 页。

② 贺学君：《石景山区古城秉心圣会访问日记》，载［日］樱井龙彦、贺学君《关于妙峰山庙会的民众信仰组织（香会）及其活动的基础研究》，名古屋大学大学院国际开发研究科，2006 年，第 395 页。

参、二参、三参。与之配合的动作如前；如果是秧歌会，则是会众扮演武松的玩角儿用手中的两根棍儿相互敲击为号，分别进行一参、二参和三参。三参的具体内涵，大家很多都不清楚，但是仍然要进行，可能就象征化了成为仪式，不仅表达了自己对于本会的认可，而且确认了自己作为会员的身份。尽管有些花会可能会因为后面花会等候时间过长而选择匆匆结束在碑前的献档表演或者甚至不表演，但是"三参"这一妙峰山庙会的"最高礼节"还是非常必需的。有些会首说，这些碑就是历史，就是传统，虽然自己的会还没有立碑，但是参拜别人的碑，也等于参拜历史。

访谈发现，凡在妙峰山立过碑的会首，对于立碑时间、所花费用、立碑经过等相关信息，无论年代多久，都记忆深刻。但不能否认的是，毕竟现在信仰的因素多少被娱乐内容冲淡了一些，已经失去了完全意义上的严肃性，这可能与一些新来的花会不懂规则、规矩有关。据北京史地学会的王作楫介绍，他经常应邀给一些花会的会首或前引讲进香朝顶的路线，他认为，朝顶献档的路线应该是：山门→惠济祠→塔→碑林→茶棚→回香阁，在回香阁前打回香点①。这样看来，花会会首对于参拜碑行为的认可和实践，是不是跟学者的引导有关，还有待于继续调查和关注。虽然碑刻中提到了"朝顶""进香"，但对于具体的进香仪式却基本没有涉及，目前所了解到的进香仪式，基本是学者调查、访谈或者花会人士讲述，或通过考察会启等香会或花会撰写的文献得出，可以看出，碑刻作为民俗文献，反映了民众的心声，但还是应该结合其他材料综合考察和分析，才能窥见历史的真实和民众的心理。

至于朝顶进香，除了会规之外，还有必要的个人行为保证和表现本人的虔诚：

> 凡朝顶者，目无非礼之视，心无恶念之萌，虽男女不分，各怀秉心，并无恶意，可称一山善人……②

但根据目前的情况来看，似乎信仰因素的地位已经下降了，更多的是

---

① 被访谈人：王作楫；访谈人：陈建丽；访谈时间：2007年5月27日，四月十一；访谈地点：妙峰山茶棚前。

② 序号42，首图拓片677，《重修东西配殿碑记》，光绪四年（1878）七月。

"春游"性质，表演完毕之后，会众们席地而坐，喝着茶棚或者自带的茶或矿泉水等饮料，吃着馒头会提供的馒头和榨菜或者自带的面包、火烧、火腿肠等食物。现在山上有饭店，为香客和会众提供各种各样的农家菜，而寺庙朝顶进香的禁忌比传统少了很多。

现代时空变化，使传统仪式失去了传统的时空条件，仪式简化也是必然的。分析原因，主要有以下几个。

第一，交通条件改变。

以前交通不便的时候，香会要进香朝顶，在路上要耗费很长时间，这也是"八里一茶棚"出现的必要条件。在这种需要与服务的过程中，香客们体会到朝顶的乐趣与服务的必要，更体味到娘娘的"普照"。

但是，随着公路的开通和汽车的普及，人们再也不需要昼夜兼程耗费很长时间在路上了，各个花会的车辆可以沿着盘山公路直接开到景区门口，花会人员从景区门口下车进入景区，然后开始准备表演。

旅游公司竭力想在一些设置上迎合民众的这种复古心理，却不受欢迎；花会想要复古，却在某些方面不自觉地选择着现代化的便利，这是一对矛盾。或许，香道的茶棚，真的是没有存在的现实条件了，它们，已经成为妙峰山进香途中的历史，而永远只能在古香道的遗迹和文献中被怀念了。2006 年，旅游公司重修了灵官殿、傻哥哥殿和三仙姑殿，并在灵官殿外东边搭了一个茶棚，这是给花会上山经过此地时预备的，但 2007 年被拆了，因为没有花会从这里上山。

第二，生活方式发生变化。

在传统华北乡村，乡民的生活方式以年、月、日为时间单位，不太在意准确的计算时间，人们的生产生活节奏比较缓慢，因此，人们的心理节奏也比较缓慢，津津乐道于旧式的生活方式和娱乐方式。但是到了近代，社会商品经济的发展，迫使人们重视效率和加快节奏，人们改变了以往农耕时间的做法，因此多样的生活休闲方式逐渐取代了过去单一的聚众娱乐模式。而工作，是人们主要的收入来源。因此，花会到山上来的行程也在很大程度上取决于会众的空闲时间。从 2006 年和 2007 年的日程可以明显看出，节假日对于庙会人数的影响。

第三，信仰因素减少。

随着科学技术的提高，越来越多的年轻人以娱乐游玩的心态来妙峰山"观光"。而对于老年人来讲，他们退休了，需要有健身娱乐的方式，秧歌等大众的休闲方式为他们所青睐，他们把远游跟自己日常的健身形式结合起来，就形成了妙峰山庙会期间一道独特的风景线。比如，元君功秧歌会就是这种娱乐健身性质的花会组织。2006 年访谈泓海同乐龙狮圣会会首赵鸿杰之子赵某时，谈到了花会表演的商业性质①。现在没有足够的资料说明他们到妙峰山朝顶、献艺、立碑，是源于信仰的需要。

小结

在妙峰山惠济祠这一特定场所、在朝顶进香这种特定时间中，皇室、宦官、贵族、官吏和普通民众得以共享民间文化。庙宇是国家和民间共同认可的宗教场所，朝顶进香是上层和下层都接受的活动形式，妙峰山的庙会给国家和民间的互动、交流提供了场所和方式，而碑刻，将这种沟通和互动刻写并传承下来。

香会是民间自发的组织，碑刻是民众自觉表达其信仰的一种载体，这一民俗行为的承担者，涉及范围比较广泛，撰碑者、立碑者和捐赠人中，上至宗室，下至普通民众，有商人也有官吏，有行会也有家庭，他们的身份不同，表达的内容也不同，但他们都是碑刻民俗的参与者与传承者，是碑刻民俗不能缺少的主体。

妙峰山碑刻，作为信仰与史实依据的凭证，以其坚固而能传世的碑体及附在上面的文字一起，构成了一种传达民众心声的有效媒介，碑刻记载了他们的乐善、好施，也记载了香会的历史、功绩。碑刻是民众宣扬本会历史、扬名立万的重要手段。其次，清及民国时期碑刻，也有一些重述本会的产生和发展历史以告诫后人，也有一些具有契约文书的性质："北安河村玉皇庙永假为津郡路灯会下处存灯之所，村人然诺，则书券以为质。"②

20 世纪 80 年代以来，妙峰山碑刻还成为实力的象征，清及民国时期，多是文会立碑，而 20 世纪 80 年代以后，武会立碑居多且达到了 30 通。花会通过碑刻来传承本会历史、发展商机的考虑可能多于通过碑刻来表达信仰的考虑，但这一结论还尚待讨论。总之，大部分花会已经逐渐从

---

① 被访谈人：赵某，泓海同乐龙狮圣会会首赵鸿杰之子，40 多岁；访谈时间：2006 年 5 月 5 日星期五，农历四月初八；访谈人：陈建丽；访谈地点：妙峰山顶。

② 序号 49，首图拓片 745，《清天津路灯会重修玉皇庙碑记》，光绪三十二年（1906）四月初一。

过去那种"茶水不扰，车笼自备"的走会方式中脱离出来，融合了现代经济气息。在碑刻的撰写、刻立背后，反映了时代的变迁和历史的变迁，也反映着民众文化心态的变迁。

当然，碑刻记载民俗承担者也有其局限。比如，碑刻对捐赠人所涵盖的范围、民俗承担者之间的关系等几乎没有涉及；另外，碑刻是否能够完全按照历史事实来刻写，仅仅依靠碑刻还不能够证明它，还需要借助其他资料，比如田野调查的口头资料以及历史文献等，进行综合考察和分析。

第三节　妙峰山碑刻与香会（花会）组织的集体记忆

前面已经初步描述了妙峰山碑刻的历史与现实状况，并在对比中发现碑刻作为一种民俗载体，承担着记载和折射民众思想的功能。在此基础上笔者有针对性地选择四个个案来进一步对比分析这种变迁，说明碑刻与花会组织的关系。

笔者试图考察西北旺高跷秧歌会和西北旺幼童少林五虎棍会、成府村的献供香斗膏药圣会与石景山区古城村的秉心圣会。之所以选择这四个会进行对比分析，主要基于以下考虑。其一，这四个会成立时间均比较长。西北旺两会的前身是西北旺万善秧歌，成立于嘉庆六年，献供香斗膏药圣创始于雍正八年，古城村秉心圣会宣称创始于明万历年间。其二，四会在妙峰山上都立有碑。西北旺的两会均在 1998 年立碑，献供香斗膏药圣会于乾隆五十二年在妙峰山立碑，秉心圣会于 1998 年在妙峰山立碑。其三，关于这四个会的文献或者口述资料相对丰富。西北旺两会的访谈资料比较丰富，献供香斗膏药圣会在金勋的《成府村志》中有记载，古城村组织本村的村民撰写并出版了某种程度上起到村志作用的《京西古城村风情》[①]，秉心圣会的相关情况是其重点记叙的内容之一。

一　西北旺村香会（花会）的碑刻与集体记忆
——以西北旺村高跷秧歌会和幼童少林五虎棍会为个案

（一）妙峰山皇会的记忆

顾颉刚把活跃在妙峰山上的各类组织称之为香会。他认为"香会，

---

① 《京西古城村风情》，古城村工商联合公司，内部发行，2005 年。

即是从前的'社会'(乡民祀神的会集,为 society 译名之本)的变相。①"
袁冰凌在《北京东岳庙香会》中,根据香会名称前不同的形容词,分析
了善会、义会、圣会、老会、小会、胜会和公会等几种会的不同。妙峰山
的香会与之不同,没有如此多的种类。顾颉刚把活动在妙峰山庙会上的香
会分为圣会、老会,当时的碑文也证实了这种命名方式②。新时期,花会
的命名延续了这种传统,仍然分为圣会和老会。

顾颉刚在 1925 年的调查中得知,只有成立百年以上的香会才能够由
"圣会"改名为"老会",他还记述了一个圣会为了提高本会的地位,不
到一百年时间就擅自把本会的名字从"圣会"改成了"老会",最后在其
他香会的盘问之下又被迫改回去的事情③。这一定程度上说明,从会的名
字所提供的信息,大体上可以推测该会的成立时间长短。最重要的是,在
妙峰山行香走会,香会走会的时间和本会的资历,是决定一个香会在妙峰
山地位和声望的基本条件。但是,"皇会"这一特殊的香会类型的出现,
打破了原来被严格恪守的走会规则。

在清朝中期之前,政府对于妙峰山的庙会一直是持反对态度的。《清
文宗圣训》卷十一"圣治厚风俗"附条记载:"咸丰二年,壬子正月辛巳
上谕云,内阁御史伦惠奏,京西妙峰山庙宇每于夏秋二季烧香,人众有无
赖之徒装演杂剧名曰走会,请饬严禁等语。"④ 同时,妙峰山早期碑刻也
不见清皇室的踪影。

清朝文献记载清政府在中期前总是去妙峰山东边的丫髻山进香,而
对于妙峰山碧霞元君从未有只言片语的记载。比如,嘉庆十八年
(1813)四月、嘉庆二十五年(1820),三阿哥、四阿哥分别到丫髻山

---

① 顾颉刚:《妙峰山的香会》,收入顾颉刚编著《妙峰山》,据 1928 年版影印,上海文艺出
版社 1988 年版,第 11 页。

② 比如,序号 48,首图拓片 700,光绪二十五年(1899)七月《清四路香道武当各会壁
石》。其中,提到的除茶棚之外的香会的名称,大约有 40 多个会称为"圣会"或者"老会"。

③ 顾颉刚:《妙峰山的香会》,收入顾颉刚编著《妙峰山》,据 1928 年版影印,上海文艺出
版社 1988 年版,第 39 页。

④ 转引自国家图书馆藏历史档案文献丛刊:清内务府档案文献汇编《内务府掌仪司承应各
项香会花名册·序》,全国图书馆文献缩微复制中心出版,2004 年。金勋《妙峰山志·妙峰山志
序》中也提到这一段话,金勋:《妙峰山志》,中国社会科学院图书馆藏,手抄本,第 3 页。

进香①，道光十七年（1837），皇太后和太后、皇上分别前往丫髻山进香②。但后来，皇室进香的庙宇却转向了妙峰山碧霞元君庙。虽然早在康熙年间，康熙皇帝就御赐妙峰山莲花峰为"金顶"，乾隆二十五年（1760）改称"灵感宫"，嘉庆皇帝也亲笔题写"敕建惠济祠"庙额③，但皇家真正重视妙峰山是在清代后期。同治、光绪年间，皇家倾向于妙峰山，每值庙期，王侯显贵都在碧霞元君前争相上头香。孝钦显皇后曾经在这里为穆宗祈痘。而且，宫里都预先嘱咐庙祝，只有等宫中烧完"头香"之后才能开庙门④。为什么会发生这种转变呢？其中一定有原因，但目前所掌握的资料尚不足以对这一问题进行回答，只能留待日后更翔实的资料出现。不过可以肯定的是，清政府在后期十分重视妙峰山的碧霞元君："由乾隆至光绪二十二年止……文武皇会达一百七十余堂⑤。"而妙峰山也在清朝中后期出现了一些碑刻，其撰碑者是当时社会的上层人士，比如宗室弘晃乃至皇六子永瑢，还有一些碑文题名表明捐资人是太监或者官员。这些行为在一定程度上表明清朝政府企图通过对妙峰山这一聚集了大量而又复杂民间力量的民俗圣地的渗透来牢牢控制下层社会，表明上层借助源于民间的宗教信仰得以向民众展示自己的"亲民"形象，维护已经风雨飘摇的统治。清政府终于在某种程度上认可了妙峰山这一民间的信仰圣地。

1. 皇会的来历

皇室对妙峰山的认可，不仅是立碑、捐资，最令妙峰山香会惊喜的是，慈禧对妙峰山庙会及其香会组织似乎比其他皇室成员更情有独钟。

每年的四月，慈禧太后都要传看各种香会的表演。国家图书馆藏有《内务府掌仪司承应各项香会花名册》，其中记录了光绪二十二年（1896）

---

① 中国第一历史档案馆藏内务府都虞司簿册：《跟随三阿哥前往丫髻山进香之应得官马官员兵丁等旗分佐领花名册档》。档案号：419—5—28—2—0945。中国第一历史档案馆藏内务府都虞司簿册：《嘉庆廿五年四阿哥往丫髻山进香去之应得官马官员兵丁等旗分佐领花名册档》。档案号：419—5—28—3—0999。

② 中国第一历史档案馆藏内务府都虞司簿册：《往丫髻山去之副管领应得盘费马匹职名册》。档案号：419—5—28—2—0603。

③ 序号82，碑刻42，《门头沟文化局"文物保护单位，娘娘庙及灵官殿"碑》，2001年。

④ 奉宽：《妙峰山琐记》，收入叶春生主编《典藏民俗学丛书（下）》，黑龙江人民出版社2004年版，第2498页。

⑤ 金勋：《妙峰山志序》，金勋《妙峰山志》，中国社会科学院图书馆藏，手抄本，第3页。

和光绪二十四年（1898）到颐和园表演的香会名单及表演人员。名册当中，呈报的香会共60多堂，一共有三千多人参加表演①。两三年的时间，有这么多档香会被"御览"，可以想见慈禧太后对于民间香会的热情。

因为慈禧太后喜欢看民间的走会表演，所以香会趋之若鹜。每年四月初一至十五，各个香会到妙峰山进香朝顶之后回香途中，都不惜走远路，绕道颐和园表演一番；如果演得好的，还有可能被招进园子内表演，进而被封为"皇会"。

慈禧似乎十分重视妙峰山的碧霞元君。她不仅给娘娘敬献三块匾额："慈光普照""功俾富媪""泰云垂荫"②；而且金勋《妙峰山志》记载，慈禧太后在光绪二十五年（1899）四月间游览过妙峰山③。有的老会首甚至说，慈禧本人也亲自进香朝顶，半路上缝绽老会还替太后修好了崴掉了的花盆底鞋跟，因而被封为皇会。

2. 皇会的特权

圣会与老会的区别主要是资历和朝顶时间长短不同。而对于皇会来说，无论其建立时间长短，也无论其资历大小，只要被宫廷认可，就可以堂而皇之地成为皇会，享有更多的威严和特权。

首先，在服装仪仗方面。《清末北京志资料》比较详细地记载了香会组织与官方的关系：

> ……各种技艺中，各会有各会的专技，每年四月在北京西郊妙峰山娘娘庙开庙时，各会均赴庙进香。……若该会经皇太后或皇帝御览其技时，则用黄色龙旗，上书"万寿无疆"四字，称为皇会④。

皇会从本会的服装到拨旗都可以使用黄色这一专属于皇族的颜色，而不会被视为违法。仪仗方面，皇会可以使用皇上或太后赐给的半份或全份真銮驾。六郎庄童子棍会还特意强调，他们的旗杆顶部使用了塔顶，而普

---

① 国家图书馆藏历史档案文献丛刊：清内务府档案文献汇编《内务府掌仪司承应各项香会花名册》，全国图书馆文献缩微复制中心出版，2004年。

② 序号82，碑刻42，《门头沟文化局"文物保护单位，娘娘庙及灵官殿"碑》，2001年。

③ 金勋：《妙峰山志序》，金勋《妙峰山志》，中国社会科学院图书馆藏，手抄本，第3页。

④ 张宗平、吕永和译：《清末北京志资料》，北京燕山出版社1994年版，第556—557页。

通的香会只能使用旗杆顶①。

其次，在妙峰山走会的过程当中，皇会可以凌驾于被奉若神明的"规矩"之上，享有一系列特权。按照会规，在进香途中，回香的香会要让进香的香会先过，但这一规矩却因皇会的出现而被打破。再如，普通的香会，无论是老会还是圣会，见到皇会，都得参拜，尽管被拜的皇会也清楚地知道"他拜的不是我们，他拜的是这半副銮驾"②，但是，这种恭敬、敬畏的态度却无形中使这个皇会露了脸、长了威风。

皇会，无论从外在的装扮还是从民俗社会的地位看，都享有特权，都高出其他香会一等，所以他们藐视规矩和礼节，态度和行为都非常蛮横。《成府村志》中记载献供香斗膏药圣会进香朝顶时非常霸道，以至于山上的小贩在这个会进香朝顶的时候都收摊不敢做生意，而寺庙的住持和尚也一再请求该会把上山的时间往后推延③；后文将要谈到的六郎庄童子棍会之所以会被别的香会排斥，就是因为这个会太蛮横④。对皇会这种象征皇权因而可以肆意妄为的现象，普通香会的态度和行为似乎是自相矛盾的：他们敬畏皇权，因而对皇会的一些行为采取了非同一般的容忍态度；但同时，他们自己也渴望成为皇权的一部分。

3. 当代对于皇会的记忆

当代，对于"皇会"只剩下记忆了。对于皇会的记忆，一般以传说的形式表现。无论是碑刻还是在田野调查过程中，在谈起本会历史的时候，人们总会自觉不自觉地回忆起本会最辉煌的时候，这一点，在曾经是皇会的花会身上体现得特别明显，他们总是会激动地回忆起本会的表演如何精彩、如何获得了慈禧或者皇上的喜爱因而被封为皇会等。简单总结起来，关于皇会的传说大体可以分为两类。

---

① 被访谈人：张大爷、王大爷，六郎庄童子棍会会众，60多岁；访谈人：王雪、周云磊、陈建丽；访谈时间：2006年5月4日星期四，农历四月初七；访谈地点：妙峰山茶棚对面。銮驾，原是皇帝的马车，后来逐渐演化，由古代帝王出巡的仪仗队伍简化，包括龙凤扇、金瓜、钺斧、朝天镫、青龙刀、画杆戟等兵器，它主要用于庙会摆庙（即陈列出来让群众观看），是皇室的象征。

② 被访谈人：张大爷、王大爷，六郎庄童子棍会会众，60多岁；访谈人：王雪、周云磊、陈建丽；访谈时间：2006年5月4日星期四，农历四月初七；访谈地点：妙峰山茶棚对面。

③ 金勋：《成府村志》，载《中国地方志集成（乡镇志专辑）》，民国二十九年稿本影印本，江苏古籍出版社1992年版，第603页。

④ 被访谈人：张大爷、王大爷，六郎庄童子棍会会众，60多岁；访谈人：王雪、周云磊、陈建丽；访谈时间：2006年5月4日星期四，农历四月初七；访谈地点：妙峰山茶棚对面。

（1）本会如何成为皇会

这类传说在目前搜集到的传说中所占比例非常大。如下：

万寿善缘缝绽老会。万寿善缘缝绽老会是第一档皇会，也是唯一的一档皇会，这个会会头的照片现在还在妙峰山一进门的墙上。有一年，慈禧到妙峰山来进香，但是快走到涧沟村的时候，鞋跟掉了，缝绽老会就帮老佛爷把鞋补好了，非常结实，慈禧一高兴，就赐缝绽老会为皇会。很多书上也提到过这个故事①。

蓝靛厂蝴蝶少林老会。蓝靛厂蝴蝶少林老会在光绪十四年曾到颐和园万寿山后观会楼前呈差，借着西顶娘娘庙的仙气，凭武艺高超与行头之色彩，远观似蝴蝶飞舞，尽博得慈禧太后的赏悦，故赐名蝴蝶少林，受封皇会，获全份銮驾，从此名贯九城，声振八方②。

西北旺高跷会。西北旺高跷会，光绪二十四年丁巳戊子，掌仪司奉懿旨传在颐和园乐殿承差一次，御览钦此万寿无疆万寿秧歌一堂，特赏龙旗黄幌③。

京都东便门外唐将坟村。京都东便门外唐将坟村大众，赵景兰、董四、董五等人呈起同心助善秧歌圣会一堂，三次进宫，掌仪司奉旨传差御览漱芳斋，最后恭贺西太后慈禧祝六十大寿，奉旨皇会万寿无疆④。

万寿无疆旱船圣会。旱船圣会，是韩文江的亲戚孟村姓孟的建的，可能建于光绪年间，给慈禧太后在颐和园六十大寿祝寿时，被封"万寿无疆"，所以叫万寿无疆旱船圣会，慈禧还赐给了旱船圣会一个皇旗、皇幌儿，但是，这些东西在1966年"文化大革命"时被村里的造反派毁了⑤。

（2）半份真銮驾的故事的隐义

丰台区六郎庄童子棍会成立于乾隆年间，是给皇上表演的，因此一开

---

① 被访谈人：李连生，小西天天伦轿房的经理，亲朋同乐清茶老会前任会首白德山的大徒弟，老北京人；访谈人：陈建丽；访谈时间：2007年5月26日，四月初十；访谈地点：亲朋同乐清茶老会茶棚内。2007年笔者去妙峰山调查的时候，看到妙峰山管理处的王德凤给白德山的儿子一个证书，当时由于正在访谈，所以没有在意这一环节。但后来，李连生告诉我，这个证书证明缝绽老会为皇会。

② 序号87，碑刻2，《同心合善蝴蝶少林老会朝莲花金顶妙峰山进香碑》，2003年3月。

③ 序号73，碑刻22，《西北旺高跷秧歌会碑》，1998年10月2日。

④ 序号65，碑刻29，《东便门唐将坟村同心助善秧歌老会碑》，1993年四月初三。

⑤ 被访谈人：韩文江：群英好善五虎少林、万寿无疆旱船圣会和忠友义善玖狮同聚会的三会会首；访谈人：陈建丽；访谈时间：2006年5月2日，农历四月初五；访谈地点：妙峰山茶棚对面。

始就是皇会，但是被封为皇会的时候没有同时赐给銮驾。除了给皇宫表演之外，六郎庄童子棍会每年还去丰台的看丹庙会进香。一般走会必须得要纸糊的銮驾，有一年，店铺只给别的香会糊銮驾却坚决不给六郎庄童子棍会糊：

> 他说你是皇会啊，你不老说是皇会吗，我们让着你，你不拿那个去不成啊，拜不了看丹庙。那时候急啊，没办法，那时候都赶着大车去的，骑着马回到六郎庄，找到六郎庄专门给慈禧太后梳头的梳头王，梳头王又去找李莲英，李莲英跟慈禧太后一说，说，不碍事，这个，能难得倒谁啊，把我那个拿去。所以，童子棍会就有了真銮驾，这是慈禧太后赐的真銮驾，其他会都是纸糊的。这个真銮驾一拿去，走到哪儿哪儿都得磕头啊，它等于跟皇后亲临一样①。

这两类故事，数量不多，无论是口述回忆还是碑文记载，都是对本会作为皇会的集体记忆的一个非常重要的部分，一般本会会众比较熟悉，并且愿意讲给别人听。其中，慈禧、光绪二十四年、銮驾、慈禧太后六十大寿，都是这两类故事的基本词，基本上每个故事都会提到，这从一定程度上表明，慈禧太后对于皇会产生和成长的促进作用。

当然，当代人们对于皇会的记忆总体来讲还是比较模糊的，范围仅限于本会以往是皇会和其他成立时间比较早的花会的会众。在调查当中发现，当调查者问到过去的情况时，无论是会头还是会众，均会不同程度地提到皇会及其在妙峰山庙会中的相关情况；更有些皇会的会众还会自豪地提到："我们就是皇会"，然后绘声绘色地回忆以往的辉煌，完全沉浸在深沉的诉说当中。可见，对于皇会的记忆，是妙峰山庙会中一道独特的风景，是人们对于清代、民国时期传统庙会的一种记忆方式；而对于皇会的记忆，也是谈到以往妙峰山庙会所不能绕过的一段历史。但对于更多的新成立和到妙峰山庙会进香时间不长的花会组织来说，"皇会"这一概念没有太大意义。确实，如今的妙峰山庙会，更加平等、开放，或者更准确一点说，更加宽容。各种类型的花会，或者符合传统立会标准的花会，或没

---

① 被访谈人：张大爷、王大爷，六郎庄童子棍会会众，60 多岁；访谈人：王雪、周云磊、陈建丽；访谈时间：2006 年 5 月 4 日星期四，农历四月初七；访谈地点：妙峰山茶棚对面。

有贺过会的社区花会或者秧歌队，都可以到妙峰山庙会来进香或表演，在这种情况下，所谓的"皇会"也没有特权。

（二）西北旺高跷秧歌会与西北旺幼童少林五虎棍会

现在的西北旺，有两个花会：西北旺高跷秧歌会和西北旺皇会幼童少林五虎棍会①。这两个会，都在 1998 年所立的碑文中宣称自己这个会是皇会。既然皇会在今天的民间社会中已经没有什么区别于其他香会的"特权"，为什么这两个居于一个村子的花会还要为争当西北旺万善秧歌的正宗"衣钵"而争吵不休呢？下面，就让我们具体来探究一下这争吵背后的深层原因。

1. 西北旺地理人文概况

西北旺，属于海淀区东北旺乡西北旺村委会辖村，位于乡政府西 2.14 公里，京密引水渠在村西折向南流去。据《日下旧闻考》，（百望）"山麓有东西百望村"，谐音演变为西北旺，含兴旺之意。地面高 50 米，村形东西长方，占地 167 亩，有 373 亩耕地。有 306 户人家，1269 人，其中，农业人口 823 人，回族 6 人。1989 年农业总产值 12.5 万元，牧渔业总产值 5.3 万元，副业总收入 817 万元。建筑业收入居首位。工业次之，非农业收入占到 98%。工业以望山金属加工厂的规模最大，钢窗厂、腾飞地毯厂等次之。西北旺村西部和西北旺大桥西侧的傅家窑村处于北京市区西郊和山后各乡交通枢纽位置，也是经南口去内蒙古的重要通道。西北旺小山后原有供佛爷的庙，现尚存后殿三间②。

2. 西北旺高跷秧歌会的历史

根据凌长春的访谈，关于西北旺高跷秧歌会的创始有一个故事：

> 本会的创始人郝大烧当时是做小买卖的。当时，他在张北一带做买卖，突然发高烧了，病得都起不来了。当时店里的人想把他赶出去，但是，本来躺在床上的时候他的脸像一张白纸，一把他抬到门口

---

① 两会在妙峰山所立的碑为：序号 73，碑刻 22，《西北旺高跷秧歌会碑》，1998 年 10 月 2 日。序号 72，碑刻 50，《西北望皇会幼童少林五虎棍会碑》，1998 年 4 月。另外，《西北望皇会幼童少林五虎棍会碑》中为"西北望"，本文为行文方便，在谈到"西北旺（望）"，一律写为"西北旺"，下同。

② 《海淀区地名志》编辑委员会编：《北京市海淀区地名志》，北京出版社 1992 年版，第 250 页。

他就满面红光,这种情况出现了两次。后来,有人下土方救他,这样就把他从昏迷不醒给救活了。跟他一块儿做小买卖的人点化他,问他家里有没有什么摆设,他说家里什么也没有。有人问他村里有没有什么,郝大烧说村里有一个关老爷,那个给他下药的人一听就说,是关老爷救了你,要不你就喂狼了。那个做小买卖的人就点化他说,村里关帝庙的关老爷来保佑你呢,你应该许愿。然后这个人就走了。他(病)好了之后,把事情想清楚了,从住店的地方得知点化他的这个人住在京东,也就是通州。他就去找,最后在城东找到了这个人,正是十月几的时候,那里正在排练高跷。他就把自己没有钱还愿的情况告诉了那个人,那人说可以用现成的,在村里组织高跷在关老爷那儿演演,也是还愿了。郝大烧回来之后,就在自己村里组织了高跷会,还给关老爷表演还愿了,从这以后,年年六月二十四关老爷生日,西北旺村的人都会在关帝庙这儿表演,高跷会就这么起来了①。

凌长春所在的高跷秧歌会,在民国时期原本是属于杜家的。但杜宝利是凌长春的亲妹夫,而且凌长春本人对于花会的事情特别热心,也非常能干,按照被访谈人的说法,就是"能折腾";他的大儿子做生意非常有钱又可以提供足够的经济支持,所以,凌长春就一直带领大家走会。

3. 西北旺皇会幼童少林五虎棍会的历史

根据五虎棍的表演内容,五虎棍表演的是赵匡胤打天下的时候,与结拜兄弟郑子明、柴荣跟董家五虎的故事。西北旺的五虎棍已有 100 年历史,1908 年前后成立。第一代创始人是崔三,他在狗尾(音 yǐ)巴胡同学习,回来教大家,有高跷,再成立一个五虎棍。这个会是全村公议的。农村主要是种地,学生白天上学,晚上也没什么娱乐节目;而且,当时社会形势比较乱,一到春耕、秋收季节,学生都不上学,都回家帮忙了,所以比较有时间学习;另外,因为小孩比较好教,家长认为香会是"善会",见佛烧香,是积德的,因而加入香会表演是善事,是向佛爷表善

---

① 被访谈人:凌长春,75 岁,西北旺高跷会会首,主持重修了村里关帝庙,主殿耗费 30 多万,完成自己的心愿;访谈人:陈建丽;访谈时间:2007 年 6 月 8 日;访谈地点:西北旺关帝庙内。

心，也都拥护①。1947 年国民党在日本投降之后进驻西北旺，有一个营的兵驻扎在西北旺的关老爷庙里，一到晚上就听到往庙里扔砖头的声音，但是怎么也找不到扔砖头的人②。当时很迷信，于是把当地的村长叫来询问原因，村长说"年年办会，给关老爷烧香"，于是村里又开始练习五虎棍了，魏大爷就是在 1947 年、15 岁（虚岁）时候学的棍。

新中国成立后，五虎棍常被各级文化馆或政府邀请参加一些演出。"文化大革命"时期不练了，但是大家都觉得这是老辈传下来的玩意儿，不能破坏，所以把东西都保护下来了，没有被毁。20 世纪 70 年代末，邓小平上台之后，提倡民间艺术的发展，就又继续开始练了，魏振明是这一时期的"总管"，不但负责教授武艺，而且总理全会事务。但 20 世纪 80 年代后期，因为会里有人用它赚钱、会员之间有些矛盾等诸多原因，一度造成五虎棍会涣散，组织不利，五虎棍会并没有太多发展。2004 年，自小就喜欢五虎棍的朱锦山开始接手本会事务，经过拉赞助、重新排练、获取政府支持等多方面工作配合，五虎棍会又重新得以良好发展。

从《花会登记册》中可以发现，1999 年、2000 年、2004 年、2005 年，方书明作为会首，带领大家上山，2005 年为魏长海，2007 年"会首"一栏登记为"朱锦山"③。但根据朱锦山访谈，他带领会众于 2005 年、2006 年、2007 年上山，不过每次到管理处签到都由方书明代理。朱认为签谁的名字都无所谓，本来自己就是因为喜好这玩意儿，怕它失传了、衰败了，才接手管理的，不为名、不为利④。

4. 作为记忆载体的碑刻

少林五虎棍会和高跷秧歌会两会的会众都是西北旺村的，互相认识，通过凌长春的访谈和对照二者的碑文，可以得知，两会会众很多人都是亲戚甚至是亲兄弟。

---

① 被访谈人：**魏振明**，1932 年生（根据提供的岁数推算），虚岁 75 岁，西北旺人，以前做过会计，很受单位信任；访谈时间：2008 年 2 月 24 日；访谈地点：西北旺村上庄小区魏振明家；访谈人：陈建丽。

② 魏振明大爷说，应该是当时游击队的人扔的砖头。

③ 参见妙峰山景区管理处制作并保存的《妙峰山景区传统民俗庙会香会签到簿》。

④ 被访谈人：**朱锦山**，40 多岁，西北旺人，做汽车配件等生意；访谈时间：2008 年 2 月 17 日；访谈地点：西北望村秋露园朱锦山家；访谈人：陈建丽。

《北京市海淀区地名志》的撰写断限时间，截至 1990 年底①，这本书记载了西北旺村的五虎棍会在全乡民间花会中占有重要地位②；但同书中却根本没有提到高跷秧歌会。

渡边欣雄认为，在汉族的民俗宗教中，逝去的长辈要转化为祖先，除了自身要具备一定的条件并且拥有符合一定条件的子孙之外，还必须在两者之间建立联系，即祖先必须被后人长久地记忆。祖先要做到被后人长久地记忆，就要求必须有名有姓，而且要通过坟墓和牌位的中介作用③。同样，对于以到妙峰山进香朝顶的花会组织来说，碑刻，相比于花会的旗帜、会谱更容易被他人研读，更易于流传，并且能够起到宣传本会、万古流芳的作用。因此，它无疑是创造记忆和传承记忆的最佳载体。

对于西北旺高跷秧歌会现任会首凌长春来说，以碑阴全部空间这样大的比例来追溯本会几代传人，就是建立会众与本会历代"会众"之间的联系；会碑，是现在会众与历代会众联系的记忆载体，是本会集体认同的重要方式，客观上可以强化本会人员对这一组织的认同感。而同在 1998 年立碑的幼童少林五虎棍会却只是提供了本会现在组织情况。

五虎棍会是从高跷秧歌会中分离出去的，它不是皇会——凌长春在访谈中一直强调这一点。他不仅指出幼童少林五虎棍会碑文中成为皇会时间与此会成立时间相矛盾的事实，而且在碑刻这一更具有阅读性和流传性的介质中明确强调高跷秧歌会年代久远，并用整个碑阴部分追溯了有明确记载的第一代人员名单，一直到现在在会中的人员。虽然只是从本会被封为皇会开始时的会众作为历代会众名单之始，但这种时间序列的连贯和有序排列，容易使人信服，也在某种程度上给幼童少林五虎棍会施压：高跷秧歌会才是正宗，才是西北旺花会的"源"，才是皇会。

《内务府掌仪司承应各项香会花名册》的第 5 卷中，有西北旺秧歌会为进宫表演所呈报的内容："西北望万善秧歌，共人四十四名"④；从表演

① 参见《北京市海淀区地名志·出版说明》，《海淀区地名志》编辑委员会编《北京市海淀区地名志》，北京出版社 1992 年版。
② 《海淀区地名志》编辑委员会编《北京市海淀区地名志》，北京出版社 1992 年版，第 250 页。
③ ［日］渡边欣雄：《汉族的民俗宗教——社会人类学的研究》，周星译，天津人民出版社 1998 年版，第 105—106 页。
④ 国家图书馆藏历史档案文献丛刊清内务府档案文献汇编：《内务府掌仪司承应各项香会花名册》（第 5 卷），全国图书馆文献缩微复制中心出版，2004 年。

的内容来看，西北旺高跷秧歌也同样是秧歌，而西北旺幼童少林五虎棍会的献档内容却跟秧歌一点儿关联都没有，而且西北旺高跷秧歌的碑文也坚决表明自己是皇会。2007年访谈中，他说因为龙旗已经破败，所以保存起来了。《走进象征的紫禁城》中有一张照片，是西北旺凌长春展示龙旗的照片。管理处的王德凤谈到，其他号称自己曾经是皇会的花会没有实物证明，而西北旺高跷秧歌会有能证明本会是皇会的龙旗，因而更有说服力。无论从文献还是从会众记忆来看，西北旺万善秧歌曾经确实是皇会。

但从少林五虎棍会所立的碑中可以看到两会力图并立的倾向和意图。首先，西北旺皇会幼童少林五虎棍会直接在自己的名字当中表明自己的皇会身份。不过，还有一个细节，碑文中在"西北旺皇会"后面，紧跟着"高跷秧歌一堂""少林五虎棍"，在某种程度上，少林五虎棍是想通过在妙峰山立碑这一行为方式，把本会与高跷秧歌会的"矛盾"折中处理：把自己跟高跷秧歌会并列，即都是皇会或者皇会的继承。但显而易见的是，高跷秧歌会却不买账。看到五虎棍会四月立了碑，高跷秧歌迅速地也在同年十月就把自己会的碑送上了妙峰山，而且提供了本会历代重要人员名单，具有明显突出本会的意图。

西北旺高跷秧歌会与幼童少林五虎棍会在碑文中均提到两个关键时间：本会成立时间和奉旨在颐和园颐乐殿献艺表演的时间。对于花会的成立时间，西北旺高跷秧歌会只写了"始建于嘉庆六年"，而幼童少林五虎棍会则刻写了"大清嘉庆六年……乙亥庚子诚起义会"；对于进宫表演受封皇会的时间，西北旺高跷秧歌会标明是"光绪二十四年丁巳戊子"，而幼童少林五虎棍会则认为是"光绪廿四年乙亥戊子"。我们知道对于成立和受封年代，两会一致，而具体的月日，幼童少林五虎棍会的碑文乍看更加具体。但实际上，通过查阅嘉庆六年和光绪二十四年的日历，根本不存在"嘉庆六年乙亥庚子"和"光绪廿四年乙亥戊子"这样的日期，而西北旺高跷秧歌会碑上的"光绪二十四年丁巳戊子"可以查到，是1898年5月25日，对应农历是1898年四月初六，这个时间进宫表演是可信的。而在《内务府掌仪司承应各项香会花名册》的第5卷中，确实有西北旺万善秧歌会为进宫表演所呈报的内容："西北望万善秧歌，共人四十四名①"，不过，西北旺高跷

① 国家图书馆藏历史档案文献丛刊清内务府档案文献汇编：《内务府掌仪司承应各项香会花名册》（第5卷），全国图书馆文献缩微复制中心出版，2004年。

秧歌会对于成为他们成为皇会时间的记忆也是不确切的,《内务府掌仪司承应各项香会花名册》记载道:"西北旺万善秧歌光绪二十二年四月初五在颐和园颐乐殿承差。"

再来考察一下:六郎庄童子棍会在回忆本会历史时,就认为慈禧六十大寿该会才被封为皇会[①]。其实,这个会也只是在光绪二十二年承过差,《妙峰山志》也有记载,但会众发生了记忆的混淆与叠加。甚至,同一个香会刻写在碑刻上的本会历史时间也会不一致,对于义兴万缘清茶老会的创建时间,两通碑有不同意见:道光三年的《清义兴万缘清茶老会碑》提到义兴万缘清茶老会成立时间为嘉庆十四年[②],而道光十四年《清义兴万缘清茶圣会碑》却认为回香亭义兴万缘清茶老会创建时间为嘉庆十二年[③]。这两通碑的立碑时间相隔 10 年多,前一通碑是道光三年(1823)四月初八日刻立的;后一通于道光十四年(1834)八月刻立,可以看出不同时期会众对于建会年代的不同记忆结果。碑刻在这种情况下,是一种追溯性质的刻写,因而在某种程度上不是对历史的真实和忠实记录,而是会众对于本会历史的记忆,可能更注重精神的真实。因此,西北旺万善秧歌的承差时间有两种可能。第一,承差时间确实是光绪二十四年。因为目前看到的《内务府掌仪司承应各项香会花名册》是由国立北平图书馆侯植忠在 1939 年整理的,在这六卷本的《花名册》中没有发现明确注明光绪二十四年的承差名单,而侯植忠在《花名册》前言中记录:"本馆自王府购得一些零乱档册[④]",既然《花名册》是由零乱档案整理得来,把本来是光绪二十四年的表演名单错放在了光绪二十二年里面也不无可能。第二,承差时间确实是光绪二十二年,而光绪二十四年(1898)可能发生了什么重要的事情,因而其对光绪二十四年印象深刻,在此后的记忆过程中逐渐发生了模糊,最终两件事情叠和,被会众记忆下来并代代传承。

当然,在已经过去一百多年又没有文字记载的情况下要准确回忆本会成立和受封的具体月、日,是非常困难的,民众也不会去追究碑文上的日

---

① 被访谈人:张大爷、王大爷,六郎庄童子棍会会众,60 多岁;访谈人:王雪、周云磊、陈建丽;访谈时间:2006 年 5 月 4 日星期四,农历四月初七;访谈地点:妙峰山茶棚对面。

② 序号 25,首图拓片 714,《清义兴万缘清茶老会碑》,道光三年(1823)四月初八日。

③ 序号 27,首图拓片 715,《清义兴万缘清茶圣会碑》,道光十四年(1834)八月。

④ 国家图书馆藏历史档案文献丛刊清内务府档案文献汇编:《内务府掌仪司承应各项香会花名册》(第 1 卷),全国图书馆文献缩微复制中心出版,2004 年。

子究竟是否真确，"可是无论如何记忆并非无所为的，而是实用的，是为了生活"①。对于会众而言，借助碑刻这种方式保存或在某种程度上见证以往历史，是为现实考虑的。碑文不是对历史真实的记录，而在一定程度上受到了众多因素影响，是不完整但有现实性的回忆活动。除了一些因为记忆失误和遗漏之类不可避免地与事实有出入的情况发生外，还有一些是立碑或撰碑者主观有意选择的结果。比如，凌长春说自己作为农民没钱，会里头的人也大都是农民，大家的经济条件也不太好，所以立碑的时候，就计算得特别仔细，能少写字就尽量精简，争取把费用降到最低。立碑的费用都是大伙儿自愿拿钱，没有标准，一般只要捐款的都刻了名字②。对于本会历代人员名单不全的这一点，凌长春会长自己也承认。哈布瓦赫相信，现在的一代人是通过把自己的现在与自己建构的过去对置起来而意识到自身的。过去和现在一代的群体成员一起参加纪念性的集会，组织成员就能在想象中通过重演过去再现集体思想；否则，过去就会在时间的迷雾中慢慢地飘散③。每年一次的拜碑仪式之后，西北旺高跷秧歌会的会众都会习惯性地聚在一起看看这通刻写了可能包括自己在内的七代会众名字的碑，在这看似不自觉的观摩与讨论过程中，会众自然而然地把自己放入这个会众的时间列表中，在回忆和比较中，完成自己作为现在会中一员的认同，从而强化了自己所属的这个会是皇会的认同感、归属感。与之相反的是，西北旺少林五虎棍碑的内容的刻写，似乎不那么客观和令人信服。比如，魏振明在花会中的地位和在花会恢复后所起的作用是会中的人所共知的，甚至可以说，没有他的慷慨传授，就不会有西北旺五虎棍会 20 世纪 80 年代以后的发展；但是 1998 年的这通碑中却没有他的名字。而且，五虎棍会向来是不允许女性参加的，而碑中的"老督管"一项，赫然有女性的名字，至于原因这里不予讨论。但这两个例子是被访谈人所不满意的。可以看出，碑刻不单单是载体，如果因为某些因素破坏了会众的共同记忆，在一定程度上也就破坏了会众对碑刻、对花会组织的认同感。

---

① 费孝通：《乡土中国　生育制度》，北京大学出版社 1998 年版，第 21 页。

② 被访谈人：凌长春，75 岁，西北旺高跷会会首，主持重修了村里关帝庙，主殿耗费 30 多万，完成自己的心愿。访谈人：陈建丽；访谈时间：2007 年 6 月 8 日；访谈地点：西北旺关帝庙内。

③ ［法］莫里斯·哈布瓦赫（Maurice Halbwachs）：《论集体记忆》，毕然、郭金华译，上海世纪出版集团、上海人民出版社 2002 年版，第 43 页。

当然，在碑文内容与历史事实之间进行考证辨析，目的不是考证碑文内容是否符合历史事实，而是把碑刻及其相关民俗活动作为考察对象，从民俗学的角度来分析相关活动或动机。凌长春，作为西北旺高跷秧歌的现任会首，他主笔撰写了《西北旺高跷秧歌会碑》，之所以在1998年立碑就是为了要"纪念进宫100周年"；2008年，如果经济条件允许，他还会在妙峰山立碑以"纪念本会进宫110周年"①。不过，西北旺高跷秧歌会的碑文却只字未提有关碧霞元君信仰、进香朝顶的事情。在被问到为什么不在成立200周年的时候立碑，对于凌长春会长或本会的会众来说，成为皇会的时间比本会建立的时间要重要，立碑就是为了让大家看到自己会的历史，高跷秧歌会才是皇会。这或许可以解释为什么在本会的碑文中，本会受封成为皇会的日期精确到了具体的日子，而对于本会成立时间只刻录了具体年代。为什么成为皇会的时间比本会建立的时间更重要？皇会，不仅在过去的民俗社会中拥有凌驾于其他香会的特权和荣耀，而且在现在力图追踪传统、回归传统的妙峰山庙会这一民俗生活当中仍然具有不容忽视的优势。

（三）非物质文化遗产保护下的资源归属纷争

2003年联合国教科文组织第32届会议通过的《保护非物质文化遗产公约》对非物质文化遗产所作的定义为：

> "非物质文化遗产"指被各群体、社区、有时为个人视为其文化遗产的各种社会实践、表演、表现形式、知识和技能及其有关的工具、实物、工艺品和文化场所。各个群体和团体随着其所处环境、与自然界的相互关系和历史条件的变化不断使这种代代相传的非物质文化遗产得到创新，同时使他们自己具有一种认同感和历史感，从而促进了文化多样性和人类的创造力②。

非物质文化遗产，在某种意义上说，是无形的、非物质的、行为的、民众的。它的第一载体是人。人的文化行为、文化技艺、文化表演就是非

---

① 被访谈人：凌长春，75岁，西北旺高跷会会首，主持重修了村里关帝庙，主殿耗费30多万，他认为修了关帝庙就完成自己2000年的心愿。访谈人：陈建丽；访谈时间：2007年6月8日；访谈地点：西北旺关帝庙内。

② 联合国教科文组织：《保护非物质文化遗产公约》，2003年第32届会议通过。

物质文化遗产的典型形态。它主要是见人再见物的，有艺人在、传人在，是活态的文化，才能被定为非物质文化遗产①。

文化在各社区和群体适应周围环境以及与自然和历史的互动中，被不断地再创造，为这些社区和群体提供持续的认同感，从而增强对文化多样性和人类创造力的尊重。在一定条件下，文化资本可以转化为经济资源②。

皇会作为妙峰山民俗社会一个独特的现象，展现了天子之城的生活当中，无处不在的皇权力量的侵入和渗透，这种对皇权的渴望、无奈、畏惧和追捧已经融入当地民众的精神之中。原来的皇会，可以获得声望、特权，而今皇会虽然已经没有什么特权可言，但民间对于皇会的历史记忆和多层面挖掘，则可以转化为实际的利益，不仅可以使曾经的皇会获得人们的再认可，得到学者或者媒体的重点追踪报道，更重要的是，还可以申请非物质文化遗产，进而获得各方面的资助。碑文的撰写，表达了他们对皇会称号暗地里的纷争，其实质，是对各种资源的归属争论。实际上，这种争夺对双方的发展不会有好处，反而会造成两个花会不必要的内耗。

这一争夺过程，对外时似乎不那么明显，更多地表现为西北旺村内部的一种博弈。其实，在这种互相依赖和助力的情况下，二者并没有不可调和的矛盾，某些时候还表现出某种容忍或默契。海淀区非物质文化遗产保护工作办公室2006年编的《北京市非物质文化遗产普查项目》一书中的照片显示，西北旺的少林五虎棍会和西北旺高跷秧歌会在向人们展示本会历史和实力的时候，在申遗或者获取外界包括政府支持问题上是共享所谓的"龙旗龙棍"等"皇会"象征物的。家庭以及其他任何集体群体，自身也具有记忆的能力，都是有记忆的③，"集体记忆是一个特定社会群体之成员共享往事的过程与结果"④，此时，这两个花会有共同的记忆内容和界限，对于处于两会之外的政府、学者来说，他们没有必要知道两会的矛盾，因此，在对外上，两会似乎还是达成了一些默契的。其实，他们之所以在某些时刻达成一致，有更深层次的原因，二者是互相借力，这或许

---

① 向云驹：《世界非物质文化遗产》，宁夏人民出版社2007年版，第14—15页。

② 布迪厄：《文化资本与社会炼金术》，上海人民出版社1997年版，第192—193页。

③ ［法］莫里斯·哈布瓦赫（Maurice Halbwachs）：《论集体记忆》，毕然、郭金华译，上海世纪出版集团、上海人民出版社2002年版，第95页。

④ 同上书，第103页。

是一种无奈的借力和合作。高跷秧歌虽然贵为天下第一会，但相对于五虎棍来讲，属于"文会"，在表演的时候，更多的人喜欢看五虎棍这样的"武术表演"，因而，观看高跷秧歌的相对较少；而五虎棍虽然是"武"的，但它有自己的弱势，如果借助了高跷秧歌的"天下第一会"的招牌，自然会锦上添花。因此，高跷秧歌和五虎棍会常在一起表演。

据调查，这两个会一直存在分歧，根据目前资料，可以确定他们的核心矛盾集中在"皇会"问题上，更进一步说，两会的焦点是：五虎棍会到底能不能算是皇会，或者，是皇会的一部分。这种看似简单的皇会之争，实际上是对资源的争夺和利用。申请进入北京市乃至全国的非物质文化遗产保护名录，无论对于这两个"皇会"，还是对于当地村、镇来讲都是好事，他们都力图从中获得满意的收益。花会本身的实力是参与各种评奖、申报的重要资本，也就是文化资本，也是文化资源。

布迪厄把资本分为四种基本形态，经济资本、文化资本、社会资本和象征性资本。文化资本包括具体形态（被归并化的形式）、客观状态和体制的状态。被归并化的文化资本，它的归并过程必须经历一定的时间，同时又必须在这一时间内耗费一定数量的经济资本，并使之转变为文化资本，所以这些资本具有历史性，也就是说，它具有了传统特色。文化资本，在进行社会区分的过程中扮演了十分重要的角色。现代社会的个人或者群体，其社会地位和势力不能只依靠手中的经济资本，还必须同时掌握大量的文化资本，把文化资本和经济资本结合起来，并且使两者的质量和数量达到显著的程度，才能在现代社会中占据重要的社会地位，并获得相当高的社会声誉[1]。

妙峰山庙会中号称"皇会"的花会要在社会上立足，要获得多于其他会的资源，就需要有一个能被文化传统所认同的历史，这是花会用以证明其社会身份的特殊资源。而当历史由于时代和战火的掩埋变得模糊不清时，人们就靠群体的力量来回忆、确认、昭示、澄清、补足，直至重造这些资源。重要的不是这种回忆可能会有多少真实性，而在于对本会历史的"回忆"行为本身就是有意义的。它表现了花会对自身"合历史性"的高度重视，确立自己的历史地位，不仅是为了证明自己的现实地位，而且是为了建立花会的文化价值基础。同时国家重视非物质文化遗产，花会属于

---

① 高宣扬：《布迪厄的社会理论》，同济大学出版社 2004 年版，第 148—151 页。

表现国家安定团结、民间丰富文娱生活最热情、最富于表现力，且具有悠久传统的表现形式，自然备受各方礼遇。

在把"花会"这一文化资源转化为经济资本的过程中，民间精英的作用是不可小视的。一个人能动员起来的社会联络网的范围及这个联络网中的成员所掌握的资本的容量决定了这个人所能掌握的社会资本的容量。凌长春可以说是高跷秧歌会的精英人物了，他在接过高跷秧歌会之后，主持重修了村里的关帝庙，主殿耗费 30 多万元，大部分是自费，他认为修了关帝庙就完成自己在 2000 年的心愿①。本村的高跷秧歌会就发源于关帝庙，这是村里人都知道的事情，修庙的行动是否是为了恢复和呼唤本会的历史记忆和认同，进而在建立高跷秧歌与其创始地点的神圣联系基础上强化本会的神圣感，这只能是一种猜测。凌长春通过非官方路线来扩大自身的影响力，积极与学者合作追寻和强化本会的历史认同，寻求商业型的发展途径，这与西北旺五虎棍会的方式不同。五虎棍会的前会首朱锦山在接受大家推举，充任会首之后，亲力亲为，拉赞助、访政府，通过政府重视来扩大知名度，进而在各级文化馆等文化部门督促和帮助下申报并进入了北京市非物质文化遗产保护名录，更多借助外力来发展本会。当然，二者的方式，在某种程度上讲，都没有脱离当地的实际。

费孝通认为乡土社会的支配力量是文化性的，即使是在社会剧烈变革的时候，人们对社会变化恐慌、无所适从的时候，传统文化借助民间精英的"自救"会在一定程度上起到缓冲、调节和稳定作用。吴效群认为，在现在的民俗社会中，皇会是资格老、技艺高的象征。但是，今天走会的目的已经大大不同于过去"抢洋斗胜，耗财买脸"而获取社会声望了，今天走会更多的是经济利益的驱动②。或者，也可以这样理解，现在花会的走会，通过获取社会声望，进而获取经济利益。王德凤说，其实两个都承认对方是皇会，这件事就可以圆满解决③。经过了多年的搁置，花会真正的玩意儿到现在到底传承了多少，这只有花会人员自己知道；但可以肯定的是，如果忙于互相争夺，而不顾及自身内在的提高和传承，再华丽的称呼也掩盖不了组织本身的"空架子"。

---

① 在访谈中，凌长春并未透露他"2000 年的心愿"到底是什么以及许愿的原因是什么。

② 吴效群：《妙峰山：北京民间社会的历史变迁》，人民出版社 2006 年版，第 158 页。

③ 被访谈人：王德凤，50 多岁，妙峰山管理处工作；访谈人：陈建丽；访谈时间：2008 年 1 月 10 日，电话访谈。

二 古城村香会（花会）的碑刻与集体记忆的传承

就目前掌握的资料来看，献供香斗膏药圣会因为各种原因已经消失，石景山古城村秉心圣会目前仍然活跃在妙峰山上，并且发展势头良好。为什么同样是历史悠久、本村村民组织的香会组织，一个销声匿迹，一个却依然活跃？本节尝试寻找答案。

顾颉刚发现，香会在每年四月到妙峰山朝顶之前，都会到处张贴会启，宣告进香事宜，居民可以自愿参加；还有一种攒香会，是每年组织起来朝顶进香，同时也替因各种原因不能亲自上山朝顶的人烧香。秉心圣会也是攒香会，这与成府村是一样的。那么，为什么成府村的会消失了，而秉心圣会却依旧活跃呢？其中，传统环境与对传统的记忆占据了非常重要的地位。

（一）古城村地理人文环境

1. 古城村的地理人文概况

据传古城村形成于明代初年，《宛署杂记》中记有"古城村"①，清代属于京都顺天府宛平县管辖，民国期间为直隶省宛平县第一区管辖，1927年以后归宛平县北辛安边乡管辖，1945年以后属宛平县十九区管辖，解放后属石景山区管辖，1984年起，属于石景山区农委12个农工商联合公司之一，2002年，古城村的村民成为城市居民。因村的东侧另辟新的居民住宅区，这里又被称为"老古城"。由于行政隶属关系的变化和首钢的扩建、城市建设等原因，古城村的范围也随之改变。新中国成立初期，古城行政村的辖界，包括古城村、水屯村、白庙村三个自然村，现在的古城村村民委员会只管辖古城和水屯两个自然村。

古城村位于北京西石景山区，处于长安大道的最西端。石景山区位于北京西部，北靠西山，西临永定河，历史上是北京西北军事、交通要道和河防重地，处于塞外和北京城的连接地带，煤炭、木料等货物需要经过这里才能运往城内，因此，这里的人们多以运煤、拉骆驼为生。同时，这里也是京西热闹的商业集散地，南来北往的商人途经此地，带来了丰富多彩的南北的文化。特殊的社会自然环境，使古城村形成了农、工、商各业并存的生产生活结构。历史上，这里既有以耕地为生的农民，也有做生意

---

① （明）沈榜编著：《宛署杂记》，卷五"德字"，北京古籍出版社1983年版，第40页。

的。民国时，本村郝姓家族曾经来往于北京城与内蒙古等地，用骆驼驮煤为生，名震京西①。

古城村的居民以汉族为主，有少部分的回族人和蒙古族人。

古城村旧时有八座庙，三义庙是村中最大寺庙，也供奉碧霞元君娘娘、送子娘娘、眼光娘娘和王三奶奶。还有一座是娘娘庙，坐落于树神庙街。古城村娘娘庙与妙峰山的进香朝顶有关系。每年庙会期间，古城村要去妙峰山进香的香会，都要先在娘娘庙献档表演，娘娘庙旁边有茶棚②。

2."古城村"名字的传说

据传，村东原有座老爷庙，庙前有两棵粗大的白皮松，远远望去，就像一座古老的城门，古城村由此得名。

明朝末年，李自成率领起义军攻打北京。一晚，起义军来到古城村东，见西边隐约有一座城池，闯王疑城中有伏兵，下令待天明再行攻打。谁知天明探马来报，说西边没有城池只有一个村落。于是闯王亲自查看，果然是一个普通村子，两行并排的白皮松远望很像城门，村边有竹篱环绕像是城墙。闯王笑道："虚惊一场，村庄误认为城池，就称此村为古城吧！"随闯王而来的村民，见闯王为此村封了村名，于是便在此定居下来，还在村西北角盖了一座三义庙，以表不忘闯王之恩③。

（二）古城村的碧霞元君信仰及其仪式——娘娘庙及接送娘娘驾

对于碧霞元君的崇拜，在北京非常普遍，石景山区也不例外。京西民间传说，碧霞元君姐妹九个人，这九位仙女各居一座山，住在妙峰山的是大姐，其余的分别住在石景山、天泰山等地方。石景山和天泰山都在石景山区内，因而香火很旺盛。

石景山区对娘娘的崇拜活动，基本上围绕本地的"四小顶"——东顶八宝山、南顶赵山、西顶石景山和北顶金顶山进行。古城村的碧霞元君信仰，是以妙峰山和石景山的碧霞元君庙为中心的，古城秉心会始终保持着"二山朝顶"的传统，"二山"就是妙峰山、石景山。

古城村中，除了男子组成的花会每年到妙峰山朝顶之外，妇女还组成

---

① 参见《石景山区地名志》编辑委员会编《石景山区地名志》，北京科学技术出版社 1991 年版。《京西古城村风情》，古城村工商联合公司，内部发行，2005 年。

② 李新乐：《京西古城村的寺庙》，《京西古城村风情》，古城村工商联合公司，内部发行，2005 年，第 55—76 页。

③ 王彬、徐秀珊编：《北京地名典》，中国文联出版社 2001 年版，第 538—539 页。

了一个俗称"老太太会"的组织。前文已经讲到,古城村旧时有八座庙,三义庙是村中最大的寺庙,也供奉碧霞元君娘娘、送子娘娘、眼光娘娘和王三奶奶,还有一座娘娘庙,坐落于树神庙街。这个会每年把村里娘娘庙的"娘娘"牌位送到石景山上避暑,然后再"请"回来,农历的五月初一、八月初一就分别是"送""接"的固定日子。具体的仪式是这样的:

五月初一,穿戴整齐、拿着黄色的小三角旗和太平鼓的老太太们早早来到村里的娘娘庙,打扫庙宇给娘娘掸尘。娘娘的牌位称为"娘娘驾",上面写着"天仙圣母碧霞元君之灵位",牌位左边还有一个桃木做的尚方宝剑。妇女们雇一个四人抬的轿子,并在村里选出四个轿夫抬轿子,娘娘驾上轿之前要奏乐,并且由童子捧驾,不沾地倒三次红毡子,出庙后交给刘八奶奶①,她把娘娘驾"请"到轿子里,用黄布幔帐盖着,幔帐上绣着"娘娘回府"。送驾的时候,妇女们一边向娘娘下跪磕头,一边说:"送您回府,谢您保佑。"送娘娘的路线是:出村向西到庞村,路过山下村,上东天门,再到石景山山顶的碧霞元君庙。到了碧霞元君庙之后,妇女们打着太平鼓把娘娘驾送进庙里,上香。有钱的可以交"礼"钱,吃素斋,可以喝酒;没钱的可以带饭,吃饭的时候要感谢娘娘,说是"老娘娘赏的"。然后到塔院住宿。天亮之后,妇女们再聚齐到庙前磕头,喊"回家了",喊完之后会头一挥旗子,仪式就算结束。八月初一接驾的时候,在石景山上大家磕头,念"接您来了,您要多带钱财走好,顺顺当当的,保佑我们多子多孙,百病不生",然后沿着送神的相反路线把娘娘驾接回村里的娘娘庙②。

后来娘娘庙破败了,仪式活动就转到村里的三义庙的南禅堂了。古城村的老人说,接送娘娘的习俗在古城村早就有了,新中国成立之后才消失③。

(三)秉心圣会历史与当代复兴

贺学君认为妙峰山庙会是"民众自筹自办自管自治的民间信仰和综合性民间传统文化活动④",花会组织也是民众自筹、自办、自管、自治

---

① 刘八奶奶,是村里有名的接生婆。

② 门学文《石景山顶上接送"娘娘"》,讲述人:常守智、李文芝、李德水,载《京西古城村风情》,古城村工商联合公司,内部发行,2005年,第125—127页。

③ 同上。

④ 贺学君:《关于妙峰山管理处的报告》,[日]樱井龙彦、贺学君《关于妙峰山庙会的民众信仰组织(香会)及其活动的基础研究》,名古屋大学大学院国际开发研究科,2006年,第438—448页。

的组织。古城村盛行香会表演，20世纪40年代就已经形成特点。该村花会有秉心会、石锁会、太平歌词三种。在此基础上，后又发展为"花十档"，成为当地群众喜闻乐见的一种艺术活动①。

京西古城村最早的花会是"秉心会"，"秉心"按照古城村流传的《京西古城村太平歌词》的说法，是对神灵要"意秉虔诚"②。秉心会历史悠久，传说是明代万历年间成立，万历四年开始走会。秉心圣会，金勋《妙峰山志》记录了五堂"攒香圣会"，其中一档是"阜成门外古城村三义庙攒香秉心会"③，奉宽《妙峰山琐记》记载的香会队伍中也有此会的名字。本会也认为最早是攒香秉心会，所谓"攒香会"，就是代别人前去进香朝顶的香会。

明清时期，古城村秉心圣会每年于农历四月十一到妙峰山进香朝顶，"十一踩街，十二扬香，十三朝顶，十四还乡"。四月十一在本村进行一整天的献档表演，名曰"踩街"。四月十二从南道去妙峰山进香朝顶：出村西过北辛安、麻峪、五里坨、三家店、琉璃渠，从陈各庄开始上山，经过西北涧、桃园，四月十二晚上在南庄住宿。四月十三经过樱桃沟、樱桃十八盘等地到达涧沟村，再到妙峰山顶的娘娘庙进香朝顶：打知、报号、号佛、焚表、攒香，祈求风调雨顺、五谷丰登，然后献档表演。回香时，四月十三晚上仍然住宿南庄。四月十四经过琉璃渠万缘同善茶棚，休息、秧歌会补妆，以便到石景山碧霞元君庙进行二山朝顶活动。

关于秉心圣会进香的时间，有一个小插曲。2005年5月21日，农历四月十四，星期六——这天，是古城秉心圣会自妙峰山庙会恢复之后第一次以完整的"花十档"到妙峰山进香朝顶的日子。早晨的妙峰山山顶天气有些阴霾，却没有下雨，但当秉心圣会到山上的时候正好赶上下雨。管理处王德凤老师说他们遇上大雨是因为犯了规矩（正好前一天和后一天都是晴天），他们是回香的会，理应十三上，但他们想赶周六，山上人多，而且他们上山应该先参"回香亭"，回去前也要参"回香亭"，哪怕

① 王彬、徐秀珊编：《北京地名典》，中国文联出版社2001年版，第538—539页。
② "意秉虔诚"一词出现于《京西古城村太平歌词》之"小五佛"当中，《京西古城村风情》，古城村工商联合公司，内部发行，2005，第263—295页。《京西古城村太平歌词》，是古城村民田子斌因"旧本（指《京西古城村太平歌词》）年深糟烂"于1929年重新抄写的。记录了95首秧歌歌词，歌词基本完整。
③ 金勋：《妙峰山志》，中国社会科学院图书馆藏，手抄本，第35页。

是不上去，鼓也要敲出来呀。"他们三月初一来开会我就跟他们说了，你看娘娘没意见，老天有意见了吧。他们没有按规矩走啊。①"

本会有完整的组织形式和会规，后来又有了太平秧歌会、石锁会、狮子会等，兴盛的时候会众有一两百人。民国年间，除了战乱和不可抗拒的自然灾害，古城村秉心圣会每年都坚持到妙峰山进香朝顶，一直到1947年才停止活动②。《京西古城村风情》一书中提供了一张历史照片，照片有印字，为："石景山娘娘祭庙会古城村太平歌词朝顶晋香游行北辛安村街市奏技拍摄 民国三十年五月十日"③，照片及题字清晰地表明，1941年时，古城村的香会（花会），特别是太平歌词会的活动确实仍在继续。1941年5月10日，是农历四月十五，极有可能是太平歌词会到妙峰山朝顶完毕之后又到北辛安村献档；当然，至于为什么是四月十五献档，只能等待以更多资料来推断原因。

1988年秉心圣会在山上立碑，这样推测，秉心圣会是20世纪80年代妙峰山庙会恢复以后就上山的，而且管理处在1994年给庙会恢复后上过山的所有花会所立的碑中有"古城村秉心圣会"的名字。不过在1994年的这通碑上，还有"古城村石锁老会、京西古城村高跷会、古城狮子武术会、古城村太平鼓"。显然，这一时期古城村的这些花会还是"各自为政"的，根据妙峰山管理处保存的《妙峰山庙会花会登记册》来看，2005—2007年，古城秉心圣会连续三年上山，之前的1999年、2000年、2001年、2002年、2004年没有上山，至少没有登记在册。

2004年12月18日，在石景山区古城农工商公司的支持下，由古城前街、后街社区牵头，成立了古城村秉心圣会理事会，恢复了各档花会，并把这些花会重整形成了古城秉心圣会"花十档"④。2005年正月初二在

---

① 贺学君：《石景山区古城秉心圣会访问日记》，载［日］樱井龙彦、贺学君《关于妙峰山庙会的民众信仰组织（香会）及其活动的基础研究》，名古屋大学大学院国际开发研究科，2006，第390—396页。

② 田洪彦、马振才：《龙旗牌棍罗伞扇一应俱全，"花十档"中断60年再上妙峰山》，载［日］樱井龙彦、贺学君《关于妙峰山庙会的民众信仰组织（香会）及其活动的基础研究》，名古屋大学大学院国际开发研究科，2006，第397—398页。

③ 《京西古城村风情》，古城村工商联合公司，内部发行，2005。

④ 花十档包含十种或若干种不同形式和内容的会档剧目。目前，秉心圣会的花十档按前后顺序为：灵官旗、两副杈筐（哼哈二将）、四只钱粮筐（即四大天王）、公议石锁、高跷秧歌、龙旗牌棍、中军四执、娘娘驾（牌位：天仙圣母碧霞元君之神位）、狮子会、督旗。

村里"踩街"，来自全村两百多位玩角儿参加了此次活动，2005 年以崭新的面貌出现在妙峰山庙会上。管理处的王德凤评价说，古城村的秉心圣会是 2005 年妙峰山庙会中恢复最全的一档老会。对于秉心圣会的花十档，各界给予了很高的评价，认为它占了三个第一：第一个立纪念碑的传统民间花会；第一个进香朝顶的群体；第一个会档恢复最全的传统民间花会①。

2007 年 8 月，古城村秉心圣会通过了申报国家级非物质文化遗产保护项目名录专家论证会，目前秉心圣会已列入了北京市非物质文化遗产名录。

（四）记忆与传承

"对于集体记忆来说，只要支持它的社会一直存在，集体记忆也就会获得滋养、不断推陈出新，得以强化和丰富，而不会丧失它逼真的色彩。"② 古城村秉心圣会正是基于这种记忆环境才得以恢复记忆和花会重组，才能够复兴这一传统的活动。

1. 地域认同

古城村虽然处于京城与外地的要塞，但是，这里的居住方式比较单一，外来冲击较小，因而基本的生产生活形态保存较完整。我国的农民，忠实地遵循着"聚族而居"的传统和生产生活方式，一个村子，随着子孙后代的逐渐繁衍和发展，各个家族不断分门立户，演变成为更大的家族，虽然人增多了，但是人们似乎很少外迁，因为有重土安迁、落叶归根的文化认同心理，因此一个村落一旦形成，就有时间上的延续性和空间上的相对固定性。也就是说，如果没有天灾人祸的摧残，一个村落是会在同一个点位上延续数百年或千年的③。这种村落，一般具有很强的认同本族或本村的心理。

1988 年 5 月 2 日，古城村秉心圣会碑作为妙峰山娘娘庙修复后的第一通由花会和香客所立的碑刻被立在娘娘庙前。这通碑的刻立过程，体现了古城村作为乡村聚落的特色：听说秉心会要在妙峰山上立碑，村里在会

① 田洪彦：《妙峰山立碑经过》，《京西古城村风情》，古城村工商联合公司，内部发行，2005 年，第 251—257 页。
② ［法］莫里斯·哈布瓦赫（Maurice Halbwachs）：《论集体记忆》，毕然、郭金华译，上海世纪出版集团 上海人民出版社 2002 年版，第 167 页。
③ 尹钧科：《北京郊区村落发展史》，北京大学出版社 2001 年版，第 6 页。

和不在会的人，纷纷慷慨捐资。其中，村民刘继忠出资比较多；而上石府村的老石匠牛连贵以前给古城石锁会凿刻过石锁，因而1988年的"古城村秉心圣会碑"也还是由他刻写，按照牛连贵的意愿，这通碑上也刻上了他的名字，完成了他想在晚年把自己名字刻在碑上的夙愿[1]。

《京西古城村风情》这本书，虽然远远不能等同于村志、家谱或族谱，但是它从组织到成书，历时一年，"（此书）可以帮助你了解京西古城村的历史和文化风情，也提醒你为曾作为村民中的一员而自豪和骄傲！"[2] 只有当一种记忆被需要，并且有足够的记忆环境，它们才能被重新或者部分回忆起来。这本书大多根据村中老人回忆整理而成，不但整理了村中13大姓的历史，对其家族中比较有名的历史人物进行记录[3]，而且对古城村的历史变迁、历史文物等进行多方面挖掘和考证。这本书在追溯历史的过程中，重温了古城村悠久的历史和淳朴的民风，也在讲述身边人的故事和传说，起到了一种凝聚人心的作用。其与碑刻能够构成本村和本会的历史系统。

如今，政府通过花会表演这种表现形式来展示百姓安居乐业、社会稳定和谐，因此，对花会这一民间组织给予大量的支持，比如，现在进行的申请列入非物质文化遗产保护名录，就是支持的一种方式。其次，古城农工商联合公司，给予了秉心圣会很大的支持。

2. 集体记忆与传承

与碑刻相关的民俗生活提供了维系会众集体记忆的社会环境。集体记忆虽然不是群体成员的个体记忆的简单相加，但特定的情境给这种集体记忆提供了一种具体的情景和一个具体记忆的框架，而生活于集体中的个人正是利用其所处的特定群体的情境去记忆或者再现过去。凌长春也谈到，他们每年都要派人在庙会之前专程去妙峰山描自己的碑，一个字、一幅画，都要非常仔细地描一遍，不能马虎[4]。确实，在妙峰山上，我看到西北旺高跷会的碑的确有描过的痕迹，碑额上所绘的两条龙在阳光下闪闪发

① 田洪彦：《妙峰山立碑经过》，《京西古城村风情》，古城村工商联合公司，内部发行，2005年，第251—257页。序号61，碑刻27，《古城村秉心圣会碑》，1988年。

② 张国森：《前言》，《京西古城村风情》，古城村工商联合公司，内部发行，2005年。

③ 门学文：《古城村姓氏家谱简说》，《京西古城村风情》，古城村工商联合公司，内部发行，2005年，第140—147页。

④ 被访谈人：凌长春，75岁；访谈人：陈建丽；访谈时间：2007年6月8日；访谈地点：西北旺关帝庙内。

光，非常夺目，暗示着西北旺高跷秧歌会的兴盛。

1988 年，秉心圣会在妙峰山山顶上立了 20 世纪 80 年代妙峰山庙会恢复之后的第一通碑。把碑稳妥安放在惠济祠之后，秉心会全体玩角儿在惠济祠用传统的仪式表达自己的虔诚之心，整个仪式包括号佛、攒香、念香词。号佛号的是《大五佛》，一人领唱，众人合唱……号佛完毕，攒香开始，管事的凑上前来，三捆香成三足鼎立状，其他香再小心地靠上去越多越好，点着手中的一捆香慢慢伸进香塔内，从里面慢慢点燃香塔，所谓攒香。香塔燃烧起来，缕缕香烟腾空而起在娘娘庙飘然逝去，代表老娘娘已经接受了香火。接下来由督管进香词……众玩角儿和道："多虔诚您呐！"督管转过身来，面向众玩角儿宣道："中军、大把儿、石锁、太平歌会，起响！"刹那间，锣鼓喧天……立碑进香仪式结束①。因为惠济祠内空间狭窄，如今的碑刻被统一放置在惠济祠外面西南角的空地上，形成了独特的"碑林"空间。碑刻存放于惠济祠外，与惠济祠、白塔、茶棚一道，共同构成了，或者从某种程度来说，扩大了碧霞元君信仰的神圣空间。因此，秉心圣会和其他花会组织一样，开始了每年一次的拜碑仪式。仪式不仅仅用自己的高度程序化和固定性，暗示对过去的延续；同时，它们明显的特征之一，就是公开声称要强化这样的延续。我们由此推论，这种纪念仪式对于塑造社群记忆起了重要的强化固定作用②。一年一度的拜碑仪式就是对历史和传统的朝拜与加强，它能够让花会组织在特定的时空情景内重新确认它的存在和会众关系，定期回忆本会以往历史，再一次强化本会的统一感和连续感。碑刻在经过了若干年之后，它就具有了历史的意味，在某种程度上代表了历史的真实，可以作为凝聚本会历史的有力载体，也起到了铭记和传承的作用。因此，秉心圣会在其会碑中郑重其事地说明："旧有碑文载于妙峰山，此碑毁于战乱之年"③，就是在确认本会存在的意义和在历史中的位置，进而加强这种归属感和历史感，强化会众的记忆。

当然，对于历史记忆，会众作为个体并不是直接回忆事件，而是通过

---

① 田洪彦：《妙峰山立碑经过》，《京西古城村风情》，古城村工商联合公司，内部发行，2005，第 251—257 页。

② ［美］保罗·康纳顿（Paul Connerton）：《社会如何记忆》，纳日碧力戈译，上海人民出版社 2000 年版，第 54 页。

③ 序号 61，碑刻 27，《古城村秉心圣会碑》，1988 年。

阅读或听人讲述，或者在纪念活动和节日的场合中，人们聚在一起，共同回忆过去来再现的，这种记忆才会强化和传承。比如，妙峰山傻哥哥殿内后墙的壁画，也是根据涧沟村中见过这些壁画的老人凑在一块儿共同回忆而重新绘制的。前文已经讲到，秉心会最早是攒香秉心会，也如成府村献供香斗膏药会一样，单纯靠信仰组合而无其他外在表演形式；但是在适当的时机，秉心会联合其他表演性质的武会形成"花十档"，借助这种联合保留了自己"攒香"的特色，不能不说是一种创新，使本会形成不同于其他香会的走会方式，又没有放弃自己的本来特色。秉心圣会在恢复"花十档"的时候，就是老玩角儿聚在一起，回忆过去玩意儿和道具的颜色、花样，最后根据他们聚合起来的相关回忆恢复了相关道具。

贺学君认为妙峰山庙会以娘娘庙及其附属的香道、茶棚为基本空间，以碧霞元君信仰为活动中心，以进香朝顶和民间技艺表演、祈福纳祥为主要内容，是民众自筹自办自管自治的民间信仰和综合性民间传统文化活动①。

这种活动的进行，还必须借助庙会这种信仰表现的形式——他们深刻地认识到这一点。寺庙，可以提供足够的空间；而庙会，则可以提供特定的时间。只有在这种神圣与世俗交叉的特定时刻来进行展演，一切行为都具有了神圣特殊的意义，也才能够吸引最多的人员参加，保证有足够的热情，进而达到最佳的效果。秉心圣会每年的踩街和庙会献档，是与传统的对接和对传统的延续，老会首、老玩角儿利用这些机会强化大家关于本会的悠久历史的记忆。

3. 民间精英的作用

后街委员会的工作人员说，本村娘娘庙的庙会正在筹建，于 2008 年恢复。在人们对娘娘庙拥有很多仪式和活动的记忆的情况下，且在恢复传统文化的大气候下，古城村的重修庙宇行为显然是有很明确的期待的。它一方面可以借此使得不同社会经济地位、年龄的居民恢复和重新建立起共有的认同，成为居民间建立联盟和形成历史感的神圣场所；另一方面，也是要通过恢复娘娘庙的感召力，强化传统的血缘、地缘意识和由此而来的

---

① 贺学君：《关于妙峰山管理处的报告》，[日] 樱井龙彦、贺学君《关于妙峰山庙会的民众信仰组织（香会）及其活动的基础研究》，名古屋大学大学院国际开发研究科，2006 年，第 438—448 页。

认同，构建本村的文化网络。

容肇祖说：人是理智的动物，但是人的生活多少是靠着在理智背后的情感。情感可以鼓舞人们的兴趣，振奋人们的精神①。古城村有一批非常热心、全力支持花会的村民。古城村的村民具有一种强烈的使命感来保存与花会相关的东西，资料或者记忆。比如，被秉心圣会大力称赞为"接续古城村传统文脉的种子"的梁云龙认真钻研花会史料，不仅记录了村里高跷秧歌的起源、技法、角色特点和老玩角的资料，还在1959年领头创立了古城狮子会，结束了古城没有狮子的历史并培养了一代狮子舞玩角；更重要的是，他人缘好、威信高，还带头攒钱给花会积累会费，因而能够把会里的玩角儿团结到一起，为秉心会的复兴奠定了文献资料基础，保持了会众关于秉心会的历史记忆②。村里的老艺人李文芝、李文仁、常守智等人，至今还能表演精彩的《京西古城村太平歌词》的高跷秧歌。

古城秉心圣会能够重组花十档，实际上是古城居委会起到了很大的组织和联络作用。老古城前、后街社区居委会在做了大量的调查工作后，联合秉心圣会各会头、元老及村中热心人士，成立了秉心圣会理事会，并制定了章程和各项管理制度，实行理事会管理下的会员制，为秉心圣会持续发展奠定了坚实的基础。居委会主任马振才等人在会中担任职位。2006年6月19日，中国第一个非物质文化遗产日，古城村邀请了北京很多档花会到古城村参加表演，显示了古城村在非物质文化遗产保护这一进程中想要发挥积极作用的愿望。

花会的活动，尤其是武会的表演，过去是集信仰、健身于一体，现在可能信仰的因素减弱了许多，但健身娱乐这一基本的功能丝毫没有衰退。村民生活在邻里相对熟悉的环境中，人员流动比较小，也有共同的活动场地，人们茶余饭后就聚在一起自娱自乐，这些秧歌、石锁等喜闻乐见的传统项目，深得居民喜爱，居委会等管理机构也非常欢迎这种有利于理顺和

---

① 容肇祖：《妙峰山进香者的心理》，收入顾颉刚编著《妙峰山》，据1928年版影印，上海文艺出版社1988年版，第132—141页。

② 浮白：《接续古城村传统文脉的种子——梁云龙》，《京西古城村风情》，古城村工商联合公司，内部发行，2005，第315—320页。梁云龙（1926—1998），古城村人，喜欢传统文化并坚持搜集本村花会的资料。25岁起先后担任过民校教员、职工业余学校教员、北辛安小学教员；"文化大革命"中在古城中学做食堂管理员；1977年起担任近十年的古城中学的总务和会计，1989年退休。

发展干群关系的活动，因此他们也多方面支持。在 2007 年的调查中，村民说，组织这些活动，不但帮助大家休闲娱乐，而且与群众的关系也更加融洽了，有利于居委会其他工作的开展，更好地得到居民的支持。在如今娱乐名目纷繁多样的情况下，村民仍然愿意选择高跷、秧歌、石锁等休闲方式，在一定程度上是因为喜爱这种形式。通过它，可以更好地放松身心，与亲戚邻居交流沟通，一定程度上说，正是信仰与娱乐一体的完美结合，正是传统民俗文化与现代群众娱乐的有机结合，才使秉心圣会能够很快恢复。换句话说，居委会的行动迎合了大家在社会转型时期对恢复具有本村特色的集体记忆的内在需求。

三　成府村香会的碑刻与集体记忆的消失——以原成府村献供香斗膏药圣会为个案①

（一）成府村地理人文环境

金勋，作为成长于京西成府村一带的老北京人，对北京的民俗文化非常留心，他于 20 世纪 40 年代之前写出了《成府村志》。在这本村志当中，他给后人留下了关于本村献供香斗膏药圣会、成府村太平秧歌和三旗营太平同乐秧歌的珍贵资料；如今，这三个会都已不存。

1. 成府村的地理人文概述

成府村，在北京的西郊，海淀东北里许，北界万春园，西界勺园，东界旱河。金勋认为成府村建于明，为明代"一溜边山"的七十二府之一。成者，明成王之府也②。侯仁之《燕园史话》中则提到，嘉庆四年（1799）和珅被抓以后，其所居住的淑春园被分成东西两部分，东部赐给了乾隆皇帝的第十一子永瑆也就是成亲王，"现在我校（指北大——引者注）东门外有个小村子名叫'成府'，或许即是因为成亲王的园寓而得名的。"③ 这个村子无论是明代就有，还是清代才出现尚无定论，但金勋和侯仁之均认为，成府村是因人而得村名的。

明《宛署杂记》说："出西直门一里曰高郎桥，又五里曰篱笆房、曰

---

① 成府：有的文献或地图也写为：陈府。依据献供香斗膏药圣会于乾隆五十二年（1787）四月十三日在妙峰山的碑刻《清斗香膏药圣会碑》所写村名，在文中一律写为：成府。下同。

② 金勋：《成府村志》，载《中国地方志集成（乡镇志专辑）》，民国二十九年稿本影印本，江苏古籍出版社 1992 年版，第 594 页。

③ 侯仁之：《燕园史话》，北京大学出版社 1988 年版，第 35 页。

苇孤村，又二十里曰鞑子营，又十里曰北海店，其旁曰小南村。"① 苇孤村就是今天的魏公村，小南村今天叫作小南庄。但值得注意的是，《宛署杂记》是明朝万历二十一年也就是 1593 年刻本出版的，此时书中没有出现"成府"这一地名，这可能说明，成府村作为地名出现可能晚于万历二十一年。

清朝在北京西郊大兴土木，修建皇家园林。康熙修建畅春园，雍正在畅春园以北建圆明园，乾隆扩展圆明园，建成了闻名于世的万园之园，并以圆明园为中心，形成了众星拱月的壮丽景观。从乾隆以后，历代皇帝开始在圆明园处理朝政，而王公大臣也在附近有大小的园子，方便他们办公议事，这里逐渐形成了非常热闹的街市，并把多个村庄连在一起形成远比京城繁华热闹很多的大镇，即海淀镇。震钧《天咫偶闻》记载了海淀这一段时间的兴盛繁荣景象：

> 海甸，大镇也。自康熙以后，御驾岁岁幸园，而此地益富。王公大臣亦均有园，翰林有澄怀园，六部司员各赁寺院。清晨朝趋者，云集德胜、西直二门外，车马络绎。公事毕，或食公厨，或就食肆。其肆多临河，举网得鱼，付之酒家，致足乐也。……当是时，百货非上者不往，城中所用，乃其次也②。

雍正二年（1724），为了圆明园的安全，开始设置圆明园八旗护军，驻防圆明园。其中，镶白旗营房在水磨村，正蓝旗营房坐落保福寺，除了八旗之外，还设有圆明园包衣三旗，归内务府掌管。包衣三旗营房在成府村东，护军参领等房子 96 间，护军校、护军等官房 408 间③。成府村隶属于步军统领衙门管辖，属圆明园九都司衙门左哨，在成府村有巡缉公所驻扎，设把总一员，兵马八名，捕头一名，专司诉讼、捕盗拿贼之事④。乾隆初年将水磨村北部圈入成府界内，住户给资

① （明）沈榜编著：《宛署杂记》，卷五"德字"，北京古籍出版社 1983 年版，第 41 页。
② （清）震钧：《天咫偶闻》，卷九"郊坰"，北京古籍出版社 1982 年版，第 200—201 页。
③ （清）于敏中等编纂：《日下旧闻考》，第 72 卷"官署"，北京古籍出版社 1985 年版，第 1215 页。
④ 金勋：《成府村志》，载《中国地方志集成（乡镇志专辑）》，民国二十九年稿本影印本，江苏古籍出版社 1992 年版，第 594 页。

也迁入成府界内建房居住①。另外，在圆明园当差的人，大半将他们家眷搬到成府居住，吃皇粮、用皇钱，于是该村日益繁富，村落形态进一步完善和发展。

圆明园于1856—1860年英法联军侵略和1900年八国联军攻占北京期间，两次遭到抢掠、焚毁。1912年，民国成立。民国期间圆明园等园林相继对外开放，吸引了大量参观的游人，这为附近的成府村发展起了一定的作用。

每届妙峰山庙会期间，除了从三家店到妙峰山的香道之外，剩下的香道都必须经过海淀镇，人来人往，络绎不绝。海淀镇是从西直门到妙峰山几十里地之间少有的大乡镇，所以，很多香客都在海淀镇"打尖"、休息，购买应用之物。清华大学在成府村东北部、燕京大学在成府村的西北侧，许多师生经常光顾②。成府村就是在这种外在环境推动之下，不断发展和繁盛起来的。

本村还有秧歌会：内务府掌仪司承应各项香会花名册中记载了光绪二十二年到颐和园承差表演的人员名单，成府村去了两档会：成府村太平秧歌一堂和三旗营太平同乐秧歌一堂③。

---

① 金勋：《成府村志》，载《中国地方志集成（乡镇志专辑）》，民国二十九年稿本影印本，江苏古籍出版社1992年版，第594页。

② 王永斌：《北京的关厢乡镇和老字号》，东方出版社2003年版，第450—461页。

③ 国家图书馆藏历史档案文献丛刊清内务府档案文献汇编：《内务府掌仪司承应各项香会花名册》（第5卷），全国图书馆文献缩微复制中心出版，2004。内容如下：

呈

成府村太平秧歌一堂计开人名：

陶庆福、于和泉、刘德清、安连奎、童保龄、周永立、金荣山、焦广志、周德海、罗长保、宋文奎、陈文成、刘松山、双福、王宴山、张士俊、赵德义、冯长海、柯德保、刑永顺、刘文志、张长太、赵文玉、刘松库、焦文信、周常玉、刘祝三、超尘、李永太、张长福、王文喜、宋文元、朱保贞　卅三名

呈报：

兹因京西海甸成府三旗营太平同乐秧歌一堂奉掌仪会末人等同拜：

教习：全顺、崇厚、英顺、瑞凤、世祥、绍普、宽顺、世庆、庆贞、吉善、贵连、庆贞、庆金、恒金

唱把：文禄、荣彩、良章、世清、荣连、贵金、荣谦、绍雄、志安、荣延、庆禄、二哥、玉泰、元顺

行把：荣林、庆新、乌林布、瑞吉

共三十二名

初七日成府三旗太平同乐秧歌壹堂　共人三十二名

成府一带现属于海淀街道办事处管辖，位于海淀区中部东南，东到清华南路，西至北京大学东墙外，南至成府路，北至清华西路。占地75万平方米，建筑面积3900平方米，有居民1300户3461人，除了汉族之外，还有回、满、蒙古、壮等少数民族，约占人口总数的2%。旧有的街巷走向没有大的变化。原庙宇有广惠宫、佑慈宫、太平庵、兴隆寺、正觉寺，还有五圣祠四座，关帝庙一座。其中，在吉永庄院的广惠宫，今存百年红柏数十株[①]。

2. 成府村的信仰

清代、民国时期成府村的宗教信仰比较复杂，但碧霞元君信仰是其核心。

金勋的《成府村志》记载成府村家家都拜像、奉佛，还有三五家信奉回教。村里富裕的人家都有佛堂或祠堂祀祖；一般的住户在住室迎门俱供佛龛内奉纸像，为三层子格式，五彩贴金。所奉神祇，上层为观音大士，中层奉天仙圣母、子孙、眼光三位娘娘，下层奉关帝、财神、药王，另有小龛供奉灶王爷夫妇[②]。1924年清华大学师生的调查认为，成府住户的信仰颇不一致，大概以崇奉祖先的为最多，有25家。其次为奉灶王的，有23家，奉佛的有16家，奉财神的有15家，拜娘娘的2家。当然往往一家所奉的神或仙不只一个，譬如祭祖先的也拜菩萨，拜观音的也奉财神等。虽然杂信特点仍然比较明显，但是碧霞元君信仰似乎在数量上远远弱于其他信仰。对于这样的信仰变化，值得讨论，目前限于所获资料和学识，只能提出此疑问，留待日后分析。

广惠宫俗称刚秉庙，入门西为上正殿，额书：碧霞元君，殿前石碑二座，殿内塑天仙圣母等九位娘娘，两旁各有四个站童，墙上画满了五彩的壁画，供桌正中小龛内奉观音大士。南北配殿各三间，供奉刚秉像。后殿三楹，供奉黄石公、五虎神五位。后殿北边是戏台，戏台正对着正殿，又供奉天仙眼光子孙三位娘娘，在正殿的东西配殿，分别供奉关帝、财神和药王，马王、火神和龙王。从东边穿堂就到了后院，后院的正殿供奉如来像，东西配殿各三间，东配殿供奉木匠的祖师鲁班，西配殿供奉画匠祖师

---

① 《海淀区地名志》编辑委员会编：《北京市海淀区地名志》，北京出版社1992年版，第89页。

② 金勋：《成府村志》，载《中国地方志集成（乡镇志专辑）》，民国二十九年稿本影印本，江苏古籍出版社1992年版，第594—602页。

吴道子、油漆匠祖师普安祖师。在这一个寺庙当中，佛、道、俗的神仙都有了，但仍然可以看出，碧霞元君信仰居于首位。这里的香火非常兴盛，每年二月十九是南海观音的诞辰，这里都要举办善会。根据1924年的调查，刚秉庙有施粥场，是王怀庆将军募款筹办的。每年从阴历十一月初一起，到第二年二月底为止，大约有五个月，是施粥的时间；每日放粥在上午八点到十点。在刚秉庙附近的如成府、三旗、西柳村、素村等处穷人，无论老、少、男、女、废疾、贫穷等人，都可领粥，每人每日可得小米粥一斤左右①。

佑慈宫，在成府夹道子路北，是成府膏药圣会熬膏药的地方，所以也被叫作膏药庙。太平庵在蒋家胡同东口外庙西向，原来本为尼姑庵，后改和尚主持，供奉三世佛、火神②。

（二）对献供香斗膏药圣会的记忆

献供香斗圣会，在光绪年间仍然存在，但是此后的情况文献没有明确记载，在实际调查中，成府村一带的人们对此会也无具体记忆。一位80多岁的老会首说听过此会的名字，但是民国就已经消失了。

雍正八年（1730），成府村成立献供香斗膏药圣会，全会有三百多人，创办者是一些老年妇女。嘉庆间，孝和睿皇后赏给该会九龙曲柄黄伞、龙旗龙棍圣旨牌与金执事銮驾一份，该会为奉旨皇会，其荣耀在北京百会之上。

献供香斗膏药圣会每年三月十五日在太平庵召开各会头会议，进行本年度一切办法，那时代各户捐款富足，一议即成，每年轮流推举四位会首值年。《妙峰山志》记载了本会的会费筹备和议事情况：

> 地方公议及善举之事，有李村年、高有德绅士数人凡事议决后施行，村中办事经费，均由铺户住户按家出钱……③

本会是村民合议的，所谓合议，就是村民集体出钱来办会，本会不属于任何一个人，会首也是轮流担任的。到了三月初十日，即出贴请会头于

---

① 陈达：《社会调查的尝试》，《清华学报》，1924年第一卷第二期，第316页。
② 金勋：《成府村志》，载《中国地方志集成（乡镇志专辑）》，民国二十九年稿本影印本，江苏古籍出版社1992年版，第594—602页。
③ 同上书，第594页。

三月十五日到太平庵齐集，会中预备午饭。过十五日，值年会首雇挑夫数
人穿黄布马褂挑一份会陇子，打上一桶糨糊，挟着黄毛边纸印成会报子，
会首一人拿着本会拨旗，带着四位打号的，按在会人员在其户门口贴报
子。到会户门前放下会陇子，四人打铜号，挑夫先贴报头，中贴黄报子，
后贴报尾。报头用五色绘本会朝山图，报尾用彩画事事如意。会户听到号
声就急跑出院来，与诸位道功德。几天之内报子贴完，紧接着请海淀长生
堂药铺的铺掌到太平庵，商议熬膏药。本会的药方是雍正八年成立时候所
用的老药方子，叫作神效万应膏，药方由长春堂办理。自每年的三月十七
日、十八日起在佑慈宫熬制膏药，一熬就是三百斤，其规模之大可以想
见。献供香斗膏药圣会每年四月初九日，在成府村太平庵安坛设驾守晚，
初十日启程至南安河，周家巷、金田寺中伙落宿，十一日由中道进香朝
顶，当日回香至三岔涧本会下处中伙落宿，十二日由中北道至成府村太平
庵送驾，回香时沿路施舍万应膏药，外贴内服其效如神，非常热闹①。

雍正八年到乾隆五十二年，不过 50 年时间，本会的会首及主要负责
人已经从女性变成了男性。《清斗香膏药胜会碑》碑的碑阴题名中，香首
6 人，副香首共 18 人，女性似乎退出了会首的行列；倒是"信女"一项，
列出了 7 位女性，不过，仍然显示出了从属于男性的特点，比如，王门梁
氏、冯门金氏②。在会中任职的为 55 人，确如文献所说，本会人数众多；
碑刻同时显示，本会的组织结构相对严密和完整，前引、后勤和仪仗均有
至少 2 人负责，各个职位各司其职。

乾隆五十二年正是成府村作为"三山五园"附属村落经济、商业等
活动居于上升时期，旗人与汉人混居，经过半个多世纪的磨合、交往，生
活方式基本趋于一致；同时，前文已经谈到，旗人入关之后比较能够接受
碧霞元君信仰。因此，在《清斗香膏药胜会碑》中，从姓名分析，在会
中也有一些旗人。

（三）从集体记忆角度看献供香斗膏药圣会

《日下旧闻考》在"郊坰"部分大量增加了有关圆明园周边地区的记
述，其中，成府、皇庄、蓝旗营、保福寺等在圆明园的南侧。作为毗邻圆

---

① 金勋：《成府村志》，载《中国地方志集成（乡镇志专辑）》，民国二十九年稿本影印本，
江苏古籍出版社 1992 年版，第 603 页。

② 首图拓片 666，《清斗香膏药胜会碑》，乾隆五十二年（1787）四月十三日。

明园的成府村，是随着圆明园的修建和发展而获得了难得的发展机遇和条件，变得繁荣和活跃起来的。为了供应圆明园护军兵丁和内府包衣三旗差役生活消费物品需要，不少商人纷纷来成府村开设店铺，昔日小镇非常繁盛，也在很大程度上带动了成府村的发展和繁盛，献供香斗膏药会就是在成府村逐渐发展的过程中发展起来的。震钧《天咫偶闻》记载了海淀的兴衰：

> 海甸，大镇也。自康熙以后，御驾岁岁幸园，而此地益富。……自庚申秋御园被毁，翠辇不来。湖上诸园及甸镇长街，日就零落[①]。

在圆明园衰落之后，其周边地区也随之衰落。

哈布瓦赫认为，集体记忆是在一个由人们构成的聚合体中存续着，并且从其基础中汲取力量，这些记忆是由其成员经历很长的时间才建构起来的。虽然进行记忆的是集体中的个人，但是"这些植根在特定群体情境中的个体，也是利用这个情境去记忆或者再现过去的"[②]。随着时间的流逝，记忆会趋于淡化。对于成府村这样的村落来说，它的兴盛和发展是伴随着圆明园的修建而兴盛的，是为圆明园的贵族服务的，是圆明园发展的附属地区。因此，这一地区居民的来源比较复杂，在这种村落之中，类似于家族的亲属关系是不存在的，居民之间少有血缘或者宗亲关系，影响他们生活的更多的是从地缘发展起来的各种关系。但因成员的复杂，加上以商业活动而结成的交往模式，这种仍然不同于传统自给自足村落模式而形成的地缘关系也是非常脆弱的。

成府村不同于前文的西北旺村和古城村。西北旺村是基本以血缘关系为基础的村落，村里分为几大姓，彼此都有关联，"方、魏不分家"，由血缘关系扩展到地缘关系，因而村民的归属感强烈；古城村建村可以追溯到明代，创始祖先彼此亲近，虽然处于南来北往的要道，但是村民内部具有认同感，信仰也相对集中。虽然成府村的年代也比较久远，但其发展主要依靠圆明园等园林的修建和旗民入住，属于嵌入型的村落，外来力量对

---

① （清）震钧：《天咫偶闻》，卷九"郊坰"，北京古籍出版社 1982 年版，第 200—201 页。

② ［法］莫里斯·哈布瓦赫（Maurice Halbwachs）：《论集体记忆》，毕然、郭金华译，上海世纪出版集团 上海人民出版社 2002 年版，第 40 页。

村落的原有方式进行了改造。18 世纪 20 年代旗人开始驻扎到 19 世纪 60 年代的外国入侵，短短 150 多年的时间，似乎旗人与当地的汉人不可能也并未完全融合，这也就决定了居民对于这一村庄及其信仰活动的共同记忆比较少，互相之间的认同层次较低，因而认同感和归属感淡薄。特别是在战争等重大冲击的时候，这种因外在环境而聚合起来的村落内在抵御能力很弱，不能像传统的村落那样依靠深厚的传统文化特性的习惯性进行缓冲和"自救"，建立于这种脆弱关系基础上的香会组织自然也很容易解散，当冲击过后，这种香会组织的重建相对来说也比较困难。

作为民间的、自主的活态文化，香会是一定时空内立体、复合的活动形式，它的存在和发展必须依靠传承主体的实际参与与不断传承；如果离开其存在的外在环境、缺少传承的内驱力、没有发展而只能静态地流传在民众的记忆中，即使拥有了固态的记录媒介，如碑刻，它也不能真正具有长久的生命力。随着时间的流逝，记忆会趋于淡化，除非通过与具有共同的过去经历的人相接触来周期性地强化这种记忆。如果在很长的时间跨度内，组织成员之间没有保持联系，那么，关于这个组织和其成员间的记忆就会逐渐淡化甚至丧失，只有当这种记忆被需要，并且有足够的记忆环境，它们才能被重新或者部分回忆起来。

同时，在历史记忆中，会众作为个体并不是直接去回忆事件，而是通过阅读或听人讲述，或者在纪念活动和节日的场合中，人们聚在一块儿，共同回忆群体成员或本组织的事迹和成就时，这种记忆才会强化和传承，而这种认同感才会永远存在。碑刻具有作为这种集体记忆载体的功能，但是，本会仅有的一通碑是乾隆五十二年刻写的，到光绪年间已 100 多年历史。清后期，国力衰竭，社会动荡，例如，咸丰三年、四年，太平天国北伐军进入北京；咸丰十年，英法联军入侵北京；光绪二十六年，八国联军进攻北京；还有义和团运动、辛亥革命等，这些都导致北京城及郊区人民大量出逃。而圆明园焚毁后，原来的兵丁自谋职业，因而这一地区居民的职业构成相对复杂，"以作工为最普通，譬如瓦工，木工，织席，听差，厨司，拉人力车等类。……村中种地的人不多，学术界的更少[1]"。经过了如此长的衰落时期，凭借一通跟自己没有亲近关系的碑刻来重续本会历史，还是相当困难的。

---

[1]　陈达：《社会调查的尝试》，《清华学报》1924 年第一卷第二期，第 309—311 页。

信仰共同的宗教、空间上的日益接近，都不足以创造出一个村落的共同精神。本会是全村村民合议的，前文已经提到，每年轮流推举四位会首负责处理本年度事务，称为值年会首，这种做法有其利弊。好处在于，决定事情的时候比较公平，会众都有发言权，因此会众的热情会很高；缺点就是，因为是公事，一个人不能作出决定或者不能服众，时间长了容易懈怠，一旦出现矛盾就非常不利于本会团结和发展。

"清末政府无力供养八旗兵丁，而旗人除了当兵之外又基本上没有其它谋生手段，这就使得大批旗人陷入了窘境，甚至沦为乞丐。1860 年圆明园被毁，该村的旗人，没有职业者，景况逐渐萧条，然而每家尚有口粮可领，不致穷乏太甚。民国以后，旗人不准领粮，于是生计渐窘"①，对于居住在成府村的村民或者献供香斗膏药会的会众来说，生活的窘迫使他们无心于这一组织的集体生活，可以说，关于此会的集体记忆的社会环境被破坏、消失了，人们关于本会的集体记忆逐渐随人员的分散在外而逐渐淡化乃至模糊，碧霞元君信仰可能也单纯退回了个人信仰范围。更何况，对于献供香斗膏药会来说，文会不似武会，玩角儿在本会解散若干年之后，还可以凭借技艺吸引一批有兴趣的传承人来联系，多多少少能传承一些技艺，如果条件成熟可以再组织花会。而文会却不行，文会多靠会首、会众金钱支撑，活动形式和内容比较单一，在实际生活当中不能够以外在的表演等形式吸引观众，因而人们不太容易直观了解文会，这可能也是膏药圣会消失而没有重组的原因之一。

小结

本节从不同角度选取个案。西北旺皇会是至今仍然存在的具有特殊地位的进香组织；秉心圣会和献供香斗膏药圣会作为两个普通村落香会（花会）组织，一个复兴，另一个已经消失，重新活跃京城。

西北旺、古城村和成府村，原来都是农村。高跷秧歌依据本身文化资本优势、借助于经济资本，不断向外扩张，不排斥商业性演出和经济报酬；五虎棍则为少数精英所支撑，走政府支持路线，较少参加商业性演出，多是行政性邀请表演。古城村则被改造，居委会出面组织，各个组成部分参加，自主举办活动，并力图恢复本村传统庙会来保护和发展这一传

---

① 陈达：《社会调查的尝试》，《清华学报》1924 年第一卷第二期，第 306 页。

统民间文艺形式。成府村则因为没有稳固的村落认同、根基不稳，加上外来冲击而消亡。面对相同的情况，不同的组织选择了不同的方向，碑刻作为他们曾经采用并且可能会继续采用的传承方式，在其各自的发展历程中占据着重要的位置，我们可以通过碑刻考察民间组织作为民俗传承者的某一时间段的特性，在民间信仰组织的传承变化中观察民众的心态变动及历史社会的变迁。

碑刻一定程度上起到了其作为记忆载体的作用，通过这种特殊的记载方式把本会的个人或集体记忆维持并传承下去，它作为确定的载体而确保历史的真实，从而在一定程度上修正和补充会众的个人记忆，因而在集体记忆中起到了填充个人记忆模糊与历史真实的作用。无论是西北旺的高跷秧歌会还是少林五虎棍会，无论是献供香斗膏药会还是古城秉心圣会，碑刻在一定程度上都充当了保持本会记忆连续的媒介，使会众对本会的认同感和凝聚力得以不断强化和传承。

当然，碧霞元君信仰及与碑刻相关的民俗生活提供了维系村民集体记忆的社会环境。但是，一旦这种社会环境改变或者消失了，即使有碑刻存在，这个组织或者与之相关的集体记忆也仍然会减退或消失，水之不在，鱼将不存。反之，如果重建这种社会环境，加上原本就存在的碑刻提供的历史真实，会众对本会的集体记忆在一定条件下是可以得到一定程度的恢复，并且继续传承保持下去，从而推动本会更好地发展。献供香斗膏药会，城市化的进程、搬迁、人员流散，使其失去了在条件允许时再次接续活动的社会和成员环境，因而只能成为历史；而秉心圣会，由于远离中心地区，受到的冲击比较小，社会生活相对封闭，而且村里又有热心于恢复传统的领头人，在老玩角儿的热情配合下，借助于居委会接上联下的桥梁作用，又获取了工商联合公司的经济支持，利用庙会和春节这些特殊时空的踩街表演，将仪式与表演结合起来，天时、地利、人和，最终成就了这种兴盛的局面。

综合考察本章，四个香会（花会）的发展、传承历史与现状给民间花会继续发展的启示是：怎样在现代化过程中继续生存和发展，是一个严峻而沉重的、敏感且现实的难题。目前，通过非物质文化遗产保护的途径是一种探索，但不是唯一方法，如果花会仅仅依靠政府外在扶持，自身内因却不起主要作用的话，那么，这些民间的玩意儿就只能是静态的和停滞的藏品，而不是活生生的生活形态。在生活中传承、在现实中发展，是花会可持续的光明之路。

结 语

民众对妙峰山碧霞元君的信仰延续着中国树碑立传的传统，无论是添盖庙宇还是增设供品，无论是修葺茶棚还是修补道路，碑刻都是他们非常理想的表达工具。碑刻作为香会或花会组织曾经采用并且可能会继续采用的民俗传承方式，在它们各自的发展历程中占据着重要的位置，它折射着碑刻刻立时代的社会文化和民众心态，我们可以通过碑刻考察民间组织作为民俗传承者的某一时间段的特性，并在民间信仰组织的传承变化中观察民间心态变动，及历史社会的变迁。

在妙峰山惠济祠或以惠济祠为中心辐射开去的各个香道等特定的神圣场所、在每年四月初一到四月十五这一特定的庙会时间中，皇室、宦官、贵族、官吏和普通民众等各个阶层的民众平等地共享民间文化。从妙峰山碑刻的立碑时间看，清代民众对于碧霞元君的信仰属于继承和发展阶段，民国时期妙峰山庙会的情况已经大不如前，而20世纪80年代庙会恢复以后，几乎每年都有碑刻出现。从碑刻分布空间看，民众对于主神碧霞元君的信仰程度远远高于同一庙宇的其他神灵，碑刻数量的变化也反映了香会进香朝顶必经的香道的热闹程度。虔诚的信众，通过碑刻这一民俗标志物的篆刻，在撰写与传诵碑文的过程中，表达着自己的信仰与感情。以前的碑文可能主要记述功德善绩，而当代情况发生变化，无论是管理处还是花会中人，都积极地参与到立碑行为中来，以立碑彰显特定民俗群体的传统与地位。人们用传统的立碑形式进行新的意义表达，这既体现了碑刻所具有的标志特性，也说明碑刻依然具有深厚的群众基础，这一群众基础更为深层的根源，在于妙峰山庙会成员对于传统的认同和自愿接受。

以恢复传统、开发旅游资源、促动当地经济为目的的当代妙峰山庙会，将传统文化与经济开发熔为一炉，在政府、旅游公司、花会的共同作用下，花会组织以妙峰山庙会为中心，向北京的各个庙会发展；以四月庙会这一神圣时间为中心，向日常生活时间扩展，妙峰山庙会这一特定时空的展演因花会组织的多样性、花会组织活动地域的延展性而具有了多重复合的特性。妙峰山庙会是现代社会变化进程的一个缩影。

花会目前处于恢复和转型阶段但发展很不平衡，存在着各种各样的问题，如何接续、利用既有的文化传统，在文化记忆的序列中找到自己的位置并为现实服务，是一个重要的课题。碑刻的撰写成为其追溯历史、寻找传承感的一种有效方式。碧霞元君信仰及与碑刻相关的民俗生活提供了维系会众集体记忆的社会环境，如果花会在恢复或发展的过程中，重建这种社会环境，加上原本就存在的碑刻提供的历史真实，会众对本会的集体记忆在一定条件下是可以得到一定程度的恢复，并且继续传承保持下去的。古城村秉心圣会的恢复和发展壮大清晰地展现了这种发展思路。同时，现在的花会种类繁多，长期的、临时的，城市社区的、乡里村落的，运作方式也各有特点，但有一点可以肯定：如果仅仅依靠政府推动，自身内因却不起主要作用的话，那么，这些组织缺乏生命力。因此，花会必须在生活中传承、在现实中发展，必须与现实社会生活秩序相对应与衔接。

对妙峰山碑刻材料的考察必须结合围绕碑刻所进行的民俗活动以及其他相关资料综合进行。碑刻虽然具有历史性，是历史的记录，但它也具有偶然性，带有个人或组织的主观色彩，因此必须结合其他线索和材料方能更好地还原历史场景。这就意味着，我们对碑刻的认识，并不能仅以立碑者自己所写的碑文为据，还要深入立碑者的生活过程，方能接近其真实的状态。

附录一　妙峰山碑刻（拓片）选录

碑刻拓片《金顶妙峰山进香碑记》
（碑阳）（清代碑刻）

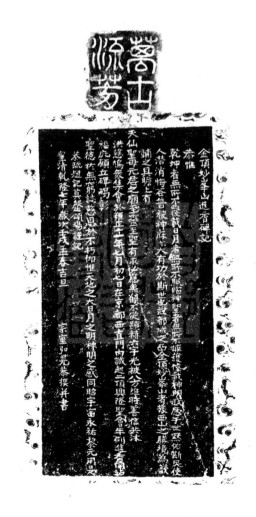

碑刻拓片《金顶妙峰山进香碑记》原文格式（碑阳）

萬古
流芳

金顶妙峯山进香碑记

恭惟

乾坤者无所不覆载日月者无所不照临神圣者无所不拥护伟哉神明感

应于世默佑斯民使

人潜消悔吝普被神庥亦大有功于斯世也兹都城之西金顶妙峯山者据

西山之胜境为畿

辅之具胆上有

天仙圣母元君之庙至灵至圣有求必应无愿不从显赫六宇光被八方维

时善信共沐

洪慈鸠众集会于雍正二年七月初七日在京都西直门内诚起二顶兴隆

圣会年例进香同沾

福庇佑愿立碑碣彰

圣德于无穷志慈恩于不朽仰惟天地之大日月之明神明之感同昭宇宙

永佑黎元用是

恭疏短记莫口颂扬谨记

皇清乾隆七年岁次壬戌孟春吉旦

宗室弘晃恭撰并书

碑刻拓片《金顶妙峰山进香碑记》
（碑阴、碑侧）

碑刻拓片《金顶妙峰山进香碑记》原文格式（碑阴、碑侧）

二顶兴隆圣会

当年正香首

王三	陈老格	王之鹏	孙索住	李云祥	吕彬	张是志	卢长名	张起林
李方玉	朱保	李国荣	德楞厄	龙玉柱	李国治	张国治	李平安	吴喜
沈明玉	高明	尤进祥	刘近公	董济	刘成	李凤	李近富	张赶宇
孙良玉	丁索住	王黑子	许国用	张保儿	李凤	张六十八	王近富	王官宇
屈世禄	孙成	叶常住	刘荣	曹玉	张佩	王自明	司国瑞	马继宗
张来有	杨显德	王伍	徐方	徐郊	徐郊	袁国栋	梅廷林	沈德保
肯天保	赵福	李添寿	王三黑	李留住	白音德住	姜国柱	周三	佟端午
陈德馨	周福德	曹广福	李光祖	葛文春	朱进孝	王和尚	商德儿	周六十九
刘自成	何官保	曹九格	宋春	李六狗子	周二达子	康老儿	生德住	生德住
孙韦驮保	刘伍	苏成选	袁住	辛鹏	马良	魏良喜	王俊儒	王官保
史七十八	曹良璧	孙佛保	张振铎	白明寿	杨六达子	那钦	常德儿	王俊儒
姜胖子					刘字匠	李瑞祥	洪贵	温良弼
						王好珠	王官保	杨黑子
						王好直		李孝魁

京都顺天府宛平县西直门内肯处诚起二顶兴隆圣会

大清乾隆七年岁次壬戌孟夏月十四日

吉日沈三

六十八　佟茂

宋双全

马喊儿

335

碑刻《金顶妙峰山进香碑记》
原文整理（碑阳）

金顶妙峯山进香碑记

恭惟：乾坤者无所不覆载；日月者，无所不照临神；圣者，无所不拥护。伟哉，神明感应于世，默佑斯民，使人潜消悔吝普被神庥亦大有功于斯世也，兹都城之西金顶妙峰山者，据西山之胜境，为畿辅之具胆，上有天仙圣母元君之庙，至灵至圣，有求必应，无愿不从，显赫六宇，光被八方，维时善信共沐洪慈，鸠众集会于雍正二年七月初七日，在京都西直门内诚起二顶兴隆圣会，年例进香，同沾福庇佑愿，立碑碣彰圣德于无穷，志慈恩于不朽，仰惟天地之大、日月之明、神明之感，同昭宇宙，永佑黎元用是。

恭疏短记莫□颂 扬 谨记

皇清乾隆七年岁次壬戌孟春吉旦　　　　　宗室弘晃恭撰并书

碑刻《金顶妙峰山进香碑记》原文整理（碑阴）

当年正香首：

王三　李方玉　沈明玉　孙良玉　屈世禄　张来有　肯天保　陈德馨　刘自成　孙韦驮保　史七十八　姜胖子

陈老格　朱保　丁索住　孙成　杨显德　赵福　周福德　何官保　刘伍　曹良壁　王之鹏　李国荣　高明　王三达子　尤进祥　王黑子　王伍　李添寿　曹广福　曹九格　苏成选　孙佛保　孙索住　德楞厄　刘近公　许国用　刘荣　叶常住　李光祖　宋犇　李六狗子　辛鹏　袁住　张振铎　李云祥　龙玉柱　董济　张保儿　徐方　王二黑　周二达子　葛文犇　马良　吴喜茱　杨六达子　白明寿　吕彬　李国珍　刘成　曹玉　张佩　李留住　白音德布　朱进孝　王和尚　周裕文　那钦　刘字匠　张是志　张国治　李凤　张六十八　徐郊　袁国栋　姜国柱　马九　康老儿　魏良喜　李瑞祥　王好珠　卢长名　李平安　王近富　司国瑞　王自明　梅廷林　周三　商德儿　常寿　王俊儒　洪贵　王好直　张起林　吴喜　王赶宇　马继宗　沈德保　佟端午　周六十九　生德住　王官保　杨黑子　温良弼　李孝魁

碑刻《金顶妙峰山进香碑记》原文整理（碑侧）

一侧：

京都顺天府宛平县西直门内肯处诚起二顶兴隆圣会

另一侧：

大清乾隆七年岁次壬戌孟夏月十四日　六十八　佟茂　沈三　宋双全　马喊儿吉旦立

碑刻拓片《万寿善缘缝绽老会重修粥茶棚碑》
（民国时期碑刻）

碑刻拓片《万寿善缘缝绽老会重修
粥茶棚碑》原文格式

夫惟京西

金顶妙峯山三岔涧村旧有殿宇十一楹为万寿善缘缝绽老会每年四月临时供献

娘娘圣驾香火之所并届期搭棚筹施粥招待香客藉以广结善缘便利行旅盖历有

年所

矣乃因子椽老屋年久失修雨剥丰摧渐就倾圯倘不及时修茸临期何以应用前经

本会

都管焦公平山虔心募化卓著辛劳复承

大善大陆公宗兴助款兴工完成善举就其原址鸠工建筑丹□重新长与河山不朽

金身

再塑还通日月争光金壁辉煌一如曩昔同人等深佩

千公热心提倡宏愿□偿从兹

名誉同尊谈资旅客更祝

神灵永护福及子孙同人等顶礼弥殿心香切祷勒碑纪念以垂万年

徐景山　李永增　孟宪清

万寿善缘缝绽老会都管　张仪春　张殿元　郝庚林　恭立

刘成连　王　桂　李振卿

中华民国十年即夏历辛酉年四月

339

碑刻拓片《万寿善缘缝绽老会重修
粥茶棚碑》原文整理

　　夫惟京西　金顶妙峯山三岔涧村，旧有殿宇十一楹，为万寿善缘缝绽老会每年四月临时供献娘娘圣驾香火之所，并届期搭棚筹施粥招待香客，藉以广结善缘便利行旅。盖历有年所矣，乃因子椽老屋年久失修，雨剥风摧，渐就倾圮，倘不及时修葺，临期何以应用？前经本会都管焦公平山虔心募化卓著，辛劳复承大善大陆公宗兴助款兴工，完成善举，就其原址鸠工建筑丹□重新长与河山不朽金身再塑，还通日月争光，金壁辉煌一如曩昔。同人等深佩千公热心提倡宏愿□偿从兹名誉同尊谈资旅客，更祝神灵永护福及子孙，同人等顶礼弥殷心香切祷勒碑纪念以垂万年。

　　万寿善缘缝绽老会都管：徐景山、李永增、孟宪清、张仪春、张殿元、郝庚林、刘成连、王桂、李振卿恭立

　　中华民国十年即夏历辛酉年四月

碑刻《西北望皇会幼童少林五虎棍会碑》
照片（碑阳）
（20 世纪 80 年代以来碑刻）

碑刻《西北望皇会幼童少林五虎棍会碑》
原文格式（碑阳）

萬 壽 無 疆

金顶妙峰山朝贺

西北望皇會

高跷秧歌一堂
少林五虎棍一堂

西北望皇会幼童少林五虎棍会立
北京市海淀区西北望村
岁次戊寅公元一九九八年四月

碑刻《西北望皇会幼童少林五虎棍会碑》
照片（碑阴）

碑刻《西北望皇会幼童少林五虎棍会碑》原文格式（碑阴）

万古流芳

金顶妙峰山朝顶铭文

大清嘉庆六年京都顺天府宛平县西北旺阁村公議　诚起義會光绪乙亥

廿四年　乙亥　掌儀司懿旨傳在頤和園頤樂殿承差一次御览欽賜龍旗　　庚子

黄幌封為皇會

西北望皇會經歷代研习相傳解放后在区乡文化馆合西北旺村政府的关怀支持下多次参加大型演出活动曾多次受到嘉奖是一支历史悠久的民间老会。

西北望皇會幼童少林五虎棍會

会长　魏焱玉

副会长　方书明　魏振忠

常务督管　方书增　胡文祥　方书茂　魏文焱　崔文忠

老督管　王才　魏兆海　魏金城　凌长永　薛友信　于光英

崔文林

武場　方志刚　魏文超　方海礁　方海鹏　魏国明　崔文宇

方爽　魏春雨　李振　方志强　王家宝

文場　凌长友　魏德才　魏国庆　魏文波　魏文越　方志远

王存祥　軍　王東生　李德贵　薛友顺

助善人　刘　張永平　翟永丰　于光水　魏宝生　王和平　魏文友

屈振清

张永贵　魏宝利　魏振水

為保佑村民平安皇会世代相傳朝貢立碑以記之

碑刻《西北望皇会幼童少林五虎棍会碑》原文整理（碑阳）

万寿无疆

金顶妙峰山朝贺
　　西北望皇会高跷秧歌一堂、少林五虎棍一堂
　　西北望皇会幼童少林五虎棍会立
　　北京市海淀区西北望村
　　岁次戊寅公元一九九八年四月

碑刻《西北望皇会幼童少林五虎棍会碑》原文整理（碑阴）

万古流芳

金顶妙峰山朝顶铭文

　　大清嘉庆六年，京都顺天府宛平县西北旺合村公议乙亥庚子诚起义会，光绪廿四年乙亥戊子掌仪司懿旨传在颐和园颐乐殿承差一次，御览钦赐龙旗黄幌，封为皇会。西北望皇会经历代研习相传，解放后，在区乡文化馆合西北旺村政府的关怀支持下，多次参加大型演出活动，曾多次受到嘉奖，是一支历史悠久的民间老会。

　　西北望皇会幼童少林五虎棍会

　　会长：魏焱玉

　　副会长：方书明　魏振忠

　　常务督管：方书增　胡文祥　方书茂　魏文焱　崔文忠

　　老督管：王　才　魏兆海　魏金城　凌长永　薛友信　于光英　崔文林

　　武场：方志刚　魏文超　方海礁　方海鹏　魏国明　崔文宇　方　爽

345

魏春雨　李　振　方志强　王家宝

文场：凌长友　魏德才　魏国庆　魏文波　魏文越　方志远　王存祥　刘　军　张永平　王东生　李德贵　薛友顺

助善人：屈振清　翟永丰　于光水　魏宝生　王和平　魏文友　张永贵　魏宝利　魏振水

为保佑村民平安皇会世代相传朝贺立碑以记之

附录二

妙峰山管理处《妙峰山庙会花会登记册》记录的 20 世纪 80 年代以来花会地址分布[*]

序号	会名	会头姓名	地址	所属区县	出处
1	同聚公乐云车老会	杨环	丰台区刘家窑	丰台区	1999 年第七届花会签到簿
2	助善献供	焦凤鸣	西城阜成门	西城区	1999 年第七届花会签到簿
3	地秧歌（1）	刘宝山	门头沟区三家店村前街	门头沟	1999 年第七届花会签到簿
4	龙泉雾秧歌会	田振国	门头沟区龙泉雾区	门头沟	1999 年第七届花会签到簿
5	杨村秧歌队	杨永长	门头沟区大村	门头沟	1999 年第七届花会签到簿
6	金顶吉祥太狮老会	王德亮	德胜门	西城区	1999 年第七届花会签到簿
7	万福顺义太少狮会	费文通	阜成门内孟端胡同 5 号	西城区	1999 年第七届花会签到簿
8	万年长青墨云舞狮	常月清	德外黄寺大街	西城区	1999 年第七届花会签到簿
9	五福同春五虎少林	佟进元	宣武区南横街	宣武区	1999 年第七届花会签到簿

---

[*] 此表根据妙峰山管理处所存《妙峰山庙会花会登记册》（1999 年、2000 年、2001 年、2002 年、2004 年、2005 年、2006 年和 2007 年）汇总而成，其中，每个花会名称只要出现一次即计入，上山一次以上的花会不重复计数。但需要说明的是，由于花会在登记本会名称时存在简写等多种情况，因此本表统计结果可能不十分精确。

序号	会名	会头姓名	地址	所属区县	出处
10	同心如意双龙圣会	凌福	丰台区岳各庄	丰台区	1999年第七届花会签到簿
11	同心如意太狮圣会	凌福	丰台区岳各庄	丰台区	1999年第七届花会签到簿
12	同心如意小车圣会	凌福	丰台区岳各庄	丰台区	1999年第七届花会签到簿
13	万荣长生五虎少林	杨荣生	京西双槐树61号	海淀区	1999年第七届花会签到簿
14	人民永乐小车圣会	冉繁津	海淀区树村	海淀区	1999年第七届花会签到簿
15	人民永乐玉京舞狮	隆玉启	安外黄姑坟村	朝阳区	1999年第七届花会签到簿
16	太平同乐小车圣会	马贵祥		西城区	1999年第七届花会签到簿
17	太平同乐秧歌圣会	马贵祥		西城区	1999年第七届花会签到簿
18	涧沟村秧歌队	孙德泉		门头沟	1999年第七届花会签到簿
19	妙峰山乡陈家庄秧歌会	陈富杰		门头沟	1999年第七届花会签到簿
20	电信局秧歌队	于景华			1999年第七届花会签到簿
21	夕阳红秧歌队、腰鼓队	周桂芳	海淀区西苑	海淀区	1999年第七届花会签到簿
22	西北旺少林五虎棍	魏炎玉 方书明	海淀区西北旺	海淀区	1999年第七届花会签到簿
23	圆明园秧歌队	戴淑芥	海淀区一亩园	海淀区	1999年第七届花会签到簿
24	万禄同善文场圣会	李盛芳	门头沟三家店村委会	门头沟	1999年第七届花会签到簿
25	老年同乐太狮圣会	闫炳文	宣武区东北园15号	宣武区	1999年第七届花会签到簿

续表

序号	会名	会头姓名	地址	所属区县	出处
26	亿心同乐中幡圣会	陈广亮	宣武区广安门外莲花河胡同 25 号	宣武区	1999 年第七届花会签到簿
27	同乐民小车旱船	赵鸿杰	广外办事处宣武文化馆	宣武区	1999 年第七届花会签到簿
28	分钟寺云车圣会	张景宽	丰台区南苑乡	丰台区	1999 年第七届花会签到簿
29	惟善永昌	孙德凤	丰台区东管头村	丰台区	1999 年第七届花会签到簿
30	众心向善结缘老会	魏德旺	丰台区分钟寺村	丰台区	1999 年第七届花会签到簿
31	高山莲灯粥茶老会、舞狮会	王顺福	海淀区青龙桥	海淀区	1999 年第七届花会签到簿
32	蓝靛厂同心和善蝴蝶少林	索德山	海淀区蓝靛厂大街	海淀区	1999 年第七届花会签到簿
33	老年花会		海淀区西苑和平街	海淀区	1999 年第七届花会签到簿
34	普天同庆文场圣会	李春海	海淀区大有庄	海淀区	1999 年第七届花会签到簿
35	定慧寺秧歌武术队	溥秀珍	海淀区定慧寺	海淀区	1999 年第七届花会签到簿
36	汽车八厂秧歌队	王素莲	海淀区小瓦窑	海淀区	1999 年第七届花会签到簿
37	万民同乐善缘掸尘修道老会	苏学福	海淀区中坞村	海淀区	1999 年第七届花会签到簿
38	普天同春飞叉圣会	张搏	朝阳区西坝河东里 109 楼 3 门 403 号	朝阳区	1999 年第七届花会签到簿
39	普天同春中幡圣会	梁国强	朝阳区西坝河东里 109 楼 3 门 404 号	朝阳区	1999 年第七届花会签到簿
40	同娱公乐小车圣会	王德林	朝阳区农光南路 22 楼 5 门 501 号	朝阳区	1999 年第七届花会签到簿
41	团结同乐	林金水	永外刘家窑	丰台区	2000 年第八届花会签到簿

序号	会名	会头姓名	地址	所属区县	出处
42	普天同庆太狮圣会	刘立才	左安门外孙家厂	丰台区	2000 年第八届花会签到簿
43	宣武区文化馆老年同乐太狮圣会	金芝兰	宣武区文化街	宣武区	2000 年第八届花会签到簿
44	宣武区文化馆小车会	闫炳文	宣武区文化街	宣武区	2000 年第八届花会签到簿
45	宣武区文化街秧歌队	李丽红	宣武区文化街	宣武区	2000 年第八届花会签到簿
46	海淀镇幼童吉祥少林打路	金忠	海淀镇	海淀区	2000 年第八届花会签到簿
47	前沙涧子弟棍会	王金华	海淀区苏家坨乡前沙涧村	海淀区	2000 年第八届花会签到簿
48	小车会		海淀区苏家坨乡前沙涧村	海淀区	2000 年第八届花会签到簿
49	龙泉镇三家店前街秧歌队	刘宝山	龙泉镇三家店前街	门头沟	2000 年第八届花会签到簿
50	万禄秧歌老会	穆吴海	三家店村委会	门头沟	2000 年第八届花会签到簿
51	崇阳助善车船圣会	武慧芳	崇文区广渠门内甲 36 号	崇文区	2000 年第八届花会签到簿
52	全盛如意中幡圣会	周金盛	朝阳平房乡	朝阳区	2000 年第八届花会签到簿
53	东城区和平里内阳众秧歌	温秀兰	东城区和平里安贞门外居委会	东城区	2000 年第八届花会签到簿
54	德胜门文场一堂	宋振才	德胜门外小市口14 号	西城区	2000 年第八届花会签到簿
55	与民同乐小车会	杨俊才	朝阳区南楼梓庄	朝阳区	2000 年第八届花会签到簿
56	青龙桥舞狮会	王顺海		海淀区	2000 年第八届花会签到簿
57	老年同乐莲花落天车圣会	马贵祥	西城区	西城区	2000 年第八届花会签到簿

序号	会名	会头姓名	地址	所属区县	出处
58	太平长春小车会	马贵祥	西城区	西城区	2000 年第八届花会签到簿
59	全心向善结缘茶会	倪振山	左安门外分中寺	丰台区	2000 年第八届花会签到簿
60	共心向善结缘老会	杨国辉	左安门外分中寺	丰台区	2000 年第八届花会签到簿
61	北京元君功秧歌协会	李生	海淀区沙窝	海淀区	2000 年第八届花会签到簿
62	同心永乐开路老会	金福元	团结湖北三桥 6—5—101	朝阳区	2000 年第八届花会签到簿
63	万代助善清茶圣会	陈长寿	朝阳区唐家坟	朝阳区	2000 年第八届花会签到簿
64	丰台秧歌队（丰台分会）	姚玉凤	南开西里	丰台区	2000 年第八届花会签到簿
65	元君功秧歌队	毕启文、刘淑珍	丰台万泉寺（分会）	丰台区	2000 年第八届花会签到簿
66	上岸民间艺术团	祁光元	永定上岸	门头沟	2000 年第八届花会签到簿
67	义福善缘清茶圣会	张义福	永外松林里丙 42 号	崇文区	2000 年第八届花会签到簿
68	朝阳区万顺同乐五虎少林	王殿堂	老虎洞	朝阳区	2002 年第十届庙会签到簿
69	开路舞狮文场				2001 年第九届庙会花会签到簿
70	文武乐善八卦少林	杜春亮	永定门外时村	丰台区	2001 年第九届庙会花会签到簿
71	丰台东管头夕阳红秧歌队	赵方江	丰台管头	丰台区	2002 年第十届庙会花会签到簿
72	玉海昇平小车圣会	甄玉贵	朝阳区	朝阳区	2001 年第九届庙会花会签到簿
73	夕阳光照腰鼓队	罗淑珍	崇文区	崇文区	2001 年第九届庙会花会签到簿

续表

序号	会名	会头姓名	地址	所属区县	出处
74	众友同心中幡盛会	黄荣贵	崇文	崇文区	2001 年第九届庙会花会签到簿
75	东管头群英助善 西铁营开路圣会	韩文江	丰台区铁营村	丰台区	2001 年第九届庙会花会签到簿
76	公议同乐云车圣会	张景宽	丰台区分中寺村	丰台区	2001 年第九届庙会花会签到簿
77	夕阳红秧歌会	赵方江	丰台区东管头	丰台区	2001 年第九届庙会花会签到簿
78	西铁营开路圣会（馨春）	田富耕	丰台区西铁营	丰台区	2001 年第九届庙会花会签到簿
79	掸尘圣会	倪振山		丰台区	2001 年第九届庙会花会签到簿
80	青龙桥高山莲灯粥茶老会	刘绍作	海淀区万寿山后身	海淀区	2001 年第九届庙会花会签到簿
81	树村民间花会	关景安	树村	海淀区	2001 年第九届庙会花会签到簿
82	西苑秧歌队	童荣珍/马秋平	青龙桥	海淀区	2001 年第九届庙会花会签到簿
83	东管头秧歌队	杨环		丰台区	2001 年第九届庙会花会签到簿
84	康家营村高跷老会	雷有歧	朝阳区康营村	朝阳区	2001 年第九届庙会花会签到簿
85	共娱同乐小车圣会	王德林	农光南路 22 楼 5 门 501	朝阳区	2001 年第九届庙会花会签到簿
86	佛保生霞云车圣会	王俊生	崇文区十里河	丰台区	2001 年第九届庙会花会签到簿
87	北坞秧歌队			海淀区	2001 年第九届庙会花会签到簿
88	□安河棍会	李广顺	□安河	门头沟	2002 年第十届庙会签到簿
89	石景山海特文艺演出队	宁桂荣/张书□		石景山区	2002 年第十届庙会签到簿

序号	会名	会头姓名	地址	所属区县	出处
90	玉泉普兴万缘净道圣会	李长泉	北坞		2002 年第十届庙会签到簿
91	万众同庆文场圣会	关守仁	海淀肖家河村	海淀区	2002 年第十届庙会签到簿
92	门头沟上岸艺术团	李侯全	上岸村	门头沟	2002 年第十届庙会签到簿
93	万禄文场	刘永亮	三家店	门头沟	2002 年第十届庙会签到簿
94	海淀青龙桥粥茶老会			海淀区	2002 年第十届庙会签到簿
95	海淀天伦轿房	李连生	小西天	海淀区	2002 年第十届庙会签到簿
96	青龙桥秧歌队	陈淑桂		海淀区	2002 年第十届庙会签到簿
97	小白熊艺术团	黄荣贵		海淀区	2002 年第十届庙会签到簿
98	大有庄普天同庆文场	肖克重	海淀区大有庄	海淀区	2002 年第十届庙会签到簿
99	三家店高跷会	殷兴光		门头沟	2002 年第十届庙会签到簿
100	同心合缘五虎打路	赵宝琪	西城西外桃园里 4 号	西城区	2002 年第十届庙会签到簿
101	满族文化站秧歌队	李玉萍			2002 年第十届庙会签到簿
102	普心同乐玉龙舞狮	付贺歧	京西海淀玉景山四合居村	海淀区	2002 年第十届庙会签到簿
103	京西三家店小车会/太平鼓圣会	刘立财	三家店西于 46 号	门头沟	2004 年第十二届花会签到簿
104	三家店女子文场	侯佩章	三家店前街 47 号	门头沟	2004 年第十二届花会签到簿
105	敢翅村秧歌队	张德明	敢翅镇敢翅村委会		2004 年第十二届花会签到簿

序号	会名	会头姓名	地址	所属区县	出处
106	万民同春文场一堂	许贵	远大储运公司	海淀区	2004 年第十二届花会签到簿
107	海淀小南庄民众同乐文场一堂	王叔鑫	万泉庄小区 6 号 8 门 502	海淀区	2004 年第十二届花会签到簿
108	西北旺高跷会	凌长春	海淀区西北旺和平街 121	海淀区	2004 年第十二届花会签到簿
109	顺义仁和文武少林 2 堂	吴玉祥		顺义区	2004 年第十二届花会签到簿
110	东管头老少同乐五虎少林	孙继风	丰台区东管头 60 号	丰台区	2004 年第十二届花会签到簿
111	众友同乐开路老会	张文礼	朝阳区洼里乡仰山村 190 号	朝阳区	2004 年第十二届花会签到簿
112	青塔艺术团	李生	青塔东里 11 楼 2 门 301	海淀区	2004 年第十二届花会签到簿
113	西北旺□厂秧歌队	王书珍		海淀区	2004 年第十二届花会签到簿
114	肖家河万众同庆文场一堂	何宗辉	海淀肖家河正黄旗村 137 号	海淀区	2004 年第十二届花会签到簿
115	泓海同乐舞狮圣会	赵洪杰	宣武广外三义东里 6 号楼 1 门 103	宣武区	2004 年第十二届花会签到簿
116	元君功协会第七队（秧歌会）	王香莲	玉泉路 65 号院西院 11 楼 5 门 302	海淀区	2004 年第十二届花会签到簿
117	同心同德少林圣会	魏勇	海淀区车道沟南里 25 号楼 3 门 202	海淀区	2004 年第十二届花会签到簿
118	中国民间戏法	王书元			2004 年第十二届花会签到簿
119	万寿无疆坛子圣会	臧学明	朝阳区崔各庄	朝阳区	2004 年第十二届花会签到簿
120	群英同乐小车圣会	孙忠喜	大兴区旧宫镇清园小区 19 - 7 - 201	大兴区	2004 年第十二届花会签到簿
121	德清善缘鲜花圣会	陈德清		丰台区	2004 年第十二届花会签到簿

序号	会名	会头姓名	地址	所属区县	出处
122	太平福寿舞狮会	支存寿	西城区	西城区	2005 年第十三届花会签到簿
123	庄户村朝顶进香中幡会	孙玉会	门头沟区庄户村	门头沟	2005 年第十三届花会签到簿
124	中国著名演奏师表演家	正野	北军傩公是朝阳区中德里 37 楼 1601 号	朝阳区	2005 年第十三届花会签到簿
125	同心义善开路圣会	郭春杰	丰台区房家村	丰台区	2005 年第十三届花会签到簿
126	三家店老远来秧歌队	刘勇亮		门头沟	2005 年第十三届花会签到簿
127	万年永庆鼓楼舞狮	蔡培和	鼓楼碧□胡同 35 号	西城区	2005 年第十三届花会签到簿
128	自动化高狮	顾五一	德胜门外人定湖西里塔院 12 塔院 6 楼 5 门 302	西城区	2005 年第十三届花会签到簿
129	普义同乐文场圣会	高华	昌平天通苑 31 楼 105	昌平区	2005 年第十三届花会签到簿
130	众友同乐正彪舞狮圣会	□文福	朝阳区金尧□□村 609 号	朝阳区	2005 年第十三届花会签到簿
131	陶然亭艺术团	忌评文	丰台区石榴园小区北里 29 楼 7036	丰台区	2005 年第十三届花会签到簿
132	大栅栏合唱团			崇文区	2005 年第十三届花会签到簿
133	左安门外红寺太平同乐	赵凤岭		丰台区	2005 年第十三届花会签到簿
134	左安门外孙家场普善同乐五虎少林老会	刘立才	左安门外孙家厂	丰台区	2005 年第十三届花会签到簿
135	海淀区后八家村华民永乐舞狮圣会	常加斌	海淀区后八家村	海淀区	2005 年第十三届花会签到簿
136	西苑阅武同心舞狮圣会	李淑泉	海淀一亩园甲 13 号	海淀区	2005 年第十三届花会签到簿
137	同心合乐舍豆会	张宝军			2005 年第十三届花会签到簿

序号	会名	会头姓名	地址	所属区县	出处
138	同心向善子弟文场	周立松	房山区良乡镇詹庄村	房山区	2005 年第十三届花会签到簿
139	普天同乐开路圣会	范永利	东直门外	东城区	2005 年第十三届花会签到簿
140	古城秉心圣会	马振才	老古城后街社区居委会	石景山区	2005 年第十三届花会签到簿
141	东安门开路老会	康德芳	亚运村	朝阳区	2006 年第十四届妙峰山传统民俗庙会香会登记簿
142	聚义同善文武圣会	董树贵	丰台区大红门双庙村	丰台区	2006 年第十四届妙峰山传统民俗庙会香会登记簿
143	文武道士班进香团	任立芳	河北省水平县	河北省	2006 年第十四届妙峰山传统民俗庙会香会登记簿
144	树村社区小车会	杨海	海淀树村	海淀区	2006 年第十四届妙峰山传统民俗庙会香会登记簿
145	右安门外新春开路会	张文成	丰台区西铁营	丰台区	2006 年第十四届妙峰山传统民俗庙会香会登记簿
146	北京市仁和镇开路老会	吴玉群	北京顺义区仁和镇	顺义区	2006 年第十四届妙峰山传统民俗庙会香会登记簿
147	六郎庄童子棍会文场	段福贵	六郎庄	海淀区	2006 年第十四届妙峰山传统民俗庙会香会登记簿
148	新民同乐文场一堂	韩万福	丰台区南铁营	丰台区	2006 年第十四届妙峰山传统民俗庙会香会登记簿
149	后八家华民永乐舞狮一堂	常加斌	海淀区东升乡	海淀区	2006 年第十四届妙峰山传统民俗庙会香会登记簿

续表

序号	会名	会头姓名	地址	所属区县	出处
150	太平鼓	王秀娥	石景山区永□□村农工商□□	石景山区	2006 年第十四届妙峰山传统民俗庙会香会登记簿
151	同乐长香跑驴旱船小车	郝玉英	宣武区广外	宣武区	2006 年第十四届妙峰山传统民俗庙会香会登记簿
152	宣武区老年同乐	闫丙文	宣武区	宣武区	2006 年第十四届妙峰山传统民俗庙会香会登记簿
153	同心乐善五虎少林	刘文祥	北京市永外南胡同村		2006 年第十四届妙峰山传统民俗庙会香会登记簿
154	同心同乐	李文禹	吕家营居委会	朝阳区	2006 年第十四届妙峰山传统民俗庙会香会登记簿
155	义友同乐太狮圣会	王系镇	北京左外分中寺	丰台区	2006 年第十四届妙峰山传统民俗庙会香会登记簿
156	丰台区南苑乡大红门村秧歌云车圣会	孙宝刚	大红门东前街 143 号	丰台区	妙峰山景区第十五届传统民俗庙会香会签到簿
157	聚友同心汇新舞狮会	李学义	海淀区万柳中路	海淀区	妙峰山景区第十五届传统民俗庙会香会签到簿
158	民众同乐文场圣会	王敬鑫	海淀小南庄	海淀区	妙峰山景区第十五届传统民俗庙会香会签到簿
159	普天同庆云车圣会	范永利	东直门外办事处	东城区	妙峰山景区第十五届传统民俗庙会香会签到簿
160	西花庄万缘双石老会	翟继敏	丰台南苑花园村	丰台区	妙峰山景区第十五届传统民俗庙会香会签到簿

序号	会名	会头姓名	地址	所属区县	出处
161	丰台区三路居村新善吉庆开路圣会	姜桂华	海淀区三路居村	丰台区	妙峰山景区第十五届传统民俗庙会香会签到簿
162	太平同乐地秧歌老会	卢林	丰台区红寺村	丰台区	妙峰山景区第十五届传统民俗庙会香会签到簿
163	左外分钟寺义友同乐太狮圣会	王系镇	左安门外分钟寺	丰台区	妙峰山景区第十五届传统民俗庙会香会签到簿
164	海淀区树村小车会秧歌腰鼓	杨海	海淀区树村	海淀区	妙峰山景区第十五届传统民俗庙会香会签到簿
165	韩家川高跷秧歌会一堂	刘连如	海淀区西北旺镇韩家川村	海淀区	妙峰山景区第十五届传统民俗庙会香会签到簿
166	双庙聚义同善文武圣会	韩万才		丰台区	妙峰山景区第十五届传统民俗庙会香会签到簿
167	广林圣会文武场一堂	王力宽	海淀区	海淀区	妙峰山景区第十五届传统民俗庙会香会签到簿
168	厚德积善馒头圣会/全心向善馒头圣会			崇文区	
169	亲朋同乐清茶圣会	白德山		海淀区	妙峰山景区第十五届传统民俗庙会香会签到簿

附录三

不同历史时期妙峰山碑刻表

表1   **妙峰山清代碑刻目录**

序号	原序号	现存状态	碑名	立碑时间
1	首图653	碑刻拓片	清妙峰山香会序	康熙二十八年（1689）三月
2	首图654	碑刻拓片	清妙峰山流芳碣记	康熙五十年（1711）四月十五日
3	首图655	碑刻拓片	清京都顺天府宛平县京西马鞍山石厂村进香碑	雍正戊申（1728）六年
4	首图656	碑刻拓片	清进香圣会碑	雍正十二年（1734）五月初一日
5	首图658	碑刻拓片	清二人圣会碑记	乾隆二年（1737）四月十四日
6	首图657	碑刻拓片	清保福寺引善圣会碑文	乾隆二年（1737）五月
7	首图659	碑刻拓片	清金顶妙峰山进香碑记	乾隆七年岁次壬戌（1742）孟夏月十四日
8	首图660	碑刻拓片	清金顶妙峰山进香碑记	乾隆十四年（1749）五月初一日
9	首图707	碑刻拓片	清金斗献花圣会碑	乾隆十六年（1751）四月十四日
10	首图661	碑刻拓片	清妙峰山进香碑记	乾隆二十年（1755）五月初一
11	首图662	碑刻拓片	清妙峰山天仙圣母感应碑记	乾隆三十五年（1770）四月十四日

续表

序号	原序号	现存状态	碑名	立碑时间
12	首图663	碑刻拓片	清妙峰山天仙圣母宫碑碣记	乾隆三十八年（1773）四月八日
13	首图748	碑刻拓片	清重建瓜打石茶棚	乾隆四十年（1775）甲申月
14	首图664	碑刻拓片	清金顶妙峰山义合膏药老会碑记	乾隆四十三年（1778）
15	首图708	碑刻拓片	清义合膏药老会建立路景山回香亭碑记	乾隆四十四年（1779）三月
16	首图665	碑刻拓片	清二人老会碑	乾隆壬寅四十七年（1782）七月
17	首图666	碑刻拓片	清斗香膏药圣会碑	乾隆五十二年（1787）四月十三日
18	碑刻24	碑刻拓片	修补道路圣会碑碣	乾隆六十年（1795）
19	首图668	碑刻拓片	清公议沿路茶棚施献茶叶圣会碑	嘉庆十年（1805）四月十二日
20	首图669	碑刻拓片	清引善会碑	嘉庆十一年（1806）五月
21	首图670	碑刻拓片	清源留圣会碑	嘉庆十一年（1806）
22	首图728	碑刻拓片	清起建茶棚碑	嘉庆十二年（1807）口月
23	首图667	碑刻拓片	清万年长清甲子悬灯灵丹圣会	道光二年（1822）
24	首图694	碑刻拓片	清修西配财神殿碑	道光二年（1822）四月十一日
25	首图714	碑刻拓片	清义兴万缘清茶老会碑	道光三年（1823）四月初八
26	首图740	碑刻拓片	清重修茶棚碑	道光四年（1824）四月
27	首图715	碑刻拓片	清义兴万缘清茶圣会碑	道光十四年（1834）八月

360

续表

序号	原序号	现存状态	碑名	立碑时间
28	首图705	碑刻拓片	清合义面茶会碑	道光十四年（1834）春香季
29	首图671	碑刻拓片	清引善老会碑	道光十六年（1836）七月初一
30	首图729	碑刻拓片	清建寨尔峪头道行宫碑	道光二十二年（1842）五月
31	首图716	碑刻拓片	清义兴万缘粥茶圣会重修庙宇碑	道光二十四年（1844）四月初八日
32	首图672	碑刻拓片	清二顶进香引善圣会碑	咸丰七年（1857）七月
33	首图731	碑刻拓片	清重修寨尔峪茶舍碑文	同治元年（1862）七月
34	首图673	碑刻拓片	清重建光明海灯碑文	同治二年（1863）七月
35	首图732	碑刻拓片	清重修寨尔峪茶棚	同治六年（1867）四月
36	首图721	碑刻拓片	清妙峰山茶棚碑	同治九年（1870）四月
37	首图759	碑刻拓片	清修理涧村路径记	同治十一年（1872）二月
38	首图726	碑刻拓片	清王奶奶墓	同治十三年（1874）四月
39	首图651	碑刻拓片	清重修山门记	光绪丙子二年（1876）八月
40	首图674	碑刻拓片	清天仙圣母感应碑	光绪丙子二年（1876）八月
41	首图675	碑刻拓片	清净道圣会碑记	光绪三年（1877）四月
42	首图677	碑刻拓片	清重修东西配殿碑记	光绪四年（1878）七月
43	首图744	碑刻拓片	清福观增修碑记	光绪五年（1879）闰三月廿四日
44	首图711	碑刻拓片	清重建妙峰山南道西北涧圣母行宫碑记	光绪六年（1880）三月
45	首图717	碑刻拓片	清妙峰山回香亭义兴万缘粥茶棚重修庙宇碑	光绪八年（1882）二月
46	首图723	碑刻拓片	清崇文门宣理司茶棚碑文	光绪十九年（1893）四月
47	首图676	碑刻拓片	清万善长青献鲜圣会碑记	光绪二十二年（1896）四月

续表

序号	原序号	现存状态	碑名	立碑时间
48	首图 700	碑刻拓片	清四路香道武当各会壁石	光绪二十五年（1899）七月
49	首图 745	碑刻拓片	清天津路灯会重修玉皇庙碑记	光绪三十二年（1906）四月初一
50	首图 746	碑刻拓片	清天津信意馒首会石碣	宣统二年（1910）二月

表2　　　　　　　　　　　　**民国时期碑刻目录**

序号	原序号	现存状态	碑名	立碑时间
51	首图 719	碑刻拓片	张帅夫人重修碑	民国八年（1919）四月
52	首图 689	碑刻拓片	天津阁郡众善灯棚同人公建碑	民国九年（1920）四月
53	首图 757	碑刻拓片	万寿善缘缝绽会碑	民国十年（1921）四月
54	首图 687	碑刻拓片	天津众善灯棚碑	民国十四年（1925）四月初一日
55	首图 751	碑刻拓片	重修瓜打石茶棚碑	民国十九年（1930）九月初九日
56	首图 758	碑刻拓片	万寿善缘缝绽老会重修粥茶棚碑	民国二十年（1931）四月
57	首图 752	碑刻拓片	重修妙峰山玉仙台娘娘庙碑记	民国二十一年（1932）五月
58	首图 697	碑刻拓片	妙峰山药王殿创设和衷乐善茶棚碑文	民国二十二年（1933）四月
59	首图 760	碑刻拓片	重修贵子港庙宇复设茶棚记	民国廿三年（1934）三月
60	首图 702	碑刻拓片	修建傻哥哥殿碣石	民国二十五年（1936）四月

表 3　　　　　　　　**20 世纪 80 年代以来新立碑刻目录**

序号	原序号	现存状态	碑名	立碑时间
61	碑刻 27	碑刻	古城村秉心圣会碑	1988 年仲春
62	碑刻 21	碑刻	左安门外红寺村太平同乐秧歌会碑	1992 年
63	碑刻 25	碑刻	左安门内众友同心中幡圣会碑	1992 年四月初一
64	碑刻 35	碑刻	海淀小西天天伦轿房碑	1993 年四月初一
65	碑刻 29	碑刻	东便门唐将坟村同心助善秧歌老会碑	1993 年四月初三
66	碑刻 15	碑刻	金顶妙峰山文武各会朝顶进香碑	1994 年仲夏
67	碑刻 38	碑刻	妙峰山重建庙宇功德碑	1994 年
68	碑刻 26	碑刻	同心永乐开路圣会碑	1995 年四月初八
69	碑刻 34	碑刻	永外时村文武乐善八卦少林会碑	1995 年
70	碑刻 8	碑刻	丰台东管头燕青打擂五虎少林圣会碑	1996 年十月二十五
71	碑刻 20	碑刻	丰台西铁营村馨春开路会碑	戊寅年（1998）三月廿三日
72	碑刻 50	碑刻	西北望皇会幼童少林五虎棍会碑	1998 年四月
73	碑刻 22	碑刻	西北旺高跷秧歌会碑	1998 年十月二日
74	碑刻 16	碑刻	妙峰山景区管理处立积德行善碑	1999 年
75	碑刻 23	碑刻	东管头村老少同乐五虎少林圣会碑	1999 年三月
76	碑刻 19	碑刻	西直门外同心和善五虎打路会碑	1999 年四月初一

续表

序号	原序号	现存状态	碑名	立碑时间
77	碑刻 14	碑刻	元君功秧歌会碑	1996 年六月六日
78	碑刻 1	碑刻	朝阳全盛中幡圣会碑	2001 年春
79	碑刻 17	碑刻	聚义乐善国术圣会、文武乐善八卦少林会碑	2001 年四月初一
80	碑刻 10	碑刻	中坞村万民同乐文场会碑	2001 年九月十六
81	碑刻 13	碑刻	宣武区老年同乐太狮圣会碑	2001 年秋
82	碑刻 42	碑刻	门头沟文化局"文物保护单位，娘娘庙及灵官殿"碑	2001 年
83	碑刻 11	碑刻	同心乐善 五虎少林会碑	2002 年四月初一
84	碑刻 4	碑刻	舞龙舞狮秧歌会碑	2002 年四月十九
85	碑刻 12	碑刻	玉泉山功德寺普心同乐玉龙舞狮会碑	2002 年
86	碑刻 36	碑刻	大有庄普天同庆会碑	2002 年
87	碑刻 2	碑刻	同心合善蝴蝶少林老会朝莲花金顶妙峰山进香碑	2003 年三月
88	碑刻 37	碑刻	妙峰山管理处千元功德碑	2003 年四月初一
89	碑刻 3	碑刻	三路居新善吉庆开路老会碑	2003 年四月二日
90	碑刻 5	碑刻	崇文区崇阳助善车船圣会碑	2004 年四月初一
91	碑刻 6	碑刻	共心向善馒头圣会碑	2004 年二月二十
92	碑刻 40	碑刻	同心向善馒头圣会碑	2004 年春
93	碑刻 41	碑刻	厚德积善馒头圣会碑	2004 年春
94	碑刻 7	碑刻	东管头村群英好善五虎少林燕青打擂少林圣会碑	2005 年三月十九
95	碑刻 9	碑刻	广安门外东管头村万善虔诚旱船圣会碑	2005 年三月十九
96	碑刻 44	碑刻	左安门外十里河佛保生霞云车圣会碑	2006 年四月初一
97	碑刻 46	碑刻	李福明立佛光普照碑	2006 年四月初一
98	碑刻 45	碑刻	左安门玉海升平小车圣会碑	2006 年四月初六
99	碑刻 47	碑刻	丰台区房家村同心议善开路圣会碑	2006 年四月二十七

续表

序号	原序号	现存状态	碑名	立碑时间
100	碑刻48	碑刻	丰台区南苑聚义同善文武圣会碑	2007年正月
101	碑刻49	碑刻	北京市海淀区西苑阅武同心舞狮会碑	2007年
102	碑刻39	碑刻	妙峰山管理处千元功德碑	
103	碑刻43	碑刻	捐万元善款功德碑	

表4 　　　　　　　**惠济祠内碑刻目录**

序号	原序号	现存状态	碑名	立碑时间	碑刻原在地
1	首图653	碑刻拓片	清妙峰山香会序	康熙二十八年（1689）三月	娘娘殿
2	首图654	碑刻拓片	清妙峰山流芳碣记	康熙五十年（1711）四月十五日	娘娘殿
3	首图655	碑刻拓片	清京都顺天府宛平县京西马鞍山石厂村进香碑	雍正戊申六年（1728）	娘娘殿
4	首图656	碑刻拓片	清进香圣会碑	雍正十二年（1734）五月初一日	娘娘殿
5	首图658	碑刻拓片	清二人圣会碑记	乾隆二年（1737）四月十四日	娘娘殿
6	首图657	碑刻拓片	清保福寺引善圣会碑文	乾隆二年（1737）五月	娘娘殿
7	首图659	碑刻拓片	清金顶妙峰山进香碑记	乾隆七年岁次壬戌（1742）孟夏月十四日	娘娘殿
8	首图660	碑刻拓片	清金顶妙峰山进香碑记	乾隆十四年（1749）五月初一日	娘娘殿
10	首图661	碑刻拓片	清妙峰山进香碑记	乾隆二十年（1755）五月初一	娘娘殿
11	首图662	碑刻拓片	清妙峰山天仙圣母感应碑记	乾隆三十五年（1770）四月十四日	娘娘殿
12	首图663	碑刻拓片	清妙峰山天仙圣母宫碑碣记	乾隆三十八年（1773）四月八日	娘娘殿

续表

序号	原序号	现存状态	碑名	立碑时间	碑刻原在地
14	首图664	碑刻拓片	清金顶妙峰山义合膏药老会碑记	乾隆四十三年（1778）	娘娘殿
16	首图665	碑刻拓片	清二人老会碑	乾隆壬寅四十七年（1782）七月	娘娘殿
17	首图666	碑刻拓片	清斗香膏药胜会碑	乾隆五十二年（1787）四月十三日	娘娘殿
19	首图668	碑刻拓片	清公议沿路茶棚施献茶叶圣会碑	嘉庆十年（1805）四月十二日	娘娘殿
20	首图669	碑刻拓片	清引善会碑	嘉庆十一年（1806）五月	娘娘殿
21	首图670	碑刻拓片	清源留圣会碑	嘉庆十一年（1806）	娘娘殿
23	首图667	碑刻拓片	清万年长清甲子悬灯灵丹圣会	道光二年（1822）	娘娘殿
29	首图671	碑刻拓片	清引善老会碑	道光十六年（1836）七月初一日	娘娘殿
32	首图672	碑刻拓片	清二顶进香引善圣会碑	咸丰七年（1857）七月	娘娘殿
34	首图673	碑刻拓片	清重建光明海灯碑文	同治二年（1863）七月	娘娘殿
40	首图674	碑刻拓片	清天仙圣母感应碑	光绪丙子（1876）二年八月	娘娘殿
41	首图675	碑刻拓片	清净道圣会碑记	光绪三年（1877）四月	娘娘殿
42	首图677	碑刻拓片	清重修东西配殿碑记	光绪四年（1878）七月	娘娘殿
47	首图676	碑刻拓片	清万善长青献鲜圣会碑记	光绪二十二年（1896）四月	娘娘殿
24	首图694	碑刻拓片	清修西配财神殿碑	道光二年（1822）四月十一日	财神殿

续表

序号	原序号	现存状态	碑名	立碑时间	碑刻原在地
25	首图714	碑刻拓片	清义兴万缘清茶老会碑	道光三年（1823）四月初八	回香亭
27	首图715	碑刻拓片	清义兴万缘清茶圣会碑	道光十四年（1834）八月	回香亭
31	首图716	碑刻拓片	清义兴万缘粥茶圣会重修庙宇碑	道光二十四年（1844）四月初八日	回香亭
45	首图717	碑刻拓片	清妙峰山回香亭义兴万缘粥茶棚重修庙宇碑	光绪八年（1882）二月	回香亭
51	首图719	碑刻拓片	张帅夫人重修碑	民国八年（1919）四月	回香亭
39	首图651	碑刻拓片	清重修山门记	光绪丙子二年（1876）八月	山门
48	首图700	碑刻拓片	清四路香道武当各会壁石	光绪二十五年（1899）七月	灵官殿
52	首图689	碑刻拓片	天津阁郡众善灯棚同人公建碑	民国九年（1920）四月	观音殿
54	首图687	碑刻拓片	天津众善灯棚碑	民国十四年（1925）四月初一日	观音殿
58	首图697	碑刻拓片	妙峰山药王殿创设和衷乐善茶棚碑文	民国二十二年（1933）四月	药王殿
60	首图702	碑刻拓片	修建傻哥哥殿碣石	民国二十五年（1936）四月	傻哥哥殿

表5　　　　　　　　　　　妙峰山各个香道碑刻目录

序号	原序号	现存状态	碑名	立碑时间	碑刻原在地
9	首图707	碑刻拓片	清金斗献花圣会碑	乾隆十六年（1751）四月十四日	孟常岭茶棚
13	首图748	碑刻拓片	清重建瓜打石茶棚	乾隆四十年（1775）甲申月	瓜打石茶棚
15	首图708	碑刻拓片	清义合膏药老会建立路景山回香亭碑记	乾隆四十四年（1779）三月	孟常岭茶棚

序号	原序号	现存状态	碑名	立碑时间	碑刻原在地
18	碑刻24	碑刻	修补道路圣会碑碣	乾隆六十年（1795）	
22	首图728	碑刻拓片	清起建茶棚碑	嘉庆十二年（1807）□月	寨尔峪茶棚
26	首图740	碑刻拓片	清重修茶棚碑	道光四年（1824）四月	新中道上平台
28	首图705	碑刻拓片	清合义面茶会碑	道光十四年（1834）春香季	樱桃沟茶棚
30	首图729	碑刻拓片	清建寨尔峪头道行宫碑	道光二十二年（1842）五月	寨尔峪茶棚
33	首图731	碑刻拓片	清重修寨尔峪茶舍碑文	同治元年（1862）七月	寨尔峪茶棚
35	首图732	碑刻拓片	清重修寨尔峪茶棚	同治六年（1867）四月	寨尔峪茶棚
36	首图721	碑刻拓片	清妙峰山茶棚碑	同治九年（1870）四月	温泉西北
37	首图759	碑刻拓片	清修理涧村路径记	同治十一年（1872）二月	涧沟村茶棚
38	首图726	碑刻拓片	清王奶奶墓	同治十三年（1874）四月	关帝庙中道茶棚
43	首图744	碑刻拓片	清福观增修碑记	光绪五年（1879）闰三月廿四日	北安河妙峰山下院
44	首图711	碑刻拓片	清重建妙峰山南道西北涧圣母行宫碑记	光绪六年（1880）三月	西北涧茶棚
46	首图723	碑刻拓片	清崇文门宣理司茶棚碑文	光绪十九年（1893）四月	中道萝卜地茶棚
49	首图745	碑刻拓片	清天津路灯会重修玉皇庙碑记	光绪三十二年（1906）四月初一	北安河玉皇庙
50	首图746	碑刻拓片	清天津信意馒首会石碣	宣统二年（1910）二月	北安河后街

续表

序号	原序号	现存状态	碑名	立碑时间	碑刻原在地
53	首图 757	碑刻拓片	万寿善缘缝绽会碑	民国十年（1921）四月	涧沟村茶棚
55	首图 751	碑刻拓片	重修瓜打石茶棚碑	民国十九年（1930）九月初九日	瓜打石玉仙台
56	首图 758	碑刻拓片	万寿善缘缝绽老会重修粥茶棚碑	民国二十年（1931）四月	涧沟村茶棚
57	首图 752	碑刻拓片	重修妙峰山玉仙台娘娘庙碑记	民国二十一年（1932）五月	瓜打石玉仙台
59	首图 760	碑刻拓片	重修贵子港庙宇复设茶棚记	民国廿三年（1934）三月	老北道贵子港

表6　　　　　**碑刻中的清代及民国时期香会地址**

序号	原序号	碑名	立碑时间	花会（香会）地点
1	首图 653	清妙峰山香会序	康熙二十八年（1689）三月	京都平则门外宝塔寺
2	首图 654	清妙峰山流芳碣记	康熙五十年（1711）四月十五日	阜城关外化皮厂正红旗满州各坊
3	首图 655	清京都顺天府宛平县京西马鞍山石厂村进香碑	雍正戊申（1728）六年	京都顺天府宛平县京西马鞍山石厂村
4	首图 656	清进香圣会碑	雍正十二年（1734）五月初一日	江西南昌府新建、丰城二县
5	首图 658	清二人圣会碑记	乾隆二年（1737）四月十四日	阜成门内朝天宫
6	首图 657	清保福寺引善圣会碑文	乾隆二年（1737）五月	保福寺
7	首图 659	清金顶妙峰山进香碑记	乾隆七年岁次壬戌（1742）孟夏月十四日	京都顺天府宛平县西直门内
8	首图 660	清金顶妙峰山进香碑记	乾隆十四年（1749）五月初一日	京都直隶顺天府大宛二县西直门外西北方保福寺村
9	首图 707	清金斗献花圣会碑	乾隆十六年（1751）四月十四日	阜城关外四眼井

序号	原序号	碑名	立碑时间	花会（香会）地点
10	首图661	清妙峰山进香碑记	乾隆二十年（1755）五月初一	京都顺天府宛平县西直门外海甸新庄保福寺村
11	首图662	清妙峰山天仙圣母感应碑记	乾隆三十五年（1770）四月十四日	京都顺天府宛平祖家横街路东
12	首图663	清妙峰山天仙圣母宫碑碣记	乾隆三十八年（1773）四月八日	
13	首图748	清重建瓜打石茶棚	乾隆四十年（1775）甲申月	
14	首图664	清金顶妙峰山义合膏药老会碑记	乾隆四十三年（1778）	
15	首图708	清义合膏药老会建立路景山回香亭碑记	乾隆四十四年（1779）三月	
16	首图665	清二人老会碑	乾隆壬寅四十七年（1782）七月	
17	首图666	清斗香膏药圣会碑	乾隆五十二年（1787）四月十三日	京都顺天府宛平县西直门外成府村
18	碑刻24	修补道路圣会碑碣	乾隆六十年（1795）	
19	首图668	清公议沿路茶棚施献茶叶圣会碑	嘉庆十年（1805）四月十二日	京都皇城内西华门南池子后铁门
20	首图669	清引善会碑	嘉庆十一年（1806）五月	京都顺天府宛平县德胜门外海甸新庄保福寺三村
21	首图670	清源留圣会碑	嘉庆十一年（1806）	京都顺天府宛平县广宁关外马官营
22	首图728	清起建茶棚碑	嘉庆十二年（1807）囗月	
23	首图667	清万年长清甲子悬灯灵丹圣会	道光二年（1822）	苇坑
24	首图694	清修西配财神殿碑	道光二年（1822）四月十一日	

续表

序号	原序号	碑名	立碑时间	花会（香会）地点
25	首图714	清义兴万缘清茶老会碑	道光三年（1823）四月初八	京都顺天府大宛二县
26	首图740	清重修茶棚碑	道光四年（1824）四月	京都顺天府大宛二县皇城内外
27	首图715	清义兴万缘清茶圣会碑	道光十四年（1834）八月	崇文门内外
28	首图705	清合义面茶会碑	道光十四年（1834）春香季	
29	首图671	清引善老会碑	道光十六年（1836）七月初一	海甸新庄保福寺三村
30	首图729	清建寨尔峪头道行宫碑	道光二十二年（1842）五月	
31	首图716	清义兴万缘粥茶圣会重修庙宇碑	道光二十四年（1844）四月初八日	京都顺天府大宛二县
32	首图672	清二顶进香引善圣会碑	咸丰七年（1857）七月	
33	首图731	清重修寨尔峪茶舍碑文	同治元年（1862）七月	
34	首图673	清重建光明海灯碑文	同治二年（1863）七月	安定门外
34	首图732	清重修寨尔峪茶棚	同治六年（1867）四月	
35	首图721	清妙峰山茶棚碑	同治九年（1870）四月	
37	首图759	清修理涧村路径记	同治十一年（1872）二月	
38	首图726	清王奶奶墓	同治十三年（1874）四月	
39	首图651	清重修山门记	光绪丙子二年（1876）八月	京西北坞村

续表

序号	原序号	碑名	立碑时间	花会（香会）地点
40	首图674	清天仙圣母感应碑	光绪丙子二年（1876）八月	北坞村
41	首图675	清净道圣会碑记	光绪三年（1877）四月	
42	首图677	清重修东西配殿碑记	光绪四年（1878）七月	
43	首图744	清福观增修碑记	光绪五年（1879）闰三月廿四日	
44	首图711	清重建妙峰山南道西北涧圣母行宫碑记	光绪六年（1880）三月	
45	首图717	清妙峰山回香亭义兴万缘粥茶棚重修庙宇碑	光绪八年（1882）二月	
46	首图723	清崇文门宣理司茶棚碑文	光绪十九年（1893）四月	崇文门
47	首图676	清万善长青献鲜圣会碑记	光绪二十二年（1896）四月	
48	首图700	清四路香道武当各会壁石	光绪二十五年（1899）七月	
49	首图745	清天津路灯会重修玉皇庙碑记	光绪三十二年（1906）四月初一	天津
50	首图746	清天津信意馒首会石碣	宣统二年（1910）二月	天津西门外
51	首图719	张帅夫人重修碑	民国八年（1919）四月	
52	首图689	天津阁郡众善灯棚同人公建碑	民国九年（1920）四月	天津阁郡
53	首图757	万寿善缘缝绽会碑	民国十年（1921）四月	北平大宛两县
54	首图687	天津众善灯棚碑	民国十四年（1925）四月初一日	天津

续表

序号	原序号	碑名	立碑时间	花会（香会）地点
55	首图751	重修瓜打石茶棚碑	民国十九年（1930）九月初九日	
56	首图758	万寿善缘缝绽老会重修粥茶棚碑	民国辛未二十年（1931）四月	
57	首图752	重修妙峰山玉仙台娘娘庙碑记	民国二十一年（1932）五月	
58	首图697	妙峰山药王殿创设和衷乐善茶棚碑文	民国二十二年（1933）四月	
59	首图760	重修贵子港庙宇复设茶棚记	民国廿三年（1934）三月	天津
60	首图702	修建傻哥哥殿碣石	民国二十五年（1936）四月	

表7 **20世纪80年代以来花会地址**

序号	原序号	碑名	立碑时间	花会（香会）地点
61	碑刻27	古城村秉心圣会碑	1988年	石景山古城村
62	碑刻21	左安门外红寺村太平同乐秧歌会碑	1992年	左安门外红寺村
63	碑刻25	左安门内众友同心中幡圣会碑	1992年	左安门内
64	碑刻35	海淀小西天天伦轿房碑	1993年	海淀小西天
65	碑刻29	东便门唐将坟村同心助善秧歌老会碑	1993年	东便门唐将坟村
66	碑刻15	金顶妙峰山文武各会朝顶进香碑	1994年	门头沟
67	碑刻38	妙峰山重建庙宇功德碑	1994年	门头沟
68	碑刻26	同心永乐开路圣会碑	1995年	团结湖北三桥

续表

序号	原序号	碑名	立碑时间	花会（香会）地点
69	碑刻34	永外时村文武乐善八卦少林会碑	1995 年	永定门外时村
70	碑刻8	丰台东管头燕青打擂五虎少林圣会碑	1996 年	广安门外丰台东管头
71	碑刻20	丰台西铁营村馨春开路会碑	1998 年	丰台西铁营村
72	碑刻50	西北旺皇会幼童少林五虎棍会碑	1998 年	海淀西北旺
73	碑刻22	西北旺高跷秧歌会碑	1998 年	海淀西北旺
74	碑刻16	妙峰山景区管理处立积德行善碑	1999 年	丰台区西铁营村
75	碑刻23	东管头村老少同乐五虎少林圣会碑	1999 年	广安门外丰台东管头
76	碑刻19	西直门外同心和善五虎打路会碑	1999 年	西直门外
77	碑刻14	元君功秧歌会碑	1999 年	海淀区沙窝村
78	碑刻1	朝阳全盛中幡圣会碑	2001 年	朝阳区
79	碑刻17	聚义乐善国术圣会、文武乐善八卦少林会碑	2001 年	永定门外时村
80	碑刻10	中坞村万民同乐文场会碑	2001 年	海淀区中坞村
81	碑刻13	宣武区老年同乐太狮圣会碑	2001 年	宣武区
82	碑刻42	门头沟文化局"文物保护单位，娘娘庙及灵官殿"碑	2001 年	门头沟
83	碑刻11	同心乐善 五虎少林会碑	2002 年	永定门外南胡同村

续表

序号	原序号	碑名	立碑时间	花会（香会）地点
84	碑刻4	舞龙舞狮秧歌会碑	2002 年	海淀区玉泉山前北坞村
85	碑刻12	玉泉山功德寺普心同乐玉龙舞狮会碑	2002 年	海淀区四槐居村
86	碑刻36	大有庄普天同庆会碑	2002 年	海淀大有庄
87	碑刻2	同心合善蝴蝶少林老会朝莲花金顶妙峰山进香碑	2003 年	海淀蓝靛厂
88	碑刻37	妙峰山管理处千元功德碑	2003 年	门头沟
89	碑刻3	三路居新善吉庆开路老会碑	2003 年	丰台三路居
90	碑刻5	崇文区崇阳助善车船圣会碑	2004 年	崇文区
91	碑刻6	共心向善馒头圣会碑	2004 年	丰台分钟寺
92	碑刻40	同心向善馒头圣会碑	2004 年	崇文区
93	碑刻41	厚德积善馒头圣会碑	2004 年	崇文区
94	碑刻7	东管头村群英好善五虎少林燕青打擂少林圣会碑	2005 年	广安门外丰台东管头
95	碑刻9	广安门外东管头村万善虔诚旱船圣会碑	2005 年	广安门外丰台东管头
96	碑刻44	左安门外十里河佛保生霞云车圣会碑	2006 年	左安门外十里河
97	碑刻46	李福明立佛光普照碑	2006 年	不详
98	碑刻45	左安门玉海升平小车圣会碑	2006 年	左安门

续表

序号	原序号	碑名	立碑时间	花会（香会）地点
99	碑刻 47	丰台区房家村同心议善开路圣会碑	2006 年	丰台区房家村
100	碑刻 48	丰台区南苑聚义同善文武圣会碑	2007 年	丰台区南苑
101	碑刻 49	北京市海淀区西苑阅武同心舞狮会碑	2007 年	海淀区西苑
102	碑刻 39	妙峰山管理处千元功德碑		门头沟
103	碑刻 43	捐万元善款功德碑		门头沟

表 8　　　　　目前仍然存在的 1949 年前碑刻目录①

原序号	现存状态	碑名	立碑时间
碑刻 18	碑刻	京都平则门外宝塔寺诚起北顶走香圣会碑	康熙二十八年（1689）三月
首图 653	碑刻拓片	清妙峰山香会序	康熙二十八年（1689）三月
碑刻 32	碑刻	金顶妙峰山进香碑记	乾隆七年（1742）
首图 659	碑刻拓片	清金顶妙峰山进香碑记	乾隆七年岁次壬戌（1742）孟夏月十四日
碑刻 33	碑刻	天仙圣母感应碑碣	乾隆三十五年（1770）四月十四日
首图 662	碑刻拓片	清妙峰山天仙圣母感应碑记	乾隆三十五年（1770）四月十四日
碑刻 28	碑刻	二人老会碑	乾隆壬寅年（1782）七月
首图 665	碑刻拓片	清二人老会碑	乾隆四十七年（1782）七月
碑刻 30	碑刻	献供斗香膏药圣会	乾隆五十二年（1787）四月十三日

---

① 这些保存下来的清代碑刻，根据实地调查、抄录、整理，笔者发现，多数文字可以辨识，说明保存得还是比较好的。

续表

原序号	分类	碑名	立碑时间
首图 666	碑刻拓片	清斗香膏药圣会碑	乾隆五十二年（1787）四月十三日
碑刻 31	碑刻	重建光明海灯碑	同治二年（1863）
首图 673	碑刻拓片	清重建光明海灯碑文	同治二年（1863）七月

参考文献

（一）古籍文献与近代史志

（南朝梁）宗懔：《荆楚岁时记》，湖北人民出版社1985年版。

（宋）孟元老，邓之诚注：《东京梦华录注》，中华书局1982年版。

（宋）吴自牧：《梦粱录》，中国文史出版社1999年版。

（元）熊梦祥著，北京图书馆编：《析津志辑佚》，北京古籍出版社1983年版。

（明）刘侗、于奕正：《帝京景物略》，上海古籍出版社2001年版。

（明）沈榜：《宛署杂记》，北京古籍出版社1983年版。

（明）陆启泓：《北京岁华记》，上海图书馆手抄本。

（清）于敏中等编纂：《日下旧闻考》，北京古籍出版社1983年版。

（清）潘荣陛：《帝京岁时纪胜》，北京古籍出版社1981年版。

（清）震钧：《天咫偶闻》，北京古籍出版社1982年版。

（清）光绪：《顺天府志》，北京古籍出版社1981年版。

（清）富察敦崇：《燕京岁时记》，北京古籍出版社1981年版。

（清）让廉：《京都风俗志》，北京古籍出版社1981年版。

（清）阙名：《燕京杂记》，北京古籍出版社1986年版。

（清）樊彬：《燕都杂咏》，张次溪辑《燕都风土丛书》，民国二十八年（1939）。

（清）夏仁虎：《燕京琐记》，北京古籍出版社1986年版。

（清）王养濂、李开泰辑：《宛平岁时志稿》，张次溪辑《京津风土丛书：十七种》，双肇楼铅印本，民国二十七年（1938）。

（清）让廉：《春明岁时琐记》，张次溪辑《京津风土丛书：十七种》，双肇楼铅印本，民国二十七年（1938）。

（清）蔡绳格：《燕市货声》，张次溪辑《京津风土丛书：十七种》，双肇楼铅印本，民国二十七年（1938）。

（清）蔡绳格：《北京岁时记》，张次溪辑《中国史迹风土丛书：十三种》，东莞张江裁拜袁堂，民国三十二年（1943）。

李家瑞：《北平风俗类征》，上海文艺出版社1985年版。

张江裁：《北平岁时志》，十二卷，国立北平研究院史学研究会，民国二十五年（1936）。

孙殿起辑、雷梦水编：《北京风俗杂咏》，北京古籍出版社1982年版。

雷梦水辑：《北京风俗杂咏续编》，北京古籍出版社1987年版。

杨米人等著，路工编选：《清代北京竹枝词》（十三种），北京古籍出版社1982年版。

《清末北京志资料》，张宗平、吕永和译，北京燕山出版社1994年版。

《北京旧闻丛书》，北京燕山出版社1996年版。

胡朴安：《中华全国风俗志》，上海书店1986年影印版。

邓云乡：《增补燕京乡土记》，中华书局1998年版。

北京市东城区园林局绘纂：《北京庙会史料通考》，北京燕山出版社2002年版。

北京市档案馆所藏部分民国档案资料。

（二）主要理论著作

钟敬文主编：《中国民俗史》，人民出版社2008年版。

钟敬文：《民俗文化学：梗概与兴起》，中华书局1996年版。

龚书铎主编：《中国社会通史》，山西教育出版社1996年版。

张紫晨：《中国民俗学史》，吉林文史出版社1993年版。

马西沙、韩秉方：《中国民间宗教史》，上海人民出版社1992年版。

高丙中：《民俗文化与民俗生活》，中国社会科学出版社1994年版。

林永匡、袁立泽：《中国风俗通史·清代卷》，上海文艺出版社2001年版。

董晓萍：《田野民俗志》，北京师范大学出版社2003年版。

中国民俗学会编：《中国民俗学年刊（2000年—2001年合刊）》，学苑出版社2002年版。

萧放：《〈荆楚岁时记〉研究——兼论传统中国民众生活中的时间观》，北京师范大学出版社 2000 年版。

萧放：《岁时——传统中国民众的时间生活》，中华书局 2001 年版。

赵世瑜：《狂欢与日常——明清以来的庙会与民间社会》，三联书店 2002 年版。

中国人民大学编：《中国近代经济史》上册，人民出版社 1976 年版。

汪敬虞：《中国近代经济史》（1895—1927），人民出版社 2000 年版。

夏晓虹：《晚清社会与文化》，湖北教育出版社 2001 年版。

严昌洪：《中国近代社会风俗史》，浙江人民出版社 1992 年版。

薛君度、刘志琴主编：《近代中国社会生活与观念变迁》，中国社会科学出版社 2001 年版。

陶思炎：《中国都市民俗学》，东南大学出版社 2004 年版。

简涛：《立春风俗考》，上海文艺出版社 1998 年版。

张亮采：《中国风俗史》，东方出版社 1996 年版。

韩养民、郭兴文：《中国古代节日风俗》，陕西人民出版社 1987 年版。

王灿炽：《燕都古籍考》，京华出版社 1995 年版。

吴建雍等：《北京城市生活史》，开明出版社 1997 年版。

曹子西主编：《北京通史》，中国书店 1997 年版。

李登科：《北京历史民俗》，中国环境科学出版社 1993 年版。

李路阳、畏冬：《中国清代习俗史》，人民出版社 1994 年版。

杨锡春：《满族风俗考》，黑龙江人民出版社 1988 年版。

蔡明丰：《上海都市民俗》，学林出版社 2001 年版。

孙燕京：《晚清社会风尚研究》，博士论文，龚书铎教授指导，北京师范大学，2001 年。

鞠熙：《数字碑刻民俗志》，北京师范大学出版社 2009 年版。

[法] 加迪等：《文化与时间》，郑乐平、胡建平译，浙江人民出版社 1988 年版。

[德] 皮柏：《节庆、休闲、文化》，黄藿译，三联书店 1991 年版。

[法] 谢和耐：《中国社会史》，耿昇译，江苏人民出版社 1995 年版。

后　记

　　自 2005 年承担北京"十一五"社科规划项目"北京岁时节日研究"课题以来，后又得到中央高校基本科研业务费专项资金资助，在北京市与北京师范大学主管科研机构的管理督促下，本人在科研教学中围绕这一课题组织研究生与博士后人员开展了文献研究与田野调查两方面的资料搜集与研究工作。本课题成果由岁时文献研究、节日与城市空间专题研究，以及当代庙会调查三大部分构成。在课题开展过程中，课题组成员齐心协力，特别是张勃教授承担了较重的古籍文献研究工作并协助全书最后统稿工作，在本课题研究中发挥了重要作用。陈建丽等同学关于妙峰山庙会的调查是本课题重要组成部分，报告中有关于妙峰山碑刻资料的系统整理，这是重要的资料汇编，也是本课题的亮点。本项成果是传统岁时节日研究与当代社会生活关联的尝试。感谢各位作者的奉献。由于时间与学识的不足，成果肯定存在着不足之处，请各位专家不吝赐教。

　　最后，作为课题主持人，我们要特别感谢课题组全体成员，感谢各位参与田野调查的同学，感谢妙峰山管理处各位负责同志，感谢接受我们访谈的各位庙会同人，感谢北京市档案馆管理人员，没有他们的协助与支持，本课题是不可能顺利完成的。感谢中国社会科学出版社吴丽平编辑的辛勤劳动，没有她的细心审读校正，就没有这部著作的问世。

萧放　谨识

2015 年 11 月于北京